Creación de sitios web con PHP4

Creación de sitios web con PHP4

Fco. Javier Gil Rubio
Jorge A. Tejedor Cerbel
Agustín Yagüe Panadero
Santiago Alonso Villaverde
Abraham Gutiérrez Rodríguez

Osborne
McGraw-Hill

MADRID • BUENOS AIRES • CARACAS • GUATEMALA • LISBOA • MÉXICO • NUEVA YORK
PANAMÁ • SAN JUAN • SANTAFÉ DE BOGOTÁ • SANTIAGO • SÃO PAULO
AUCKLAND • HAMBURGO • LONDRES • MILÁN • MONTREAL • NUEVA DELHI • PARÍS
SAN FRANCISCO • SIDNEY • SINGAPUR • ST. LOUIS • TOKIO • TORONTO

Creación de sitios web con PHP4

DERECHOS RESERVADOS © 2001, respecto a la primera edición en español, por
McGRAW-HILL/INTERAMERICANA DE ESPAÑA, S. A. U.
Edificio Valrealty, 1.ª planta
Basauri, 17
28023 Aravaca (Madrid)

http://www.mcgraw-hill.es
profesional,@mcgraw-hill.es

ISBN: 84-481-3209-2
Depósito legal: M-43826-2001

Editor: Carmelo Sánchez González
Diseño de cubierta: Luis Sanz Cantero
Compuesto e Impreso en C+I, S.L.

IMPRESO EN ESPAÑA - PRINTED IN SPAIN

*A mi abuela Julia, mi madre, Conchita, y mi hermana Olga,
por mimarme en mis malos momentos.*

Jorge Tejedor

*A Ana María, porque sé que siempre estás ahí, y a vosotros,
porque siempre lo habéis estado.*

Agustín Yagüe

*A todos aquellos que creen que aprender es una
satisfacción.*

Santiago Alonso

*A Agustín, Javier, Jorge y Yago, por su inestimable
colaboración.*

Abraham Gutiérrez

A mi familia, y en especial a Álvaro.

Javier Gil

CONTENIDO

ACERCA DE LOS AUTORES

Los autores de este libro son profesores y forman parte de un grupo de trabajo que habitualmente colabora realizando implementaciones, formación y consultoría para empresas de muy diversa índole, como son los sectores bancario, automovilístico, educativo y de telecomunicaciones. Todos son titulados en Informática y trabajan como profesores titulares en el departamento de Organización y Estructura de la Información de la Universidad Politécnica de Madrid e imparten docencia en asignaturas como Gestión y Desarrollo de Sistemas de Información en Internet, Algorítmica, Técnicas Avanzadas de Desarrollo de Aplicaciones, Bases de Datos, y alguna otra más…

Como consecuencia de esta colaboración habitual con el mundo empresarial, tienen experiencia en el empleo de diversas herramientas y tecnologías, como son la puesta en marcha de servicios web, correo, news, etc., implementaciones empleando HTML Dinámico, JavaScript, XML, Java, ASP, Perl, C++ y, por supuesto, PHP. Adicionalmente han publicado libros y artículos sobre estas tecnologías.

Actualmente emplean PHP en la asignatura de libre elección Gestión y Desarrollo de Sistemas de Información en Internet. En dicha asignatura se imparte PHP como ejemplo de lenguaje para la creación dinámica de contenidos en servidores web, y los alumnos de dicha asignatura lo utilizan para la elaboración de las correspondientes prácticas. También tienen previsto impartir un módulo de PHP en Cyberaula, una experiencia piloto de teleeducación entre diversos centros de la Universidad Politécnica de Madrid y Telefónica I+D.

PRÓLOGO

Actualmente existen una gran variedad de tecnologías diseñadas para desarrollar aplicaciones web. Dentro de esta gran variedad, hay herramientas que necesitan decenas de líneas para generar una página web con el consabido «Hola mundo» y otras que sólo necesitan una línea, pero se precisa un cierto tiempo para entenderla…

PHP es en la actualidad uno de los candidatos que todo equipo de desarrollo web profesional debe tener en cuenta, debido a su sencillez, potencia, capacidad multiplataforma y economía tanto de adquisición (es gratuito) como de explotación (reducido consumo de recursos).

El objetivo fundamental de este libro es conseguir que los lectores sean capaces de desarrollar interesantes aplicaciones web empleando PHP. De alguna forma, con este libro también se pretende colaborar con la difusión y uso de este interesante lenguaje y devolver en parte a la comunidad PHP el conocimiento y experiencia que los autores han recibido de la misma.

El libro comienza presentando las características generales del lenguaje PHP, ofreciendo una primera visión global del mismo. En el primer capítulo, también se explica cómo funciona el intérprete, las diferentes funcionalidades de que se dispone, etc. Por último, presenta algunos ejemplos como primera toma de contacto con PHP.

En el Capítulo 2 (*Instalación y configuración del intérprete*) se explica cómo se instala el intérprete de PHP en un ordenador. En primer lugar, se describe cómo obtener el software, su licencia de uso y los distintos modos de instalarlo. Una vez realizado este proceso, se procede a la configuración y prueba del intérprete. Por último, el capítulo finaliza explicando conceptos relacionados con la seguridad en PHP.

El Capítulo 3 (*PHP: El lenguaje*) expone la variada sintaxis de PHP, presentando sus tipos de datos y las estructuras de control de flujo. El objetivo perseguido en este capítulo es doble: por una parte, se pretende que pueda servir a aquellos lectores sin experiencia previa como introducción no solamente al lenguaje, sino también a las bases de la programación. Por otra, presentar una guía de la sintaxis de PHP a aquellos otros lectores que ya posean experiencia en desarrollo de aplicaciones.

En el Capítulo 4 (*Matrices*) se profundiza en el manejo de las matrices. El capítulo está estructurado de la siguiente forma: primero se define el concepto de matriz, y después se procede a describir las diferentes formas de crear variables de este tipo. Una vez creadas, se profundizará en las diferentes formas de manipulación: acceso, inserción de nuevos elementos, ordenación...

El Capítulo 5 (*Cadenas de caracteres*) tiene una amplia componente descriptiva de las múltiples funciones de PHP para el manejo de cadenas. Las funciones se han agrupado de forma temática abordando los siguientes aspectos: formas de mostrar en la salida estándar el contenido de las cadenas de caracteres, herramientas para la manipulación de su contenido y de apoyo a la generación y conversión de documentos HTML.

En el Capítulo 6 (*Manipulación de fechas*) se estudian las funciones disponibles para el empleo de fechas. Para poder trabajar con fechas, hay que aprender a realizar las operaciones de obtención, manipulación, validación, así como visualización en diferentes formatos. En este capítulo se muestra cómo llevar a cabo cada una de esas tareas.

En el Capítulo 7 (*Programando en entornos web*) se exponen una serie de conceptos avanzados que deben conocer aquellos profesionales que deseen desarrollar aplicaciones en entornos web. Así, se presentan las nociones fundamentales del protocolo HTTP, los métodos de solicitud habituales y la técnica de utilización de *cookies*.

En el Capítulo 8 (*Entrada y salida en PHP*) se analiza la manipulación de información almacenada en ficheros y las diferentes formas de trabajo. Asimismo, también se presenta la técnica de salida diferida (*output buffering*) y un conjunto de funciones adicionales para el tratamiento de ficheros.

En el Capítulo 9 (*Mantenimiento de directorios y ficheros*) se describen las funciones que incorpora PHP para manipular el sistema de ficheros. Se explica cómo moverse a través de la jerarquía de directorios, trasladar, crear o eliminar nuevos elementos, así como consultar las características y atributos de los ficheros y directorios.

En el Capítulo 10 (*El lenguaje SQL*) se explica al lector el lenguaje SQL. Dada la amplia extensión del mismo, este capítulo hace una descripción genérica de su potencia y muestra cómo funciona apoyándose en MySQL, uno de los gestores más utilizados dentro del mundo de desarrollos web en combinación con PHP.

En el Capítulo 11 (*Acceso a bases de datos*) se presenta la forma en que PHP se conecta con los gestores de bases de datos. A lo largo del capítulo se muestra cómo construir sentencias SQL que posteriormente son ejecutadas a petición del script PHP y cuyo resultado termina siendo parte de las páginas HTML generadas por el intérprete.

En el Capítulo 12 (*Gráficos en PHP*) se explican las capacidades de PHP para generar gráficos de manera dinámica. Así, es posible desarrollar por ejemplo scripts que generen gráficos a partir de la información obtenida de una base de datos.

En el Capítulo 13 (*Expresiones regulares*) se describen los conceptos generales relacionados con las expresiones regulares y su uso para, a continuación, presentar las dos implementaciones distintas que incorpora PHP (estándar Posix y estilo Perl).

En el Capítulo 14 (*Técnicas de trabajo*) se presenta una serie de técnicas y recomendaciones sencillas que permiten solucionar problemas bastante habituales cuando se desarrollan aplicaciones web completas.

Finalmente, en los apéndices se incluye una explicación de las directivas del fichero de configuración de PHP (php.ini) y una referencia rápida con la sintaxis de las sentencias SQL.

Biblioteca del
programador

CAPÍTULO 1

Introducción

En este primer capítulo se presentan las características generales del lenguaje PHP para ofrecer una visión global del mismo. También se explica cómo funciona el intérprete, las diferentes funcionalidades que se pueden obtener, etc. Por último, se presentarán algunos ejemplos como primera toma de contacto con PHP.

CONCEPTOS BÁSICOS

¿Qué es PHP?

PHP es un lenguaje de scripting que permite la generación dinámica de contenidos en un servidor web. Su nombre «oficial» es PHP: HyperText Preprocessor[1]. Entre sus principales características se pueden destacar su potencia, alto rendimiento y su facilidad de aprendizaje. Como se verá a lo largo de este libro, PHP es una eficaz herramienta de desarrollo para los programadores web, ya que proporciona elementos que permiten generar de manera rápida y sencilla sitios web dinámicos.

PHP fue originalmente creado por Rasmus Lerdorf como un conjunto de utilidades (llamadas PHP/FI y posteriormente PHP 2.0) para añadir dinamismo a las páginas web. Este conjunto de herramientas ganó rápidamente popularidad y fue posteriormente completamente rediseñado por Zeev Suraski y Andi Gutmans y rebautizado como PHP 3.0. Más tarde se ha vuelto a rediseñar completamente el intérprete, añadiéndole más potencia y nuevas funcionalidades, para dar lugar al lenguaje que hoy conocemos como PHP4.

PHP es un lenguaje de programación que contiene muchos conceptos de C, Perl y Java. Su sintaxis es muy similar a la de estos lenguajes, haciendo muy sencillo su aprendizaje incluso a programadores noveles.

El código PHP está embebido en documentos HTML de manera que es muy fácil incorporar información actualizada en un sitio web. Observemos una primera página con código PHP:

```
<HTML>
<HEAD>
    <TITLE>Primer script PHP</TITLE>
</HEAD>
<BODY>
<P ALIGN="CENTER">Primer script PHP</P>
<?php
    $hoy = date("d-m-Y");
    echo "La fecha actual es: $hoy.\n";
?>
</BODY>
</HTML>
```

---

[1] El nombre PHP tiene su origen a principios de 1995 en un conjunto de macros conocido como Personal Home Page Tools.

Que genera como resultado una página HTML como la siguiente:

```
<HTML>
<HEAD>
    <TITLE>Primer script PHP</TITLE>
</HEAD>
<BODY>
<P ALIGN="CENTER">Primer script PHP</P>
La fecha actual es: 01-01-2001.
</BODY>
</HTML>
```

```
Primer script PHP

La fecha actual es: 01-01-2001.
```

Tal como puede observarse en el ejemplo anterior, para incluir código PHP en una página HTML basta con activar el intérprete con la etiqueta `<?php` e incluir a continuación las instrucciones correspondientes. Para indicar la finalización del código PHP basta con incluir la etiqueta `?>`. Dentro de un mismo documento HTML se puede activar y desactivar el intérprete tantas veces como sea necesario, construyendo el documento tanto con elementos estáticos HTML como con elementos generados dinámicamente con PHP.

Para activar y desactivar el «modo PHP» dentro de una página HTML existen varias posibilidades:

- Utilizando las etiquetas `<?php` y `?>`.

- Empleando las «etiquetas cortas» (*short tags*) `<?` y `?>` (debe estar habilitada la opción `short_open_tag` en el fichero de configuración[2]).

- Con la etiqueta `<SCRIPT>` de HTML: `<SCRIPT LANGUAGE="php">` y `</SCRIPT>`.

- Con las etiquetas `<%` y `%>` (debe estar activada la opción `asp_tags` del fichero de configuración). Estas etiquetas son las mismas que se emplean en las páginas ASP (*Active Server Pages*).

Características fundamentales del lenguaje

PHP es un lenguaje para la creación de sitios web del que se pueden destacar las siguientes características:

- Es un potente y robusto lenguaje de programación embebido en documentos HTML.

- Dispone de librerías de conexión con la gran mayoría de los sistemas de gestión de bases de datos para el almacenamiento de información permanente en el servidor.

---

[2] En el siguiente capítulo se explicarán los parámetros del fichero de configuración.

- Proporciona soporte a múltiples protocolos de comunicaciones en Internet (HTTP, IMAP, FTP, LDAP, SNMP, etc.).

Aparte de estas características básicas, existen otras no menos importantes:

- Código fuente abierto: el código del intérprete está accesible para permitir posibles mejoras o sugerencias acerca de su desarrollo (PHP ha sido escrito en lenguaje C).

- Gratuito: no es necesario realizar ningún desembolso económico para desarrollar sistemas de información empleando este versátil lenguaje.

- Portable y multiplataforma: existen versiones del intérprete para múltiples plataformas (Windows 95, 98, NT, 2000, Unix, Linux, etc.). Esto permite que las aplicaciones puedan ser portadas de una plataforma a otra sin necesidad de modificar ni una sola línea de código.

- Eficiente: PHP consume muy pocos recursos en el servidor, por lo que con un equipo relativamente sencillo es posible desarrollar interesantes aplicaciones.

- Alta velocidad de desarrollo: PHP permite desarrollar rápidamente sitios web dinámicos. Proporciona gran cantidad de librerías muy útiles y bien documentadas que ahorran mucho trabajo al programador.

Por último, y aparte de todas estas características citadas anteriormente, también dispone de facilidades para el procesamiento de ficheros, funciones de tratamiento de textos, generación dinámica de imágenes, tratamiento de documentos XML… y muchas más características que irán apareciendo a lo largo de este libro.

¿Cómo y cuándo funciona el intérprete?

Las páginas que contienen exclusivamente código HTML se pueden desarrollar y probar sin la intervención de un servidor web, ya que el código HTML es interpretado en el navegador del usuario. Esto es así incluso si las páginas incluyen código JavaScript, ya que también es una tecnología que se ejecuta en el navegador del usuario. Sin embargo, PHP se ejecuta en el servidor antes de que la página sea enviada al usuario que realizó la petición. A continuación se explica cómo y cuándo entra en funcionamiento el intérprete de PHP.

Cuando llega una petición a un servidor web, éste localiza el documento solicitado por el cliente y, en función de una serie de parámetros de la propia configuración del servidor, decide la acción a realizar con el documento. Así, por ejemplo, en caso de tratarse de un documento simple HTML (sin código PHP) o un fichero con una imagen, el servidor se limita a enviar al cliente el documento que solicitó y dicho cliente lo muestra en su navegador.

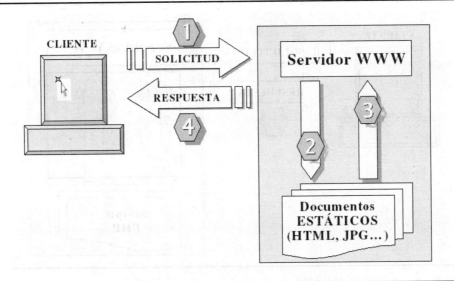

Figura 1.1. *Fases en la obtención de un documento estático.*

La descripción de los diferentes pasos realizados es la siguiente:

1. El usuario pulsa sobre un enlace solicitando un documento (por ejemplo, un fichero `html`, una imagen en formato `jpg`, etc.) y el navegador envía la petición al servidor utilizando el protocolo HTTP[3].

2. La solicitud llega hasta el servidor web correspondiente a través de la red. El servidor localiza el documento solicitado.

3. El servidor lee el documento del sistema de ficheros y envía al cliente una copia exacta del mismo.

4. El documento llega al cliente y se visualiza su contenido en el navegador del usuario.

Sin embargo, cuando el cliente pulsa sobre un enlace que corresponde a un documento que incluye código PHP el proceso que se realiza es bastante distinto. El navegador igualmente envía la solicitud correspondiente, pero en este caso el servidor detecta[4] que se trata de un documento con código PHP y pone en funcionamiento el intérprete de dicho lenguaje.

---

[3] HTTP: *HyperText Transfer Protocol*, protocolo de transferencia de hipertextos.

[4] Habitualmente los servidores identifican el tipo de contenido de los documentos por la extensión del nombre del fichero. Los documentos que contienen código PHP suelen tener la extensión `.php` o `.phtml` (es posible configurar las extensiones válidas en el servidor).

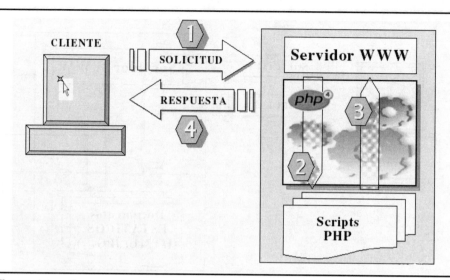

Figura 1.2. *Fases en la obtención de un documento dinámico.*

1. El usuario pulsa sobre un enlace solicitando un documento (fichero `.phtml` o `.php`) y el navegador envía la solicitud al servidor empleando el protocolo HTTP.

2. Llega la solicitud al servidor y localiza el documento. Por la extensión del nombre del fichero determina que se trata de un fichero que contiene código PHP y lanza el intérprete.

3. El intérprete ejecuta el script solicitado y genera un resultado (habitualmente una página HTML) que se devuelve al servidor para que éste a su vez lo transfiera al cliente.

4. Se visualiza el documento en el navegador del usuario.

A efectos del usuario el proceso es exactamente el mismo: pulsa sobre un enlace y recibe la información solicitada. Sin embargo, en el servidor el proceso realizado antes de enviar la información ha sido diferente, ya que en el segundo caso ha sido necesaria la intervención del intérprete de PHP para elaborar dinámicamente el contenido. Por contrapartida, el usuario recibirá un documento cuyos contenidos pueden variar en función, por ejemplo, de la información contenida en una base de datos, o de la lectura de un termómetro, o...

Una vez examinadas las diferencias entre documentos generados de manera estática y dinámica, veamos algún detalle más relativo al intérprete. PHP puede ser instalado al menos de tres modos diferentes:

- Como un intérprete externo (modo CGI).

- Como una extensión del servidor (vía *ISAPI* y *NSAPI*)[5].

- Como un módulo interno del servidor (disponible sólo para Apache).

---

[5] Empleando la API (*Application Program Interface*) del servidor.

La interfaz CGI (*Common Gateway Interface*, interfaz de pasarela común) dota de capacidades de comunicación a los servidores web con otros programas. Esta interfaz de comunicación es común en el sentido en que es exactamente igual para todos los servidores, independientemente de la plataforma sobre la que trabajen. La interfaz CGI establece de una forma clara y precisa la manera en la que se transfiere la información entre el servidor web y otros programas (llamados genéricamente programas CGI). De esta forma es posible «conectar» el servidor web con cualquier programa que se pueda ejecutar en la misma máquina que el propio servidor. Los pasos que suceden cuando un usuario pulsa sobre un enlace que apunta a un programa CGI son:

1. El usuario pulsa sobre un enlace solicitando un documento (fichero `.cgi`, o `.pl`, o `.exe`, o...[6]) y el navegador envía la solicitud al servidor.

2. Llega la solicitud al servidor y éste localiza el programa. El servidor determina cómo debe lanzar la ejecución del mismo (puede requerirse la ejecución adicional de un intérprete del lenguaje en el que esté escrito el programa).

3. Se ejecuta el programa CGI generando un contenido (habitualmente un documento HTML) y devuelve el resultado al servidor. Éste reenvía el resultado al cliente que realizó la petición.

4. Se visualiza el contenido del documento en el navegador del usuario.

En los programas CGI desarrollados con lenguajes como C o Perl, cuando se obtiene la información enviada desde el cliente se debe proceder a un proceso de descodificación, puesto que dicha información se envía siguiendo las reglas de codificación de URL[7]. Con PHP este paso no es necesario, dado que el propio intérprete se encargará de realizar el proceso de descodificación.

Aparte del modo CGI, también se puede instalar el intérprete como una extensión del servidor empleando la API correspondiente (esta opción está disponible a partir de la versión 4 de PHP), o como un módulo adicional del servidor. Esta última opción es la más aconsejada para servidores con un alto número de solicitudes, ya que no requiere la ejecución de ningún programa adicional aparte del propio servidor web (aunque éste tendrá un tamaño algo mayor).

Dependiendo de la plataforma en la que se desee instalar PHP, se deberá decidir por alguno de los modos anteriores. Los factores determinantes en la toma de la decisión serán el sistema operativo, la carga prevista y el software del servidor web sobre los que se va a realizar la instalación.

PHP se ejecuta en el servidor

Como se ha comentado anteriormente, el intérprete de PHP reside y se ejecuta en la máquina en la que se encuentra el servidor web. De esta forma, el cliente lo único que reci-

---

[6] Un programa CGI puede ser cualquier tipo de programa que sea capaz de ejecutarse en el servidor. Habitualmente se emplean programas escritos en lenguajes como C, C++, Perl, etc.

[7] URL: *Uniform Resource Locator*. Los URL permiten identificar de manera única un recurso en Internet. Su estructura es: `protocolo://servidor:puerto/path/recurso`. Ejemplo: `http://www-oei.eui.upm.es:80/Asignaturas/GDSII/index.html`.

be es el resultado generado (páginas HTML, imágenes en formato `gif` o `jpeg`, etc.) y no le afecta si ha sido producido por un programa CGI escrito en lenguaje C o por un script escrito en Perl o por una página con código PHP o ASP.

A diferencia de JavaScript, o de un applet Java, PHP es una tecnología que solamente se ejecuta en el lado del servidor. Es importante saber dónde y para qué se puede aplicar una tecnología, y más importante aún: dónde no se puede aplicar o para qué no se puede aplicar.

PHP ha sido diseñado para generar dinámicamente contenidos, y uno de sus puntos fuertes es su gran capacidad para interactuar con multitud de gestores de bases de datos. Además, también puede producir de manera dinámica código (incluyendo, por ejemplo, JavaScript) que se envía con la página HTML y se ejecuta en el lado del cliente. Por tanto, PHP es una potente herramienta que permite desarrollar gran variedad de aplicaciones basadas en entornos web.

En consecuencia, para desarrollar sitios web empleando PHP es necesario disponer de un servidor web y del intérprete de PHP. En este punto hay que destacar que es perfectamente compatible utilizar, por ejemplo, como plataforma de desarrollo una máquina Win32 y después, una vez finalizada la fase de desarrollo, transferir la aplicación sin tener que realizar ningún tipo de cambio a otra plataforma de explotación (como por ejemplo un potente servidor sobre alguna variante de Unix).

El motor Zend

PHP4 ha supuesto un completo rediseño del intérprete con respecto a la versión anterior. Ha añadido nuevas e importantes características, como son el soporte de sesiones, nuevas funciones para el tratamiento de arrays, nuevas instrucciones de bucles…, pero aunque los cambios funcionales son muy importantes, más lo son aún los cambios internos de su implementación.

Para este nuevo desarrollo se ha empleado el motor de scripting Zend[8]. Este motor da soporte al nuevo intérprete de PHP permitiéndole incrementar sensiblemente su rendimiento. En determinadas circunstancias se han obtenido tiempos de ejecución del orden de 200 veces más veloces.

Entre otras características, versiones comerciales de Zend permitirán compilar scripts PHP para incrementar aún más su velocidad. Aparte de esta importante mejora en su rendimiento, no es menos importante el incremento en flexibilidad. Este nuevo motor hace posible incorporar módulos PHP que funcionen sobre un amplio espectro de servidores.

ROMPIENDO EL HIELO: PRIMEROS EJEMPLOS

A continuación figuran tres ejemplos de empleo de PHP que permitirán irse familiarizando con la sintaxis y el modo de funcionamiento del lenguaje. En el tercer capítulo se explicará detalladamente la sintaxis de PHP. El objetivo de estos ejemplos consiste en dar a

---

[8] El nombre proviene de sus autores: Zeev Suraski y Andi Gutmans, http://www.zend.com/.

conocer al lector algunos aspectos del lenguaje, por lo que no es imprescindible comprenderlos en su totalidad por el momento.

- En el primer ejemplo, se emplea PHP sencillamente para mostrar los valores introducidos en un formulario por el usuario.

- En el segundo ejemplo, se emplea PHP para obtener los datos que el usuario ha introducido en los campos de un formulario y después se realizan algunos sencillos cálculos con dichos datos.

- En el tercero, se desarrolla una página PHP recursiva, mostrando un formulario la primera vez que se ejecuta y procesando los datos introducidos a través del formulario en la siguiente ejecución.

Visualización de datos introducidos en un formulario

Para realizar este ejemplo será necesaria la creación de dos páginas:

- La primera página está escrita empleando sólo HTML y contiene el formulario de entrada de datos.

- La segunda contiene código PHP, y su misión consiste en mostrar el contenido de los campos introducidos por el usuario en el formulario.

El contenido de la primera página será:

```
<!-- Cap01/formulario.html -->
<HTML>
<HEAD>
   <TITLE>Formulario de Recepción de Pedidos</TITLE>
</HEAD>
<BODY>
<H1 ALIGN="CENTER">Formulario de Recepción de Pedidos</H1>
  <FORM ACTION="procesar1.php">
    Nombre Usuario:
    <INPUT TYPE="text" NAME="NombreUsuario" SIZE="20"><BR>
    Listado de libros disponibles:
    <UL>
      <LI>Libro A - (Precio = 10) - Unidades:
          <INPUT TYPE="text" NAME="UnidadesA" SIZE="2">
      </LI>
      <LI>Libro B - (Precio = 12) - Unidades:
          <INPUT TYPE="text" NAME="UnidadesB" SIZE="2">
      </LI>
    </UL>
    <P ALIGN="CENTER"><INPUT TYPE="submit" VALUE="Enviar"></P>
  </FORM>
</BODY>
</HTML>
```

Esta página, al ser interpretada por el navegador (y rellenada con algunos datos), aparecerá como se aprecia en la Figura 1.3.

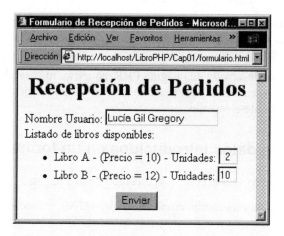

Figura 1.3.   *Formulario de recepción de pedidos.*

Como puede apreciarse, el formulario contiene tres campos de entrada de datos. El primero contendrá el nombre del usuario, y como se puede observar en el código HTML, este campo recibe el nombre `"NombreUsuario"`. El segundo campo se llama `"UnidadesA"` y es el número de unidades que el usuario desea del libro A. Por último, el tercer campo de entrada de datos recibe el nombre `"UnidadesB"` y contendrá el número de unidades del libro B.

También es importante observar el contenido del atributo ACTION en la etiqueta FORM: en este caso se indica que el formulario será procesado por una página que está en el mismo directorio del servidor que la página actual y que recibe por nombre `proce-sar1.php`. Esta página será la encargada de realizar el procesamiento de este formulario.

```
<!-- Cap01/procesar1.php -->
<HTML>
<HEAD>
    <TITLE>Datos Introducidos</TITLE>
</HEAD>
<BODY>
<H1 ALIGN="CENTER">Datos Introducidos</H1>
<?php
   echo "Nombre = <B> $NombreUsuario </B> <BR>";
   echo "Número Unidades Libro A =  <B> $UnidadesA </B><BR>";
   echo "Número Unidades Libro B =  <B> $UnidadesB </B><BR>"
?>
</BODY>
</HTML>
```

Como se puede comprobar, la única función que realiza esta sencilla página PHP consiste en mostrar el contenido de las variables $NombreUsuario, $UnidadesA y $UnidadesB con algo de código HTML para resaltar los datos. Estas variables contienen los valores que el usuario ha introducido a través del formulario (obsérvese que en PHP los nombres de variable comienzan por el carácter $). Como resultado se obtiene una página como la ofrecida en la Figura 1.4.

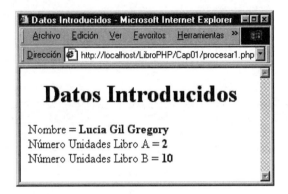

Figura 1.4. *Datos introducidos en el formulario.*

Nota: *Obsérvese que para que funcione correctamente el ejemplo anterior se debe obtener la página HTML que contiene el formulario a través del servidor web (por ejemplo, a través del URL* http://localhost/ LibroPHP/Cap01/formulario.html). *El ejemplo no funcionará si se accede a la página HTML directamente, obteniéndola como un fichero local del disco duro sin la intervención del servidor web[9].*

Procesamiento de datos introducidos en un formulario

Para realizar el siguiente ejemplo se empleará como base el ejercicio anterior. El objetivo consiste en realizar un sencillo cálculo para obtener el precio total del pedido multiplicando el precio unitario de cada libro por el número de unidades solicitadas.

En primer lugar, se debe modificar el formulario para indicar que la nueva página que realizará el procesamiento del formulario será procesar2.php. Esto es, se debe modificar el atributo ACTION del elemento FORM para que figure como ACTION="proce sar2.php".

A continuación se muestra el código de la página procesar2.php. Como puede observarse, sencillamente realiza los cálculos indicados y genera el código HTML correspondiente para mostrar el resultado al usuario.

---

[9] Otra opción consiste en escribir el URL completo en el atributo ACTION del formulario. En nuestro caso debería contener el siguiente valor ACTION="http://localhost/LibroPHP/Cap01/procesar1.php".

```
<!-- Cap01/procesar2.php -->
<HTML>
<HEAD>
    <TITLE>Importe del Pedido</TITLE>
</HEAD>
<BODY>
<H1 ALIGN="CENTER">Importe del Pedido</H1>
<?php
  // Primero calculamos los totales
  $SubtotalA = $UnidadesA * 10;
  $SubtotalB = $UnidadesB * 12;
  $TotalPedido = $SubtotalA + $SubtotalB;

  // Ahora mostramos los resultados
  echo "Nombre = <B> $NombreUsuario </B>\n <PRE>\n";
  echo "Libro A: <B> $UnidadesA </B> uds. a 10 = <B> $SubtotalA </B> \n";
  echo "Libro B: <B> $UnidadesB </B> uds. a 12 = <B> $SubtotalB </B> \n";
  echo "——————————— \n ";
  echo "<B> TOTALES </B>              <B> $TotalPedido </B> </PRE> \n"
?>
</BODY>
</HTML>
```

En este segundo ejemplo, en primer lugar se realizan los cálculos necesarios empleando los datos que el usuario ha introducido en el formulario, y a continuación dichos datos son mostrados como texto preformateado empleando la etiqueta <PRE>. El resultado obtenido puede observarse en la Figura 1.5.

Figura 1.5. *Cálculo del importe del pedido.*

Página «autoprocesada»

Este tercer ejemplo es algo más complicado de entender para programadores noveles, pero rápidamente comprenderán la utilidad de este tipo de páginas que se llaman a sí mismas de manera recursiva. A diferencia de los dos ejemplos anteriores, este tipo de diseño permite mantener en una misma página el formulario junto con el código que procesa dicho formulario. Gracias a esto, se evita la necesidad de tener que consultar el contenido de otra página para desarrollar el procesamiento de dicho formulario.

El funcionamiento de la página es el siguiente: en primer lugar, se comprueba si existe una determinada variable (en el ejemplo esta variable será $NombreUsuario, que contiene el nombre del usuario). Si no existe dicha variable se muestra el formulario para obtener los datos del cliente. En caso contrario se realiza el procesamiento del pedido. El código de esta página es el siguiente:

```php
<!-- Cap01/form_y_proceso.php -->
<HTML>
<HEAD>
    <TITLE>Procesamiento de Pedidos</TITLE>
</HEAD>
<BODY>
<?php
    // Se comprueba que no exista la variable $NombreUsuario
    if (!isset($NombreUsuario))
    {
?>
<H1 ALIGN="CENTER">Formulario de Recepción de Pedidos</H1>
    <FORM ACTION="">  <!-- Esta página se procesa a sí misma -->
    Nombre Usuario:
    <INPUT TYPE="text" NAME="NombreUsuario" SIZE="20"><BR>
    Listado de libros disponibles:
    <UL>
        <LI>Libro A - (Precio = 10) - Unidades:
        <INPUT TYPE="text" NAME="UnidadesA" SIZE="2">
        </LI>
        <LI>Libro B - (Precio = 12) - Unidades:
        <INPUT TYPE="text" NAME="UnidadesB" SIZE="2">
        </LI>
    </UL>
    <P ALIGN="CENTER"><INPUT TYPE="submit" VALUE="Enviar"></P>
    </FORM>
<?php
    }
    // La variable $NombreUsuario está asignada -> se procesan los datos
    else
    {
    // Primero calculamos los totales
    $SubtotalA = $UnidadesA * 10;
    $SubtotalB = $UnidadesB * 12;
```

```
    $TotalPedido = $SubtotalA + $SubtotalB;
    // Ahora mostramos los resultados
    echo '<H1 ALIGN="CENTER">Importe del Pedido</H1>';
    echo "Nombre = <B> $NombreUsuario </B>\n <PRE>\n";
    echo "Libro A: <B> $UnidadesA </B> uds. a 10 = <B> $SubtotalA </B> \n";
    echo "Libro B: <B> $UnidadesB </B> uds. a 12 = <B> $SubtotalB </B> \n";
    echo "——————— \n ";
    echo "<B> TOTALES </B>              <B> $TotalPedido </B> </PRE> \n";
    }
?>
</BODY>
</HTML>
```

Como se puede ver en este ejemplo, el intérprete se puede activar y desactivar en una misma página tantas veces como sea necesario para pasar del «modo PHP» al «modo HTML», dependiendo de las necesidades concretas de la página.

Los resultados obtenidos con esta página son exactamente los mismos que con las dos páginas anteriores (`formulario.html` + `procesar2.php`) pero, a diferencia de éstas, es más cómodo desarrollar el procesamiento del formulario, dado que ambas partes se encuentran en la misma página.

Esta técnica se emplea frecuentemente para la elaboración de páginas con PHP. Obsérvese que el número de veces que una página podría llamarse a sí misma es ilimitado y, por tanto, empleando esta técnica se pueden desarrollar complicadas páginas que realizan varias tareas relacionadas unas con otras para llevar a cabo un proceso completo. A lo largo de este libro se volverán a desarrollar más ejemplos con páginas recursivas.

Una vez vistos estos tres ejemplos, en el siguiente capítulo se detalla el modo de realizar la instalación y configuración del intérprete de PHP sobre diferentes plataformas.

CAPÍTULO 2

Instalación
y configuración
del intérprete

En este capítulo se explicará cómo se instala el intérprete de PHP en un ordenador, y así poder desarrollar sitios web dinámicos empleando esta tecnología. En primer lugar, se describe cómo obtener el software, su licencia de uso y los distintos modos de instalarlo. Una vez realizado este proceso, se procederá a la configuración y prueba del intérprete. Por último, el capítulo finaliza explicando conceptos relacionados con la seguridad en PHP.

INSTALACIÓN DE PHP

En general, la instalación de PHP es un proceso que depende, en gran medida, del entorno en el que se vaya a realizar. Dado que PHP es capaz de trabajar con una gran variedad de gestores de bases de datos, protocolos, librerías, etc., su instalación dependerá de las funcionalidades finales de las que se le quiera dotar. Si a esto se le añade el hecho de que funciona sobre una gran variedad de plataformas, se obtiene un elevado número de posibles combinaciones de instalación.

En este apartado se presentan las directrices genéricas de instalación y configuración para entornos Win32 y Unix. Para otros entornos se recomienda que consulte la documentación suministrada con el propio intérprete de PHP.

En función del servidor web utilizado y del sistema operativo elegido, existen varios modos diferentes de instalar PHP:

- Como un intérprete externo al servidor web (modo CGI).
- Como un módulo interno (estático o dinámico) del servidor Apache.
- Como módulo ISAPI sobre Internet Information Server.
- Como módulo NSAPI sobre Netscape Enterprise Server.

En este capítulo se explica la forma de instalar y configurar el intérprete de PHP sobre plataformas Win32 como intérprete externo y como módulo ISAPI y sobre plataformas Linux con el servidor Apache[1]. Existen otras muchas combinaciones, pero estas son las más habituales y pueden emplearse como referencia para otras posibles plataformas.

¿Cuánto cuesta PHP?

PHP es *Open Source*[2] (podría traducirse como «*código fuente abierto*»). Esto significa que cualquier persona puede emplear el software libremente (incluso para su uso comercial). Por lo tanto, el código fuente del intérprete de PHP está disponible a todo aquel que quiera examinarlo y ver cómo está hecho «por dentro» el intérprete. Esta política de licencias es uno de los motivos del creciente éxito de este lenguaje, ya que multitud de expertos colaboran voluntariamente para mejorarlo y enriquecerlo, así como en la correc-

---

[1] A veces se emplea el concepto LAMP para referirse a la combinación Linux, Apache, MySQL y PHP o Perl o Python.

[2] Para ampliar información consulte http://www.opensource.org/.

ción de los posibles errores o fallos del mismo, haciendo del intérprete de PHP una pieza de software estable y robusta.

En el sitio web de la *Free Software Foundation*[3] puede leerse una buena definición acerca de lo que se entiende por *free software*:

> El software libre es software que viene con autorización para que cualquiera pueda usarlo, copiarlo y distribuirlo, ya sea literal o con modificaciones, gratis o mediante una gratificación. En particular, esto significa que el código fuente debe estar disponible. «Si no es fuente, no es software.»

Como principales beneficios de su característica de código fuente abierto (*open source*) destacan la existencia de una gran cantidad de información fiable en la red, la rápida corrección de los errores que puedan aparecer (cualquiera que detecte un error puede hacerlo saber al resto de la comunidad y reparar el código) y la inmediata incorporación de nuevas funcionalidades (no existe la necesidad de evaluar la conveniencia desde el punto de vista de la estrategia comercial...).

Para ampliar información acerca de la licencia con la que se distribuye PHP o los derechos sobre el código fuente y el intérprete, consulte la página web `http://www.php.net/license.html`. También deberá encontrar dicho documento junto a cualquiera de las distribuciones del intérprete que pueda localizar.

¿Cómo obtener PHP?

Para poder desarrollar páginas que incluyan código PHP es necesario disponer de acceso a un servidor que tenga instalado el intérprete de este lenguaje. Si tiene accesible cerca un servidor con PHP instalado, ¡enhorabuena!, se ahorrará el proceso de instalación y configuración, aunque no debe alegrarse demasiado, quizás también pueda estar limitado en cuanto a las funcionalidades o posibilidades de utilización del lenguaje.

Dado que el intérprete de PHP es gratuito y funciona correctamente sobre una gran variedad de plataformas, la opción más aconsejable para el desarrollo de páginas que incluyan código PHP consiste en instalar localmente un servidor web (por ejemplo, Apache) y el intérprete de PHP adecuado para el sistema operativo instalado. Una vez desarrolladas las páginas y/o aplicaciones éstas pueden ser portadas para su explotación a otro servidor web sin necesidad de realizar modificaciones.

El software en su versión en código fuente o binaria para algunos sistemas puede obtenerse de `http://www.php.net/downloads.php` o del *mirror* más cercano para mejorar la velocidad de transferencia.

A continuación se explica cómo instalar el intérprete de PHP en entornos Win32 (en los modos CGI e ISAPI). Posteriormente se indica cómo realizar esta instalación en entornos Unix.

---

[3] Free Software Foundation: `http://www.fsf.org/`.

Instalación del intérprete en sistemas Win32

Para los usuarios de sistemas basados en Sistemas Operativos Windows de 32 bits actualmente hay disponibles tres tipos de distribución:

- Versión con autoinstalación en modo CGI.
- Versión en modo CGI e ISAPI (sin instalador).
- Versión en código fuente.

Para seguir este libro es más que suficiente con la versión CGI (735 Kbytes en la versión 4.0.4pl1), además también es la más sencilla de poner en marcha, ya que dispone de un instalador. Si se desea experimentar con la versión ISAPI (todavía no es todo lo estable que sería deseable) puede elegir la segunda opción (3,64 Mbytes), que incluye tanto la versión CGI como la ISAPI e incorpora gran variedad de módulos adicionales. Por último, si desea construir su propio intérprete, obtenga la versión más reciente posible del código fuente y siga las instrucciones que le acompañan.

La diferencia fundamental entre los modos CGI e ISAPI consiste en que en modo CGI el intérprete es un programa externo al servidor web, y en modo ISAPI el intérprete está incluido en una librería compartida que se carga dinámicamente dentro del propio servidor web. Esto implica que en el modo CGI cada vez que se recibe una petición que requiere el uso del intérprete de PHP, se lanza la ejecución de dicho intérprete, un proceso por cada petición. Esto significa que si el número de peticiones es muy elevado el servidor podría llegar a colapsarse. Sin embargo, cuando el intérprete de PHP actúa empleando la API del servidor no se requiere la ejecución de un nuevo proceso por solicitud, ya que las funciones del intérprete pasan a ser parte del propio servidor web, y se pueden atender múltiples solicitudes sin la necesidad de crear un nuevo proceso independiente.

A continuación se explicará la instalación del intérprete en los modos CGI e ISAPI para entornos Win32. Para la gran mayoría de usuarios será suficiente con realizar la instalación en modo CGI. Aun así, si desea probar con la versión ISAPI[4] puede continuar con el apartado en el que se explican los pasos para realizar dicha instalación.

Modo CGI (Common Gateway Interface)

En entornos Win32 se distribuye un fichero[5] que incluye un programa de instalación al típico estilo Windows. En primer lugar, presenta una pantalla de bienvenida (que puede observarse en la Figura 2.1) y a continuación muestra la licencia cuyas condiciones deben ser aceptadas por el usuario si desea emplear el producto. Después, el usuario debe elegir entre una instalación estándar o una instalación avanzada: la diferencia consiste en que en

---

[4] Deberá disponer de un servidor web con soporte para extensiones ISAPI, como *Apache, Personal Web Server* (versión 4.0 o superior) o *Internet Information Server* (versión 4.0 o superior).

[5] Puede obtener el software de su *mirror* de PHP más cercano, consulte `http://www.php.net/mirrors.php`. El nombre del fichero actualmente es `PHP404pl1-installer.exe` (podrá variar con el número de versión).

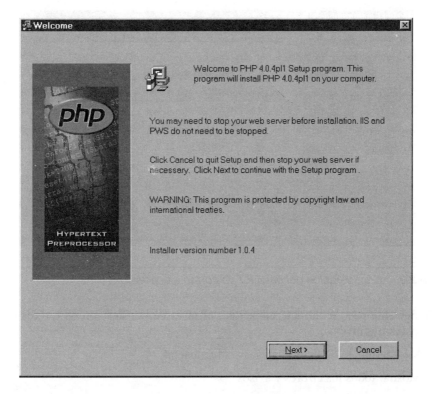

Figura 2.1. *Pantalla de inicio de la instalación de PHP.*

el modo avanzado se puede configurar algún parámetro adicional que asume valores por defecto en el caso de la instalación estándar.

Recomendamos seguir la instalación avanzada e instalar el intérprete de PHP como un subdirectorio del directorio raíz cuyo nombre sea la denominación completa de la versión del intérprete que se esté utilizando (en nuestro caso será en C:\PHP4.0.4pl1\). La explicación es sencilla: PHP es un intérprete realmente vivo, con una evolución muy rápida que hace que frecuentemente estén apareciendo nuevas versiones para realizar mejoras. Disponiendo de un directorio específico para cada versión evita que se mezclen ficheros de configuración, módulos, etc., de distintas versiones, con los consiguientes quebraderos de cabeza.

A continuación, se elige nombre y situación del directorio temporal donde se almacenarán los ficheros enviados por los usuarios (*file uploads*) al servidor —directorio uploadtemp— y la información de sesiones —directorio sessiondata—. Tras estas dos opciones, el programa de instalación procede a la configuración del correo electrónico: solicita la dirección del servidor SMTP (habitualmente localhost) y la dirección de correo electrónico que aparecerá en la línea From: de los mensajes de correo electrónico enviados desde los scripts PHP (Figura 2.2).

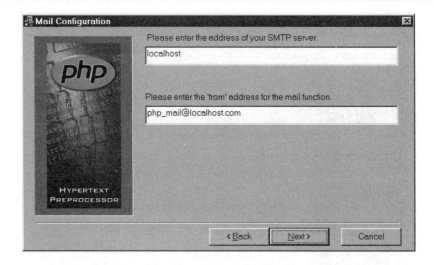

Figura 2.2. *Configuración del servidor de correo electrónico.*

El siguiente paso es la determinación del nivel de notificación de errores (Figura 2.3). Existen tres niveles:

- Mostrar todos los errores, avisos y advertencias.

- Mostrar todos los errores y avisos.

- Mostrar todos los errores.

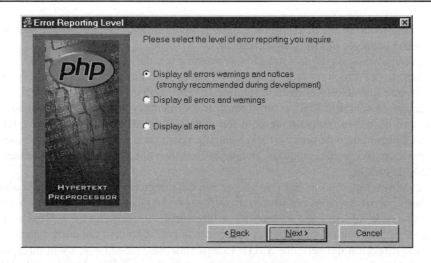

Figura 2.3. *Configuración del nivel de informe de errores.*

Se recomienda seleccionar el primer nivel, ya que los distintos avisos y advertencias obtenidos ayudarán al programador novel a detectar posibles errores y fallos que no son sencillos de detectar. La instalación continúa solicitando el tipo servidor de HTTP que se va a emplear (Personal Web Server, Internet Information Server, Apache, Xitami u otros) (Figura 2.4).

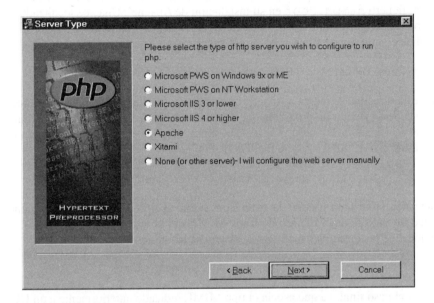

Figura 2.4. *Elección del servidor HTTP.*

Una vez elegido el servidor web, el programa de instalación preguntará por las extensiones de los ficheros asociados a las páginas con scripts PHP: se recomienda usar la extensión .php. A continuación se procede a la instalación del software del intérprete de PHP. Finalmente se mostrará la «deseada» ventana de finalización.

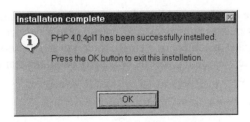

Figura 2.5. *Fin de la instalación.*

Si su servidor es PWS o IIS, el proceso de instalación ya ha terminado cuando se muestra la pantalla anterior. Por contra, si su servidor web es Apache todavía queda un paso adicional: como se indica en la instalación, aún no existe un programa para la configuración automática de PHP sobre Apache, por lo que habrá que realizar la configuración manualmente (como suele ser habitual en la configuración de este servidor web).

No se alarme, es muy sencillo: lo único que queda por hacer es modificar el fichero de configuración de su servidor para que Apache sepa cómo manejar los scripts PHP. Para ello localice el fichero `httpd.conf` en su instalación de Apache[6]. Una vez localizado, hágase una copia de seguridad (por si se complican las cosas...) y edítelo con su editor favorito. Localice el sitio donde figuran las directivas `ScriptAlias` e incluya la siguiente:

```
ScriptAlias /php4/ "C:/PHP4.0.4pl1/"
```

Con esta directiva se indica a Apache que para todos aquellos URI que comiencen por `/php4/` deberá ejecutar un programa que se encuentra en el directorio indicado (más adelante se especificará cuál es ese programa). Ahora, localice la sección del fichero donde figuran las directivas `AddType`, e incluya la siguiente:

```
AddType      application/x-httpd-php4     .php
```

Ésta línea sirve para asociar la extensión `.php` al tipo MIME correspondiente sin necesidad de modificar el fichero de tipos MIME del servidor (`mime.types`). Finalmente, localice las directivas `Action` e incorpore la siguiente línea:

```
Action      application/x-httpd-php4     "/php4/php.exe"
```

Éste es el paso final, ya que asocia el tipo MIME indicado anteriormente a un URI que comienza por `/php4/` (que está redirigido al directorio correspondiente a través de la directiva `ScriptAlias` anterior) y seguido del nombre del intérprete de PHP llamado `php.exe`.

Para comprobar la correcta instalación, guarde el fichero y vuelva a arrancar su servidor web para que cargue la nueva configuración. Si desea comprobar la sintaxis del nuevo fichero de configuración, desde la línea de comandos escriba la orden `"apache -t"`. Si todo es correcto recibirá el mensaje `"Syntax OK"` (Figura 2.6).

Modo ISAPI

La tecnología ISAPI[7] fue creada con objeto de extender las funcionalidades de los servidores web añadiéndoles nuevas funciones que proporcionen servicios adicionales. Así, empleando esta tecnología es posible, por ejemplo, incorporar a un servidor un módulo de encriptación, un intérprete adicional para que sea capaz de interpretar código PHP embebido en páginas HTML, etc.

---

[6] El directorio por defecto es `C:\Archivos de programa\Apache Group\Apache\conf`.
[7] ISAPI: *Internet Services Application Programming Interface.*

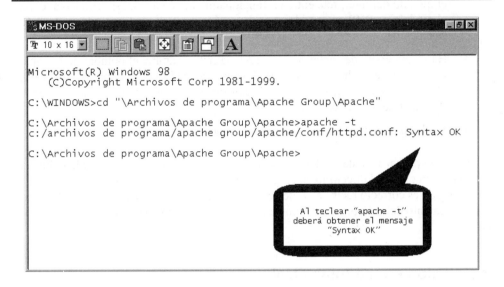

Figura 2.6. *Comprobación de la sintaxis del fichero httpd.conf.*

Para realizar la instalación, lo primero que debe hacer es obtener el software[8]. La versión ISAPI se distribuye en un fichero comprimido en formato ZIP. Aparte de la versión ISAPI propiamente dicha, también incluye la versión CGI, librerías adicionales y algunas utilidades que no están disponibles en la versión con autoinstalación.

Una vez obtenido el fichero debe ser descomprimido a su localización definitiva (se recomienda emplear el directorio C:\PHP4.0.4pl1\). A continuación se explicarán los pasos a seguir si el servidor empleado es Apache. En caso de disponer de otro tipo de servidor siga las instrucciones detalladas en el fichero install.txt en el directorio citado anteriormente.

Para continuar con la instalación sobre el servidor Apache, siga los siguientes pasos:

1. Detenga el servidor.

2. Mueva el fichero php4ts.dll a su directorio \Windows\System (o System32 si se trata de entornos NT).

3. Edite el fichero de configuración de Apache httpd.conf e incluya las siguientes líneas:

```
LoadModule   php4_module   c:/php4.0.4pl1/sapi/php4apache.dll
AddType      application/x-httpd-php .php
```

La primera línea indica al servidor Apache que cargue el módulo PHP4. La segunda asocia los ficheros con extensión .php al tipo MIME necesario para que

---

[8] El fichero correspondiente se denomina PHP-4.0.4pl1-Win32.zip.

el módulo del intérprete entre en funcionamiento. *Nota:* Si especifica mal el path al módulo de PHP, su servidor Apache será incapaz de arrancar, ponga atención a este detalle.

4. Haga una copia del fichero `php.ini-dist` y cambie el nombre de la copia a `php.ini` (el fichero original podrá ser empleado como copia de seguridad). Mueva el fichero `php.ini` al directorio en el que tiene instalado Windows (habitualmente `C:\Windows`).

5. Vuelva a poner en marcha su servidor Apache.

Para comprobar la sintaxis del fichero de configuración de Apache, desde la línea de comandos sitúese en el directorio en el que instaló el servidor y escriba la orden `"apache -t"`. Si todo es correcto recibirá el mensaje `"Syntax OK"`. Para comprobar el correcto funcionamiento del intérprete continúe en el apartado *Una rápida prueba de la instalación*.

Instalación en máquinas Unix

La instalación del intérprete de PHP sobre máquinas Unix es, ciertamente, dependiente de la plataforma concreta en la que se va a realizar dicha instalación. Esto hace que no sea sencillo escribir una guía detallada de los pasos a seguir aplicable a todas las plataformas. Por tanto, a continuación se describen los pasos genéricos que deben emplearse para instalar el intérprete de PHP sobre una máquina con alguna variante de Unix.

Básicamente existen tres posibilidades, emplear paquetes en formato RPM (*RedHat Package Manager*) o DEB, construir el intérprete «manualmente» a partir del código fuente o confiar en alguna de las herramientas de ayuda a la instalación que están apareciendo últimamente. Si tiene experiencia en la instalación de software en entornos Unix es aconsejable que realice la instalación partiendo de la distribución del código fuente. Como es habitual, este paquete[9] incluye documentación indicando los pasos a seguir para completar la instalación.

El primer método es aplicable a diferentes distribuciones de Linux y consiste en instalar PHP a partir de distribuciones binarias en formato RMP o DEB. Este método tiene el inconveniente de que no se pueden modificar los parámetros de la instalación en tiempo de compilación, pero como gran ventaja destaca que con muy pocos comandos y en muy poco tiempo puede tener las funcionalidades básicas de PHP en marcha[10]. Éste es el método más apropiado para instalaciones básicas de PHP. Bastará con obtener el paquete necesario `mod_php4.XXX.rpm` e instalarlo.

El segundo método es más laborioso, pero permite controlar gran cantidad de parámetros de la instalación. Las cinco fases a seguir son básicamente las siguientes:

---

[9] El código fuente podrá obtenerlo en `http://www.php.net/downloads.php` o del *mirror* más cercano. La versión actual (4.0.4) tiene un tamaño de unos 2,32 Mbytes.

[10] También existen paquetes RPM que incluyen el código fuente.

1. Obtener las últimas distribuciones (en el ejemplo, Apache 1.3.14 y PHP 4.0.4) con el código fuente del servidor y del intérprete y descomprimirlas:

```
gunzip apache_1.3.14.tar.gz
tar xvf apache_1.3.14.tar
gunzip php-4.0.4.tar.gz
tar xvf php-4.0.4.tar
```

2. Realizar la configuración código fuente del servidor Apache:

```
cd apache_1.3.14
./configure --prefix=/usr/local/apache
```

3. Configurar el código fuente de PHP y realizar la compilación del intérprete:

```
cd ../php-4.0.4
./configure --with-mysql \
            --with-apache=../apache_1.3.14  \
            --enable-track-vars
make
make install
```

4. Copiar la librería generada que contiene las funciones del intérprete de PHP al directorio de módulos de Apache:

```
cp libs/libphp4.a ../apache_1.3.14/src/modules/php4/
```

5. Reconfigurar Apache para que incluya el nuevo módulo de PHP y construir el servidor con las opciones y módulos elegidos:

```
cd ../apache_1.3.14
./configure --activate-module=src/modules/php4/libphp4.a
make
make install
```

Con este último paso la instalación del servidor habrá finalizado. A continuación se debe configurar apropiadamente el servidor web (modificando el fichero `httpd.conf`) y finalmente ponerlo en marcha para realizar las pruebas oportunas.

El tercer modo de instalación consiste en emplear alguna de las herramientas que están apareciendo para realizar la instalación y configuración básicas del paquete formado por Apache+PHP+MySQL. Una de las más destacadas (aunque no la única) se denomina Apache Toolbox[11]. Esta herramienta está orientada hacia la instalación de Apache junto con

---

[11] Podrá encontrar más información de esta herramienta en `http://www.apachetoolbox.com/`.

una gran variedad de módulos (más de 40 en la actualidad), destacando entre éstos el módulo PHP.

Apache Toolbox es un script guiado por menús que permite descargar e instalar Apache, PHP, MySQL, SSL, OpenLDAP, etc. Una vez elegidas las distintas opciones y la configuración deseada, utiliza la herramienta wget[12] para localizar los paquetes necesarios y realiza la descarga e instalación de los mismos. El menú principal puede observarse en la Figura 2.7.

```
-------------------------------------------------------------------------
                        Apache Toolbox 1.4.86
                 Support: http://www.apachetoolbox.com
-------------------------------------------------------------------------
        [+] X)   Apache 1.3.14 + ...
        [+] 1)   GD 1.8.3
        [-] 2)   MySQL 3.22.32
        [+] 3)   PHP         [+] 3a) v4.0.4
            [-] a) IMAP    [-] b) FTP
            [-] c) MySQL   [-] d) Postgres
            [-] e) mcrypt  [-] f) mhash
            [-] g) xml     [-] h) Zend Optimizer
        [-] 4)   Mod Python 2.6.3
        [-] 5)   Mod_SSL+OpenSSL
[-] 6)  -Mod Throttle 211          [-] 7)  -WebDAV 1.0.2-1.3.6
[-] 8)  -Mod FastCGI               [-] 9)  -Mod AuthNDS 0.5
[-] 10) -Mod Frontpage             [-] 11) -Mod GZIP 1.3.14.5
[-] 12) -Mod DynaVHost             [-] 13) -Mod Roaming
[-] 14) -Mod AccessRef 1.0.1       [-] 15) -Mod AuthSYS
[-] 16) -Mod Bandwidth             [-] 17) -Mod Perl 1.24_01
[-] 18) -Mod Auth LDAP             [-] X)  OpenLDAP Required (auth_ldap)
[-] 19) -Mod Auth Radius           [-] 20) -Mod Auth POP3
[-] 21) -Mod Layout 2.9.2          [-] 22) -Mod DTCL
[-] 23) -Mod JServ 1.1.2
[-] contrib) Apache Contrib Modules 1.0.8 ...
                 go) Compile selections...
                 q) Quit
                 99) Descriptions
-------------------------------------------------------------------------
Choice [?] contrib
```

Figura 2.7. Pantalla principal de Apache Toolbox.

Una rápida prueba de la instalación

Una vez realizada la instalación del intérprete de PHP, para comprobar su correcto funcionamiento se propone una breve página que generará una imagen con el logotipo de PHP. Para comprender el funcionamiento de esta página hay que conocer la función php_logo_guid(). Esta función genera un identificador único especial para el intérprete de PHP: cuando se hace la petición de una página cualquiera y se le añade este identificador en la solicitud, el intérprete genera como respuesta una imagen con el logotipo de PHP.

El proceso es el siguiente: la propia página generada se realiza una petición a sí misma incluyendo en la solicitud el identificador citado anteriormente dentro de una eti-

---

[12] GNU wget es una utilidad para obtener ficheros vía HTTP y FTP (http://www.gnu.org/manual/wget/).

queta <IMG SRC=...>. El intérprete, al recibir esta nueva solicitud generará como respuesta una bonita imagen con el logotipo de PHP.

Aparte de la función citada anteriormente, también se emplean una par de variables propias de PHP. La primera de ellas es $PHP_SELF, que indica el nombre del script que se está ejecutando relativo al directorio raíz de los documentos (o *document root* del servidor). La segunda variable es $SERVER_SOFTWARE, que almacena el nombre y la versión del servidor web empleado[13]. Además de estas variables también se emplea la función basename(), que devuelve exclusivamente el nombre del fichero, eliminando el resto del path. El código de esta página es el que aparece a continuación.

```
<!-- Cap02/prueba.php -->
<HTML>
<HEAD>
   <TITLE>PHP: Prueba Intérprete</TITLE>
</HEAD>
<BODY BGCOLOR="#9999CC">
   <?php
      // generamos el URI de la imagen
      $uri_imagen = basename($PHP_SELF) . '?=' . php_logo_guid();
      // generamos el texto alternativo
      $servidor = 'Servidor: ' . $SERVER_SOFTWARE;
      // Incluimos la imagen realizando una nueva petición al intérprete
      echo '<IMG SRC="', $uri_imagen, '" BORDER="0" ALT="', $servidor, '">';
   ?>
</BODY>
</HTML>
```

Si todo ha ido bien, se obtendrá una página con el logotipo de PHP, y al posicionar el cursor sobre dicho logotipo se verá durante unos instantes (esta característica depende del navegador empleado) el texto alternativo indicando el servidor web empleado, como se muestra en la Figura 2.8[14].

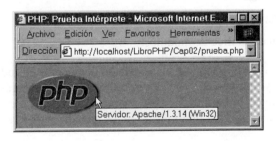

Figura 2.8. *Comprobación rápida de la instalación.*

---

[13] Esta variable se emplea en las cabeceras HTTP de las respuestas generadas por los servidores web.
[14] Como ejercicio, puede probar a sustituir la función php_logo_guid() por zend_logo_guid().

CONFIGURACIÓN DEL INTÉRPRETE

El intérprete de PHP4 se configura a través del fichero `php.ini` (en PHP3 recibía el nombre de `php3.ini`). El fichero es leído cada vez que el intérprete se pone en funcionamiento (si se ha instalado PHP como un módulo del servidor, sólo se lee en el momento en que arranca el servidor). En este fichero pueden distinguirse una serie de secciones que se comentarán posteriormente.

En primer lugar, un detalle muy importante que le puede ahorrar bastantes quebraderos de cabeza es la correcta determinación del directorio donde debe ubicarse este fichero. PHP busca este fichero en los siguientes directorios y en el siguiente orden:

1. Directorio de trabajo en el que reside el intérprete.

2. En el path indicado por la variable de entorno `PHPRC` (si existe).

3. En el directorio definido al efecto cuando se construyó el intérprete (en máquinas Win32 el valor por defecto para este directorio es `\WINDOWS`).

Otro aspecto a tener en cuenta consiste en que *PHP distingue mayúsculas de minúsculas* (excepto en sus palabras reservadas). Esto significa por ejemplo que las variables `$variable1` y `$VARiable1` son distintas y son manejadas por PHP de manera completamente independiente. Esa distinción entre mayúsculas y minúsculas también afecta al contenido del fichero de configuración (`php.ini`), por lo que se debe poner atención a este detalle.

El fichero de configuración consiste en un conjunto de directivas y sus correspondientes valores que determinan el modo de funcionamiento del intérprete. Estas directivas están agrupadas en las siguientes secciones:

*   Opciones del lenguaje.

*   Limitación de recursos.

*   Manipulación de errores y registro de accesos.

*   Manipulación de datos.

*   Paths y directorios.

*   Extensiones dinámicas.

*   Configuración específica de módulos.

El propio fichero de configuración está bastante documentado, indicando la sintaxis, los posibles valores y el cometido de cada uno de los distintos parámetros. Adicionalmente, también puede encontrar información sobre los parámetros de configuración en la documentación que acompaña al intérprete y en los apéndices de este libro.

Funcionalidades de PHP

PHP tiene una estructura modular, de tal forma que el administrador del sitio web puede decidir qué librerías de funciones desea incorporar. Entre dichos módulos cabe citar librerías de conexión a bases de datos (ODBC, Oracle, MySQL, Sybase, Informix, Adabas, SQL Server, PostgreSQL, dBase, mSQL...), conexión con servicios internet (funciones HTTP, IMAP, LDAP, SNMP...), generación dinámica de gráficos, aritmética de precisión variable, documentos PDF, encriptación, XML, WDDX, etc. Así, podemos contar hasta unas 700 funciones distintas (contando las funciones incorporadas con los distintos módulos disponibles). En la siguiente tabla se presentan algunas de las distintas librerías disponibles para su instalación junto al intérprete de PHP.

Módulo	Funcionalidad
aspell	Aspell es un corrector ortográfico *open source*.
DB	Soporte para manipulación de ficheros de base de datos en formato de las librerías Berkeley db y gdbm.
FreeType	Permite emplear fuentes TrueType en las imágenes generadas desde PHP.
GD	Funciones para la creación y manipulación de imágenes.
IMAP	Conexión y envío de mensajes con servidores IMAP.
LDAP	Acceso a servidores de directorio LDAP.
mSQL	Conexión con el gestor de bases de datos mSQL.
mcrypt	Interfaz a la librería de encriptación mcript.
mhash	Interfaz a la librería mhash (soporta algoritmos hash, como MD5, SHA1, GOST y otros muchos).
Oracle	Conexión con gestores de bases de datos Oracle.
PDF	Permite crear dinámicamente documentos en formato PDF (Formato de Documento Portable) desde PHP.
SNMP	Funciones de gestión de red vía protocolo SNMP.
Sockwave Flash	Generación dinámica de ficheros Shockwave Flash.
Zlib	Funciones para el manejo de archivos comprimidos en formato .gz.

Las últimas distribuciones binarias de PHP aparecidas para entornos Win32 incluyen en el propio intérprete algunos de los módulos más comúnmente empleados. Así, en la distribución 4.0.4 están incluidos los módulos MySQL, ODBC, FTP, Calendar, BCMath, COM, PCRE, Session, WDDX y XML. Por tanto, en esta versión para poder emplear dichas funciones no es necesario cargar ninguna extensión adicional ni realizar ningún tipo de modificación del fichero de configuración.

Para activar una librería determinada basta con modificar el fichero de configuración (php.ini) en la sección de carga de extensiones dinámicas. Adicionalmente existe un parámetro denominado extension_dir (en entornos Win32 su valor por defecto es el subdirectorio extensions), cuyo objetivo consiste en especificar el directorio en el que se encuentran las distintas extensiones al intérprete. Si por ejemplo se desea añadir el módulo msql al intérprete de PHP basta con modificar la línea correspondiente para que deje de ser un comentario. Donde pone:

```
; extension=msql.dll
```

debe figurar:

```
extension=msql.dll
```

Esto es, basta con eliminar el carácter de punto y coma para activar la carga de dicho módulo (obsérvese que en entornos Unix las librerías tienen la extensión .so, por el contrario en entornos Win32 la extensión es .dll). Para obtener un listado de las extensiones activas en su intérprete puede emplear la siguiente página:

```
<!-- Cap02/list_extensiones.php -->
<HTML>
<HEAD>
  <TITLE>PHP: Listado Extensiones Activas</TITLE>
</HEAD>
<BODY>
<PRE>
  <?php
    // print_r genera "volcados" de variables
    print_r(get_loaded_extensions());
  ?>
</PRE>
</BODY>
</HTML>
```

Como resultado de esta página obtendrá el volcado de una matriz en la que se indica el nombre de cada una de las extensiones activas y la posición que ocupan en dicha matriz. Si lo desea, también se sugiere como ejercicio experimentar con la función get_exten sion_funcs("nombre_extensión"), que devuelve una matriz con el listado de funciones proporcionado por un módulo concreto (por ejemplo, get_extension_ funcs ("mysql")). El resultado del script anterior será una página similar a la mostrada en la Figura 2.9 (podrá variar en función de la instalación concreta).

Si a pesar de esta gran cantidad de extensiones disponibles aún no ha encontrado la funcionalidad deseada para su intérprete de PHP, no hay problema: PHP también le permite añadir sus propias funciones de usuario (recuerde que se trata de *open source*) e incluso le proporciona soporte para comunicar diferentes módulos del intérprete.

```
Array
(
    [0] => standard
    [1] => bcmath
    [2] => Calendar
    [3] => com
    [4] => ftp
    [5] => mysql
    [6] => odbc
    [7] => pcre
    [8] => session
    [9] => xml
    [10] => wddx
    [11] => apache
)
```

Figura 2.9. *Listado de las extensiones activas.*

RESOLUCIÓN RÁPIDA DE PROBLEMAS

En algunas ocasiones no se obtienen los resultados esperados (el correcto funcionamiento del intérprete), debido a una errónea ubicación del fichero de configuración o a la existencia de múltiples ficheros de configuración en diferentes ubicaciones.

Los problemas más habituales provienen de una configuración incorrecta del servidor o del intérprete. Para determinar el origen de los posibles problemas que pudieran aparecer, un primer paso consiste en consultar el registro de accesos del servidor. Puede ser que el servidor no esté dando servicio por un error en la configuración del mismo. Si el servidor funciona pero no interpreta las instrucciones del código PHP, el problema probablemente tiene su origen en la incorrecta configuración del servidor, esto es, en las instrucciones específicas que le indican cómo debe interpretar los scripts con código PHP.

Cuando se instala PHP como un módulo del servidor, el fichero de configuración únicamente se lee al inicio cuando el servidor arranca. Por tanto, si se realiza cualquier modificación sobre el fichero de configuración, se debe volver a relanzar el servidor (*restart*) para que reconfigure el intérprete y surtan efecto las modificaciones realizadas. Para comprobar la correcta configuración del intérprete, puede crear una página como la del siguiente ejemplo. Utilizando la función `phpinfo()` obtendrá gran cantidad de información acerca de la configuración y las distintas opciones.

```
<!-- Cap02/php_info.php -->
<HTML>
<HEAD>
  <TITLE>PHP: Información sobre la configuración</TITLE>
</HEAD>
<BODY>
  <?php
    // mostramos el path completo del fichero de configuración en uso
    echo '<H1 ALIGN="CENTER">', get_cfg_var('cfg_file_path'), '</H1>';
    echo '<HR COLOR="NAVY">';
    // Visualizamos su contenido con un bonito formato
    phpinfo()
  ?>
</BODY>
</HTML>
```

Este script PHP genera una página como la mostrada en la Figura 2.10 (el contenido puede variar dependiendo de la configuración concreta):

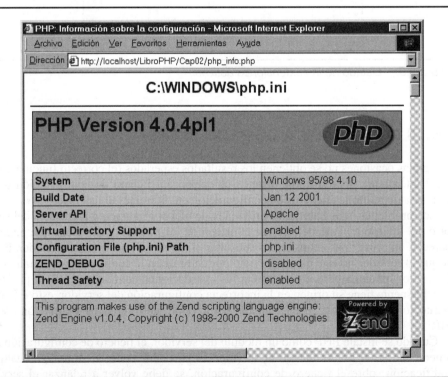

Figura 2.10.   *Información de la configuración del intérprete.*

En la primera línea se imprime el path completo al fichero de configuración de PHP (php.ini) que se está empleando. Preste atención a este detalle, puede tener más de un fichero de configuración en su equipo y estar realizando las modificaciones sobre el fichero equivocado. A continuación se muestra toda la información generada por la función `phpinfo()`.

Si a pesar de haber leído detalladamente la documentación de PHP y seguido paso a paso las instrucciones no consigue poner en funcionamiento el intérprete, consulte la FAQ[15], y si aun así tampoco lo consigue, puede encontrar más información de ayuda en la página de soporte de PHP[16]. En dicha página encontrará varias referencias donde poder consultar las cuestiones tratadas anteriormente en la lista de correo sobre PHP y en los grupos de noticias correspondientes.

SEGURIDAD EN PHP

PHP es un potente lenguaje capaz de acceder a ficheros, ejecutar comandos y programas, establecer comunicaciones con otras máquinas, acceder a los recursos de la máquina (semáforos, memoria compartida, etc.). Es evidente que toda esta potencia también añade un factor de riesgo desde el punto de vista de la seguridad del sistema, pero veamos hasta qué punto esto puede poner en peligro la seguridad de la máquina.

En algunas instalaciones se opta por utilizar el modo CGI para poder emplear recubrimientos (*wrappers*) que ejecutan instrucciones `chroot()` y `setuid()`[17] para establecer los entornos adecuados para sus scripts. El aviso CA-96.11 del CERT[18] aconseja instalar cualquier intérprete fuera del directorio de programas ejecutables por el servidor web (en la mayoría de servidores web este directorio recibe el nombre `cgi-bin`).

Incluso cuando PHP se ejecuta en modo CGI, el intérprete ha sido diseñado para prevenir posibles ataques que intenten acceder a ficheros del sistema o a cualquier fichero dentro del árbol de directorios del servidor web.

Por otra parte, cuando PHP se ejecuta como un módulo interno del servidor Apache, forma parte del propio servidor y por lo tanto tiene exactamente los mismos privilegios que el servidor web. Esto conlleva que, en principio, este tipo de instalación no añade nuevos agujeros potenciales de seguridad al sistema.

Por último, en relación con el tema de la seguridad hay que comentar que han aparecido algunos avisos relacionados con virus asociados a PHP. Estos virus no son otra cosa que código PHP escrito con malas intenciones, esto es, código PHP que puede renombrar ficheros, borrarlos, etc. Para evitar «contagios» por este tipo de virus, basta con tomar una sencilla precaución: no instale ni ejecute en su servidor cualquier script PHP desconocido que encuentre en la red. Si encuentra algo que le pueda interesar, examine primero su código y observe detalladamente lo que hace; después instálelo. Asimismo, intente emplear solamente código PHP descargado de «sitios de confianza» en los que otros usuarios ya hayan empleado y comentado previamente dicho código.

---

[15] Frequently Asked Questions (PMF en castellano, preguntas más frecuentes): http://www.php.net/FAQ.php3.

[16] http://www.php.net/support.php3.

[17] Las instrucciones `chroot()` y `setuid()` permiten en los sistemas operativos tipo Unix asignar la raíz del sistema de ficheros y el identificador de usuario (`uid`) para limitar los derechos de acceso de un proceso a los recursos del sistema.

[18] http://www.cert.org/advisories/CA-96.11.interpreters_in_cgi_bin_dir.html.

CAPÍTULO 3

PHP4: El lenguaje

El presente capítulo pretende hacer una exposición genérica de PHP como lenguaje de programación, partiendo de sus tipos de datos hasta llegar a las estructuras de control que permiten elaborar programas complejos. El objetivo perseguido es doble: por una parte, se pretende que pueda servir a aquellos lectores sin experiencia previa como introducción no solamente al lenguaje, sino también a las bases de la programación. Por otra, presentar una guía de la sintaxis de PHP a aquellos otros lectores que ya posean experiencia en desarrollo de aplicaciones.

Inicialmente se presentan los conceptos básicos del lenguaje, tales como la forma de incluir el código en los documentos HTML, tipos de datos, variables y constantes. Posteriormente se hace un repaso de las estructuras de control de flujo, y se finaliza presentando la manipulación de objetos que PHP proporciona.

EL PRIMER PROGRAMA

Inclusión de PHP en documentos HTML

PHP es un lenguaje que se presenta embebido dentro de las páginas web. Esto quiere decir que el código se «incrusta» en el mismo documento en el que aparecen las etiquetas HTML. Al ejecutarse un programa escrito en este lenguaje (en el sistema servidor), se obtiene una página HTML compuesta, por una parte, de las etiquetas originales y, por otra, de las generadas dinámicamente por el código PHP.

Dado que el código PHP se «combina» con el código HTML, es necesario que el intérprete pueda detectar que las instrucciones que va a leer son PHP para activarse. Esto motiva que dentro de la página sea necesario incluir unas etiquetas que indican principio y fin de las instrucciones PHP. Dichas etiquetas pueden escribirse de diferentes maneras. Así, se tiene la posibilidad de indicarlo mediante las etiquetas «<?php» y «?>» (ésta es la forma más habitual de hacerlo):

```
<!-- Cap03/primer.php -->
<HTML>
<HEAD><TITLE>Primer Programa PHP</TITLE></HEAD>
<BODY>
Esto es HTML<BR>
<?php
 echo "Esto es una instrucción PHP";
?>
</BODY>
</HTML>
```

o simplificando, empleando las «etiquetas cortas» (debe estar activada la directiva `short_open_tag` en el fichero de configuración `php.ini`):

```
<!-- Cap03/primer2.php -->
<HTML>
<HEAD><TITLE>Primer Programa PHP</TITLE></HEAD>
<BODY>
Esto es HTML<BR>
<?
 echo "Esto es una instrucción PHP";
?>
</BODY>
</HTML>
```

o, incluso, usando la etiqueta <SCRIPT> de HTML, que indica la utilización de un lenguaje en las páginas:

```
<!-- Cap03/primer3.php -->
<HTML>
<HEAD><TITLE>Primer Programa PHP</TITLE></HEAD>
<BODY>
Esto es HTML<BR>
<SCRIPT LANGUAGE="PHP">
 echo "Esto es una instrucción PHP";
</SCRIPT>
</BODY>
</HTML>
```

La última manera disponible para indicar al intérprete que el código que se va a encontrar es PHP consiste en emplear las etiquetas "<%" y "%>", que son las mismas que las empleadas en las páginas ASP (*Active Server Pages*). Para poder utilizarlas debe estar activada la directiva asp_tags en el fichero de configuración.

En cualquier caso, lo que se consigue es que el servidor active la interpretación de las instrucciones y genere el nuevo código HTML, que se insertará en la página que se envía al sistema cliente que ha solicitado el documento. En el caso de nuestro primer ejemplo, se envía al cliente el siguiente código:

```
<!-- Cap03/primer3.php -->
<HTML>
<HEAD><TITLE>Primer Programa PHP</TITLE></HEAD>
<BODY>
 Esto es HTML<BR>
Esto es una instrucción PHP</BODY>
</HTML>
```

Desde este primer sencillo programa (en estos entornos es muy frecuente denominar «script» a un programa de este tipo) es importante destacar un aspecto que se incluye en la sintaxis del lenguaje PHP: el separador entre instrucciones es el carácter «;». Esto es, las **instrucciones de los programas** escritos en este lenguaje **deben terminar** un **punto y coma.** Por supuesto, las instrucciones son procesadas de forma secuencial según el orden de aparición en el programa, exceptuando aquellas que pertenezcan a estructuras de control especiales (condicionales, bucles, etc.), que se tratan más adelante. Por otra parte, la utilización de la etiqueta de finalización de código PHP (?>) implica también un cierre, esto es, en la última instrucción se puede eliminar el punto y coma.

Evidentemente, conocer sintácticamente un lenguaje consiste en saber qué elementos pueden formar parte de dichas instrucciones. Así, en el pequeño ejemplo anterior, se ha utilizado la instrucción `echo "Esto es una instrucción PHP"`, que indica que debe imprimir en la página generada la frase que aparece entre comillas. Es importante, pues, conocer los posibles componentes del lenguaje, y es precisamente lo que se va a ver en este capítulo, empezando por la manera de insertar comentarios, usar variables, constantes, operadores y funciones.

Inserción de comentarios

Existen tres posibilidades distintas para insertar comentarios en un script, utilizados generalmente con el fin de documentar o aclarar aspectos relativos a la codificación. La primera consiste en emplear dos caracteres / seguidos (//), de tal forma que todo lo que aparezca detrás de ellos en la línea en la que se han insertado será ignorado por el intérprete. Esta opción sirve, por tanto, para introducir un pequeño comentario que ocupe, como máximo, una línea. La segunda opción es la de diferenciar entre principio y final de comentario, de tal forma que el comienzo se indica con la secuencia de caracteres /* y el final con */. Esta segunda manera permite insertar comentarios tan largos como se desee, y muy a menudo se utiliza para evitar que se ejecute una parte de código cuando se está en fase de depuración de un programa:

```
<!-- Cap03/comentario.php -->
<HTML>
<HEAD><TITLE>Primer Programa PHP</TITLE></HEAD>
<BODY>
 Esto es HTML<BR>
 <?php
   // Esto es un comentario de una línea
   echo "Esto es una instrucción PHP <BR>\n";
   echo "Esto es otra instrucción"; //Otro comentario
   /* Esto sería un
      comentario de varias líneas */
 ?>
</BODY>
</HTML>
```

Como se puede observar, el documento HTML generado no contiene ninguno de los textos que han sido «comentados»:

```
<!-- Cap03/comentario.php -->
<HTML>
<HEAD><TITLE>Primer Programa PHP</TITLE></HEAD>
<BODY>
 Esto es HTML<BR>
 Esto es una instrucción PHP <BR>
Esto es otra instrucción</BODY>
</HTML>
```

Nótese que en el script anterior se ha incluido la secuencia de caracteres \n en la cadena a mostrar. Con esto se consigue que el intérprete imprima un retorno de carro en el código generado y éste resulte mucho más legible. Si no se hubiese hecho esto, el resultado de la interpretación de las dos líneas con la instrucción echo aparecería como se puede ver a continuación:

```
<!-- Cap03/comentario.php -->
<HTML>
<HEAD><TITLE>Primer Programa PHP</TITLE></HEAD>
<BODY>
 Esto es HTML<BR>
 Esto es una instrucción PHP <BR>Esto es otra instrucción</BODY>
</HTML>
```

Por último, se pueden incluir comentarios usando el carácter «#». La única diferencia con la utilización de los caracteres «//» consiste en que el comentario se termina con el retorno de carro de la línea comentada o con el símbolo de finalización de interpretación de PHP, lo que se encuentre antes. Así la línea:

```
Yo soy texto <?php echo " (ahora php) " # esto no ?> HTML
```

produciría como salida:

```
Yo soy texto (ahora php) HTML
```

VARIABLES Y TIPOS DE DATOS

Una variable es una posición de memoria a la que se le ha asignado un nombre para poder manejarla como un «almacén» de información. En este «contenedor» se pueden registrar datos para, posteriormente, recuperarlos cuando se necesiten. El contenido, tal y como su nombre indica, puede ser «variable», en el sentido de que durante la ejecución de un programa se pueden almacenar diferentes informaciones en ella (almacenar una información supone la pérdida de la anterior).

En la mayoría de los lenguajes de programación hace falta declarar la «intención» de usar una variable, para que así se puedan hacer comprobaciones sobre ella. Al hacer dicha declaración, hay que declarar también el tipo de información que va a contener la variable. Así, habrá que indicar si se va a almacenar un número, una cadena de caracteres, etc. Pues bien, en PHP (como en la mayoría de lenguajes de programación interpretados) no hace falta declarar las variables ni el tipo de información que van a contener. Las variables quedan «automáticamente» declaradas al utilizarlas por primera vez y su tipo queda determinado por la clase de información que contengan.

En PHP todos los nombres de las variables deben comenzar por el carácter «$» seguido por una cadena de caracteres que comienza por una letra o por un subrayado y que sigue con cualquier número de letras, números o subrayados. El uso de mayúsculas y minúsculas está permitido, pero se debe tener en cuenta que el intérprete las diferencia, asumiendo que el mismo nombre con al menos una letra en mayúscula o minúscula diferente identifica a distintas variables. Algunos ejemplos de identificadores válidos e inválidos son:

Identificador	Válido	Causa
$MiVariable	Sí	
$!MiVariable	No	Comienza con «!».
$Mi_Variable	Sí	
$3MiVariable	No	Comienza por número.
$MiVariable3	Sí	
$Mi,Variable	No	Contiene «,».

Como se puede observar en el programa `variables.php`, para almacenar información en una variable se utiliza el operador de asignación «=», mientras que para recuperar la información que contiene basta con referenciarla por su nombre:

```
<!-- Cap03/variables.php -->
<HTML>
 <HEAD><TITLE>Variables en PHP</TITLE></HEAD>
<BODY>
 <?php
  $Unavariable = "Hola";   // Con 'U' mayúscula
  $unavariable = "Adiós"; // Con 'u' minúscula
  echo "El contenido de Unavariable es: ", $Unavariable, "<BR>\n";
  echo "El contenido de unavariable es: ", $unavariable, "<BR>\n";
  $Edad = 30;
  echo "La edad es: ", $Edad, "<BR>\n";
  $Edad = 25;
  echo "Ahora, la edad es: ", $Edad;
 ?>
</BODY>
</HTML>
```

cuyo resultado en pantalla es el indicado en la Figura 3.1.

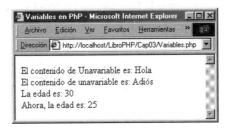

Figura 3.1. *Contenidos de las variables.*

En este programa se puede observar que en las dos primeras líneas se asigna un determinado contenido a las variables `$Unavariable` y `$unavariable` (que, como se ha mencionado, son dos variables diferentes). En este caso los contenidos que se les ha asignado son dos cadenas de caracteres («Hola» y «Adiós», respectivamente). También se puede observar que existe otra variable, denominada `$Edad`, a la que inicialmente se le asigna el valor 30 (en el código, los números no aparecen entrecomillados) mediante la instrucción:

```
$Edad = 30;
```

Antes de mostrar los diferentes tipos de información que PHP contempla, hay que destacar que en el código anterior se ha vuelto a introducir otro dato en la variable `$Edad`, que aunque inicialmente tenía el valor 30, dos líneas de código después ha pasado a ser 25. Esta segunda asignación hace que se pierda irremediablemente el contenido anterior (se puede comprobar en la salida cuando se ejecuta la última instrucción, que imprime el contenido de la variable `$Edad`).

Los diferentes tipos que soporta PHP son:

Tipo	Descripción
Integer	Números enteros.
Double	Números en coma flotante (con decimales).
String	Cadenas de caracteres.
Boolean	Valor lógico: TRUE o FALSE.
Array	Tipo especial de colección de valores.
Object	Tipo especial de dato complejo.

Resulta interesante destacar que el tipo `boolean` no aparece definido como tal en la sintaxis del lenguaje, pero que, sin embargo, la función `gettype()`, ante una variable de este tipo, funciona correctamente, al igual que resulta posible convertir variables numéricas o alfanuméricas a `boolean` mediante la función `settype()` (ver conversión de tipos).

Enteros

Las variables de tipo `"integer"` sirven para almacenar números enteros (positivos o negativos). La ocupación en memoria de dichos valores depende de la plataforma, pero en general suele ser 32 bits, lo que implica que el máximo valor que pueden tomar es del orden de 2 billones.

Ejemplos de variables de este tipo son:

```
$UnNumero = 100;
$OtroNumero = -25;
$OtroNumero2 = 3445;
```

Se pueden utilizar números en base hexadecimal si se indica con los caracteres `0x` como prefijo u octal si el prefijo es el carácter `0`:

```
<!-- Cap03/variables2.php -->
<HTML>
<HEAD><TITLE>Variables en PHP</TITLE></HEAD>
<BODY>
 <?php
  $NumeroHexa = 0xA;    //En base decimal es un 10
  $OtroHexa = 0xE;      //En base decimal es un 14
  $ResHexa = $NumeroHexa + $OtroHexa;
  echo "<BR>La suma de $NumeroHexa + $OtroHexa es: $ResHexa\n" ;
  $NumeroOctal=011;  //En base decimal es un 9: 1*8+1
  echo "<BR>El número octal es: $NumeroOctal\n";
 ?>
</BODY>
</HTML>
```

Y la presentación de dichos números, si no se especifica ningún formato, es decimal, como se ve en la Figura 3.2:

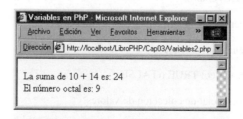

Figura 3.2.   *Contenidos numéricos.*

Números en coma flotante

Estos valores se pueden especificar mediante la notación de números decimales habitual:

```
$UnNumero = 15.987;
```

o en notación científica:

```
$OtroNumero = 0.15987e2;
```

Hay que tener cierto cuidado al manejar este tipo de datos, puesto que si se opera con números de diferentes órdenes de magnitud es posible perder la precisión deseada. Tal y como se observa en la Figura 3.3, que es el resultado de la ejecución del programa `variables3.php`, se pierde uno de los sumandos al no representar una cantidad significativa frente al otro:

```
<!-- Cap03/variables3.php -->
<HTML>
<HEAD><TITLE>Variables en PHP</TITLE></HEAD>
<BODY>
 <?php
  $NumDecimal = 0.159e20;
  $OtroDecimal = 36.8;   //Este número es pequeño frente al primero
  $ResDecimal = $NumDecimal + $OtroDecimal;
  echo "<BR>La suma $NumDecimal + $OtroDecimal es: $ResDecimal";
 ?>
</BODY>
</HTML>
```

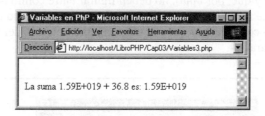

Figura 3.3. *Error al sumar dos números.*

Conviene destacar que PHP define estos números como `double`, pero que dispone de sinónimos, que son `real` y `float`.

Boolean

Una variable de este tipo es aquella que únicamente admite dos posibles valores: `True` o `False` (en minúsculas o mayúsculas, estos valores son aceptados en cualquier combinación). Significan, respectivamente, «cierto» y «falso» y normalmente estas variables almacenan el resultado de evaluar expresiones lógicas. Expresiones de este tipo pueden ser:

```
5 + 8 == 15 - 2
```

que resultaría ser «cierta» porque el resultado de evaluarla sería «13 es igual a 13» (notar que la igualdad en PHP se indica con dos símbolos «=») y, sin embargo:

```
4 - 2 == 3 + 6
```

daría «falso», puesto que no se cumple la igualdad.

En cualquier caso, las variables de este tipo pueden contener los valores `True` o `False` y pueden ser manejadas como cualquier otra, tal y como se puede observar en el siguiente programa:

```
<!-- Cap03/variables4.php -->
<HTML>
<HEAD><TITLE>Variables en PHP</TITLE></HEAD>
<BODY>
 <?php
    $VarBool = True;
    echo "El valor de la variable es $VarBool <BR>";
    $VarBool = (4 - 2 == 3 + 6);
    //Al ser falsa la expresión se almacena false en $VarBool
 ?>
</BODY>
</HTML>
```

Es importante destacar que tanto `True` como `False` son constantes predefinidas y no cadenas de caracteres y que, por tanto, no deben figurar entre comillas.

Por último, hay que mencionar que PHP trata el valor `True` como un valor distinto de cero y el valor `False` como cero, y que por tanto la representación del ejemplo anterior es la mostrada en la Figura 3.4.

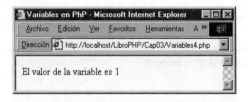

Figura 3.4. *Variables con contenido de tipo boolean.*

Cadenas de caracteres

Las cadenas de caracteres en PHP se utilizan, como ya se ha visto antes, delimitadas entre comillas. Esta delimitación se puede hacer mediante las comillas simples ('Hola') o dobles ("Hola"), de forma indistinta. Si se necesita utilizar uno de los dos tipos dentro de la cadena, se usará el otro como delimitador. Como ejemplo, las siguientes asignaciones son correctas:

```
$MiVariable = " 'Hola' ";
$MiVariable = ' "Hola" ';
```

pero no lo serían las asignaciones:

```
$MiVariable = " ' Hola" ';
$MiVariable = ' "Hola' ";
```

Una de las diferencias entre usar comillas dobles o simples radica en que si se usan las primeras, se puede incluir dentro de la cadena el nombre de una variable, que será sustituido por su contenido (se evalúa el contenido de la cadena de caracteres). En el ejercicio `variables5.php` se puede observar el efecto de mezclar las comillas y la «expansión» de variables dentro de cadenas de caracteres:

```
<!-- Cap03/variables5.php -->
<HTML>
<HEAD><TITLE>Variables en PHP</TITLE></HEAD>
<BODY>
  <?php
  $UnaCadena = "'Hola', le dije, '¿Que tal?' me respondió\n";
  echo "$UnaCadena <BR>\n";
  $Edad = 10;
  echo "Si, soy yo y tengo $Edad años\n";
  ?>
</BODY>
</HTML>
```

y el resultado en el documento HTML es el de la Figura 3.5.

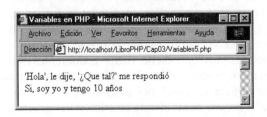

Figura 3.5. *Evaluación de cadenas de caracteres en variables.*

Como se puede observar, en la variable `$UnaCadena` se han utilizado las dobles comillas para delimitar su contenido, que, entre otros caracteres, contiene comillas simples. Estas comillas simples son tratadas como cualquier otro carácter y, por tanto, aparecen en el resultado. Por otra parte, hay que hacer notar que la segunda línea del resultado representa una cadena de caracteres que ha sido evaluada por el intérprete para poder incluir el contenido de la variable `$Edad`.

Por otra parte, hay que señalar que la utilización de comillas simples en las cadenas impide también la interpretación de la secuencia de caracteres especiales que pueda contener (`\n`, `\t`, etc.).

Uno de los operadores que se verá posteriormente más en detalle, pero que es de uso frecuente en el tratamiento de las cadenas y que nosotros vamos a usar en muchas de las salidas de los programas, es el operador de «concatenación». Este operador se representa por el carácter «`.`» (punto) y une dos cadenas en una sola:

```
$CadenaResultante = 'Primera cadena ' . 'Segunda cadena';
```

El resultado es una sola cadena de caracteres `'Primera cadena Segunda cadena'` contenida en la variable `$CadenaResultante`.

Arrays

Una variable de tipo «`array`» es una colección de valores que comparten el mismo nombre y que pueden ser manipulados todos juntos de forma global o de forma individual a través de un índice que los diferencia.

La estructura de un array es la de un conjunto de celdas con un valor cada una, referenciadas por un índice y que tienen todos ellas un nombre común:

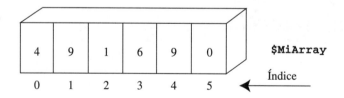

En el dibujo presentado, se tiene un array de 6 elementos, numerados del 0 al 5 (la primera posición de un array en PHP es siempre la posición 0) y cuyos contenidos son los valores 4, 9, 1, 6, 9 y 0 respectivamente. Para manipular la estructura de forma global se utiliza su nombre, `$MiArray`, mientras que para utilizar alguno de sus elementos se identifica mediante su índice: `$MiArray[3]` corresponde al valor 6.

En PHP, estas estructuras pueden contener datos de diferentes tipos y se pueden mezclar, por ejemplo, contenidos numéricos en algunas posiciones con alfabéticos en otras. Para crearlas se pueden utilizar las funciones propias `array()` o `list()`, o hacerlo directamente al introducir nuevos datos en una de ellas. Al asignarle un valor a una posición se crea la matriz y al introducir nuevos datos se va incrementando el número de elementos que la componen:

```
<!-- Cap03/matriz1.php -->
<HTML>
<HEAD><TITLE>Matrices en PHP</TITLE></HEAD>
<BODY>
 <?php
  $MiArray[0] = 'Hola';
  $MiArray[1] = 25;
  echo "Posición cero: $MiArray[0] <BR>";
  echo "Posición uno: $MiArray[1] <BR>";
 ?>
</BODY>
</HTML>
```

En este pequeño ejemplo se pueden observar ya algunos aspectos importantes: primero, hay que indicar que cada una de las posiciones se referencia mediante la utilización de los corchetes conteniendo el índice. Segundo, que la variable $MiArray se crea al asignarle el primer valor, y tercero, que en un array de N elementos, los índices para acceder a ellos varían de 0 a N-1. Por otra parte, hay que fijarse en que los contenidos de las dos posiciones son de diferente tipo: el primero es una cadena de caracteres y el segundo es un número entero. En PHP, el tipo de cada uno de los elementos de una matriz se determina en el momento en que se introduce el contenido. El resultado generado por el script es el de la Figura 3.6.

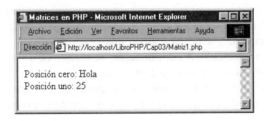

Figura 3.6. *Contenidos 0 y 1 de un array.*

Por último, hay que destacar que para añadir un elemento al final de la matriz no es necesario indicar el índice y que se podrían haber sustituido las líneas de asignación de valores del programa anterior por:

```
$MiArray[] = 'Hola';
$MiArray[] = 25;
```

que determina que se quieren agregar nuevos elementos al array y los añade en la posición siguiente a la del último elemento que hubiese.

Existe otro tipo de arrays denominados «asociativos», que en cada posición almacena un par (clave, valor). De esta manera, la manipulación de los diferentes contenidos del array se puede realizar a través del contenido de la clave. En PHP se dispone, además, de la posibilidad de crear matrices multidimensionales, lo que permite el manejo de estructuras más complejas. Estas matrices aparecen explicadas, al igual que las asociativas, en el siguiente capítulo.

Objetos

Los objetos son estructuras complejas, que se caracterizan por tener una serie de propiedades y métodos propios que les confieren un «comportamiento» específico. Estas características los hacen muy indicados para determinados sistemas informáticos o si se desea reutilizar componentes muy específicos que están claramente identificados y separados del resto de los componentes del sistema.

La forma en que se declaran, crean y utilizan los objetos en PHP se detalla más adelante en este mismo capítulo.

Conversión de tipos

PHP no es un lenguaje «fuertemente tipado», en el sentido de que no precisa declarar el tipo al que pertenece cada una de las variables y que éste se define cada vez que se asigna un valor en ellas.

PHP realiza la conversión de tipos en función del operador y los operandos. De esta manera si operamos con una cadena y un número, el resultado viene determinado por la operación que esté realizando.

En el ejemplo `conversion.php` se suma primeramente una cadena que contiene dos caracteres numéricos ('10') con la variable `$UnNumero`, que contiene el valor 25 (un entero). El intérprete detecta que se desea realizar una suma y provoca la conversión de la cadena '25' al valor entero adecuado. A continuación, se realiza otra suma entre dos cadenas: una con contenido numérico y la otra con la cadena "5cinco" y, como se puede observar en la Figura 3.7, el intérprete convierte la segunda en el valor entero correspondiente (5) hasta que se encuentra con un carácter que no puede convertir (la 'c'):

```
<!-- Cap03/conversion.php -->
<HTML>
 <HEAD><TITLE>Conversión de tipos en PHP</TITLE></HEAD>
<BODY>
 <?php
  $UnaCadena = "10";
  $OtraCadena = "5cinco";
  $UnNumero = 25;
  $Resultado = $UnaCadena + $UnNumero;
  echo "Cadena 'sumada' con número: $Resultado <BR>\n";
  $Resultado = $UnaCadena + $OtraCadena;
  echo "Cadenas 'sumadas': $Resultado <BR>\n";
  ?>
</BODY>
</HTML>
```

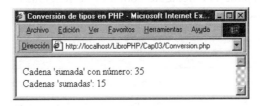

Figura 3.7. *Suma de cadenas.*

Hay que destacar que una cadena que no contenga caracteres numéricos es evaluada como un valor cero a efectos de operar aritméticamente con ella.

En PHP se dispone de una serie de sencillas funciones que permiten obtener, comprobar y cambiar los tipos de las variables. La función `gettype()` recibe como parámetro una variable y devuelve una cadena de caracteres que indica su tipo (`integer`, `string`, `boolean`, `array`, `object`). Por otra parte, está la función `settype()`, que recibiendo como parámetros un identificador de variable y una cadena de caracteres, fuerza el cambio de tipo de la variable al indicado por dicha cadena.

Como ejemplo, veamos un pequeño programa en el que se convierte una cadena a número y un número a cadena, cuyo resultado se puede ver en la Figura 3.8:

```
<!-- Cap03/conversion2.php -->
<HTML>
<HEAD><TITLE>Conversión de tipos en PHP</TITLE></HEAD>
<BODY>
 <?php
  $UnaCadena = "65";
  $UnNumero = 25;
  $Res = settype($UnaCadena, 'integer');
  echo "Conversión de cadena a número: ", gettype($UnaCadena);
  echo "<BR>\n";
  $Res = settype($UnNumero, 'string');
  echo "Conversión de número a cadena: ", gettype($UnNumero), "\n";
 ?>
</BODY>
</HTML>
```

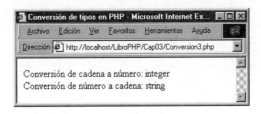

Figura 3.8.

Asimismo, se dispone del siguiente conjunto de funciones que determinan si una variable es o no de un determinado tipo:

Función	Descripción
boolean is_array(Variable)	Devuelve true si la variable es un array. False en otro caso.
boolean is_bool(Variable)	Devuelve true si la variable es de tipo lógico. False en otro caso.
boolean is_int(Variable)	Devuelve true si la variable es un entero. False en otro caso.
boolean is_long(Variable)	Devuelve true si la variable es un entero. False en otro caso.
boolean is_integer(Variable)	Devuelve true si la variable es un entero. False en otro caso.
boolean is_numeric(Variable)	Devuelve true si la variable es un número o cadena numérica. False en otro caso.
boolean is_object(Variable)	Devuelve true si la variable es un objeto. False en otro caso.
boolean is_double(Variable)	Devuelve true si la variable es un double. False en otro caso.
boolean is_real(Variable)	Sinónimo de is_double().
boolean is_float(Variable)	Sinónimo de is_double().
boolean is_string(Variable)	Devuelve true si la variable es una cadena. False en otro caso.

Hay que destacar que existe otra forma de conversión de tipos que comúnmente se denomina por su nombre original: «*casting*». Esta conversión consiste en forzar el cambio de tipo indicándole al intérprete a cuál debe convertirlo. Para ello solamente es necesario escribir delante de la expresión o variable el tipo que se desea entre paréntesis: (int) convierte a entero, (real), (double) o (float) convierten a real, (string) convierte a una cadena de caracteres, (array) convierte a una matriz y (object) convierte a un objeto. Veamos un ejemplo y examinemos sus resultados:

```
<!-- Cap03/casting.php -->
<HTML>
<HEAD><TITLE>Conversión de tipos en PHP</TITLE></HEAD>
<BODY>
 <?php
  $UnNumero = 3;
  $OtroNumero = (int)($UnNumero / 2);
  echo "El otro número es $OtroNumero<BR>\n";
  $UnArray = (array)$UnNumero;
  echo "El primer elemento del array es ", $UnArray[0], "<BR>\n";
  $UnObjeto = (object)$UnNumero;
  echo "El atributo scalar del objeto es ", $UnObjeto->scalar;
 ?>
</BODY>
</HTML>
```

A diferencia de la función `settype()`, realizar un «cast» no afecta al contenido de la variable que se convierte, a no ser que se realice una asignación explícita a dicha variable. En el ejemplo `casting.php`, se fuerza a que el tipo de la variable `$OtroNumero` sea entero, dado que se hace el cast de la división real, pero esta conversión no afecta en absoluto al tipo de la variable `$UnNumero`. Por otra parte, la conversión de un número o cadena a una matriz genera una matriz cuyo primer elemento (posición 0) es ese número o cadena. Por último, tal y como se puede comprobar en la salida efectuada por el script `casting.php` en la Figura 3.9, forzar la conversión de un elemento simple a un objeto crea un objeto con un atributo denominado `scalar` cuyo contenido es el de la variable original.

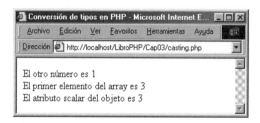

Figura 3.9. *Conversión de tipos con casting.*

Variables de formularios

En PHP se puede tener acceso directo a los valores introducidos por un usuario en los campos de un formulario de una página web. A diferencia de otros lenguajes, no son necesarios en ningún momento complicados procedimientos que obtengan estos valores según un determinado protocolo. Solamente es necesario tener activada la directiva `register_globals` en el fichero de configuración.

Lo que el programador obtiene es un conjunto de variables cuyos nombres se corresponden con los definidos en el formulario (atributo `NAME`) para los distintos campos. Como ejemplo, `varformularios.html` es un documento HTML con un formulario que solicita unos datos y provoca la ejecución de un programa PHP (`varformularios.php`) que vuelve a escribir dichos datos en pantalla:

```
<!-- Cap03/varformularios.html -->
<HTML>
<HEAD><TITLE>Formularios PHP</TITLE></HEAD>
<BODY>
 <FORM NAME="miformulario" ACTION="VarFormularios.php">
 <TABLE BORDER=1>
 <TR>
  <TD>Código:</TD>
  <TD><INPUT TYPE="Text" NAME="CodEmpleado" SIZE=2 MAXLENGTH=2></TD>
```

```
   <TD>Nombre:</TD>
   <TD><INPUT TYPE="Text" NAME="Nombre" SIZE=10 MAXLENGTH=10></TD>
   </TR>
   <TR>
   <TD>Sueldo:</TD>
   <TD><INPUT TYPE="Text" NAME="Sueldo" SIZE=10 MAXLENGTH=10></TD>
   </TR>
   <TR>
   <TD><INPUT TYPE="Submit" VALUE="Enviar"></TD>
   <TD><INPUT TYPE="Reset" VALUE="Borrar"></TD>
   </TR>
   </TABLE>
</FORM>
</BODY>
</HTML>
```

que presenta el aspecto de la Figura 3.10.

Figura 3.10. *Formulario de entrada de datos.*

y el programa PHP que lo trata:

```
<!-- Cap03/varformularios.php -->
<HTML>
<HEAD><TITLE>Formularios PHP</TITLE></HEAD>
  <BODY>
  <CENTER>
  <H2>Datos introducidos en formulario</H2>
   <TABLE BORDER=1>
   <TR>
    <TD>Código:</TD>
    <TD>
   <?php
     echo $CodEmpleado;
```

```
?>
  <TD>Nombre:</TD>
  <TD>
<?php
  echo $Nombre;
?>
  </TD>
</TR>
<TR>
  <TD>Sueldo:</TD>
  <TD>
<?php
  echo $Sueldo;
?>
  </TD></TR>
</TABLE>
</CENTER>
<HR>
</BODY>
</HTML>
```

Como se puede observar, el programa escribe el código HTML para generar la tabla, y cada vez que necesita un dato de los que ha introducido el usuario, efectúa una llamada al intérprete solicitando la escritura del contenido de la variable cuyo nombre es el mismo que el del campo del formulario (`echo $Nombre` para el contenido del campo `Nombre`). Se muestra el resultado en la Figura 3.11.

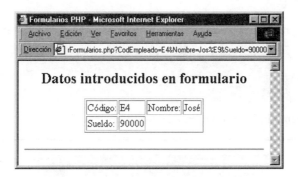

Figura 3.11. *Acceso a datos de formularios.*

Por supuesto, este acceso es idéntico independientemente de que se use el método GET o POST de envío de los datos del formulario.

Variables de variables

PHP tiene la posibilidad de incorporar variables especiales cuyos contenidos son nombres de otras variables. Esto resulta muy útil cuando, durante la ejecución de un determinado programa, existen instrucciones en las que se usen distintos juegos de variables o se quiera generar código dinámicamente.

```php
$MiVariable = 'Santiago';
```

es la asignación habitual de una cadena de caracteres a una variable. La utilización ahora de un segundo carácter $ (`$$MiVariable`) indica al intérprete que el contenido de la primera variable (`Santiago`) será el nombre de otra variable (`$Santiago`). De esta manera, asignando diferentes contenidos a la primera, se consigue poder hacer referencia a distintas variables y, por tanto, a diferentes contenidos.

Esto es, si se produce ahora la asignación:

```php
$$MiVariable = 27;
```

lo que se está indicando es que se asigne el valor 27 a la variable cuyo nombre está contenido en `$MiVariable` (`Santiago`). Esto sería lo mismo que poner:

```php
$Santiago = 27;
```

En el siguiente ejemplo se crean las dos variables mencionadas y se puede observar que se puede hacer referencia al contenido de la variable `$Santiago` de las dos maneras posibles:

```php
<!-- Cap03/varvar.php -->
<HTML>
<HEAD><TITLE>Variables de Variables</TITLE></HEAD>
<BODY>
<?php
$MiVariable = 'Santiago';
$$MiVariable = 27;
echo "La primera variable tiene como contenido $MiVariable <BR>\n";
echo "La segunda variable tiene como contenido ", $$MiVariable;
echo "<BR>\n";
echo "La segunda variable tiene como contenido $Santiago <BR>\n";
?>
</BODY>
</HTML>
```

cuya salida por pantalla es la representada por la Figura 3.12.

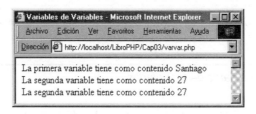

Figura 3.12. *Variables de variables.*

Variables de PHP

PHP dispone de una serie de variables que están a disposición del programador y a las que se puede acceder en cualquier momento. La siguiente tabla muestra dichas variables junto con su significado:

Variable	Contenido
argv	Array de argumentos pasados en la ejecución del script. Requiere que esté activada la directiva `register_argc_argv` en el fichero de inicialización.
argc	Número de parámetros pasados al script en su ejecución. Requiere la directiva `register_argc_argv` en el fichero de inicialización.
PHP_SELF	Nombre del script que se está ejecutando. Si PHP está instalado en modo CGI aparece con el camino del intérprete seguido del nombre completo desde el directorio raíz del servidor web. Para evitarlo se debe usar `basename($PHP_SELF)`.
HTTP_COOKIE_VARS	Array asociativo de pares (clave, valor) pasados a través de cookies.
HTTP_GET_VARS	Array asociativo de pares (clave, valor) pasados usando el método `GET`.
HTTP_POST_VARS	Array asociativo de pares (clave, valor) pasados usando el método `POST`.
HTTP_POST_FILES	Array asociativo que contiene información de los ficheros recibidos usando el método `POST`.
HTTP_ENV_VARS	Array asociativo de pares (clave, valor) del entorno.
HTTP_SERVER_VARS	Array asociativo de pares (clave, valor) del servidor.
HTTP_SESSION_VARS	Array asociativo de pares (clave, valor) de sesión.

Un ejemplo útil del uso de estas variables es la recepción de un fichero que ha sido enviado a través de un formulario. Para poder enviar un fichero de estas características es necesario utilizar un formulario especial con `"multipart/form-data"` como valor del atributo `"ENCTYPE"` del formulario y un atributo oculto (de tipo `"HIDDEN"`) que se denomine `MAX_FILE_SIZE` y que contendrá el tamaño máximo del fichero que el usuario nos enviará con su formulario (en bytes). El documento HTML será:

```
<!-- Cap03/varPHP.html -->
<HTML>
<HEAD><TITLE>Carga de ficheros</TITLE></HEAD>
<BODY>
<FORM NAME="miformulario" ENCTYPE="multipart/form-data"
      ACTION="varPHP.php" METHOD="POST">
```

```
<INPUT TYPE="hidden" NAME="MAX_FILE_SIZE" VALUE="102400">
<INPUT TYPE="file" NAME="mifichero">
<INPUT TYPE="submit" VALUE="Enviar">
</FORM>
</BODY>
</HTML>
```

El programa PHP que recibe los datos del formulario y los trata es:

```
<!-- Cap03/varPHP.php -->
<?php
echo "Tipo: <B>", $HTTP_POST_FILES['mifichero']['type'], "</B>";
echo "<BR>\n";
echo "Nombre: <B>", $HTTP_POST_FILES['mifichero']['name'], "</B>";
echo "<BR>\n";
echo "Tamaño: <B>", $HTTP_POST_FILES['mifichero']['size'], "</B>";
echo "<BR>\n";
echo "Almacenado temporalmente en: <B>";
echo $HTTP_POST_FILES['mifichero']['tmp_name'], "</B>\n";
?>
```

El ejemplo visto utiliza el array asociativo bidimensional `HTTP_POST_FILES`, con el nombre de la variable que contiene el nombre del fichero como índice de las filas y las propiedades `"name"`, `"size"`, `"type"` y `"tmp_name"` como índice de las columnas. Resulta importante destacar, además, que el fichero recibido es almacenado de forma temporal con un nombre único que será el contenido de la columna `"tmp_name"`. Si el fichero enviado excede el tamaño delimitado por `MAX_FILE_SIZE` la propiedad `size` tomará valor 0 y `tmp_name` tomará el valor `none`. El aspecto resultante es el presentado en la Figura 3.13.

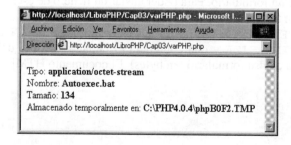

Figura 3.13. *Datos del fichero recibido.*

Hay que tener en cuenta, además, que existen una serie de variables que se pasan a PHP a través del servidor y que, en general, son de bastante importancia. Así, podríamos consultar, entre otras (consultar el manual para ver la lista completa), las siguientes variables:

Variable	Contenido
SERVER_NAME	Nombre del servidor que está proporcionando el servicio.
SERVER_SOFTWARE	Identificador del software servidor proporcionado en las cabeceras de respuesta.
DOCUMENT_ROOT	Directorio raíz de los documentos del servidor.
REMOTE_ADDR	Dirección remota desde la que se produce la petición.

Por supuesto, todas ellas, al usarlas en PHP, deben ir precedidas por el símbolo $ y como ejemplo vemos el script:

```
<!-- Cap03/varPHP2.php -->
<HTML>
<HEAD><TITLE>Variables de Servidor</TITLE></HEAD>
<BODY>
<?php
echo "Nombre del script: <B>$PHP_SELF</B><BR>\n";
echo "Nombre del servidor: <B>$SERVER_NAME</B><BR>\n";
echo "Software: <B>$SERVER_SOFTWARE</B><BR>\n";
echo "Directorio raíz: <B>$DOCUMENT_ROOT</B><BR>\n";
echo "Dirección de conexión: <B>$REMOTE_ADDR</B>\n";
?>
</BODY>
</HTML>
```

cuya salida es la mostrada en la Figura 3.14.

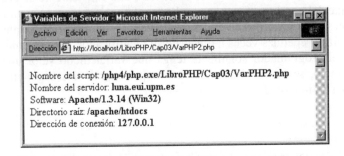

Figura 3.14. *Contenido de las variables de servidor.*

Otras funciones

En PHP existen otras funciones generales que sirven de apoyo al manejo de las variables, cuya descripción aparece en la siguiente tabla:

Función	Descripción
boolean `isset`(Variable)	Devuelve true si la variable pasada está ya definida. False en otro caso.
boolean `empty`(Variable)	Devuelve true si la variable pasada está definida pero no se le ha asignado ningún valor. False en otro caso.
int `unset`(Variable, Variable2...)	Libera los recursos asociados a las variables que se le pasan como parámetros. Devuelve un 1 si no ha habido error, cero si lo ha habido.

Constantes

Resulta bastante probable que en un programa se desee almacenar un determinado valor que no va a variar en ningún momento. Esto se puede lograr almacenando dicho valor en una variable y teniendo cuidado de no reasignarle nada más. Sin embargo, así se corre el peligro de que el programador, en un descuido, le asigne otro valor y probablemente generará un error difícil de localizar.

Para evitar esto, PHP permite la definición de constantes, que no dejan de ser valores invariantes a lo largo de la ejecución del programa. Para hacerlo se utiliza la sentencia define:

```
define("UnaConstante", 15);
```

que creará una constante denominada "`UnaConstante`" y cuyo valor será, a lo largo de toda la ejecución del script, 15. Al hacer referencia a una constante no se debe poner el símbolo $ delante del nombre, puesto que se haría referencia, entonces, a una variable.

Las constantes son muy útiles en el desarrollo de un programa, puesto que se definen una vez y se utilizan repetidas veces a través de su identificador. Esto permite que en un momento dado el programador solamente tenga que variar dicho valor una vez en el código. Por ejemplo, se podría desarrollar un script con cálculos trigonométricos que necesitase de una definición de la constante Pi como:

```
define("Pi", 3.1416);
```

y utilizarla a lo largo del programa. Es posible que tras el desarrollo se compruebe que se necesita una mayor precisión en la constante, y para conseguirlo solamente hay que variar el valor en la definición, dado que en el resto del programa aparecerá referenciada por su identificador:

```
define("Pi", 3.141592);
```

Al igual que con las variables, PHP dispone de una serie de constantes específicas, que son:

Constante	Contenido
__FILE__	Nombre del fichero que está siendo interpretado.
__LINE__	Número de línea que está siendo interpretada.
PHP_VERSION	Cadena indicando la versión del intérprete que se está utilizando.
PHP_OS	Cadena indicando el nombre del sistema operativo en que está siendo ejecutado.
TRUE	Verdadero.
FALSE	Falso.
E_ERROR	Error crítico sin recuperación posible.
E_WARNING	Condición de error que no impide que se continúe interpretando.
E_PARSE	Error de sintaxis. Se finaliza la ejecución.
E_NOTICE	Evento que no detiene la ejecución. Ejemplo: variable no inicializada.
E_ALL	Conjunto de todos los errores E_*.

Las constantes __FILE__ y __LINE__ (ambas van precedidas y seguidas de dos caracteres de subrayado) son muy útiles en la programación, puesto que se puede generar un programa que ante un error nos indique en qué fichero y línea se ha producido. En caso de que se hayan usado en un fichero «incluido» (ver require e include), ambas hacen referencia a este último. Como ejemplo se ve un pequeño programa en el que se muestran las cuatro primeras constantes de la tabla. Hay que hacer notar que no se incluyen dentro de las cadenas de visualización, puesto que al no ir precedidas del carácter $ no se evaluarían. El resultado es el mostrado en la Figura 3.15.

```
<!-- Cap03/constantes.php -->
<HTML>
<HEAD><TITLE>Constantes de PHP</TITLE></HEAD>
<BODY>
<?php
echo "Ejecuto la versión de PHP: ", PHP_VERSION, "<BR>\n";
echo "El sistema operativo es: ", PHP_OS, "<BR>\n";
echo "Estoy en el fichero <B>",__FILE__," línea ",__LINE__,"</B>";
?>
</BODY>
</HTML>
```

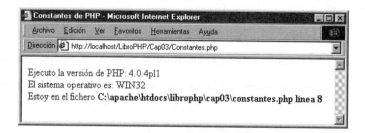

Figura 3.15. *Constantes de PHP.*

Por otra parte, las constantes que hacen referencia a los errores permiten establecer el nivel de error que se desea que controle el intérprete de PHP. Esto se puede realizar utilizando la directiva `error_reporting` del fichero de configuración o bien usando la función `error_reporting()`.

Como ejemplo, veamos un programa que al ejecutarlo genera un error motivado porque nos hemos «equivocado» al teclear el nombre de una variable en la instrucción `echo`. La variable se llama `$Mivar` y sin embargo la hemos referenciado como `$Mibar`. Si el nivel de errores establecido en la directiva `error_reporting` permite mostrar los avisos, en el navegador se visualizará la Figura 3.16.

```
<!-- Cap03/constantes2.php -->
<HTML>
<HEAD><TITLE>Constantes de PHP</TITLE></HEAD>
<BODY>
<?php
$Mivar = 5;
echo "La variable es $Mibar <BR>";
?>
</BODY>
</HTML>
```

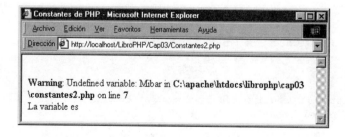

Figura 3.16. *Información sobre errores.*

Dado que se puede desear que sea el programa el que controle este tipo de errores y avisos, se puede incluir el nivel de comprobación con las constantes expuestas. En este caso se elige que el intérprete solamente se detenga ante errores críticos que impidan la ejecución: constante E_ERROR en la función `error_reporting()`.

```
<!-- Cap03/constantes3.php -->
<HTML>
<HEAD><TITLE>Constantes de PHP</TITLE></HEAD>
<BODY>
<?php
error_reporting(E_ERROR); // Nivel de errores críticos
$Mivar = 5;
echo "La variable es $Mibar <BR>"; // $Mibar no está definida
?>
</BODY>
</HTML>
```

y el resultado es que el intérprete no emite el mensaje (lógicamente, tampoco muestra el contenido de la variable, puesto que no puede suponer el error cometido), tal y como se ve en la Figura 3.17.

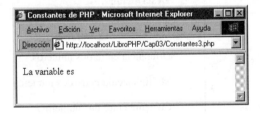

Figura 3.17. *Variación de la información de errores.*

EXPRESIONES

Se denomina así a cualquier combinación de constantes, variables, operadores y funciones sintáctica y semánticamente correcta. Las expresiones, al ser evaluadas por PHP, producen valores que pueden ser empleados en la programación de un script.

Hay muchos tipos de expresiones y todas ellas pueden ser evaluadas. Así, un valor concreto, sea un entero, una cadena de caracteres u otro tipo, será una expresión, ya que al ser evaluado dará como resultado su propio valor. También una asignación es una expresión, ya que ésta produce siempre como resultado de la evaluación el valor que ha sido asignado. La expresión:

```
$Mivar = 5;
```

produce como resultado de la evaluación el valor 5.

Un tipo muy común de expresiones son las de comparación, que dan como resultado los valores lógicos TRUE o FALSE, dependiendo de si la comparación, al ser evaluada, resulta ser cierta o falsa. Una expresión de esta clase sería:

```
5 + 3 == 6 + 1 // que, evidentemente, es falsa
```

y el resultado de su evaluación puede ser asignado a una variable:

```
$Mivar = 5 + 3 == 6 + 1; //equivalente a $Mivar = false;
```

Por último, hay que destacar que al evaluar una variable numérica, si ésta contiene cualquier valor distinto de cero, el resultado será TRUE, mientras que si dicho valor es cero, el resultado será FALSE. Evaluar una cadena vacía genera como resultado FALSE, y cualquier otra cadena, TRUE.

OPERADORES

Los diferentes tipos de operadores de que dispone PHP son:

Operadores aritméticos

Operador	Ejemplo	Descripción
+	3 + 5	Suma entre dos números.
–	7 - 4	Diferencia entre dos números.
*	2 * 3	Multiplicación entre dos números.
/	24/8	Cociente entre dos números.
%	7 % 2	Módulo: resto de la división entera entre dos números.
++	++$a	Preincremento.
	$a++	Postincremento.
--	--$a	Predecremento.
	$a--	Postdecremento.

Los cuatro primeros operadores aritméticos son los utilizados para sumar, restar, multiplicar y dividir. El siguiente operador, módulo, es una operación especial que se usa, normalmente, para generar recorridos circulares sobre vectores o matrices de datos. El resultado que devuelve es el resto de la división entera entre dos números. Como se puede ver en el ejemplo y en la Figura 3.18, el resto de la división entre 11 y 3 es 2, dado que 3 multiplicado por 3 es 9 y hasta 11 restan 2.

```
<!-- Cap03/oparit1.php -->
<HTML>
<HEAD><TITLE>Operadores en PHP</TITLE></HEAD>
<BODY>
<?php
 $Num1 = 11;
 $Num2 = 3;
 $Cociente = (int)($Num1 / $Num2);
 $Resto = $Num1 % $Num2;
 echo "El cociente de $Num1 entre $Num2 es <B>$Cociente</B><BR>\n";
 echo "El resto de $Num1 entre $Num2 es <B>$Resto</B><BR>\n";
?>
</BODY>
</HTML>
```

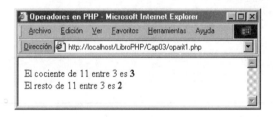

Figura 3.18. *Operación módulo.*

La utilización de los operadores de incremento o decremento implica la suma o resta de una unidad sobre el número que se aplique. La utilización de la sentencia:

```
$UnNumero ++;
```

es absolutamente equivalente a:

```
$UnNumero = $UnNumero + 1;
```

e igualmente el decremento:

```
$UnNumero -- ;
```

es equivalente a:

```
$UnNumero = $UnNumero - 1;
```

Estos operadores tienen una característica propia que se refiere al momento en que se realiza el incremento o decremento del valor. Esta propiedad varía según se escriba el operador como prefijo o sufijo de la variable sobre la que se aplica. En el ejemplo presentado a continuación, se puede observar como sobre la variable $UnaVar se almacena el contenido de $UnNumero incrementado previamente en una unidad (el valor almacenado es, por tanto, 11 en $UnaVar y en $UnNumero). Sin embargo, en la variable $OtraVar se almacena el contenido de $OtroNumero antes de que se produzca el incremento, de tal manera que en $OtraVar se almacena el valor 10 mientras que, como se ve en la Figura 3.19, $OtroNumero termina la ejecución con el valor 11.

```
<!-- Cap03/oparit2.php -->
<HTML>
<HEAD><TITLE>Operadores en PHP</TITLE></HEAD>
<BODY>
<?php
 $UnNumero = 10;
 $OtroNumero = 10;
 $UnaVar = ++$UnNumero;
 echo "UnaVar es $UnaVar<BR>\n";
 echo "UnNumero es ahora $UnNumero<BR>\n";
 $OtraVar = $OtroNumero++;
 echo "OtraVar es $OtraVar<BR>\n";
 echo "OtroNumero es $OtroNumero<BR>\n";
?>
</BODY>
</HTML>
```

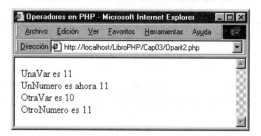

Figura 3.19. *Operador preincremento y postincremento.*

Operadores de asignación

Operador	Ejemplo	Descripción
=	$Variable = 7	Asignación de un valor a una variable.
+=	$A += 5	Equivale a $A = $A + 5.
-=	$A -=5	Equivale a $A = $A − 5.
*=	$A *= 5	Equivale a $A = $A * 5.
/=	$A /= 5	Equivale a $A = $A / 5.
.=	$B .= "Cadena"	Equivale a $B = $B.«Cadena» (concatenación).

Operadores de comparación

Operador	Ejemplo	Descripción
==	$A == $B	True si $A es igual a $B. False si no lo es.
===	$A === $B	True si $A es igual a $B y son del mismo tipo (idénticos). False si no lo son.
!=	$A != $B	True si $A y $B son diferentes. False si no lo son.
!==	$A !== $B	True si $A y $B no son idénticos. False si lo son.
<	$A < $B	True si $A es menor que $B. False si no lo es.
>	$A > $B	True si $A es mayor que $B. False si no lo es.
<=	$A <= $B	True si $A es menor o igual que $B. False si no lo es.
>=	$A >= $B	True si $A es mayor o igual que $B. False si no lo es.

Operadores lógicos

Operador	Ejemplo	Descripción
and	$A and $B	True si lo son $A y $B.
or	$A or $B	True si lo son $A o $B.
xor	$A xor $B	True si $A o $B son True pero nunca a la vez.
!	!$A	Negación. True si $A es False y False si $A es True.
&&	$A && $B	True si lo son $A y $B.
||	$A || $B	True si lo son $A ó $B.

Operadores de bits

Operador	Ejemplo	Descripción
&	$A & $B	Pone a 1 los bits que lo estén en $A y en $B.
|	$A | $B	Pone a 1 los bits que lo estén en $A o en $B.
^	$A ^ $B	Pone a 1 los bits que lo estén en $A o en $B pero nunca en los dos (xor).
~	~$A	Negación. Pone a 1 los bits que estén a 0 en $A y a 0 los bits que estén a 1.
<<	$A << $B	Desplaza los bits de $A tantas posiciones a la izquierda como indica $B.
>>	$A >> $B	Desplaza los bits de $A tantas posiciones a la derecha como indica $B.

Como ejemplo del operador de desplazamiento, veamos el código que divide y multiplica un número por dos, sabiendo que desplazar un bit a la derecha es equivalente a efectuar una división por dos (se pierde el bit de la derecha y se rellena con un cero por la izquierda), mientras que desplazarlo a la izquierda es multiplicarlo por dos (se añade un cero por la derecha):

```
<!-- Cap03/opdesplaz.php -->
<HTML>
<HEAD><TITLE>Operadores en PHP</TITLE></HEAD>
<BODY>
<?php
 $UnNumero = 10;
 $NumeroDividido = $UnNumero >> 1;
 echo "La división de $UnNumero por 2 es <B>$NumeroDividido</B>";
 echo "<BR>\n";
 $NumeroMult = $UnNumero << 1;
 echo "Multiplicar $UnNumero por 2 es <B>$NumeroMult</B>";
?>
</BODY>
</HTML>
```

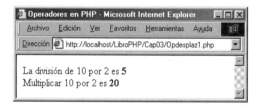

Figura 3.20. *Desplazamiento binario.*

Otros operadores

Operador	Ejemplo	Descripción
.	$A . $B	Concatena las cadenas de caracteres $A y $B.
`	`dir > mifich.txt`	Ejecuta desde el SO el comando que haya entre los acentos graves.
@	@instrucción	Control de errores: Situado antes de una instrucción, si ésta genera cualquier tipo de error, éste es ignorado, se continúa la ejecución y se almacena la información al respecto en $php_errormsg (si está activada la directiva track_errors).

Se debe tener cuidado con el operador @, ya que anula la emisión de cualquier error al ejecutar una función o evaluar una expresión. Esto quiere decir que si se produce un error crítico, se puede llegar a detener la ejecución del programa sin que se tenga constancia del motivo. Asumiendo que se tiene activada la directiva `track_errors` en el fichero de configuración de PHP, el siguiente ejemplo produce un error en la evaluación de la constante asignada a la variable `$Mivar`, ya que se ha escrito `Truu` en vez de `True`. Por no ser un error crítico, la ejecución del script no se detiene y no se emite ningún mensaje por la presencia del operador. En este caso el programa finaliza accediendo a la variable global `$php_errormsg` y mostrando su contenido:

```
<!-- Cap03/operror.php -->
<HTML>
<HEAD><TITLE>Constantes de PHP</TITLE></HEAD>
<BODY>
<?php
  $Mivar = @Truu;
  echo "El error es: <B>$php_errormsg</B>";
?>
</BODY>
</HTML>
```

cuyo resultado se visualiza en la Figura 3.21.

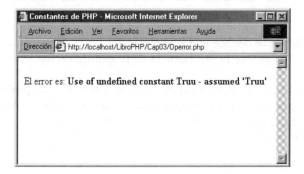

Figura 3.21. *Mensaje de error.*

Precedencia de operadores

La precedencia de operadores describe la secuencia en que se van a evaluar las operaciones solicitadas en una instrucción. Puede no obtenerse el resultado esperado al ejecutar 5 + 4 * 3, dado que se ejecuta primero la multiplicación y después la suma, ya que la precedencia del operador de multiplicación es mayor. La siguiente tabla muestra la precedencia existente, de menor a mayor:

Operador
`or, xor, and`
`= += -= *= /= .= %= &= ^= ~= <<= >>=`
`?:`
`||`
`&&`
`|`
`^`
`&`
`== != === !==`
`< <= > >=`
`<< >>`
`+ - .`
`/ * %`
`! ~ ++ - (cast)`

De la tabla anterior se deduce que la expresión `5 + 4 * 3` es evaluada como `5 + 12`, cuyo resultado es `17`, ya que la precedencia de la multiplicación es mayor que la de la suma.

Si se desea modificar la precedencia existente se deben usar los paréntesis, agrupando las operaciones que se desea que se ejecuten con mayor precedencia. Así, si se desea que en la expresión vista se ejecute la suma antes que la multiplicación, se escribirá: `(5 + 4) * 3`, cuyo resultado es `27`.

SENTENCIAS DE CONTROL

En un principio, los programas se componen de una serie de instrucciones que se ejecutan de forma secuencial, una detrás de otra, hasta que se terminan y, por tanto, acaba el programa. Adicionalmente existen una serie de instrucciones especiales que varían el flujo del programa, esto es, el orden en que se ejecuta el código. Parece claro que si deseásemos escribir 100 veces lo mismo, podríamos dar 100 veces la orden de impresión o podríamos decirle al programa que repitiera la misma orden 100 veces. De esta segunda manera obtenemos una eficiencia más alta a la hora de codificar y se hacen más legibles los programas, dado que no se extienden durante cientos y cientos de líneas. Así nos encontramos con las categorías de sentencias que se tipifican en la programación estructurada: las sentencias secuenciales que forman bloques y que van separadas por el carácter ; y encerradas entre llaves (salvo que sea el programa principal o tenga una sola línea), las sentencias que muestran alternativas (if y switch) y las repetitivas o pertenecientes a los bucles (for, while, do ... while, etc.).

if

La instrucción if evalúa una determinada condición, y en caso de ser verdadera, se ejecuta un bloque de instrucciones. Si dicha condición no se cumple, ninguna de las instrucciones es ejecutada. La sintaxis de la sentencia es:

```
if (condición)
    {bloque de instrucciones}
```

Esta estructura está formada por la palabra reservada if, la condición que se desea comprobar para la ejecución del bloque de instrucciones y el bloque propiamente dicho (entre llaves). Hay que señalar que la condición debe ir siempre entre paréntesis y que puede ser tan complicada, en base al uso de operadores lógicos y de comparación, como se desee. Igualmente, la complejidad del bloque de instrucciones puede ser cualquiera y no tiene límites.

El siguiente código comprueba si el contenido de una variable es menor que el de otra, y si lo es, imprime la frase indicando que el primero es menor que el segundo:

```
<!-- Cap03/if1.php -->
<HTML>
<HEAD><TITLE>Control de Flujo</TITLE></HEAD>
<BODY>
<?php
 $Numero = 10;
 $Otro = 15;
 if ($Numero < $Otro)
    {echo "$Numero es menor que $Otro";}
?>
</BODY>
</HTML>
```

En el ejemplo, el bloque de sentencias que se ejecuta al cumplirse la condición está formado por una sola sentencia y, en este caso, se puede prescindir de las llaves de inicio y final del bloque de instrucciones:

```
if ($Numero < $Otro)
    echo "$Numero es menor que $Otro";
```

Como se ha dicho, la condición puede ser tan compleja como sea necesario, siempre y cuando al final se pueda evaluar como un resultado True (cierto) o False (falso) o a alguna situación asimilable a tal resultado (el valor cero es equivalente a False):

```
if (($Numero == 10) && ($Otro == 15))
    echo "El primero es 10 y el segundo 15";
```

Las sentencias if se pueden anidar unas dentro de otras, de tal forma que solamente se comprobará que se cumple la segunda condición (la expresada en el if interno) si ya se ha comprobado que se cumple la primera. El código anterior podría quedar:

```
if ($Numero == 10)
    if ($Otro == 15)
        echo "El primero es 10 y el segundo 15";
```

Solamente se comprobará la condición de que la variable $Otro sea igual o no a 15 si el contenido de la variable $Numero es 10.

La sentencia if presenta una opción para indicar otro bloque de instrucciones que se ejecutará en caso de no cumplirse la condición especificada:

```
if (condición)
    {bloque de instrucciones caso verdadero}
else
    {bloque de instrucciones caso falso}
```

Como ejemplo, veamos un pequeño formulario en el que se introducen tres datos y un script PHP que al recibirlos nos dice cuál de ellos es el mayor. El código HTML es:

```
<!-- Cap03/if2.html -->
<HTML>
<HEAD><TITLE>Control de Flujo</TITLE></HEAD>
<BODY>
 <FORM NAME='miformulario' ACTION="if2.php" METHOD='POST'>
    Dato1: <INPUT TYPE='Text' NAME='dato1' SIZE='3' MAXLENGTH='3'>
    <BR>
    Dato2: <INPUT TYPE='Text' NAME='dato2' SIZE='3' MAXLENGTH='3'>
    <BR>
    Dato3: <INPUT TYPE='Text' NAME='dato3' SIZE='3' MAXLENGTH='3'>
    <BR>
    <INPUT TYPE='Submit' VALUE='Enviar'>
 </FORM>
</BODY>
</HTML>
```

y el código PHP que trata el formulario:

```
<!-- Cap03/if2.php -->
<HTML>
<HEAD><TITLE>Control de Flujo</TITLE></HEAD>
<BODY>
<?php
 if ($dato1 > $dato2)
     if ($dato1 > $dato3)
         echo "El mayor de todos es: <B> $dato1 </B>\n";
     else
         echo "El mayor de todos es: <B> $dato3 </B>\n";
 else
     if ($dato2 > $dato3)
         echo "El mayor de todos es: <B> $dato2 </B>\n";
     else
         echo "El mayor de todos es: <B> $dato3 </B>\n";
?>
</BODY>
</HTML>
```

La sentencia `if` tiene una variante para cuando se necesita anidar la comprobación de una condición cuando no se cumple otra. Así, la secuencia:

```
if (condicion)
    {
    bloque de instrucciones caso verdadero
    }
else
    {
    if (otracondicion)
        {
        bloque de instrucciones caso verdadero otracondicion
        }
    else
        {
        bloque de instrucciones caso falso otracondicion
        }
    }
```

es sustituible por:

```
if (condicion)
    {
    bloque de instrucciones caso verdadero
    }
elseif (otracondicion)
    {
```

```
    bloque de instrucciones caso verdadero otracondicion
    }
else
    {
    bloque de instrucciones caso falso otracondicion
    }
```

Por último, existe la posibilidad de sustituir las llaves de principio y final del bloque de instrucciones por dos puntos al inicio de cada bloque y la palabra reservada endif al final:

```
if (condicion):
    bloque de instrucciones caso verdadero;
else:
    bloque de instrucciones caso falso;
endif;
```

Como ejemplo de utilización de esta nomenclatura se muestra el siguiente programa, en el que simplemente se comprueba cuál es el mayor de dos números y se imprime el correspondiente mensaje. Este programa, además, presenta otra característica bastante común cuando se comprueban condiciones y se desea generar HTML basándose en ellas. En vez de incluir las etiquetas HTML en sentencias de impresión (echo), se activa y se desactiva la interpretación y se sitúan a continuación las etiquetas HTML que se desea generar en cada uno de los casos. La última nomenclatura facilita este tipo de codificación, dado que es más «limpia» al no tener que escribir las llaves:

```
<!-- Cap03/if3.php -->
<HTML>
<HEAD><TITLE>Control de Flujo</TITLE></HEAD>
<BODY>
<CENTER>
<?php
   $Dato1 = 100;
   $Dato2 = 50;
   if ($Dato1 > $Dato2):
?>
      <H3>El primero era mayor que el segundo</H3>
<?php
   else:
?>
      <H3>El segundo era mayor que el primero</H3>
<?php
   endif;
?>
</CENTER>
</BODY>
</HTML>
```

Se puede observar en el ejemplo que inmediatamente después de la comprobación de `$Dato1 > $Dato2` se cierra el intérprete y se sitúa la etiqueta HTML, que se evalúa solamente si se cumple la condición del `if`. Por supuesto, ocurre lo mismo con el bloque de la parte `else`. El resultado de nuestro ejemplo es el mostrado en la Figura 3.22.

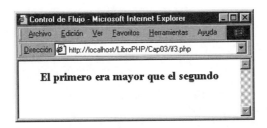

Figura 3.22. *Resultado en la evaluación del if.*

for

El bucle `for` tiene como objetivo repetir un bloque de instrucciones mientras se cumpla una condición preestablecida. Para poder hacer esto parece claro que en la sentencia se deben indicar tres parámetros: la condición que determina si se debe seguir ejecutando o no el bucle (`condición`), una expresión que vaya haciendo cambiar algún parámetro que varíe el cumplimiento de la condición anterior (`actualización`) y, por supuesto, una expresión que determine cuál es la situación de partida en el cumplimiento de dicha condición (`inicialización`).

Para poder indicar lo expuesto, la sintaxis completa de la sentencia es:

```
for (inicialización; condición; actualización)
    {
    Bloque de instrucciones
    }
```

Las tres expresiones entre paréntesis son opcionales, pero en caso de no ponerlas se necesita mantener los caracteres punto y coma (`;`) para evitar errores sintácticos.

El funcionamiento de la instrucción es:

1. Se evalúa la expresión `inicialización`.

2. Se evalúa la expresión `condición`. Si el resultado de dicha evaluación es falso, se abandona el bucle sin ejecutar ninguna de las instrucciones del bloque.

3. Si el resultado de la evaluación anterior es verdadero, se ejecutan las instrucciones del bloque.

4. Se evalúa la expresión `actualización`.

5. Se vuelve al paso 2.

Una estructura típica de un bucle `for` es la de un pequeño programa que imprime los números del 1 al 5:

```
<!-- Cap03/for1.php -->
<HTML>
<HEAD><TITLE>Bucles</TITLE></HEAD>
<BODY>
<?php
 for ($i = 1; $i <= 5; $i++)
    echo "El número es: $i<BR>";
?>
</BODY>
</HTML>
```

Resulta importante destacar que, al igual que ocurría con la sentencia `if`, al haber una sola instrucción en el bloque, no hace falta escribir las llaves de inicio y final. El aspecto que presenta la visualización es el mostrado en la Figura 3.23.

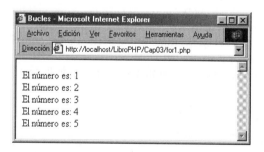

Figura 3.23. *Resultado de la ejecución del bucle for.*

foreach

A partir de la versión 4 de PHP se incluye una sentencia `foreach` que permite un recorrido por elementos complejos (matrices) de una forma sencilla. Cada vez que se van a tratar todos los elementos de un array, en general, hay que incrementar un contador desde cero hasta N–1 (siendo N el número de elementos) para poder procesarlos, teniendo, además, que referenciar cada uno de los elementos con el nombre del array acompañado de dicho índice. La sentencia `foreach` permite directamente recorrer cada uno de los elementos y asignarles un nombre que sea más sencillo de procesar:

```
foreach (NombreArray as Variable)
  {
  Bloque de instrucciones;
  }
```

que, como se ve en el ejemplo, facilita la programación (observar la diferencia entre los dos recorridos que se hacen del array en el ejemplo `foreach1.php`, el primero con un bucle `for` y el segundo con `foreach`):

```
<!-- Cap03/foreach1.php -->
<HTML>
<HEAD><TITLE>Bucles</TITLE></HEAD>
<BODY>
<CENTER>
<H3>Lista de autores</H3>
</CENTER>
<?php
  $Nombres[0]='Abraham';
  $Nombres[1]='Agustín';
  $Nombres[2]='Javier';
  echo "<B>Bucle clásico</B><BR>\n";
  for ($i = 0; $i < 3; $i++)
     {
     echo "Un autor de este libro se llama:<B> $Nombres[$i]</B>";
     echo "<BR>\n";
     }
  echo "<B>Bucle foreach</B><BR>\n";
  foreach ($Nombres as $autor)
     echo "Un autor de este libro se llama:<B> $autor</B><BR>\n";
?>
</BODY>
</HTML>
```

Se puede comprobar en la Figura 3.24 que el tratamiento de la matriz es funcionalmente idéntico independientemente de que se haga con el bucle `for` o con el `foreach`, pero con este último se tienen unas referencias más sencillas a cada uno de los elementos (`$autor` en vez de `$Nombres[$i]`). El intérprete recorre por sí mismo el array y sustituye en cada elemento la variable `$autor` por el valor del elemento actual. Hay que destacar, por otra parte, que, dado que el nombre de la variable se corresponde directamente con el elemento, si se modifica el contenido de la primera, queda modificado el array.

Figura 3.24. *Bucle for y foreach.*

La sentencia `foreach` admite otra sintaxis para permitir recorrer arrays asociativos y recuperar simultáneamente la clave y el valor de cada elemento:

```
foreach (NombreArray as Clave => Valor)
  {
  Bloque de instrucciones;
  }
```

El funcionamiento de esta instrucción se basa en el hecho de que cada vez que se recupera el siguiente par, se introduce el valor en la variable de nombre `$Valor` y el valor de la clave en la variable de nombre `$Clave`.

Modificando el ejemplo anterior para trabajar con una matriz asociativa tenemos:

```
<!-- Cap03/foreach2.php -->
<HTML>
<HEAD><TITLE>Bucles</TITLE></HEAD>
<BODY>
<CENTER>
<H3>Lista de autores</H3>
</CENTER>
<?php
  $Nombres = array ('primero' => 'Javier',
                    'segundo' => 'Jorge',
                    'tercero' => 'Santiago');
  echo "<B>Bucle foreach</B><BR>\n";
  foreach ($Nombres as $clave => $autor)
    {
    echo "Un autor de este libro se llama:<B> $autor</B>\n";
    echo " y su clave es <B>$clave</B>.<BR>\n";
    }
?>
</BODY>
</HTML>
```

que tiene como salida la mostrada en la Figura 3.25.

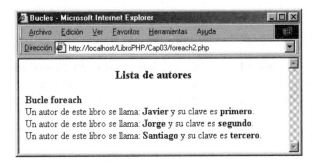

Figura 3.25.   *Bucle foreach en un array asociativo.*

Hay que observar que en el programa anterior, una vez obtenida la clave, el elemento puede ser referenciado dentro del bucle foreach como $autor o como $Nombres[$clave].

while

El bucle while permite la repetición de un bloque de instrucciones un número de veces que a priori no se conoce. Es posible que las sentencias del bucle no se lleguen a ejecutar nunca, ya que antes de proceder a interpretar la primera instrucción se evalúa la condición, y si ésta resulta ser falsa, no entrará en las instrucciones del bloque. La sintaxis es:

```
while (condicion)
    {
    Bloque de instrucciones;
    }
```

Como ejemplo veamos un programa que, dado un número en decimal, lo convierte en una cadena de caracteres que representa el número en binario. El método seguido consiste en realizar la división entera sucesivamente entre el número decimal y dos, siguiendo los pasos:

1.   Si el *número decimal* es menor que 2, ir al paso 6. En caso contrario, seguir por el paso 2.

2.   Realizar la división entera del *número decimal* entre 2.

3. Agregar el resto de la división anterior al *número binario* por la izquierda.

4. Actualizar el valor del *número decimal* asignándole el valor del cociente de la división anterior.

5. Volver al paso 1.

6. Añadir el *número decimal* restante (0 o 1) al número binario por la izquierda.

Cada vez que se realiza la división se añade el resto al número binario por la izquierda y se detiene el proceso cuando el cociente es menor que dos, añadiendo dicho cociente al resultado (siempre por la izquierda). Veamos la conversión de 5 a binario:

```
1) NumeroDecimal =5                  NumeroBinario = ''
   5 >= 2
2) 5 dividido entre 2 = 2
3) resto = 1                         NumeroBinario = '1'
4) NumeroDecimal = 2

1) 2 >= 2
2) 2 dividido entre 2 =1
3) resto = 0                         NumeroBinario = '01'
4) NumeroDecimal = 1

1) 1 es menor que 2

6) NumeroDecimal = 1                 NumeroBinario = '101'
```

Este problema está especialmente indicado para ser resuelto mediante un bucle, puesto que a priori no se conocen cuántas divisiones habrá que realizar, pero sí se sabe que se debe detener la ejecución cuando el resultado de la división sea menor que dos. El programa while1.php comprueba que el contenido de la variable $NumeroDecimal sea mayor que 2, y mientras se cumpla esto, se repetirán las sentencias del bloque. La primera instrucción del bucle consiste en concatenar por la izquierda al número binario ($NumeroBinario) el resto de la división (operación $NumeroDecimal % 2). Se ha añadido una instrucción que va mostrando, cada vez que se añade un nuevo dígito, el resultado intermedio. Tras esto, lo único que se realiza es la actualización del número decimal al cociente de la división. La utilización del casting a entero se debe a que el resultado de una división puede ser un número real, por lo que procedemos a quedarnos solamente con la parte entera, que es la que nos interesa. Tras la salida del bucle se añade a la izquierda del numero binario lo que quede en el número decimal (un cero o un uno).

```
<!-- Cap03/while1.php -->
<HTML>
<HEAD><TITLE>Bucles</TITLE></HEAD>
<BODY>
<CENTER>
```

```
<H3>Conversión de decimal a binario</H3>
<?php
  $NumeroDecimal = 13;
  echo "El número decimal es: <B>$NumeroDecimal</B><BR>\n";
  $NumeroBinario='';
  while ($NumeroDecimal >= 2)
    {
    $NumeroBinario = $NumeroDecimal % 2 . $NumeroBinario;
    echo "Resultado intermedio: <B>'$NumeroBinario'</B><BR>\n";
    $NumeroDecimal = (int)($NumeroDecimal / 2);
    }
  $NumeroBinario = $NumeroDecimal . $NumeroBinario;
  echo "Número en binario resultante <B>$NumeroBinario</B><BR>\n";
?>
</CENTER>
</BODY>
</HTML>
```

La ejecución se muestra en la Figura 3.26.

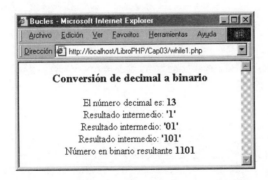

Figura 3.26. *Bucle para convertir un número a binario.*

Al igual que la sentencia `if`, el bucle `while` admite una sintaxis alternativa en la que se sustituyen las llaves de comienzo y final de bloque por el símbolo `:` y la palabra `endwhile`. La sintaxis sería:

```
while (condicion):
  Bloque de instrucciones;
endwhile;
```

do..while

El bucle do..while es similar al bucle generado con la instrucción while, con la diferencia de que la condición de ejecución se comprueba tras la ejecución del bloque de sentencias. Esto implica que existe siempre la garantía de que las instrucciones del bloque se ejecutarán al menos una vez. La sintaxis es:

```
do
  {
  Bloque de instrucciones;
  } while (condicion);
```

El siguiente ejemplo modifica el programa de la conversión de decimal a binario para utilizar este nuevo tipo de bucle. Esto implica, dado que se ejecutan al menos una vez las instrucciones del bloque, que se puede cambiar la condición de terminación y ahorrarnos la última asignación, ya que si el cociente es cero o uno ya se ha asignado al número binario con el resto de la división.

```
<!-- Cap03/dowhile.php -->
<HTML>
<HEAD><TITLE>Bucles</TITLE></HEAD>
<BODY>
<CENTER>
<H3>Conversión de decimal a binario</H3>
<?php
  $NumeroDecimal = 13;
  echo "El número decimal es: <B>$NumeroDecimal</B><BR>\n";
  $NumeroBinario = '';
  do {
    $NumeroBinario = $NumeroDecimal % 2 . $NumeroBinario;
    echo "Resultado intermedio: <B>'$NumeroBinario'</B><BR>\n";
    $NumeroDecimal = (int)($NumeroDecimal/2);
    } while ($NumeroDecimal > 0);
  echo "Número en binario resultante <B>$NumeroBinario</B><BR>\n";
?>
</CENTER>
</BODY>
</HTML>
```

break y continue

En PHP se dispone de una sentencia que al ejecutarla dentro de un bucle provoca su terminación inmediata. Esta sentencia es break, y en el ejemplo que se muestra a continuación provoca la finalización del bucle antes de que se cumpla la condición de salida indicada en él. Como se puede observar en la Figura 3.27, las iteraciones correspondientes a valores de $i superiores a 5 no se ejecutan nunca, dado que en el momento en que $i toma dicho valor se ejecuta la sentencia break.

```
<!-- Cap03/break.php -->
<HTML>
<HEAD><TITLE>Bucles</TITLE></HEAD>
<BODY>
<CENTER>
<H3>Salida de bucles</H3>
</CENTER>
<?php
 $i=1;
 while ($i <= 10)
    {
    if ($i % 2 == 0)
        echo "$i es par <BR>\n";
    else
        echo "$i es impar <BR>\n";
    if ($i == 5)
        {
        break;
        echo "esto no se ejecuta\n";
        }
    $i++;
    } // del while
 echo "<BR>Primera instrucción después del bucle";
?>
</BODY>
</HTML>
```

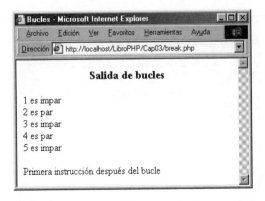

Figura 3.27. *Resultado de ejecutar break.*

Por otra parte, se dispone de la instrucción `continue`, que provoca la terminación de la iteración actual del bucle en el que se haya ejecutado. Modificando el ejemplo anterior para que no se imprima nada en los casos en que la variable `$i` tome los valores 6, 7 y 8, tenemos:

```
<!-- Cap03/continue.php -->
<HTML>
<HEAD><TITLE>Bucles</TITLE></HEAD>
<BODY>
<CENTER>
<H3>Salida de bucles</H3>
</CENTER>
<?php
 $i = 0;
 while ($i < 10)
    {
    $i++;
    if (($i == 6) || ($i == 7) || ($i == 8))
       continue;
    if ($i % 2 == 0)
       echo "$i es par <BR>\n";
    else
       echo "$i es impar <BR>\n";
    } // del while
 echo "Primera instrucción después del bucle\n";
?>
</BODY>
</HTML>
```

Se puede observar en la salida producida por el programa (Figura 3.28) que en caso de que `$i` sea 6, 7 u 8, se ejecuta la sentencia `continue`, con lo que se provoca la finalización de la iteración en curso y por tanto se vuelve al primer punto del bucle, que por ser un `while`, es la comprobación de la condición de ejecución.

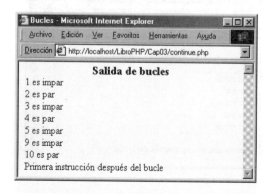

Figura 3.28.   *Resultado de ejecutar continue.*

switch

La sentencia `switch` permite la ejecución de un bloque de instrucciones en función del valor que tome una expresión. La sintaxis es:

```
switch (expresion)
   {
   case resultado1:
     Bloque de instrucciones resultado1;
     break;
   case resultado2:
     Bloque de instrucciones resultado 2;
     break;
   ......
   default:
     Bloque de instrucciones por defecto;
   }
```

La sentencia evalúa la expresión que aparece en la cabecera y busca un resultado que coincida. En el momento en que una opción contiene dicho valor, comienza la ejecución, que se prolonga hasta el final de la sentencia `switch`. En caso de que no coincida ninguno de los valores escritos se ejecuta el bloque de instrucciones especificado en la cláusula `default` si existe (es optativa).

El hecho de que se ejecute todo el código situado a continuación del valor que ha coincidido obliga a escribir la instrucción `break` al final de cada opción, puesto que de no hacerlo se ejecutan todos los bloques de instrucciones hasta el final de la sentencia `switch`. Evidentemente, en el caso de la opción `default` esto no es necesario, dado que es la última.

Como ejemplo se muestra un script que recibe los datos de un formulario en el que el usuario introduce su código y nombre. Dependiendo de este último, el usuario recibe como respuesta un mensaje diferente. El formulario es:

```html
<!-- Cap03/switch.html -->
<HTML>
<HEAD><TITLE>Alternativas</TITLE></HEAD>
<BODY>
 <H2>Introducción de Datos</H2>
 <FORM NAME="miformulario" ACTION="switch.php" METHOD="POST" >
  <TABLE BORDER=1>
   <TR><TD>Usuario:</TD>
    <TD><INPUT TYPE="Text" NAME="Usuario" SIZE=8 MAXLENGTH=8></TD>
    <TD>Apellido:</TD>
    <TD><INPUT TYPE="Text" NAME="Apellido" SIZE=10 MAXLENGTH=10>
    </TD>
   </TR>
   <TR>
    <TD><INPUT TYPE="Submit" VALUE="Enviar"></TD>
    <TD><INPUT TYPE="Reset" VALUE="Borrar"></TD>
   </TR>
  </TABLE>
 </FORM>
</BODY>
</HTML>
```

y el script que lo procesa:

```
<!-- Cap03/switch.php -->
<HTML>
<HEAD><TITLE>Alternativas</TITLE></HEAD>
<BODY>
<?php
  echo "<HR><BR><CENTER><B>\n";
  switch ($Usuario)
     {
     case "Santiago":
         $fecha = date("d-m-Y");
         echo "Hola $Usuario. Hoy es $fecha\n";
         break;
     case "Agustin":
         echo "Hola $Usuario. Bienvenido\n";
         echo "Tu apellido es $Apellido\n";
         break;
     case "Jorge":
         echo "Hola $Usuario. Ya era hora\n";
         break;
     default:
         echo "No estás autorizado\n";
     }      // del switch
  echo "</B></CENTER><BR><HR>\n";
?>
</BODY>
</HTML>
```

que en el caso de que el usuario se identifique como «Santiago» produciría la salida de la
Figura 3.29.

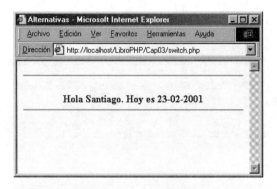

Figura 3.29. *Resultado de ejecución del programa 'switch.php'.*

FUNCIONES

Generalmente, cuando se escriben programas con PHP las instrucciones se ejecutan conforme van siendo procesadas por el intérprete del lenguaje. Sin embargo, a la hora de realizar programas complejos hay ocasiones en las que el mismo código ha de ser ejecutado más de una vez. Incluso otras veces, puede que existan instrucciones que se desea poder activar en función del contenido de alguna variable o bajo unas determinadas condiciones de entrada de datos aportados por el usuario de un formulario. Para estos casos sería útil que el lenguaje de programación permitiera dividir el código en trozos más pequeños, de forma que cada uno tuviera un significado específico y que pudiera ser accedido de forma independiente.

PHP, como la mayoría de los lenguajes de programación, dispone de una herramienta denominada función que permite recoger todos los aspectos planteados en el párrafo anterior. Una función es trozo de código, que permite desarrollar una tarea concreta y bien definida, que se encuentra separado del resto de instrucciones del programa y al que se le ha dado un nombre para que posteriormente pueda ser referenciado. A través del nombre se pueden ejecutar las instrucciones referidas por él tantas veces como sea necesario. La utilización de funciones permite que un script aparezca escrito como una lista de referencias a las tareas que se deben hacer para crear una página de respuesta.

Así, un programa que leyera los datos de un fichero de texto buscando una determinada información y elaborara una página de respuesta podría ser expresado de forma semejante a:

```
abrir(fichero);
if esta(dato, fichero)
    {
    escribir_informacion(dato);
    }
else
    {
    escribir_respuesta_error();
    }
cerrar(fichero);
```

En este caso, *abrir, esta, escribir_informacion, escribir_respuesta_error* y *cerrar* serían referencias a funciones codificadas en el mismo script. Como se ha podido ver en el ejemplo anterior, la utilización de funciones de usuario permite que los programas escritos sean más legibles y fácilmente verificables, al poder tener acceso a la lógica del programa de una manera más clara.

Las funciones que define el usuario pueden necesitar para su ejecución valores externos que han de ser aportados. En el ejemplo anterior: *abrir, esta, escribir_información* y *cerrar*. En otras ocasiones la función de usuario puede devolver un valor como, por ejemplo, la función *esta*, que devuelve un valor booleano. Por supuesto, también pueden existir funciones que no necesiten ningún valor externo para poder ser ejecutadas, por ejemplo, *escribir_respuesta_error.*

Pues bien, a los valores que se le aportan a una función desde el exterior se les denomina parámetros o argumentos de la función. Los parámetros actúan como variables dentro del trozo de código de la función.

¿Cómo se definen las funciones?

El siguiente esquema representa la sintaxis para definir, en el lenguaje PHP, una función:

```
function nombre_de_la_funcion($param1, $param2, ..., $paramN)
    {
    // Código PHP asociado a la función
    codigo_php
    return valor; // Esta sentencia es opcional
    }
```

Como se puede ver, son necesarios los siguientes componentes:

- La palabra reservada `function`.

- `nombre_de_la_funcion` indica el nombre por el que el usuario va a identificar a las sentencias ahí incluidas.

- `$param1, $param2, ..., $paramN` representan la lista de parámetros necesarios para que la función pueda ser ejecutada. Los parámetros han de expresarse siempre entre paréntesis y separados por comas. Incluso si la función no necesitara ningún parámetro, deberán aparecer la pareja de paréntesis.

- `codigo_php` representa el conjunto de sentencias que se van a ejecutar cada vez que se haga una llamada a la función.

- `return` es la sentencia que se debe utilizar cuando se quiere que la función devuelva un valor. Si la función no devuelve ningún valor puede omitirse.

Desde el punto de vista del programador, los parámetros son variables que se pueden utilizar dentro de la función y a los que se les asigna un valor cuando se realiza la llamada.

No existe ninguna limitación sobre el lugar donde puede aparecer declarada una función; si bien existe un convenio, por parte de los programadores, basado en las reglas de estilo de la buena programación, por el cual se aconseja que las funciones aparezcan codificadas de forma contigua bien al principio del script o bien al final del mismo. Particularmente, los autores de este documento aconsejan que las funciones aparezcan siempre codificadas al principio del script.

Esto nos lleva a que la estructura recomendada de un script escrito en PHP sea:

```
// Declaración de constantes y variables globales
      ..............
// Declaración y codificación de funciones de usuario
      ..............
/* Código que se corresponde con el programa principal
   que genera la página de respuesta.                    */
      ..............
```

¿Cómo se ejecuta una función?

Una vez que se ha declarado y codificado la función, ésta no se ejecuta hasta que es llamada desde cualquier lugar del script. La llamada a una función se realiza dentro de una expresión escribiendo su nombre y entre paréntesis los valores de los argumentos que necesite dicha función. Una función puede ser llamada desde dentro de otra función. A continuación se muestran ejemplos de llamadas a funciones:

```
// llamadas a funciones que no devuelven valores
   uno();
   dos('Agustín');
// llamadas a funciones que devuelven valores
   $edad = tres('Agustín');
   for ($i = 1; $i < numero_elementos(); $i++)
```

En el ejemplo anterior las funciones dos() y tres() necesitan recibir información desde el exterior. A los valores que se pasan a una función desde fuera se les denomina parámetros o argumentos y se estudiarán más adelante dentro de este mismo apartado.

Cuando desde el código PHP se encuentra una llamada a una función de usuario, la ejecución salta directamente a la primera sentencia de la misma. A continuación, se ejecutan las sentencias de dicha función, y cuando la función finaliza, se devuelve el control al código que realizó la llamada para que continúe con la ejecución. En definitiva, es como si en el programa se hubieran insertado todas las líneas de código de la función.

En un script no hay limitación de llamadas a una misma función, ni limitación en cuanto al número de funciones llamadas. Simplemente para volver a hacer uso de la función se volverá a poner la sentencia de llamada con los nuevos parámetros que necesite.

A continuación se muestra un ejemplo que obtiene la tabla de multiplicar del número 13.

```
<!-- Cap03/tablamultiplicar1.php -->
<HTML>
<HEAD>
    <TITLE>Tabla de multiplicar del 13</TITLE>
</HEAD>
<BODY>
    <CENTER>
<?php
function escribir_tabla_del_13()
    {
    echo "<TABLE>\n";
    echo "<CAPTION ALIGN=top>Tabla del 13</CAPTION>\n";
    for ($i = 1; $i < 11; $i++)
        {
        echo "<TR>\n";
        echo "<TD ALIGN=CENTER>13</TD>\n";
        echo "<TD ALIGN=CENTER>*</TD>\n";
        echo "<TD ALIGN=CENTER>$i</TD>\n";
        echo "<TD>=</TD>\n";
```

```
        echo "<TD ALIGN=CENTER>", 13*$i, "</TD>\n";
        echo "</TR>\n";
        }
    echo "</TABLE>\n";
    }
escribir_tabla_del_13();
?>
</CENTER>
</BODY>
</HTML>
```

El script anterior genera la salida mostrada en la Figura 3.30.

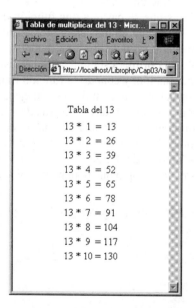

Figura 3.30.

Como ya habrá pensado, el ejemplo anterior es bastante poco eficaz, ya que no habría hecho falta una función para realizar dicha página. Sin embargo, si lo que se pretende es obtener las tablas de multiplicar de varios números, empieza a tener sentido haber declarado una función para obtenerla. Para que la función escrita realmente sea útil, es necesario que se pueda obtener la tabla de multiplicar de un número que no sea siempre el número 13. Para resolver esto hay que aprender primero a pasar valores como parámetros a las funciones.

¿Cómo se pasan los parámetros?

Si ahora en lugar de obtener la tabla del 13 se quisiera obtener la tabla del 3, habría que escribir una nueva función que se llamara `escribir_tabla_del_3()`. Sin embargo, ¿no son las mismas operaciones las necesarias para generar ambas tablas de multiplicar? La respuesta es afirmativa, por supuesto que se puede generalizar la función para que sirva para cualquier número, simplemente hay que «*parametrizar*» la función, es decir, hay que pasar como parámetro el valor con el que se quiere que trabaje la función. Cuando se definió la función `escribir_tabla_del_13()` en el ejemplo anterior, realmente se podría haber escrito para que valiera para obtener la tabla de multiplicar de cualquier número.

Para pasar un parámetro a una función es necesario que ésta lo tenga definido en la declaración de la función. Para definir un parámetro en una función, simplemente hay que poner el nombre que se le quiere dar al parámetro, siguiendo las reglas para la definición de variables, en la lista de parámetros de la función. Dicha lista aparece entre paréntesis a continuación del nombre de la función.

```
function tres($nombre)
   {
   if ($nombre == "Sara")
      return 18;
   else
      return (rand(100));
   }
```

En este caso el parámetro es `$nombre`. Los parámetros dentro de una función actúan como variables definidas dentro de la misma a las que se les ha asignado un valor desde fuera de la función.

En el ejemplo de la tabla de multiplicar, la función que genera la tabla de multiplicar podría parametrizarse de la siguiente forma:

```
function escribir_tabla_del($numero)
   {
   echo "<TABLE>\n";
   echo "<CAPTION ALIGN=top>Tabla del $numero</CAPTION>\n";
   for ($i = 1; $i < 11; $i++)
      {
      echo "<TR>\n";
      echo "<TD ALIGN=CENTER>$numero</TD>\n";
      echo "<TD ALIGN=CENTER>*</TD>\n";
      echo "<TD ALIGN=CENTER>$i</TD>\n";
      echo "<TD>=</TD>\n";
      echo "<TD ALIGN=CENTER>", $numero*$i, "</TD>\n";
      echo "</tr>\n";
      }
   echo "</TABLE>\n";
   }
```

Como puede apreciarse, el parámetro es `$numero` y se ha utilizado dentro de la función como una variable más.

En este punto pueden aparecer las siguientes preguntas: ¿Son todos los parámetros iguales? ¿Puede una función modificar el valor de un parámetro y que dicho cambio se refleje fuera de la función? Las respuestas a las preguntas anteriores se pueden resumir en una sola: PHP dispone de dos tipos de parámetros, parámetros por valor y parámetros por referencia.

Se dice que un parámetro está pasado por valor cuando los cambios que se realizan sobre él dentro de una función no se ven reflejados fuera de la misma. Por otro lado, se dice que un parámetro está pasado por referencia cuando los cambios que se realizan sobre él dentro de la función se mantienen fuera de la misma.

Por defecto, PHP considera que todos los parámetros son parámetros por valor. Para indicar que un parámetro se pasa por referencia hay que precederle del carácter **&** en la declaración que se haga del mismo en la función.

```php
<!-- Cap03/parametros1.php -->
<?php
function ejemplo($uno, &$dos)
    {
    $uno++;
    $dos++;
    echo "Dentro. El valor de uno es $uno y
         el valor de dos es $dos\n";
    }
$uno = 1;
$dos = 1;
echo "Fuera. El valor de uno es $uno y el valor de dos es $dos\n";
ejemplo($uno, $dos);
echo "Fuera. El valor de uno es $uno y el valor de dos es $dos\n";
?>
```

En la declaración ejemplo el parámetro `$uno` está pasado por valor y el parámetro `$dos` está pasado por referencia. Cuando se pasa un parámetro por valor, lo que realmente se está haciendo es generar una copia del valor que existe fuera de la función y asignarlo a una variable interna de la función. Por lo tanto en la llamada a la función, a dicho parámetro podrá asignársele directamente un valor o podrá asignársele el contenido de una variable. Serían llamadas válidas a la función `ejemplo()` las siguientes:

```php
// llamada con un valor
ejemplo(2, $dos);
// llamada con una variable
ejemplo($uno, $dos);
// llamada con una expresión
ejemplo((2+3)/2, $dos);
// llamada con una expresión con una variable
ejemplo($uno*3, $dos);
```

Cuando se utiliza un parámetro por referencia, lo que realmente se hace es pasar directamente la misma variable que existe fuera (se pasa la dirección de memoria que ocupa dicha variable); de esta forma, los cambios se hacen sobre la variable que existe fuera y por lo tanto en la llamada a la función deberá aparecer una variable, no estando permitido, por consiguiente, una expresión. En el ejemplo anterior, la variable $uno terminará teniendo el valor 1, puesto que está pasada por valor, y la variable $dos terminará teniendo el valor 2, puesto que está pasada por referencia.

Puede darse el caso de que una función reciba parámetros por valor pero que se desee, bajo determinadas circunstancias especiales, que en una llamada particular uno de los parámetros sea pasado como parámetro por referencia. Esto puede hacerse en PHP anteponiendo en la sentencia de llamada a la función el carácter & delante del parámetro que quiere pasarse por referencia. El ejemplo anterior podría expresarse como:

```
<!-- Cap03/parametros2.php -->
<?php
function ejemplo($uno, $dos)
    {
    $uno++;
    $dos++;
    echo "Dentro. El valor de uno es $uno y el valor de dos es
        $dos\n";
    }
$uno = 1;
$dos = 1;
echo "Fuera. El valor de uno es $uno y el valor de dos es $dos\n";
ejemplo($uno, &$dos);
echo "Fuera. El valor de uno es $uno y el valor de dos es $dos\n";
?>
```

Otro valor añadido que aporta PHP sobre los argumentos es la posibilidad de asignarles un valor por defecto. Esto permite que los parámetros tomen un valor determinado cuando desde la llamada a la función no se les ha proporcionado ningún valor. La posibilidad de aplicar un valor por defecto es muy útil cuando un parámetro casi siempre va a tomar el mismo valor. El valor asignado por defecto debe ser una constante, no siendo posible asignarle el contenido de una variable.

Los parámetros que tienen asignados valores por defecto siempre tienen que aparecer en las últimas posiciones de la lista de argumentos de la función, es decir, a la derecha del primer parámetro con valores por defecto no debe aparecer ningún parámetro que no tenga valores por defecto. Esta ubicación dentro de la lista de parámetros está justificada por la forma en que se tiene que realizar la llamada a una función con parámetros por defecto. Cuando se utiliza el valor por defecto de un parámetro, obligatoriamente han de utilizarse los valores por defecto de todos aquellos parámetros que se encuentren a su derecha. Esto se entenderá mejor sobre el siguiente ejemplo.

Dadas las siguientes declaraciones de funciones:

```
function ejemplo1($uno, $dos = 13, $tres = 4)
   {
   // Código PHP de la función
   }
function ejemplo2($uno = 12, &$dos, $tres = 13, $cuatro = 4)
// función mal declarada porque los parámetros con valores
// por defecto no aparecen consecutivos
   {
   // Código PHP de la función
   }
```

En las declaraciones anteriores, la función `ejemplo2()` está mal definida, ya que los parámetros por defecto no aparecen consecutivos. El error no se detectaría hasta que se fuera a utilizar el valor por defecto del parámetro `$uno`, lo que provocaría que el intérprete de PHP mostrara un mensaje de aviso por haber realizado la llamada con un número insuficiente de parámetros. Supongamos ahora que se realizan las siguientes llamadas a las funciones declaradas:

```
$uno = 1;
$dos = 1;
ejemplo1($uno);
ejemplo1($uno, ,4 );
ejemplo2();
ejemplo2($uno, $dos);
```

La primera llamada es correcta si se quiere usar el valor por defecto del parámetro `$dos`, ya que éste y todos los parámetros que se encuentran a su derecha se han omitido. La segunda llamada es incorrecta, ya que se ha omitido el valor del parámetro `$dos`, pero no se han omitido los valores que se encuentran a su derecha. La tercera llamada es incorrecta, ya que el parámetro `$dos` no tiene asignado ningún valor por defecto. Por último, la cuarta llamada es correcta, ya que se han suministrado valores a todos los parámetros que no tienen asignado un valor por defecto.

Otra consideración que debe tenerse en cuenta cuando se manipulan funciones es que éstas no pueden devolver directamente a través de `return` más de un valor. Por lo tanto, cuando es necesario que una función devuelva más de un valor deberá crearse una matriz que contenga los valores a devolver y que la función devuelva dicha matriz.

```
function ejemplo($parametro)
   {
   ---------------
         sentencias PHP
   ---------------
   return array($valor1, valor2, $valor3);
   }

$llamada = ejemplo($parametro);
```

Ámbito de las variables

Desde el punto de vista de su ámbito, PHP permite trabajar con dos clases de variables: locales y globales. Se dice que una variable es local cuando se usa dentro del ámbito de una función, es decir, que sólo es accesible dentro del cuerpo de la función. Este tipo de variables existe mientras se está ejecutando la función, y su valor no se conserva una vez la función ha finalizado su ejecución (salvo que la variable sea definida estática, como se verá en el apartado «Variables estáticas»). Por otra parte, se dice que una variable es global cuando es accesible desde cualquier sentencia de un script que no esté dentro de una función.

Para que una función acceda a variables globales, debe estar declarada mediante la sentencia `global` dentro del código de la función. Esta sentencia hace que PHP sepa que se está haciendo referencia a una variable global y que, por lo tanto, no tiene que crear ninguna variable local nueva. No hay ninguna limitación en cuanto al número de variables globales que puede utilizar una función. En el caso de que el nombre de la variable indicada por global no exista como variable global, ésta se crea y se inicializa con un valor nulo.

En PHP también se puede acceder a las variables globales a través de la matriz asociativa `$GLOBALS`. Dicha matriz asociativa almacena todas las variables globales del script. El hecho de poder crear variables dentro de funciones hace que sea posible asignar el mismo nombre a dos variables, uno dentro de la función y otro fuera.

A continuación se muestra un ejemplo de declaración de variables locales y globales:

```
function cambiar_nombre()
   {
   $nombre = 'Jorge';
   echo "Dentro de la función me llamo $nombre<br>\n";
   }

$nombre = 'Agustín';
cambiar_nombre();
echo "Fuera de la función me llamo $nombre";
```

En este ejemplo, PHP considera que las dos variables `$nombre` son diferentes, ya que una sólo es visible dentro de la función y la otra es visible desde cualquier lugar del script. Se ha asignado el valor 'Agustín' a la variable `$nombre` del script y se ha asignado el valor 'Jorge' a la variable `$nombre` de la función. La salida que se obtendría es:

```
Dentro de la función me llamo Jorge
Fuera de la función me llamo Agustín
```

Una vez entendido el concepto de variable local y global, ¿existe alguna regla para definir variables de un tipo u otro? La respuesta es que no existe una regla fija para tomar la decisión sobre los tipos de variables a declarar; sin embargo, sí existen recomendaciones, aceptadas de forma general, para que, en la medida de lo posible, se declaren variables locales, y cuando sea necesario que varias funciones compartan una variable, ésta se declare como global y sea pasada como parámetro.

Por último se muestra un ejemplo de cómo acceder a las variables globales desde dentro de una función:

```
<!-- Cap03/ambito1.php -->
<?
   $cadena1 = "Agustín ";
   $cadena2 = "Yagüe ";
   $cadena3 = "Panadero ";

   function escribe1()
      {
      global $cadena1;
      echo $cadena1, $cadena2, $cadena3, "<br>\n";
      }

   function escribe2()
      {
      global $cadena1, $cadena2, $cadena3;
      echo $cadena1, $cadena2, $cadena3, "<br>\n";
      }

   function escribe3()
      {
      echo $GLOBALS["cadena1"], $GLOBALS["cadena2"],
           $GLOBALS["cadena3"], "<BR>\n";
      }
   escribe1();
   escribe2();
   escribe3();
?>
```

La función `escribe1()` muestra solamente `'Agustín'` porque accede a la variable global `$cadena1` y a las locales `$cadena2` y `$cadena3`, que están vacías. La función `escribe2()` muestra cómo indicar qué variables globales dentro de una función, y la función `escribe3()` muestra cómo acceder a la matriz `$GLOBALS` para obtener el contenido de las variables globales. Obsérvese que para acceder a una variable global a través de la matriz `$GLOBALS` simplemente hay que indicar entre corchetes el nombre de la variable.

Variables estáticas

Otra característica importante con respecto al ámbito de las variables es el concepto de variable estática (`static`). Una variable estática existe sólo en el ámbito local de una función, y permite que la variable no pierda su valor cuando la ejecución del programa abandona este ámbito. De esta forma, cada vez que se vuelve a invocar a la función, todas las variables que se definieron como estáticas recuperan su valor anterior. Para definir una variable estática, simplemente en la declaración hay que anteponer la palabra `static`.

```
static $contador = 0;
```

A continuación se muestra un ejemplo de cómo se utilizan las variables estáticas.

```
<!-- Cap03/estatica.php -->
<HTML>
<HEAD>
    <TITLE>Ejemplo de variables estáticas</TITLE>
</HEAD>
<BODY>
<?php
function contar()
    {
    static $contador;
    $local = 0;
    for ($i = 1; $i < 3; $i++)
        {
        echo "Ejecuto un bucle. Voy por la iteraci&oacute;n
              $i<BR>\n";
        $local ++;
        $contador++;
        }
    echo "Al finalizar el bucle las variables valen:<br>\n";
    echo "Contador = $contador<BR>\n";
    echo "local = $local<BR>\n";
    echo "<HR>\n";
    }

for ($i = 1; $i < 4; $i++)
    contar();
?>
</BODY>
</HTML>
```

Como se puede apreciar en la Figura 3.31, la variable local $contador, declarada estática, ha mantenido su valor cada vez que se ha realizado la llamada a la función contar(), mientras que la variable local $local se ha inicializado en cada una de las llamadas.

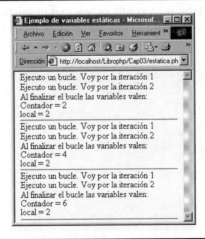

Figura 3.31.

Recursividad

Una de las herramientas más potentes, y también más peligrosas, en el desarrollo de funciones en cualquier lenguaje de programación es la recursividad. Una función recursiva es la que en algún lugar de su código se llama a sí misma. La recursividad permite simplificar la lógica de algunas soluciones a problemas complejos.

El ejemplo típico de recursividad es el obtener el factorial de un número. Se define el factorial de un número como:

$$\text{factorial}(n) = \begin{cases} n * \text{factorial}(n-1) & \text{si } n > 1 \\ 1 & \text{si } n = 0 \end{cases}$$

Se puede ver que para obtener el factorial de un número previamente hay que calcular el factorial del número anterior, por lo tanto hay que resolver ese problema con anterioridad. Este proceso se repite hasta que se llega a obtener el factorial de 0, que por definición es 1. A partir de aquí se puede empezar a reconstruir el factorial pedido:

```
factorial (3) = 3 * factorial (2)
    factorial (2) = 2 * factorial (1)
        factorial (1) = 1 * factorial (0)
            factorial (0) = 1
        factorial (1) = 1 * 1 = 1
    factorial (2) = 2 * 1 = 2
factorial (3) = 3 * 2 = 6
```

Como se ve en el ejemplo anterior, en todo proceso recursivo hay dos componentes importantes: la forma de generar la llamada recursiva, denominada paso de la recursividad, y el caso que hace que la recursividad acabe, denominada condición de parada.

Toda función recursiva debe tener al menos una condición de parada para evitar que se llame a sí misma de forma infinita. A continuación se muestra la codificación en PHP, por medio de una función recursiva, del cálculo del factorial de un número.

```php
<?php
function factorial($n)
    {
    if ($n == 0)
        { // condición de parada
        echo "Paro cuando \$n vale: ", $n, "<BR>\n";
        return 1;
        }
    else
        {
        $valor = $n * factorial($n - 1);
        echo "El valor devuelto por la llamada recursiva
             cuando \$n vale: $n es $valor <BR>\n";
```

```
        return $valor;
        }
    }

$valor = factorial(7);
echo "<HR>\n";
echo "El factorial de 7 es $valor<BR>\n";
?>
```

Script que recibiendo como parámetro el valor 7 genera la salida en el navegador mostrada en la Figura 3.32.

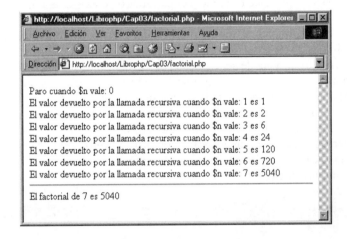

Figura 3.32.

Otras consideraciones

Con respecto al tratamiento de funciones sólo quedan por mencionar dos aspectos importantes: por un lado, el paso de parámetros variable, y por otro, el concepto de funciones variables.

Con respecto a los parámetros, hasta ahora todas las funciones que se han desarrollado tienen un número conocido a priori de parámetros. Se podría plantear la siguiente pregunta: ¿es posible en PHP definir una función de la que no se conociera de antemano el número de parámetros o que pudiera tener un número variable de parámetros? La respuesta es que sí. PHP permite que una función reciba como parámetro una lista de valores de longitud variable. No hace falta ninguna sintaxis especial para determinar la forma en que se debe escribir la lista de parámetros en la llamada a la función.

Cuando una función recibe un número variable de parámetros hacen falta funciones que permitan conocer cuántos y cuáles son sus valores. PHP dispone de las funciones `func_num_args()`, `func_get_arg()` y `func_get_args()`. La función `func_num_args()` devuelve un número entero que representa el número de parámetros que se han pasado a la función. Esta función sólo puede ser invocada desde dentro de una función; si se utilizara desde fuera, aparecería un mensaje de error.

La función `func_get_arg()` devuelve un elemento de los que forman la lista de argumentos que se han pasado a la función. Para hacer referencia a un argumento, habrá que indicar la posición que ocupa dicho argumento en la lista de parámetros. Por ejemplo, para acceder al segundo parámetro habrá que escribir:

```
$valor = func_get_arg(1); // La numeración empieza en el 0.
```

Si la posición a la que hace referencia el parámetro no existe, la función devolverá el valor 0.

Por último, la función `func_get_args()` devuelve una *matriz indexada*[1] que contiene todos los parámetros que ha recibido la función. Como en el caso de `func_get_arg()` sólo puede ser invocada desde dentro de una función.

Es importante destacar que aunque una función tenga definidos un número fijo de parámetros, siempre puede recibir más de los que aparecen definidos en su cabecera. Por supuesto, para acceder a los parámetros extra que se han pasado como parámetro habrá que utilizar las funciones anteriormente mencionadas.

A continuación se mostrará un ejemplo para ilustrar la utilización de estas funciones y que consiste en el cálculo de la media de un conjunto de valores de cardinalidad variable que se pase como parámetro.

```
<!-- Cap03/media.php -->
<HTML>
<HEAD>
    <TITLE>Cálculo de la media</TITLE>
</HEAD>
<BODY>
    <CENTER>
    <H1>Cálculo de la media</H1>
    <HR>
<?php
function listar($matriz)
    {
    echo "<TABLE BORDER=3>\n";
    for ($i = 0; $i < count($matriz); $i++)
        {
        echo "<TR>\n";
        echo "<TD>Elemento $i</TD>\n";
        echo "<TD>$matriz[$i]</TD>\n";
        echo "</TR>\n";
        }
```

---

[1] La manipulación de matrices indexadas se verá en el capítulo siguiente.

```
    echo "</TABLE>\n";
    }
function media ()
    {
    $limite = func_num_args();
    $acumulado = 0;
    echo "<TABLE WIDTH=175>\n";
    echo "<CAPTION ALIGN=TOP>Numero de argumentos: $limite
        </CAPTION>\n";
    for ($i = 0; $i < $limite; $i++)
        {
        echo "<TR>\n";
        echo "<TD ALIGN=CENTER>Parámetro $i</TD>\n";
        echo "<TD align=center>", func_get_arg($i), "</TD>\n";
        echo "</TR>\n";
        $acumulado += func_get_arg($i);
        }
    echo "</TABLE>\n";
    listar(func_get_args());
    return $acumulado/$limite;
    }
    $valor_media = media(12, 13, 15);
    echo "<H2>Valor de la media: ", $valor_media, " </H2>\n";
?>
    </CENTER>
</BODY>
</HTML>
```

Que genera como salida la página HTML de la Figura 3.33:

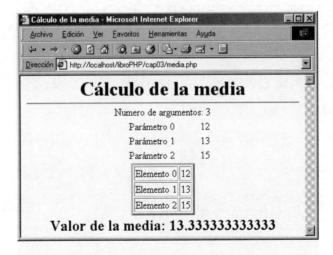

Figura 3.33.

PHP dispone de una herramienta muy útil denominada *variables de función*. El concepto de variable de función es el siguiente: cuando en un script de PHP aparece una variable escrita con una pareja de paréntesis abierto y cerrado al final, `$variable()`, el intérprete trata de localizar una función con el mismo nombre que el contenido de la variable. Si la encuentra, intentará ejecutarla con los parámetros que se hayan indicado, separados por comas, entre paréntesis. En caso de que no exista una función con dicho nombre, se producirá un error de PHP por la llamada a una función no definida.

La utilidad de las variables de función permitiría, por ejemplo, crear una matriz de funciones que deberían aplicarse al contenido de una variable; pudiendo determinar el orden en que dichas funciones fueran ejecutadas. Otra posible aplicación de este tipo de variables función podría permitir configurar la página de datos que un usuario puede ver.

Ejemplo de variables de función:

```php
<!-- Cap03/variablesfuncion.php -->
<?php
  $matriz = array("Color"  => "Blanco",
                  "Nombre" => "Agustín",
                  "Edad"   => 15);

  function listar($matriz)
     {
     echo "<TABLE BORDER=3 ALIGN=CENTER>\n";
     while (list($clave, $valor) = each($matriz))
        {
        echo "<TR>\n";
        echo "<TD>$clave</TD>\n";
        echo "<TD>$valor</TD>\n";
        echo "</TR>\n";
        }
     echo "</TABLE>\n";
     }
  function frecuencia()
     {
     echo "<TABLE BORDER=3 ALIGN=CENTER>\n";
     $matriz2 = array_count_values(func_get_arg(0));
     // Listar el contenido del array 2
     while ($elemento = each($matriz2))
        {
        echo "<TR>\n";
        echo "<TD>Clave: $elemento[0]</TD>\n";
        echo "<TD>Valor: $elemento[1]</TD>\n";
        echo "</TR>\n";
        }
     echo "</TABLE>\n";
     }
$func = 'listar';
$func($matriz);
$func = 'ksort';
$func($matriz);
$func = 'listar';
$func($matriz);
$func = 'frecuencia';
$func($matriz);
?>
```

Como se puede ver en la Figura 3.34, se van aplicando las funciones cuyo nombre se va asignando a la variable `$func` cuando se invoca a la variable con paréntesis al final. Primero se lista el contenido de una matriz, tema que se estudiará en el siguiente capítulo; posteriormente, se ordena su contenido y se vuelve a listar el contenido para ver los cambios, y finalmente se calcula la frecuencia de cada uno de los elementos de la matriz.

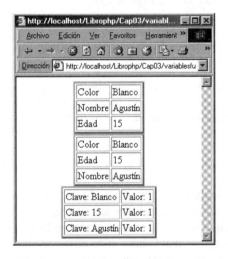

Figura 3.34.

INCLUSIÓN DE CÓDIGO DESDE UN FICHERO

En el apartado anterior se ha aprendido a crear funciones de usuario. A medida que aumenta el número de páginas generadas de forma automática, aparecen funciones de usuario que deben ser utilizadas por muchos scripts de PHP. En otras ocasiones, es muy útil tener las constantes de una aplicación en un fichero independiente que pueda ser incluido en diferentes scripts. Por ejemplo, para crear una tabla con los datos de una matriz o de una consulta SQL, autentificar a un usuario, verificación de un NIF, adaptación de formatos en cadenas de caracteres, etc.

Parece razonable pensar que debe existir algún mecanismo para que, a través de las herramientas del lenguaje de programación, se puedan escribir las funciones más utilizadas en algún fichero y, posteriormente, incorporarlas a los nuevos programas. Si esto se pudiera realizar, sería posible aplicar de manera efectiva la reutilización de código en el desarrollo de sitios Web.

Por fortuna, PHP dispone de dos constructores que aportan soluciones para la inclusión de código desde un fichero:

- `require()`
- `include()`

La sentencia require( )

La sentencia `require()` sustituye la llamada por el contenido del fichero indicado como parámetro. El nombre del fichero deberá ser el de un fichero local, salvo que en el fichero `php.ini` esté activada la directiva `allow_url_fopen` y se pueda especificar entonces una URL. PHP buscará el fichero en el directorio especificado por la directiva `include_path` del fichero de configuración.

```
<?php
  require('utilidades.php');
?>
```

La forma de trabajar que tiene la sentencia `require()` es la siguiente: cuando se incluye un fichero con `require()` el intérprete abandona el modo PHP y entra en modo HTML. Esto quiere decir que el fichero que se incluye se considera en formato HTML, y en el caso de que el fichero insertado fuera un script PHP, éste deberá incluir las etiquetas delimitadoras de comienzo y final de PHP, aunque puede ser suficiente sólo con la etiqueta de inicio de PHP. Una vez abierto el fichero, se comienza a insertar el código desde el principio hasta el final y al terminar la lectura se vuelve al modo PHP.

Como es lógico, al incluir en algún lugar de un documento el código de un fichero mediante `require()`, las líneas leídas heredan las reglas de ámbito de variables que tenía la línea de código en la que se hizo la carga. Si la llamada a `require()` se realiza desde el cuerpo principal del script y en el fichero se declaran variables, éstas pasan a ser variables globales. Si la llamada se realiza desde una función y se definen variables (siempre que no lleven el modificador `global`) se convertirán en variables locales de la función.

La sentencia `require()` no permite la carga condicional de ficheros en función de la evaluación de una determinada condición, sino que siempre provoca la sustitución por el código del fichero.

Por ejemplo:

```
<?php
  require('formulario.req');
  if (1 == 2)
    require('fichero1.req');
?>
```

En el ejemplo anterior se han incluido dos sentencias `require()`, la primera lee un formulario HTML y lo inserta dentro de la página actual. La segunda, a pesar de que está dentro de una condición que no se va a cumplir nunca, puesto que 1 no es igual a 2, también se inserta. Para poder realizar inclusión condicional hay que utilizar la sentencia `include()`, que se verá más adelante.

En PHP la sentencia `require()` se puede utilizar en combinación de bucles para realizar la carga de múltiples ficheros, algo que no ocurría en PHP3. Así, realizar la carga automática de tres ficheros se puede realizar del siguiente modo:

```
<?php
  $archivos = array('llamado1.inc',
```

```
                    'llamado2.inc',
                    'llamado3.inc');
    for ($i = 0; $i < count($archivos); $i++)
        require($archivos[$i]);
?>
```

En la primera iteración del bucle se cargaría el fichero `llamado1.inc`, en la segunda `llamado2.inc` y en la tercera `llamado3.inc`. En el manual *on line* de PHP se desaconseja su utilización en estos casos e indica que esta operación sólo es posible mediante la sentencia `include()`, aunque este ejemplo funciona correctamente.

Cuando se utiliza la sentencia `require()` para insertar código dentro de una página, debe evitar que se puedan incluir desde diferentes ficheros funciones con nombres duplicados, puesto que esto produciría errores de carga. El error aparece porque cuando se realiza la carga del primer fichero se incluye la primera declaración de la función. Al intentar realizar la carga de la función almacenada en el segundo fichero, PHP intenta insertar otra vez una función con el mismo nombre, pero éste ya está siendo utilizado y aquí se produce el error de carga. Este problema también puede producirse si se realiza dos veces la carga del mismo fichero, ya que la segunda vez que se realiza la llamada todas las funciones ya han sido incluidas en el script. El problema anterior no aparece si lo que se están cargando son ficheros con declaraciones de variables y que sencillamente se sobreescriben guardando el último valor cargado.

Para evitar los errores mencionados en el párrafo anterior, PHP dispone de la sentencia `require_once()`, que fuerza a que antes de añadir el código del fichero se compruebe que el fichero no haya sido incluido ya dentro del programa actual.

A continuación se muestran dos ejemplos de utilización de las sentencias `require()` y `require_once()`. El primer ejemplo muestra cómo se produce un error al intentar cargar dos veces el mismo fichero. El segundo ejemplo nos enseña cómo evitar el problema anterior. Para ambos ejemplos se utilizan los siguientes ficheros: `llamado.php`, `llamado2.php` y `llamante.php`.

Código del fichero `llamado.php`:

```
<!-- Cap03/llamado.php -->
<?php
    echo "Cargo el fichero llamado.php<BR>\n";
    $variable1 = "Agustín ";
    function muestra()
        {
        echo "Hola desde muestra<BR>\n";
        }
?>
```

Código del fichero `llamado2.php`:

```
<!-- Cap03/llamado2.php -->
<?php
    echo "Cargo el fichero llamado2.php<BR>\n";
    $variable2 = "Yagüe ";
?>
```

Código del fichero `llamante.php`:

```
<!-- Cap03/llamante.php -->
<?php
    require("llamado.php");
    require("llamado2.php");
    echo "La variable1 vale: $variable1<BR>\n";
    echo "La variable2 vale: $variable2<BR>\n";
    muestra();
    /* No genera error ya que no tiene definidas
       funciones de usuario */
    echo "Intento volver a cargar llamado2.php<BR>\n";
    $variable2 = "Panadero ";
    echo "La variable2 vale antes de la segunda llamada:
         $variable2<BR>\n";
    require("llamado2.php");
    echo "La variable2 vale después de la segunda llamada:
         $variable2<BR>\n";
    /* Genera error ya que tiene definida la función muestra
       que ya se cargó en la llamada anterior */
    echo "Intento volver a cargar llamado.php<BR>\n";
    echo "La variable1 vale antes de la segunda llamada:
         $variable1<BR>\n";
    require("llamado.php");
    echo "La variable1 vale después de la segunda llamada:
         $variable1<BR>\n";
    echo "Vuelve a llamar a muestra<BR>\n";
    muestra();
?>
```

Como puede comprobarse en la Figura 3.35, la salida generada por el script `lla-mante.php`, donde se detecta que la función `muestra()`, ya está declarada:

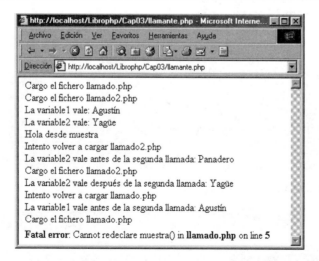

Figura 3.35.

Como se observa en la Figura 3.35, desde el fichero `llamante.php` se accede a `$variable1`, que tiene el valor 'Agustín', que es el que le fue asignado en el fichero `llamado.php`. También puede apreciarse como `$variable2`, que ha sido creada en `llamado2.php` y modificado su valor desde `llamante.php`, vuelve al valor inicial después de la segunda carga del fichero `llamado2.php`.

Para que el ejemplo anterior no produzca error en la carga de los ficheros repetidos, se deberá sustituir la llamada al constructor `require()` por una llamada a `require_once()`. La Figura 3.36 muestra la salida del mismo script una vez que se ha cambiado `require()` por `require_once()`.

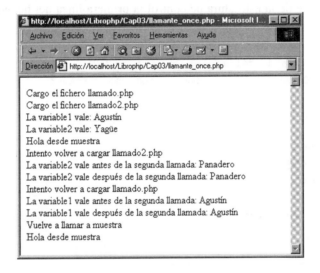

Figura 3.36.

Se deduce por el valor de `$variable2`, no se ha producido la segunda carga del fichero `llamado2.php`, ya que `$variable2` mantiene el valor 'Panadero', que es el que se le asignó en `llamante_once.php` después de la primera carga de `llamado2.php`. Tampoco se ha realizado la segunda llamada a `llamado.php`, puesto que ha desaparecido el error de carga del fichero.

La sentencia include()

La segunda alternativa para insertar un fichero dentro de un script de PHP es la utilización de la sentencia `include()`. Este constructor permite insertar y evaluar un fichero en el programa que actualmente se está cargando. Como en la sentencia `require()`, el nombre del fichero deberá especificarse como ruta de fichero local, salvo que en el fichero php.ini esté activada la directiva allow_url_fopen y se pueda especificar entonces una URL. PHP buscará los ficheros en el directorio especificado por la directiva include_path del fichero de configuración.

La sentencia include() se comporta igual que require() salvo en los casos que se detallan a continuación.

A diferencia de require(), la sentencia include() permite la carga condicional del fichero. Es decir, include() permite determinar los ficheros que se tienen que cargar en función de los valores que pueda tomar una variable.

La sentencia include(), cuando se incluya dentro de estructuras de control tipo if-else o cualquier bucle, debe aparecer entre llaves. Puesto que de no hacerse así podría no obtenerse el resultado esperado. Como es lógico, si no apareciera entre llaves, sólo formaría parte de la estructura de control la primera línea del fichero, quedando el resto fuera.

```
/* Ejemplo extraído del manual On-line de PHP        */
/* Esto es ERRÓNEO y no funcionará como se desea. */
 if ($condicion)
     include($archivo1);
 else
     include($archivo2);
 /* Esto es CORRECTO. */
  if ($condicion)
     {
     include($archivo);
     }
  else
     {
     include($otro);
     }
```

Cuando se trabaja con la sentencia include() es posible incluir dentro de cualquier posición del archivo que se está cargando, una sentencia return para terminar el procesado del fichero. En dicha sentencia return, PHP permite devolver un valor que puede ser asignado a una variable o ser utilizado en una expresión en el script que generó la llamada.

De forma análoga a require(), para evitar los errores al cargar dos veces un mismo fichero, PHP dispone de la sentencia include_once(), que fuerza a que antes de añadir el código del fichero se compruebe que el fichero no haya sido incluido ya dentro del programa actual.

A continuación se muestra un ejemplo de utilización de la sentencia include(). En el ejemplo se presentará un formulario en el que se elegirán los ficheros que se quieren cargar. Una vez realizada la carga, se devolverá el número de líneas que se han incluido. La pantalla inicial podría ser la que muestra la Figura 3.37:

Figura 3.37.

Y la respuesta obtenida, si por ejemplo se seleccionan los ficheros segundo y tercero, sería la que muestra la Figura 3.38:

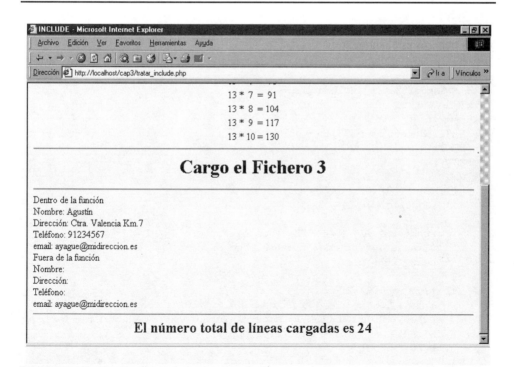

Figura 3.38.

El fichero que genera el formulario de selección de los ficheros es el siguiente:

```
<!-- Cap03/cargar.html -->
<HTML>
<HEAD>
    <TITLE>INCLUDE</TITLE>
</HEAD>
<BODY>
    <CENTER>
    <H1>ELIGE LOS FICHEROS A CARGAR</H1>
    <HR>
    <FORM ACTION="tratar_include.php" METHOD="POST">
        <INPUT TYPE=CHECKBOX NAME=opcion1 VALUE=1>
            Cálculo de la media<BR>
        <INPUT TYPE=CHECKBOX NAME=opcion2 VALUE=2>
            Obtener la tabla del 13<BR>
        <INPUT TYPE=CHECKBOX NAME=opcion3 VALUE=3>Ver Variables<BR>
        <INPUT TYPE=SUBMIT VALUE=CARGAR>
    </FORM>
    </CENTER>
</BODY>
</HTML>
```

El fichero que procesa los datos del formulario de selección de los ficheros y que incluye los ficheros es el siguiente:

```
<!-- Cap03/tratar_include.php -->
<HTML>
<HEAD>
    <TITLE>INCLUDE</TITLE>
</HEAD>
<BODY>
<?php
    $lineas = 0;
    if ($opcion1 == 1)
        {
        echo '<H1 ALIGN=CENTER>Cargo el Fichero 1</H1><HR>\n';
        $lineas += include("fichero1.php");
        echo '<HR>\n';
        }
    if ($opcion2 == 2)
        {
        echo '<H1 ALIGN=CENTER>Cargo el Fichero 2</H1><HR>\n';
        $lineas += include("fichero2.php");
        echo '<HR>\n';
        }
    if ($opcion3 == 3)
```

```
    {
    echo '<H1 ALIGN=CENTER>Cargo el Fichero 3</H1><HR>\n';
    $lineas += include("fichero3.php");
    echo '<HR>\n';
    }
  echo "<H2 ALIGN=CENTER>El número total de líneas cargadas es
        $lineas</H2>\n"
?>
</BODY>
</HTML>
```

En el código se puede observar como se han incluido las llamadas a `include()` en sentencias de asignación dentro de bloques condicionales y como sólo se incluyen aquellos ficheros que han sido seleccionados. No se han incluido los listados de los ficheros: `fichero1.php`, `fichero2.php` y `fichero3.php`, puesto que ya se han visto anteriormente en el capítulo y forman la parte menos relevante del ejemplo.

OBJETOS

En principio, hablar de «objetos» supone hablar de una serie de conceptos que van más allá del objetivo de este libro; sin embargo, es importante mencionar que PHP permite la construcción de objetos con atributos y métodos propios, con herencia y redefinición de funciones.

Para ver cómo crear y utilizar objetos se usará un ejemplo que crea una clase denominada `Persona`, que determina todas las características de los objetos que van a pertenecer a dicha clase. Para ello, en la definición de la clase se detallan tanto los atributos (variables de la clase que tomarán un determinado valor en cada objeto de dicha clase) como los métodos (mediante una función para cada método). La palabra reservada utilizada para la definición es `class` y podemos ver cómo se utiliza en el script `object1.php`:

```
<!-- Cap03/object1.php -->
<HTML>
<HEAD><TITLE>Objetos en PhP</TITLE></HEAD>
<BODY>
<?php
class Persona
  {
  var $Nombre = '';
  var $DineroAhorrado = 0;
  function DaNombre($varnombre)
    {
    $this->Nombre = $varnombre;
    }
```

```
function Ahorra($Cantidad)
    {
    $this->DineroAhorrado += $Cantidad;
    echo $this->Nombre, " tiene ahorrado ",
        $this->DineroAhorrado, "<BR>\n";
    }
function Gasta($Cantidad)
    {
    if ($this->DineroAhorrado >= $Cantidad)
        {
        $this->DineroAhorrado -= $Cantidad;
        echo $this->Nombre, " tiene ahorrado ",
            $this->DineroAhorrado, "<BR>\n";
        }
    else
        echo "$this->Nombre no se puede gastar esa cantidad<BR>";
    } // de la función Gasta
} // de la clase

$UnaPersona = new Persona;
$UnaPersona->DaNombre("Santiago");
$UnaPersona->Ahorra(1000);
$UnaPersona->Gasta(250);
$UnaPersona->Ahorra(100);
$UnaPersona->Gasta(1000);
?>
</BODY>
</HTML>
```

Funcionalmente se define una clase Persona que va a tener dos propiedades o atributos: $Nombre y $DineroAhorrado. A continuación de las propiedades se definen los métodos, que se deben corresponder cada uno con una función. En este ejemplo se definen tres: DaNombre(), que asigna el nombre que se le pasa como parámetro a la propiedad $Nombre del objeto en curso (la palabra reservada this hace referencia al objeto actual, por lo que $this-> hace referencia a una propiedad o método del objeto que se esté tratando en ese momento, por supuesto dentro del código de la clase). El segundo método definido es Ahorra(), que suma la cantidad pasada como parámetro al contenido de la propiedad $DineroAhorrado (obsérvese como para hacer referencia a dicha cantidad se escribe $this-> DineroAhorrado). Por último, la tercera función es Gasta(), que primero comprueba si el contenido de $DineroAhorrado es mayor que la cantidad que recibe como parámetro, para, en caso afirmativo, restar la segunda del primero.

Hay que diferenciar entre definir la clase (con sus propiedades y métodos) y manipularla. Para esto último se necesita crear, al menos, un objeto que pertenezca a dicha clase. La forma de hacerlo es utilizando un identificador de variable y la palabra new con el nombre de la clase. Al solicitar la instanciación (creación) de un nuevo objeto de la clase se crea una copia de la estructura básica del objeto. Si se solicitase la creación de otro objeto mediante la instanciación de otra variable, éste dispondría de otros atributos de igual nombre, a los que se les podría, naturalmente, asignar otros valores. En nuestro ejemplo, el objeto creado es `$UnaPersona`.

A partir de la creación de este objeto se puede ya solicitar la ejecución de alguno de sus métodos. En el código expuesto se ejecuta el método `DaNombre()`, al que se le pasa como parámetro `"Santiago"` para que al objeto se le asigne ese valor en el atributo `Nombre`, mediante la instrucción:

```
$this->Nombre = $varnombre;
```

La ejecución posterior del método `Ahorra()` provoca que se vaya almacenando en `$DineroAhorrado` la cantidad que se va pasando como parámetro. La ejecución del método `Gasta()` hace que se reste de dicha cantidad el parámetro. Evidentemente, esta función emite el correspondiente mensaje de error a la última llamada, dado que no se puede hacer frente al gasto solicitado, como se puede ver en la Figura 3.39.

Es importante destacar que en programación orientada a objetos (aquella que aprovecha todas las características de la orientación a objetos) lo habitual a la hora de crear un nuevo objeto es solicitar la ejecución de lo que se denomina el «constructor», que se puede encargar de la inicialización de los atributos del objeto y la ejecución de los métodos necesarios en la existencia de dicho objeto. En PHP se consigue, al igual que en otros lenguajes, que se ejecute automáticamente el constructor si se nombra una función con el mismo nombre que a la clase. De esta forma, en el ejemplo anterior, entendiendo que al crear un objeto `Persona` se le debe dar un nombre, se podría tener un constructor que lo asignase al crearlo y que eliminase la necesidad de ejecutar el método `DaNombre` (esta función desaparecería del código):

```
function Persona($varnombre)
    {
    $this->Nombre = $varnombre;
    }
```

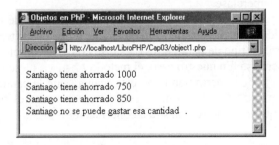

Figura 3.39. *Resultado de la ejecución de "object1.php".*

y la llamada para la creación del objeto queda:

```
$UnaPersona = new Persona("Santiago");
```

Otras dos características importantes son la herencia y la posibilidad de tener valores de parámetros por defecto. La primera se implementa mediante la palabra reservada `extends`, que indica que una clase que se está definiendo hereda todas las características de la clase y que, además, puede tener características específicas. En el ejemplo se define una subclase `Trabajador` de la clase `Persona`, que tendrá todos los atributos y métodos de esta última más el `Sueldo` y que, en este ejemplo, al crearlo ya se encuentra con que tiene ahorrado su sueldo. La definición de la clase sería:

```
class Trabajador extends Persona
   {
   var $Sueldo = 0;
   function Trabajador($varnom, $Paga = 10000)
      {
      $this->Nombre = $varnom;
      $this->Sueldo = $Paga;
      $this->Ahorra($this->Sueldo);
      }
   }
```

Hay que hacer notar que en este ejemplo, entre los parámetros del constructor existe uno que se denomina `Paga` definido con una asignación por defecto. Esta asignación se produce en el caso de que la llamada al constructor se realice sin especificar dicho parámetro. Con esto, dos posibles objetos de esta clase se crearían con:

```
$UnTrabajador = new Trabajador("Fernando",5000);
$OtroTrabajador = new Trabajador("Pepe");
```

El primero de ellos provoca la creación de un objeto que inicialmente tiene ahorrada una cantidad de 5000, mientras que la segunda llamada provoca la creación de otro objeto que tiene ahorrada una cantidad de 10000 (ya que es el valor por defecto). Obsérvese que en ambos casos el constructor provoca la ejecución del método `Ahorra()`, que está definido en su superclase.

En el script `object2.php` se muestra como una subclase puede sobrecargar una función que está definida en la clase padre (esto quiere decir que puede tener otra codificación con distinto número y/o tipo de parámetros). Esto se consigue simplemente nombrándola igual que en la superclase. En nuestro caso, el método `Ahorra()` se vuelve a definir para la subclase `Trabajador`, permitiendo de esta manera que la cantidad que se suma al contenido de `$DineroAhorrado` no sea un parámetro sino el sueldo completo. El ejemplo completo queda como se muestra a continuación:

```
<!-- Cap03/object2.php -->
<HTML>
<HEAD><TITLE>Objetos en PHP</TITLE></HEAD>
```

```
<BODY>
<?php
class Persona
   {
   var $Nombre = '';
   var $DineroAhorrado = 0;
   function Persona($varnombre)
      {
      $this->Nombre = $varnombre;
      }
   function Ahorra($Cantidad)
      {
      $this->DineroAhorrado += $Cantidad;
      echo $this->Nombre, " tiene ahorrado ",
          $this->DineroAhorrado, "<BR>\n";
      }
   function Gasta($Cantidad)
      {
      if ($this->DineroAhorrado >= $Cantidad)
         {
         $this->DineroAhorrado -= $Cantidad;
         echo $this->Nombre, " tiene ahorrado ",
             $this->DineroAhorrado, "<BR>\n";
         }
      else
         echo $this->Nombre, " no puede gastar esa cantidad<BR>\n";
      } // de la función Gasta()
   } // de la clase Persona

  class Trabajador extends Persona
   {
   var $Sueldo = 0;
   function Trabajador($varnom, $Paga = 10000)
      {
      $this->Nombre = $varnom;
      $this->Sueldo = $Paga;
      $this->Ahorra();
      }
   function Ahorra()
      {
      echo "Un trabajador ahorra todo su sueldo: ";
      $this->DineroAhorrado += $this->Sueldo;
      echo $this->Nombre, " tiene ahorrado ",
          $this->DineroAhorrado, "<BR>\n";
      } // de la función Ahorra()
   } // de la subclase Trabajador

  $UnaPersona = new Persona("Santiago");
  $UnaPersona->Ahorra(1000);
  $UnaPersona->Gasta(250);
```

```
$UnTrabajador = new Trabajador("Fernando",5000);
$OtroTrabajador = new Trabajador("Pepe");
$UnTrabajador->Gasta(1000);
?>
</BODY>
</HTML>
```

que produce como salida la observada en la Figura 3.40.

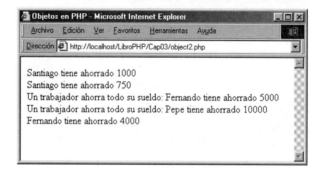

Figura 3.40. *Resultado de la ejecución de "object2.php".*

CAPÍTULO 4

Matrices

Este capítulo va a profundizar en el manejo de las matrices. La necesidad de su aprendizaje se basa en que una gran parte de las funciones de PHP manejan valores de este tipo. Las matrices permiten almacenar conjuntos de datos, lo que las convierte en piezas muy importantes a la hora de desarrollar scripts. El capítulo está estructurado de la siguiente forma: primero se definirá el concepto de matriz, y después se procederá a describir las diferentes formas de crear variables de este tipo. Una vez creadas, se profundizará en las diferentes formas de manipulación: acceso, inserción de nuevos elementos, ordenación...

El conocimiento de las operaciones sobre matrices puede permitir al programador de scripts PHP ahorrar bastantes horas de trabajo. Así pues, es el momento de comenzar con los conceptos básicos.

DEFINICIÓN

En muchas ocasiones, cuando se escribe un script PHP, aparece un conjunto de variables que contienen información semejante que ha de procesarse de forma similar; por ejemplo, los nombres de nuestros cinco mejores amigos, o las medias de las temperaturas de los meses de verano de los cinco últimos años. En estos casos existe una solución mejor que definir tantas variables como datos distintos tengamos: PHP dispone de una herramienta denominada MATRIZ.

Una matriz es una serie de variables agrupadas bajo una única denominación. Cada variable dentro de la matriz se denomina elemento y puede almacenar el contenido de cualquier tipo de variable existente en PHP. En el ejemplo de nuestros amigos, la matriz estaría formada por cinco elementos de tipo cadena de caracteres que representarían sus nombres.

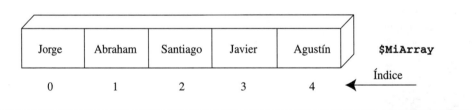

Figura 4.1. *Ejemplo de representación de una matriz.*

Como se aprecia en la Figura 4.1, una matriz se puede considerar como un conjunto de cajas en las que se puede almacenar información y a las que se representa bajo un único nombre. PHP, en la actualidad, permite la manipulación de dos tipos de matrices: matrices indexadas y matrices asociativas.

Una matriz indexada es aquella en la que el acceso a los elementos se hace por la posición que ocupan dentro de la estructura. En estas matrices la primera posición es la posición 0, numerándose de forma consecutiva el resto de posiciones.

```
$MiMatriz[0] = 'Jorge';
$MiMatriz[3] = 'Javier';
```

En este caso, la primera sentencia crea al elemento que se encuentra en la primera posición de $MiMatriz y le asigna el valor 'Jorge', y la segunda crea un elemento en la cuarta posición de la matriz y le asigna el valor 'Javier', como puede verse en la Figura 4.2.

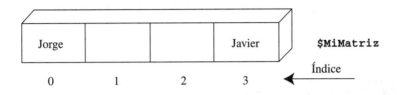

Figura 4.2. *Ejemplo de matriz con elementos creados por PHP.*

Aprovechando las dos sentencias anteriores, puede ser buen momento para describir la forma en que se accede a los elementos de una matriz. Sobre un determinado elemento se pueden hacer dos tipos de accesos: asignar un nuevo contenido a una posición, o bien recuperar el contenido de una posición.

La sentencia de asignación permite dar un valor a un elemento de la matriz. Esta sentencia está formada por los siguientes componentes:

- una matriz;
- la posición a la que se quiere asignar;
- el valor asignado.

La sentencia de recuperación permite tener acceso al contenido de una determinada posición de la matriz. Los componentes para esta operación son:

- una matriz;
- la posición a la que se quiere acceder.

La información recuperada de la matriz podrá ser utilizada en cualquier expresión de PHP.

Una característica añadida de las matrices indexadas en PHP es que los elementos almacenados en ella pueden ser de diferente tipo, es decir, no tienen por qué ser estructuras homogéneas. Así, se podría crear una matriz en la que el primer elemento sea una cadena de caracteres, el segundo un número entero y el tercero un número real.

```
$MiMatriz[0] = 'Jorge';
$MiMatriz[1] = 13;
$MiMatriz[2] = 13.13;
```

Las sentencias anteriores darán lugar a una matriz con los siguientes elementos almacenados:

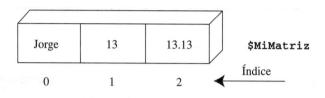

Figura 4.3. *Matriz indexada con datos de diferente tipo.*

Una matriz asociativa es aquella en la que los elementos están formados por pares clave-valor, en la que el acceso se hace proporcionando una determinada clave.

```
$MatrizAsociativa['Edad']    = 12;
$MatrizAsociativa['Nombre']  = 'Jorge';
$MatrizAsociativa['Telefono'] = 9994541145;
```

En este caso se accede al elemento de $MatrizAsociativa de clave 'Edad' y se le asigna el valor 12, sin que importe su posición real dentro de la estructura. Cada vez que se añade un elemento a una matriz asociativa se reserva espacio para una clave y para el valor asociado a dicha clave.

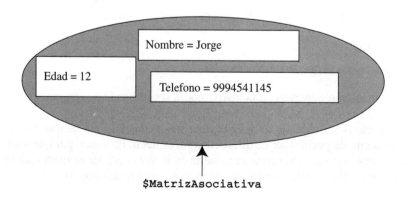

Figura 4.4. *Ejemplo de representación de matriz asociativa.*

Como se puede observar en la Figura 4.4, los elementos dentro de la matriz asociativa no guardan ningún orden relativo entre ellos. Aunque debe tenerse en cuenta que a la hora de almacenarse el contenido, se mantiene el orden en que fueron añadidos a la matriz, es decir, el primero que se incluyó en la matriz es el que se encuentra en la primera posición, el segundo en la segunda, etc. Este orden de almacenamiento, aunque no permite acceder a los elementos por su posición, será utilizado por algunas funciones que manejan matrices.

Las operaciones típicas que se realizan sobre matrices son las que se detallan a continuación:

- creación y acceso a los elementos;

- recorrido de los elementos;

- navegación sobre los elementos;

- tratamiento de matrices;

- ordenación de los valores.

A lo largo del capítulo se irán mostrando todas las funciones que tiene PHP para la manipulación de matrices aplicadas al ejemplo de creación de una pequeña agenda electrónica en la que se almacenarán los datos de nuestros amigos. La agenda dispondrá de opciones para recorrer el contenido de la misma. Además, dispondrá de opciones para insertar los datos de nuevos amigos, añadir múltiples fichas de una sola vez. También deberá ser posible eliminar el contenido de la misma.

CREACIÓN DE MATRICES

Para trabajar con matrices, el primer paso es determinar el tipo de matriz que mejor se ajusta a las necesidades del problema. Para el caso que se ha planteado de la agenda electrónica, existen dos aspectos que hay que tener en cuenta: por un lado, qué información de los amigos se quiere almacenar, y por otro, cuántos amigos se desea poder guardar.

En cuanto a la información relacionada con los amigos es probable que nos interese almacenar al menos los siguientes datos: nombre, dirección, teléfono y dirección de correo electrónico. En principio se puede empezar con una agenda con capacidad para 10 amigos y con la posibilidad de ampliación.

Del párrafo anterior se puede deducir que para nuestro problema la mejor solución sería algo parecido a:

- utilizar una matriz asociativa con claves: nombre, dirección, teléfono y dirección de correo, para los datos de cada campo;

- utilizar una matriz indexada, de forma que cada amigo ocupe una posición de la matriz, para almacenar a los 10 amigos.

Gráficamente la solución podría tener una representación semejante al esquema de la Figura 4.5:

0	Amigo 1
1	Amigo 2
2	Amigo 3
...	
9	

Figura 4.5.   *Una posible representación de la agenda.*

Lo primero que hay que aprender, para poder avanzar en el ejemplo, son las formas con las que se pueden crear las matrices. Para PHP no existe diferencia entre la creación de matrices indexadas y asociativas. Esta operación se puede realizar de dos maneras: de forma implícita, asignando valores a posiciones de la matriz, o mediante la utilización de las funciones array() o list().

Para crear una matriz unidimensional de forma implícita, basta con acceder a los elementos y asignarles un valor. Por ejemplo:

```
// declaración implícita de matriz indexada
$nombres[0] = 'Jorge';
$nombres[3] = 'Javier';
```

Las matrices indexadas están formadas por posiciones contiguas, esto quiere decir que los números de los índices son consecutivos. En la matriz $nombres del ejemplo, los elementos $nombres[1] y $nombres[2] existirán y tendrán asociado el valor null aunque no se les haya asignado expresamente ningún valor. Como puede apreciarse en la Figura 4.6.

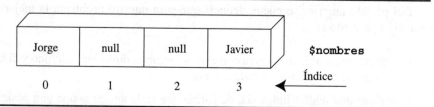

Figura 4.6.   *Representación de matriz indexada con posiciones nulas.*

Una vez creada una matriz indexada, se pueden añadir elementos al final de la misma simplemente asignando, sin especificar ninguna posición, un valor a una variable de tipo matriz. En el ejemplo anterior se podría añadir un nombre más, por ejemplo, 'Agustín', al final con la siguiente sentencia:

```
$nombres[] = 'Agustín'; // $nombres[4] toma el valor 'Agustín'
```

La matriz $nombres después de la ejecución de las instrucciones anteriores quedaría con los elementos que se aprecian en la Figura 4.7:

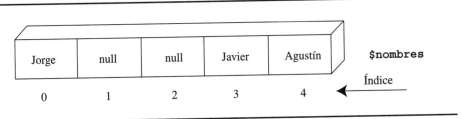

Figura 4.7. *Matriz de la Figura 4.6 tras añadir un elemento al final.*

Una vez visto cómo crear una matriz indexada, se mostrará a continuación la forma de utilizar matrices asociativas. Por ejemplo, la creación de la matriz asociativa para almacenar los nombres de nuestros amigos podría ser la siguiente:

```
// Creación implícita de matriz asociativa
$amigo["Nombre"]    = 'Jorge';
$amigo["Dirección"] = 'Ctra. Valencia Km.7';
$amigo["Telefono"]  = 9994541145;
$amigo["email"]     = 'jorge@correo.mio';
```

Que se podría representar de forma gráfica como puede apreciarse en la Figura 4.8:

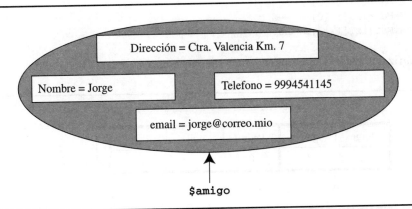

Figura 4.8. *Representación de matriz asociativa para almacenar información de un amigo.*

También se puede crear una matriz mediante la función `array()`. Esta función devuelve una matriz formada por los elementos que se han indicado como parámetro. Los elementos de una matriz indexada toman su valor simplemente por la posición que ocupan en la creación de la matriz, mientras que a los elementos de una matriz asociativa se les asigna un valor mediante `=>`.

```
// Declaración de la matriz de nombres:
$nombres = array('Jorge', null, null, 'Javier', 'Agustín');

// Declaración de la matriz amigo:
$amigo = array('Nombre'    => 'Jorge',
               'Direccion' => 'Ctra. Valencia Km.7',
               'Telefono'  => 9994541145,
               'email'     => 'jorge@correo.mio' );
```

El siguiente paso sería preguntarse: ¿es posible en PHP hacer que los elementos de una matriz sean a su vez otra matriz? La respuesta es afirmativa. PHP permite que los elementos de una matriz sean, a su vez, matrices. Además, a estas matrices le da el nombre especial de matrices multidimensionales. Volviendo al problema de la agenda, ésta podría crearse como una matriz de dos dimensiones (bidimensional), donde una dimensión representa los datos de cada uno de nuestros amigos y la otra dimensión representa el número total de amigos almacenados.

El proceso de creación de una matriz multidimensional es sencillo, simplemente basta con definir para cada uno de los elementos de una matriz otra matriz. Es decir, una matriz de, por ejemplo, 2×3 se puede considerar como una matriz de dos elementos, donde cada elemento a su vez es una matriz de tres elementos. PHP permite tener matrices que en cada una de las filas tengan distinto número de elementos y también permite que una matriz multidimensional mezcle ambos tipos de matrices.

A continuación se muestran diferentes ejemplos muy sencillos de creación de matrices multidimensionales:

```
// Declaración implícita de matriz indexada bidimensional
   $MiMatriz1[0][1] = 'Agustín';
   $MiMatriz1[1][0] = 'Pedro';
   $MiMatriz1[1][2] = 'Luis';
```

Matriz que puede representarse gráficamente como se ve en la Figura 4.9:

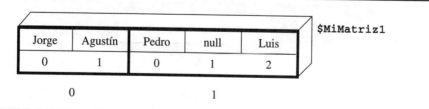

Figura 4.9. *Ejemplo de representación de matriz bidimensional indexada.*

```
// Declaración implícita de matriz asociativa bidimensional
    $MiMatriz2['Pedro']['Edad']        = 12;
    $MiMatriz2['Agustín']['Domicilio'] = 'Valencia';
    $MiMatriz2['Agustín']['edad']      = 14;
    $MiMatriz2['Javier']['Coche']      = 'BMW';
```

Cuya representación gráfica se observa en la Figura 4.10:

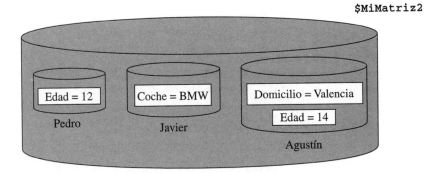

$MiMatriz2

Figura 4.10. *Ejemplo de representación de matriz asociativa bidimensional.*

Las matrices multidimensionales pueden mezclar en su creación tanto matrices asociativas como indexadas.

```
$MiMatriz3['Pedro'][1] = 12;
$MiMatriz4[2]['Pedro'] = 12;
```

En el ejemplo anterior, $matriz3 tiene definida una clave denominada 'Pedro' y que tiene como valor una matriz indexada, a la que se asigna el valor 12 al elemento de la posición 1.

Ejemplos de declaración de matrices multidimensionales mediante el constructor array().

```
$MiMatriz5 = array(array(1, 3, 5),
                   array(2, 4, 6));
$MiMatriz6 = array(array('Color'   => 'Blanco',
                         'Nombre' => 'Agustín',
                         'Edad'   => 15),
                   array(2, 4, 'Agustín'));
```

Como se puede ver, para creación de las matrices bidimensionales $MiMatriz5 y $MiMatriz6, simplemente se ha utilizado el constructor array() para indicar que se va a declarar una matriz y, a continuación, para cada uno de los elementos, se ha vuelto a utilizar el mismo constructor ya que éstas también son matrices.

Para el caso de la agenda, la solución ideal sería crear una matriz indexada de 10 elementos donde cada uno de ellos fuera una matriz asociativa con los pares clave-valor correspondientes.

A continuación se muestra cómo sería la declaración de la agenda para que tuviera, inicialmente, los datos de tres amigos:

```
$agenda = array(array('Nombre'     => 'Jorge',
                      'Direccion' => 'Ctra. Valencia Km.7',
                      'Telefono'  => 9994541145,
                      'email'     => 'jorge@correo.mio'),
                array('Nombre'     => 'Agustín',
                      'Direccion' => 'Ctra. Valencia Km.7',
                      'Telefono'  => 9994541145,
                      'email'      => 'agustin@correo.mio'),
                array('Nombre'     => 'Javier',
                      'Direccion' => 'Ctra. Valencia Km.7',
                      'Telefono'  => 99933441145,
                      'email'     => 'javier@correo.mio'));
```

Para acceder a los elementos de una matriz multidimensional el mecanismo es el mismo que para acceder a matrices unidimensionales, basta con añadir tantos corchetes al final de la variable matriz como dimensiones tenga ésta. En cada uno de los corchetes habrá que especificar el elemento de la matriz al que se quiere tener acceso. Por ejemplo, dada la agenda para recuperar el nombre de la persona almacenada en la tercera ficha habrá que poner:

```
$nombre_amigo = $agenda[2]["Nombre"];
```
          3.ª ficha ────┘   └──── Clave: Nombre

Sentencia que haría que la variable `$nombre_amigo` tuviera almacenado el valor 'Javier', ya que es el valor asociado a la clave nombre de la tercera ficha de la agenda.

Puesto que en las matrices multidimensionales cada uno de los elementos es a su vez una matriz, también podría recuperarse un elemento correspondiente a una de las dimensiones y posteriormente tratarlo como tal. Por ejemplo, para acceder a todos los datos de un amigo podría hacerse:

```
$amigo = $agenda[2];
```
          3.ª ficha ────┘

Almacenándose en la variable `$amigo` el contenido de la matriz asociativa con los datos correspondientes a la tercera ficha de la agenda.

Las variables de tipo matriz, como variables que son, pueden ser expandidas dentro de una cadena de caracteres delimitada por comillas dobles ("). Sin embargo, el tratamiento debe ser diferente cuando se trabaje con matrices unidimensionales y multidimensionales. No hay que hacer nada especial para que una variable de tipo matriz unidimensional sea expandida dentro de una cadena de caracteres. Siendo válidas expresiones del tipo:

```
echo "Me llamo $amigo['Nombre']<br>\n";
```

Expresión que mostraría la cadena de caracteres 'Me llamo Agustín', suponiendo que 'Agustín' fuera el valor asociado a la clave 'Nombre' de la matriz asociativa $amigo.

Sin embargo, para poder hacer referencia a un elemento de una matriz multidimensional dentro de una cadena de caracteres, hay que encerrar dicha referencia entre llaves ({}). En el caso de omitir las llaves, PHP evalúa sólo la primera dimensión de la variable de tipo matriz. Por ejemplo:

```
echo "Esto no funciona en PHP $agenda[2]['Nombre']<br>\n";
echo "Esto funciona en PHP - {$agenda[2]['Nombre']}<br>\n";
```

La primera de las sentencias mostrará en la pantalla del navegador una línea con el siguiente contenido:

```
Esto no funciona en PHP Array['Nombre']
```

Que indica que $agenda[2] es una matriz, por eso aparece el texto Array, y a continuación ['Nombre'], que se corresponde con los caracteres que aparecen en la línea original después de $agenda[2] y que no se han evaluado. La segunda sentencia mostrará el resultado esperado en el acceso a la matriz agenda:

```
Esto funciona en PHP - Javier
```

RECORRIDO DE UNA MATRIZ

En el apartado anterior se ha creado la agenda de amigos, pero por sí sola no sirve para nada a no ser que, por ejemplo, podamos ver su contenido dentro de una página HTML. PHP dispone de diferentes herramientas para poder acceder a los elementos de una matriz dependiendo de si ésta es asociativa o indexada. En cada momento PHP mantiene una referencia (denominada puntero de posición) del elemento de la matriz al que tiene acceso. Por lo tanto, para recorrer una matriz, será suficiente con ir modificando dicha referencia para que pase por todos los elementos de la misma.

Si se trata de recorrer una matriz indexada, se accederá a los elementos por la posición que ocupan. El recorrido deberá realizarse mediante un bucle en el que se vaya situando la referencia interna de la matriz en cada uno de los elementos. Por lo tanto, hace falta una función que indique cuántos elementos tiene una matriz. Esta información nos la proporciona count(). La sintaxis es la siguiente:

```
int count(cualquier_tipo mivariable)
```

Donde `mivariable` representa la variable de la que se quiere obtener el número de elementos. Dicho parámetro puede ser una matriz o no, haciendo que la función `count()` devuelva uno de los siguientes valores:

1. Si `mivariable` es una matriz, devuelve el número de elementos que tiene. El parámetro `mivariable` podrá ser tanto una matriz asociativa como indexada.

2. Devuelve 1 si `mivariable` sólo tiene un elemento, independientemente de que `mivariable` sea o no matriz.

3. Devuelve 0 si `mivariable` todavía no tiene asignado ningún valor, o tiene asignado el valor `null`.

Existe otra función de PHP que permite conocer el número de elementos de una matriz. La función `sizeof()` recibe como parámetro una matriz y devuelve el número de elementos que la forman. La sintaxis es la siguiente:

```
int sizeof(array matriz1);
```

El código para recorrer una matriz indexada puede ser el siguiente:

```
for ($i = 0; $i < count($MiMatriz); $i++)
    echo "$MiMatriz[$i]\n";
```

Es decir, se trata de un bucle `for` que empieza en la posición 0 y que se ejecuta mientras la variable `$i` sea menor que el número de elementos de la matriz. En cada una de las iteraciones del bucle se accede a una posición.

El recorrido de una matriz asociativa debe hacerse mediante un bucle que vaya accediendo a cada uno de los elementos de la misma y que terminará cuando ya no queden más elementos por tratar. Sin embargo, a la hora de acceder a los elementos aparecen varios problemas. Por un lado, puede que no se conozcan las claves que forman la propia matriz asociativa. Tampoco se conoce la posición que ocupa cada elemento dentro de la matriz. Esto nos lleva a pensar que hacen falta otras herramientas para su manipulación.

Para acceder a los elementos de una matriz asociativa PHP dispone de la función `each()`, que realiza una doble tarea: recupera el par formado por la clave y el valor del elemento actual y además avanza una posición el puntero de la matriz. La sintaxis es la siguiente:

```
array each(array matriz)
```

Donde `matriz` es la variable de tipo matriz de la que se quiere obtener la información del elemento. La función `each()` devuelve `false` cuando no quedan elementos por tratar, y cuando todavía quedan elementos, devuelve una matriz asociativa formada por las siguientes claves:

Clave	Significado
0	Nombre de la clave.
1	Valor asociado a la clave.
key	Nombre de la clave.
value	Valor asociado a la clave.

Como se puede apreciar, las claves 0 y key, así como las claves 1 y value, contienen la misma información, lo que permite que la información obtenida sea tratada como una matriz asociativa o indexada.

Una vez resuelto el problema de acceso a los elementos, se puede implementar el código que muestra el contenido de una matriz asociativa en forma de tabla HTML.

```
echo "<TABLE>\n";
while ($elemento = each($MiMatriz))
   {
   echo "<TR>\n";
   echo "<TD>Clave1: $elemento[0]</TD>\n";
   echo "<TD>Valor1: $elemento[1]</TD>\n";
   echo "</TR>\n";
   }
echo "</TABLE>\n";
```

Con los dos recorridos de matrices vistos hasta ahora ya se puede plantear una primera versión del script PHP que genera un listado de los datos de la agenda de nuestros amigos:

```
<!-- Cap04/miagenda1.php -->
<HTML>
<HEAD>
   <TITLE>Listado de la agenda de mis amigos</TITLE>
</HEAD>
<BODY>
<?php
   // Datos iniciales de la agenda personal
   $agenda = array(array('Nombre'    => 'Jorge',
                    'Direccion' => 'Ctra. Valencia Km.7',
                    'Telefono'  => 9994541145,
                    'email'     => 'jorge@correo.mio'),
               array('Nombre'    => 'Agustín',
                    'Direccion' => 'Ctra. Valencia Km.7',
                    'Telefono'  => 9994541145,
                    'email'     => 'agustin@correo.mio'),
               array('Nombre'    => 'Javier',
                    'Direccion' => 'Ctra. Valencia Km.7',
                    'Telefono'  => 99933441145,
                    'email'     => 'javier@correo.mio'));

   // Función que lista las claves de una matriz asociativa
   function escribir_cabeceras ($mimatriz)
      {
      echo "<TR>\n";
      while ($elemento = each($mimatriz))
         echo "<TH>$elemento[0]</TH>\n";
      echo "</TR>\n";
      }
```

```
// Función que lista las claves de una agenda de amigos
function listar ($mimatriz, $texto)
    {
    // escribo la cabecera de la tabla
    echo "<TABLE BORDER=3 ALIGN=CENTER>\n";
    echo "<CAPTION ALIGN=TOP>$texto</CAPTION>\n";
    // Se escriben los datos de las cabeceras de las columnas
    escribir_cabeceras($mimatriz[0]);
    // Recorro los elementos de la matriz indexada
    for ($i = 0; $i < count($mimatriz); $i++)
        {
        echo "<TR>\n";
        // Recorro los elementos de la matriz asociativa
        while ($elemento = each($mimatriz[$i]))
            echo "<TD>$elemento[1]</TD>\n";
        echo "</TR>\n";
        }
    echo "</TABLE>\n";
    }

// Se hace la llamada a la función que lista el contenido
// de la agenda.
listar($agenda, 'Mi agenda de amigos')
?>
</BODY>
</HTML>
```

En este script, primero se han insertado en la agenda los datos de nuestros mejores amigos. Luego se ha definido una función para mostrar el contenido de las cabeceras de las columnas de la tabla. El nombre de cada una de las columnas se puede obtener recorriendo los datos de uno de los registros de la agenda y mostrando las claves de cada uno de los campos. La información de las claves también podría obtenerse mediante la función array_keys(). Esta función será descrita más adelante en el apartado de eliminación de elementos. La función escribir cabeceras podría quedar de la siguiente forma:

```
function escribir_cabeceras ($mimatriz)
    {
    echo "<TR>\n";
    $cabeceras = array_keys($mimatriz);
    foreach ($cabeceras as $elemento)
        echo "<TH>$elemento</TH>\n";
    echo "</TR>\n";
    }
```

Finalmente se ha escrito una función que se encarga de crear una tabla HTML con el contenido de la matriz. Posteriormente se hace una llamada a la función que escribe las cabeceras. Y finalmente se recorre el contenido de la matriz mediante un bucle for que realiza tantas iteraciones como elementos tenga la matriz. El número de elementos se ha obtenido mediante la función count(). El resultado del script está en la Figura 4.11:

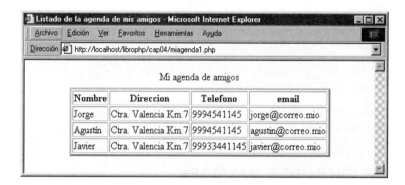

Figura 4.11. *Listado de los elementos de la matriz.*

En el ejemplo anterior el acceso a cada uno de los elementos se ha hecho a través de la matriz asociativa que devuelve la función each(). Habitualmente, dicho acceso se apoya en la utilización de un constructor de PHP que permite asignar a variables el contenido de los elementos de una matriz. El constructor es list(), que asigna los valores del elemento actual de una matriz a las variables indicadas como parámetro. La sintaxis es la siguiente:

```
void list($variable1, $variable2, ...);
```

De forma que a $variable1 le asigna el primer elemento de la matriz, a $variable2 el segundo, y así con todas las variables que se hayan indicado como parámetro. Utilizando este constructor, el código para recorrer una matriz puede ser de la siguiente forma:

```
while (list($clave, $valor) = each($matriz))
   {
   echo "<TR>\n";
   echo "<TD>Clave2: $clave</TD>\n";
   echo "<TD>Valor2: $valor</TD>\n";
   echo "</TR>\n";
   }
```

En el ejemplo anterior, sólo habría que cambiar las siguientes líneas de código. En la función escribir_cabeceras():

```
while ($elemento = each($MiMatriz))
   echo "<TH>$elemento[0]</TH>\n";
```

por

```
while (list($clave) = each($MiMatriz))
    echo "<TH>$clave</TH>\n";
```

Y en la función `listar()`:

```
while ($elemento = each($mimatriz[$i]))
    echo "<TD>$elemento[1]</TD>\n";
```

por

```
while (list($clave, $valor) = each($mimatriz[$i]))
    echo "<TD>$valor</TD>\n";
```

Con dichos cambios se generaría la misma salida que en el listado anterior. La utilización del constructor `list()` hace que el código escrito sea más legible.

NAVEGACIÓN SOBRE MATRICES

Cuando se trata de matrices indexadas la navegación es sencilla, basta con acceder directamente a la posición que contiene el elemento buscado. Por el contrario, cuando se trata de una matriz asociativa no puede aplicarse el mismo tratamiento. Por ejemplo, para avanzar por una matriz asociativa se ha visto la función `each()`, ésta es adecuada cuando el recorrido es unidireccional, pero no es apropiada cuando se quiere retroceder al elemento anterior, volver al primer elemento, o ir al último.

Por lo tanto se hace necesario que PHP disponga de funciones para realizar las operaciones de posicionamiento sobre una matriz y que permitan:

- ir al primer elemento;
- ir al último;
- ir al elemento anterior;
- ir al elemento siguiente.

A continuación se describen las funciones de PHP que se aplican en cada caso:

- función `reset()` hace que el puntero interno apunte a la primera posición de la matriz;
- función `end()` hace que el puntero interno apunte a la última posición de la matriz;
- función `next()` permite ir al elemento siguiente. En caso de estar al final, devuelve el valor `false`;
- función `prev()` permite ir al elemento anterior. En caso de estar al principio, devuelve el valor `false`;
- función `current()` devuelve el contenido del elemento actual. Esta función no desplaza el puntero interno de posición y devuelve el valor `false` cuando se encuentre después del último elemento o si la matriz no tiene elementos.

Todas las funciones devuelven el contenido del elemento sobre el que se posicionan o `false` cuando no se pueden ejecutar. El valor devuelto puede ser de cualquier tipo de datos. La forma de hacer la llamada es:

```
cualquiera reset(array matriz);
cualquiera end(array matriz);
cualquiera next(array matriz);
cualquiera prev(array matriz);
cualquiera current(array matriz);
```

Adicionalmente, PHP dispone de la función `pos()`. Ésta no puede considerarse como tal, sino que es un alias de función `current()` que se acaba de describir, pudiéndose utilizar indistintamente ambas funciones.

Además, en la misma línea de las funciones anteriores, PHP implementa la función `key()`, que permite conocer la clave de la posición actual de una matriz. Esta función es especialmente útil cuando se trabaja con matrices asociativas. Su sintaxis es:

```
cualquiera key(array matriz);
```

TRATAMIENTO DE MATRICES

Una vez que se han descrito las funciones para la navegación dentro de nuestra agenda, es el momento de describir las funciones disponibles desde PHP para el tratamiento de los elementos de una matriz. Estas funciones pueden agruparse también de forma temática; así, existen funciones para añadir nuevos elementos, para eliminar elementos, para manipulación de forma aleatoria y para tratamiento masivo de los elementos de una matriz.

Inserción de elementos

Al añadir elementos a la agenda se dispone de dos alternativas sencillas: la primera consiste en añadir elementos delante del primer elemento de la agenda y la segunda consiste en añadirlos al final. Estas operaciones las realizan las funciones de PHP `array_push()` y `array_unshift()`. Ambas funciones hacen que la matriz tenga uno o más elementos nuevos, diferenciándose únicamente en la posición que éstos ocuparán. Cuando se utiliza `array_push()` los elementos se añaden al final de la matriz y la longitud de la matriz se ve incrementada en tantos elementos como se hayan añadido. Su utilización es equivalente a:

```
$matriz[] = valor;
```

La sintaxis es la siguiente:

```
int array_push(array matriz, cualquiera variable1 [, ...])
```

Donde `matriz` es la variable de tipo matriz a la que se quieren añadir los elementos y `variable1` ... representan todos los valores que se quieren insertar. Esta función devuelve un valor de tipo entero que contiene el número de elementos de la matriz.

Dada la siguiente matriz, que contiene nombres de amigos, se utiliza la función `array_push()` para añadir a 'Santiago' y 'Abraham'.

```
$matriz1 = array("Agustin", "Jorge", "Javier");
$resultado = array_push($matriz1, "Santiago", "Abraham");
```

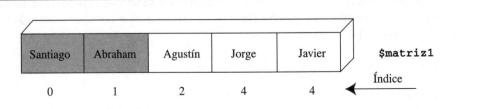

Figura 4.12. *Contenido de $matriz1 después de usar array_push().*

Como puede apreciarse en la Figura 4.12, aparecen resaltados los nombres 'Santiago' y 'Abraham', que se han añadido al final de la matriz $matriz1.

Cuando se utiliza `array_unshift()` los elementos se añaden al principio de la misma, desplazándose, por lo tanto, el resto de elementos de la matriz tantas posiciones como nuevos elementos se hayan añadido a la matriz por delante. Como en el caso de `array_push()`, el tamaño de la matriz se ve incrementado en tantos elementos como se hayan añadido y también `devuelve` el número total de elementos.

La sintaxis es la siguiente:

```
int array_unshift(array matriz, cualquiera variable1 [, ...])
```

Donde `matriz` es la variable de tipo matriz a la que se quieren añadir los elementos y `variable1` ... representan todos los valores que se quieren insertar. En el ejemplo anterior, al utilizar `array_unshift()`, dejará `matriz` con los elementos en el siguiente orden:

```
$matriz1 = array("Agustin", "Jorge", "Javier");
$resultado = array_unshift($matriz1, "Santiago", "Abraham");
```

Figura 4.13. *Contenido de $matriz1 después de usar array_unshift ().*

Aprovechando las dos operaciones anteriores, se va a completar la agenda con un pequeño formulario para añadir amigos. Una vez que se haya completado la entrada de los datos del nuevo amigo, se permitirá seleccionar el lugar de la agenda en el que se quiere almacenar. El formulario de entrada de datos puede ser el de la Figura 4.14, que ha sido generado por el siguiente código HTML:

```html
<!-- Cap04/nuevo.html -->
<HTML>
<HEAD>
    <TITLE>Nuevo Amigo</TITLE>
</HEAD>
<BODY>
<H1 ALIGN=CENTER>DATOS PERSONALES</H1>
<HR>
<FORM ACTION="nuevo.php" METHOD="POST">
    <TABLE>
        <TR>
            <TD ALIGN=RIGHT>Nombre:</TD>
            <TD><INPUT TYPE="TEXT" NAME="nombre" SIZE=50></TD>
        </TR>
        <TR>
            <TD ALIGN=RIGHT>Domicilio:</TD>
            <TD><INPUT TYPE="TEXT" NAME="direccion" SIZE=50></TD>
        </TR>
        <TR>
            <TD ALIGN=RIGHT>Teléfono:</TD>
            <TD><INPUT TYPE="TEXT" NAME="telefono" SIZE=50></TD>
        </TR>
        <TR>
            <TD ALIGN=RIGHT>e-mail:</TD>
            <TD><INPUT TYPE="TEXT" NAME="email" SIZE=50></TD>
        </TR>
        <TR>
            <TD ALIGN=RIGHT>Posición:</TD>
            <TD>Delante del primero
                <INPUT TYPE="RADIO" NAME="lugar" VALUE=0 CHECKED>
                Detrás del último
                <INPUT TYPE="RADIO" NAME="lugar" VALUE=1></TD>
        </TR>
        <TR>
            <TD COLSPAN=2 ALIGN=CENTER>
                <INPUT TYPE="SUBMIT" VALUE="GRABAR"></TD>
        </TR>
    </TABLE>
</FORM>
</BODY>
</HTML>
```

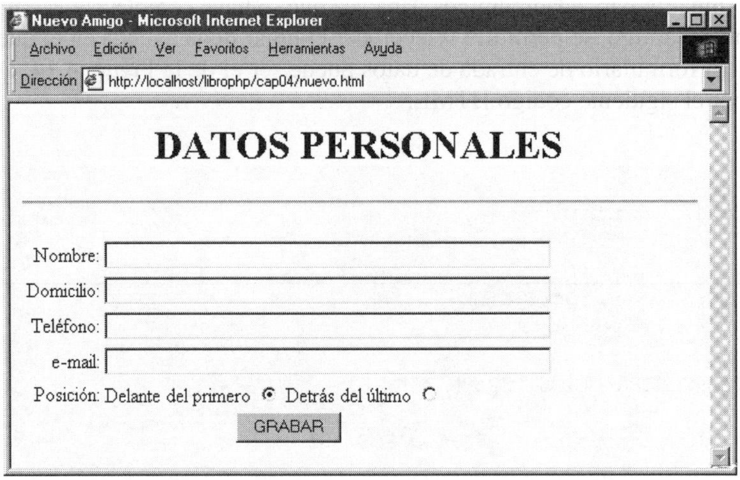

Figura 4.14. *Formulario de petición de datos personales de amigos.*

En el script siguiente, se va a utilizar la función `listar()` que se codificó anteriormente y que, para reutilizar código, se ha almacenado en el fichero `utilidades.php`. Además, en dicho fichero se han incluido dos funciones auxiliares nuevas: `grabar()` y `leer_agenda()`. La primera tiene como misión almacenar el contenido de la matriz en un fichero. La segunda función permite pasar la información de la agenda, que está almacenada en un fichero, a una matriz. Más adelante, en el capítulo dedicado a entrada/salida desde PHP, se describirán las operaciones utilizadas y se entenderá el significado de cada una de las sentencias escritas.

A continuación se muestra el script PHP que recoge los datos y muestra por pantalla el nuevo contenido de la matriz:

```
<!-- Cap04/nuevo.php -->
<HTML>
<HEAD>
    <TITLE>LISTADO DE AMIGOS</TITLE>
</HEAD>
<BODY>

<?php
    define ('NOMBRE_FICHERO', 'datosagenda.dat');
    include ("utilidades.php");
    if (isset($lugar))
        {
        $agenda = array();
```

```
        leer_agenda($agenda, NOMBRE_FICHERO);
        $datos = array('Nombre'    => $nombre,
                       'Direccion' => $direccion,
                       'Telefono'  => $telefono,
                       'email'     => $email);
        if ($lugar)
            array_push($agenda, $datos);
        else
            array_unshift($agenda, $datos);
        listar($agenda, 'Mi agenda de amigos');
        grabar($agenda, NOMBRE_FICHERO);
        }
    else
        {
?>
    <CENTER>
    <H1 ALIGN=CENTER>Error de entrada</H1>
    <HR>
    <H2>NO HA SELECCIONADO EL EXTREMO DONDE INSERTAR
        LOS DATOS DEL AMIGO</H2>
<?php
        }
?>
    <CENTER>
    <A HREF="nuevo.html">VOLVER</A>
    </CENTER>
</BODY>
</HTML>
```

Lo primero que tiene que comprobar el script es si la variable $lugar tiene asignado algún valor o no. En caso de no tenerlo, se genera un mensaje de error que avisa al visitante de la página del problema. Una vez que desde el formulario se ha indicado en qué extremo de la matriz se quiere guardar la información de nuestro nuevo amigo, se crea una nueva variable de tipo matriz asociativa que contiene los datos que fueron escritos. Posteriormente, y dependiendo del valor de la variable $lugar, se utiliza la función array_push() o array_unshift(). Finalmente se muestra el nuevo contenido de la agenda para comprobar que todo ha sido almacenado de forma correcta.

En el ejemplo anterior, se han pasado como campos de un formulario los datos de la nueva ficha que se quiere añadir. Posteriormente en el script nuevo.php, ha habido que crear una variable de tipo matriz asociativa para poder insertar los datos en la agenda. ¿No habría sido todo más fácil si se pudieran pasar matrices como parámetros de un formulario? La respuesta es que sí y además PHP permite esta operación.

Como ya se mencionó en el Capítulo 3, cada uno de los campos de un formulario está disponible como una variable que es pasada a través del método seleccionado, GET o POST. Esto significa que antes de que el script se ejecute se crean tantas variables como campos tenga el formulario. El nombre que se asigna a cada variable es el mismo que tenía en el formulario. Esto permite que cuando se asigna un nombre a un campo de un formulario, éste sea tal que fuerce a que PHP cree una variable de tipo matriz. Es decir, se pueden utilizar corchetes asociados al nombre del campo del formulario, para que antes de que se ejecute el script se creen dichas variables de tipo matriz. Por lo tanto de esta forma se pueden pasar matrices como parámetro de un formulario.

El ejemplo anterior, que permitía dar de alta una ficha dentro de nuestra agenda, podría adaptarse para permitir esa forma de paso de parámetros y que por lo tanto el script fuera más sencillo. En lugar de tener que crear dos ficheros, uno para el formulario y otro para el script PHP que lo procesa, se puede incluir todo en un único fichero que, en función de si la variable de tipo matriz se ha creado o no, realiza las diferentes acciones. El código del script sería el siguiente:

```php
<!-- Cap04/nuevo2.php -->
<HTML>
<HEAD>
    <TITLE>Nuevo Amigo</TITLE>
</HEAD>
<BODY>
<H1 ALIGN=CENTER>DATOS PERSONALES</H1>
<HR>
<?php
    // se comprueba si se ha creado la matriz
    if (!isset($amigo))
        {
        // La matriz todavía no existe. Se crea el formulario
?>
<FORM ACTION="nuevo2.php" METHOD="POST">
    <TABLE>
        <TR>
            <TD ALIGN=RIGHT>Nombre:</TD>
<?php
            echo "<TD><INPUT TYPE='TEXT'
                NAME='amigo[Nombre]' SIZE=50></TD>\n";
?>
        </TR>
        <TR>
            <TD ALIGN=RIGHT>Domicilio:</TD>
<?php
            echo "<TD><INPUT TYPE='TEXT'
                NAME='amigo[Direccion]' SIZE=50></TD>\n";
?>
        </TR>
        <TR>
            <TD ALIGN=RIGHT>Teléfono:</TD>
<?php
```

```
                echo "<TD><INPUT TYPE='TEXT'
                    NAME='amigo[Telefono]' SIZE=50></TD>\n";
?>
        </TR>
        <TR>
            <TD ALIGN=RIGHT>e-mail:</TD>
<?php
            echo "<TD><INPUT TYPE='TEXT'
                    NAME='amigo[email]' SIZE=50></TD>\n";
?>
        </TR>
        <TR>
            <TD ALIGN=RIGHT>Posición:</TD>
            <TD>Delante del primero
                <INPUT TYPE="RADIO" NAME="lugar" VALUE=0 CHECKED>
                Detrás del último
                <INPUT TYPE="RADIO" NAME="lugar" VALUE=1></TD>
        </TR>
        <TR>
            <TD COLSPAN=2 ALIGN=CENTER>
                <INPUT TYPE="SUBMIT" VALUE="GRABAR"></TD>
        </TR>
    </TABLE>
</FORM>
<?php
        }
    else
        {
        // La matriz existe, se procede a procesar los datos
        define ('NOMBRE_FICHERO', 'datosagenda.dat');
        include ("utilidades.php");
        $agenda = array();
        leer_agenda($agenda, NOMBRE_FICHERO);
        if ($lugar)
            array_push($agenda, $amigo);
        else
            array_unshift($agenda, $amigo);
        listar($agenda, 'Mi agenda de amigos');
        grabar($agenda, NOMBRE_FICHERO);
        }
?>
</BODY>
</HTML>
```

En el script anterior, lo primero que se ha comprobado, mediante la función `isset()`, es si se ha creado la matriz o no. En caso de no haberse creado, se procede a mostrar el formulario que permite la entrada de datos. A cada uno de los campos del formulario se le

asigna un nombre que posteriormente PHP pueda convertir en una matriz, en este caso asociativa, pero en caso de ser necesario podría también ser indexada. El nombre que se les ha
asignado es el siguiente:

```
NAME='amigo[Nombre]'
NAME='amigo[Direccion]'
NAME='amigo[Telefono]'
NAME='amigo[email]'
```

De forma que al ser procesado por PHP se conviertan en las variables:

```
$amigo["Nombre"]
$amigo["Direccion"]
$amigo["Telefono"]
$amigo["email"]
```

Que ya representan la declaración implícita de una matriz asociativa. Una vez que se
ha completado la entrada de datos y se ha pulsado el botón `Grabar`, se produce otra llamada al script `nuevo2.php`, donde la matriz `$amigo` ya se ha creado. Entonces se procede a realizar el mismo proceso que en el script `nuevo.php`, pero sin tener que crear la
variable de tipo matriz y asignarle los valores del formulario.

En ocasiones es necesario aumentar el tamaño de una matriz. Por ejemplo, supongamos que hemos conocido a cinco nuevos amigos pero todavía no tenemos sus datos.
Puede que queramos reservar espacio en la agenda para almacenarlos tan pronto como
nos sea posible.

PHP dispone de la función `array_pad()`, que permite aumentar el tamaño de la
matriz. Además del aumento de tamaño, la función permite especificar el valor con el que
se quieren rellenar los elementos que se van creando. Esta función devuelve una copia de
la matriz original con tantas posiciones nuevas como han sido necesarias para que el
tamaño de la matriz se ajuste al valor indicado. La sintaxis es la siguiente:

```
array array_pad(array matriz, int nuevo_tamaño,
                cualquiera valor_relleno)
```

donde los parámetros tienen el siguiente significado:

- `matriz` representa la matriz de la que se quiere aumentar el tamaño y rellenar con
  valores;

- `nuevo_tamaño` indica el nuevo tamaño de la matriz. El valor puede ser positivo o negativo. Cuando el valor es positivo, indica que los elementos se añaden
  por la derecha de la matriz, y si el valor es negativo, los elementos se añaden
  por la izquierda de la matriz. Si el valor de `nuevo_tamaño` es menor que el
  tamaño actual de la matriz, entonces no se lleva a cabo ninguna operación de
  relleno;

- `valor_relleno` indica el valor que se asignará a las posiciones con las que se ha
  rellenado la matriz.

Dada la agenda de nuestros amigos, supongamos que se quiere aumentar su tamaño y que el contenido de todos los campos queremos que sea la palabra 'Libre'. En ese caso necesitaríamos ejecutar un código del estilo de:

```
$texto = 'Libre';
$datos = array('Nombre'    => $texto,
               'Direccion' => $texto,
               'Telefono'  => $texto,
               'email'     => $texto);

// Si se quieren añadir 2 fichas delante del primero
$matriz1 = array_pad($matriz1, 7, $datos);

// Si se quieren añadir 3 fichas detrás del último
/* Observe como en la línea anterior se han
   añadido ya dos fichas que hay que considerar.
   Al querer insertar detrás del último el valor
   del parámetro deberá ser negativo.             */
$matriz1 = array_pad($matriz1, -10, $datos);
```

La matriz resultante tiene los elementos que se muestran en la Figura 4.15.

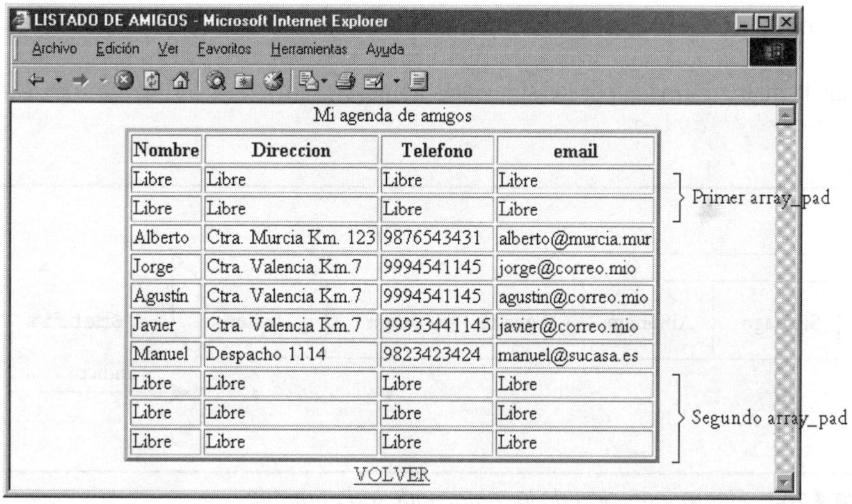

Figura 4.15. *Contenido de $matriz1 después de ejecutar array_pad().*

Eliminación de elementos

En el apartado anterior se ha visto cómo poder añadir nuevos elementos a la agenda de amigos, pero también es necesario poder eliminar fichas de amigos. Cuando se plantea la posibilidad de eliminar fichas, lo primero que hay que determinar es si se quiere sólo eliminar la de uno de nuestros amigos o si por el contrario se quieren quitar fichas de forma masiva. Primero se van a estudiar los casos para eliminar fichas de forma individual, y después se analizarán los casos de eliminación masiva.

Para eliminar fichas individuales pueden darse varios casos:

1. Que la ficha a eliminar sea la primera.

2. Que la ficha a eliminar sea la última.

3. Que la ficha a eliminar esté en cualquier otro lugar.

Para los dos primeros casos, PHP dispone de funciones que realizan precisamente esas acciones. Para el tercer caso habrá que realizar primero una búsqueda de la ficha para posteriormente realizar el borrado. Este caso se planteará con más detalle un poco más adelante.

Vamos a comenzar con el primero de los casos. Para eliminar el primer elemento de una matriz indexada, PHP dispone de la función `array_shift()`, ésta elimina el primer elemento de una matriz y devuelve el valor del elemento extraído de la matriz. En el caso de eliminar un elemento con `array_shift()` se desplazan todos los elementos una posición hacia el comienzo de la matriz. La sintaxis es la siguiente:

```
cualquiera array_shift(array matriz);
```

Dada la matriz formada por los siguientes nombres: `'Santiago'`, `'Abraham'`, `'Agustín'`, `'Jorge'` y `'Javier'`:

Figura 4.16.   *Representación de la matriz indexada $matriz.*

y ejecutando la siguiente sentencia de PHP:

```
$resultado = array_shift($matriz);
```

hará que la matriz tenga los elementos en el siguiente orden y que la variable `$resultado` tenga almacenado el valor `'Santiago'`:

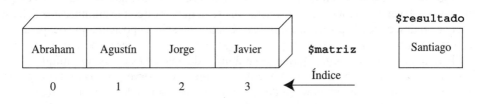

Figura 4.17. *Contenido de $matriz después de ejecutar array-shift ().*

Por otro lado, para eliminar el último elemento de una matriz, PHP tiene la función `array_pop()` y, como `array_shift()`, devuelve dicho valor como resultado de la función. Una vez que se ejecuta esta función, la matriz pasa a tener un elemento menos. La sintaxis es la siguiente:

```
cualquiera array_pop(array matriz);
```

Dada la misma matriz de antes:

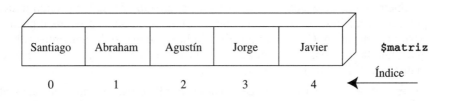

Figura 4.18. *Representación de la matriz indexada $matriz.*

y ejecutando la siguiente sentencia de PHP:

```
$resultado = array_pop($matriz);
```

hará que la matriz tenga los elementos en el siguiente orden y que la variable `$resultado` tenga almacenado el valor 'Javier'. Como puede verse en la Figura 4.19.

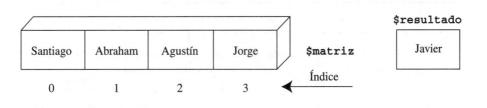

Figura 4.19. *Contenido después de ejecutar array_pop ().*

Si lo que se pretende es eliminar una de las fichas de la agenda que no está en los extremos hay que tener en cuenta otras consideraciones, ya que es diferente eliminar una ficha si se conoce o desconoce la posición a eliminar. Cuando se sabe la posición que ocupa dicho elemento se puede utilizar la función `array_splice()`, y si se desconoce, habrá que utilizar la función `array_keys()`, que se verá más adelante en este mismo capítulo.

La función `array_splice()` tiene dos posibles usos: sirve para reemplazar y para eliminar el contenido de una porción de una matriz. La función devuelve una matriz con los elementos reemplazados o eliminados. La sintaxis es la siguiente:

```
array array_splice(array entrada, int pos_ini[, int tamaño
                [, array sustitutos]])
```

Donde los parámetros tienen el siguiente significado:

- `entrada` representa la matriz de la que se quieren reemplazar o suprimir los elementos;
- `pos_ini` indica la posición a partir de la cual se aplica la función. El valor puede ser positivo o negativo. Cuando es positivo representa la posición a partir de la cual comienza el reemplazo o la eliminación, y si el valor es negativo, la posición de comienzo está a tantas posiciones como indica `pos_ini` desde el final de la matriz. También se puede asignar a `pos_ini` el valor de una clave de la matriz asociativa;
- `tamaño` indica el número de elementos afectados por la función. Si se omite el parámetro tamaño, se actúa sobre todos los elementos desde la posición indicada por `pos_ini` hasta el final de la matriz. El valor de tamaño también puede ser positivo o negativo. Cuando es positivo, indica el número de elementos sobre los que actúa la función, y si es negativo, indica a cuántos elementos del final de la matriz está el final de la secuencia tratada;
- `sustitutos` es una matriz que, cuando se utilice para reemplazar elementos, indica los elementos nuevos que se van a añadir a la matriz. Si los valores que se han especificado en los parámetros `pos_ini` y `tamaño` hacen que no se elimine ningún elemento de la matriz, los elementos contenidos en la matriz sustitutos se añadirán a partir de la posición indicada por el parámetro `pos_ini`.

Como se puede deducir de la explicación de los parámetros de la función, para eliminar un elemento o un conjunto de elementos bastará con reemplazarlos por una matriz vacía, o, lo que es lo mismo, habrá que omitir el parámetro `sustitutos`.

Dada la matriz formada por los siguientes nombres: 'Santiago', 'Abraham', 'Agustín', 'Jorge' y 'Javier':

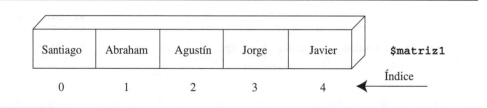

Figura 4.20.   *Representación de la matriz indexada $matriz1.*

Y ejecutando la siguiente sentencia de PHP:

```
$matriz2 = array_splice($matriz1, 2, 2);
```

En este ejemplo se eliminarán los nombres 'Agustín' y 'Jorge' de la matriz, ya que se ha indicado que el valor de la posición inicial es 2 y el tamaño de los elementos a eliminar es 2.

El segundo ejemplo de esta función muestra cómo aprovechar las opciones de reemplazo de elementos de una matriz. Supongamos que dada la variable $matriz1 del ejemplo anterior se quieren sustituir los elementos 'Agustín' y 'Jorge' por 'Pilar', 'Laura' y 'Marta'. La función array_splice() se utilizaría ahora de la siguiente forma:

```
$matriz2 = array_splice($matriz1, 2, 2,
                   array("Pilar", "Laura", "Marta"));
```

La sentencia anterior haría que las variables $matriz1 y $matriz2 tuvieran los siguientes valores:

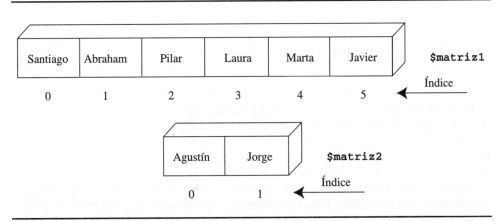

Figura 4.21. *Contenido de $matriz1 y $matriz2 después de ejecutar array_splice ().*

Hay que tener en cuenta que los elementos que se añaden han de ser una matriz; por esta razón, habrá que utilizar el constructor de matrices cuando se especifiquen directamente los valores, salvo que éstos ya sean una matriz. En caso de que la matriz de sustitutos sólo esté formada por un único valor, no hace falta llamar al constructor array(), sino que es suficiente con indicar el valor a añadir.

Por último, cuando lo que se pretende es eliminar un elemento de la matriz y no se conoce su posición exacta, habrá que realizar un proceso previo de búsqueda. Como muy probablemente ya haya pensado el lector, la búsqueda puede hacerse mediante un bucle que recorra toda la matriz. Sin embargo, existe en PHP otra forma de poder conocer la posición que ocupa un determinado elemento mediante el uso de la función array_keys(). Esta función, además, suele utilizarse para realizar el recorrido de matrices asociativas asociado, por ejemplo, a la estructura de control foreach.

La función array_keys() devuelve una matriz indexada con las claves de la matriz que se ha recibido como parámetro. Cuando la matriz es indexada, los valores de las claves devueltos se corresponden con los índices de la matriz. La función array_keys() puede aceptar como parámetro opcional un valor, que hará que la función sólo devuelva las claves cuyo valor es el especificado. Si el valor no existe la función devuelve una matriz vacía.

La sintaxis es la siguiente:

```
array array_keys(array matriz [, cualquiera valor_buscado]);
```

Donde matriz representa la matriz de la que se quieren obtener las claves, y el parámetro opcional valor_buscado indica el valor del que se quieren conocer las claves asociadas.

Además de array_keys(), existe en PHP la función array_values(), que devuelve una matriz indexada con todos los valores almacenados en la matriz pasada como parámetro. La sintaxis es la siguiente:

```
array array_values(array matriz);
```

Volviendo al caso de la eliminación de un elemento de una matriz cuando no se conoce la posición que ocupa, una vez que con la función array_keys() se obtiene la posición del elemento a eliminar, puede utilizarse la función array_splice() para borrarlo.

Intentando aplicar estas funciones al ejemplo de la agenda, nos encontramos con el siguiente problema: array_keys() puede recibir como parámetro un valor de la matriz del cual se quieren conocer las claves en las que está almacenado. Pero en nuestra agenda las posiciones son a su vez matrices, por lo tanto no podemos hacer la búsqueda solamente por el valor de la clave 'Nombre'. Esto nos obligaría conocer todos los datos de la ficha o bien realizar el borrado de otra forma.

La otra forma mencionada consiste en realizar una iteración sobre la matriz para ir accediendo a cada elemento. Para cada elemento, simplemente se comprueba si la clave 'Nombre' coincide con el del amigo cuya ficha se quiere eliminar. La codificación podría ser la siguiente:

```
$i = 0;
while ($i < count($agenda))
    {
    if ($agenda[$i]['Nombre'] == $nombre)
        array_splice($agenda, $i, 1);
    else
        $i++;
    }
```

Código que funciona de la siguiente forma: se realiza un bucle para todos los elementos de la matriz, es decir, desde 0 hasta el número de elementos que devuelva la función `count($agenda)`. Para cada elemento se accede a la clave 'Nombre' para ver si coincide con el nombre a borrar. Si coincide, se utiliza como antes la función `array_splice()`, y si no coincide, se pasa al siguiente elemento de la matriz. Obsérvese que cuando se encuentra el elemento no se aumenta el valor de la variable `$i`, ya que al eliminar un elemento, el resto se desplaza una posición hacia el comienzo.

Ahora ya se puede completar la agenda con las operaciones de eliminación de una ficha. La petición de datos se puede realizar a través de un formulario que pida al usuario uno de los siguientes valores: la posición a eliminar, el rango de posiciones a eliminar o el nombre del amigo del que queremos eliminar la ficha. La apariencia del formulario puede ser la que muestra la Figura 4.22:

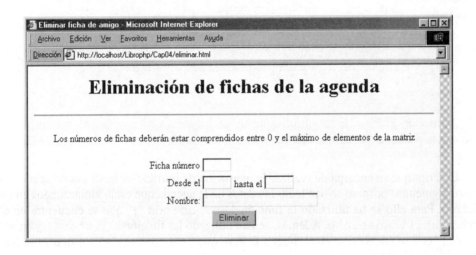

Figura 4.22. *Formulario de eliminación de fichas de la agenda.*

La página de la Figura 4.22 ha sido generada con el siguiente código HTML:

```
<!-- Cap04/eliminar.html -->
<HTML>
<HEAD>
   <TITLE>Eliminar ficha de amigo</TITLE>
</HEAD>
<BODY>
<H1 ALIGN=CENTER>Eliminación de fichas de la agenda</H1>
<HR>
<P ALIGN=CENTER>Los números de fichas deberán estar comprendidos
entre 0 y el máximo de elementos de la matriz</P>
<FORM ACTION="eliminar.php" METHOD="POST">
```

```
<TABLE ALIGN=CENTER>
    <TR>
        <TD>Ficha número</TD>
        <TD><INPUT TYPE="TEXT" NAME="lugar" SIZE=5></TD>
    </TR>
    <TR>
        <TD ALIGN=RIGHT>Desde el</TD>
        <TD>
            <INPUT TYPE="TEXT" NAME="desde" SIZE=5>
            hasta el <INPUT TYPE="TEXT" NAME="hasta" SIZE= 5>
        </TD>
    </TR>
    <TR>
        <TD ALIGN=RIGHT>Nombre:</TD>
        <TD> <INPUT TYPE="TEXT" NAME="nombre" SIZE=25 ></TD>
    </TR>
    <TR>
        <TD COLSPAN=2 ALIGN=CENTER>
        <INPUT TYPE="SUBMIT" VALUE="Eliminar"></TD>
    </TR>
</FORM>
</BODY>
</HTML>
```

El script que se encarga de realizar la operación de borrado se ha diseñado según los pasos siguientes: primero se han leído los datos de la agenda que están almacenados en un fichero. Para ello se ha utilizado la función `leer_agenda()`, que se encuentra en el fichero `utilidades.php`. Además, se han utilizado las funciones `listar()` y `grabar()`, que se encuentran en el mismo fichero que `leer_agenda()` y que ya se han utilizado en ejemplos anteriores.

Una vez que los datos se encuentran disponibles, el script debe determinar cuál de las opciones de borrado ha sido seleccionada. Como criterio de eliminación de elementos de la matriz, se ha considerado que en cada momento sólo pueda aplicarse un criterio de borrado, estableciendo como operación prioritaria la eliminación de una ficha por posición. El segundo grado de prioridad se ha asociado a la eliminación de un rango de elementos, y finalmente, con menor prioridad, la eliminación por nombre.

Para ello se irá comprobando, en el orden anteriormente indicado, si las variables que provienen del formulario tienen datos o no. Cuando la variable `$lugar` toma un valor, sólo se elimina un elemento. Si es la variable `$desde` la que no está vacía, habrá que comprobar si se ha establecido el límite superior de borrado o no. De no haberse indicado tal valor, deberán eliminarse todos los elementos hasta el final de la matriz.

Por último, si es la variable `$nombre` la que tiene datos, se recorrerá toda la matriz buscando aquellos elementos clave 'Nombre' que tengan asociado el valor `$nombre`. El script también deberá mostrar un mensaje de aviso si no se ha seleccionado nada que borrar.

La codificación del script es la que se muestra a continuación:

```
<!-- Cap04/eliminar.php -->
<HTML>
<HEAD>
   <TITLE>LISTADO DE AMIGOS</TITLE>
</HEAD>
<BODY>
   <CENTER>
<?php
   // Se incluyen las funciones generales de recuperación
   // y listado de la agenda
   include ('utilidades.php');
   define ('NOMBRE_FICHERO', 'datosagenda.dat');

   // Leo los datos de la agenda
   $agenda = array();
   leer_agenda($agenda, NOMBRE_FICHERO);

   if (!empty($lugar))
      {
      // Sólo se elimina un elemento de la matriz
      array_splice($agenda, $lugar - 1, 1);
      listar($agenda, 'Mi agenda de amigos');
      grabar($agenda, NOMBRE_FICHERO);
      }
   elseif (!empty($desde))
      {
      // Se elimina un rango de elementos
      $inicio = $desde - 1;
      if (!empty($hasta))
         $tamanio = $hasta - $inicio;
      else
         $tamanio = count($agenda) - $inicio;
      array_splice($agenda, $inicio, $tamanio);
      listar($agenda, 'Mi agenda de amigos');
      grabar($agenda, NOMBRE_FICHERO);
      }
   elseif (!empty($nombre))
      {
      // Recorro la matriz de la agenda
      $i = 0;
      while ($i < count($agenda))
         {
         if ($agenda[$i]['Nombre'] == $nombre)
            array_splice($agenda, $i, 1);
         else $i++;
         }
      listar($agenda, 'Mi agenda de amigos');
```

```
        grabar($agenda, NOMBRE_FICHERO);
        }
    else
        {
        // NO hay nada que borrar
?>
    <H1 ALIGN=CENTER>Faltan datos</H1>
    <HR>
    <H2>NO SE HA INDICADO NINGÚN ELEMENTO A BORRAR</H2>
<?php
        }
?>
    <A HREF="eliminar.html">VOLVER</A>
    </CENTER>
</BODY>
</HTML>
```

Si se quieren eliminar todas las fichas que se generaron en el apartado anterior cuando se utilizó la función `array_pad()`, simplemente habrá que indicar en el campo 'Nombre' el valor 'Libre'. Después de eliminar dichas fichas se obtendrá el resultado de la Figura 4.23:

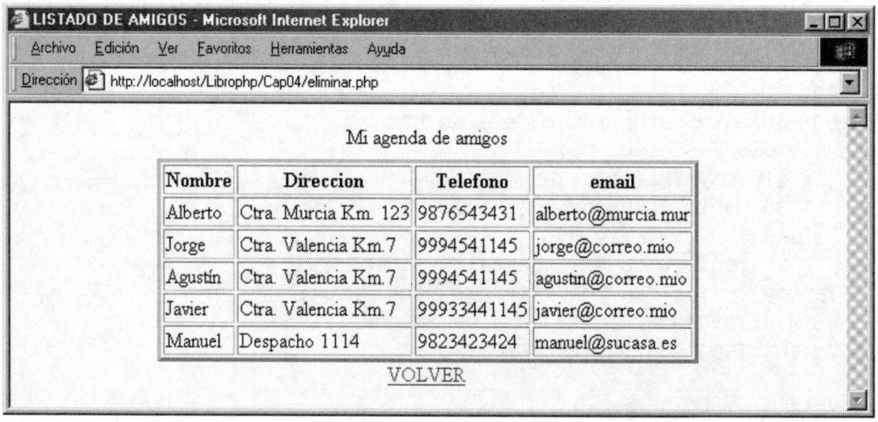

Figura 4.23. Contenido de la agenda después de eliminar las posiciones libres.

Manipulación masiva de matrices

En algunas ocasiones, en la manipulación de matrices hay que aplicar un mismo proceso sobre todos los elementos, por ejemplo, incrementar en una cantidad todos los valores de una matriz. PHP dispone de la función `array_walk()` para aplicar una misma función a todos los elementos de una matriz. Esta función tiene la siguiente sintaxis:

```
int array_walk(array matriz, string nombrefuncion,
               cualquiera lista_parámetros)
```

Donde los parámetros tienen el siguiente significado:

- `matriz` representa la matriz de la que se quiere obtener la secuencia de elementos;

- `nombrefuncion` representa la función de usuario que se quiere aplicar a cada uno de los elementos de la matriz. Esta función como mínimo debe tener dos parámetros: el primero será el valor del elemento de la matriz y el segundo el valor de la clave asociado al elemento. El resto de parámetros se obtendrá a través del parámetro `lista_parámetros`;

- `lista_parámetros` representa los posibles parámetros que necesita la función de usuario para poder ser ejecutada.

Una vez que se ha aplicado la función `array_walk()`, el puntero de posición se encontrará al final de la matriz, por lo que antes de realizar una nueva operación habrá que situarse sobre algún elemento de la misma.

Cuando la función de usuario necesite más parámetros de los que se han aportado desde `array_walk()`, se generará un aviso cada vez que se ejecute.

Un ejemplo sencillo de utilización de `array_walk()` nos permitirá mostrar el contenido de la agenda de amigos. Por ejemplo, se puede codificar una función que haga que cada elemento de la matriz cree una fila de una tabla HTML. Para mostrar el contenido de la agenda se debe hacer una llamada a `array_walk()` con el nombre de dicha función. El código podría ser el siguiente:

```
function listar_elemento_walk($matriz, $clave_matriz)
    {
    echo "<TR>\n";
    // Recorro los elementos de la matriz asociativa
    while (list($clave, $valor) = each($matriz))
        echo "<TD>$valor</TD>\n";
    echo "<TD>Ficha número: $clave_matriz</TD>\n";
    echo "</TR>\n";
    }

function listar_walk($agenda, $texto)
    {
    echo "<TABLE BORDER=3 ALIGN=CENTER>\n";
    echo "<CAPTION ALIGN=TOP>$texto</CAPTION>\n";
    escribir_cabeceras($agenda[0]);
    array_walk($agenda, 'listar_elemento_walk');
    echo "</TABLE>\n";
    }
```

Como puede apreciarse en el ejemplo, la función `listar_elemento_walk()` recibe dos parámetros: el elemento de la matriz y el nombre de la clave asociado a dicho elemento. Esta función genera la salida de la Figura 4.24.

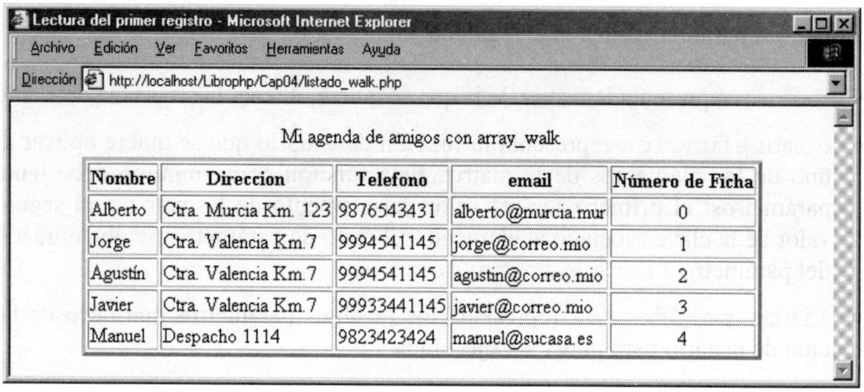

Nombre	Direccion	Telefono	email	Número de Ficha
Alberto	Ctra. Murcia Km. 123	9876543431	alberto@murcia.mur	0
Jorge	Ctra. Valencia Km.7	9994541145	jorge@correo.mio	1
Agustín	Ctra. Valencia Km.7	9994541145	agustin@correo.mio	2
Javier	Ctra. Valencia Km.7	99933441145	javier@correo.mio	3
Manuel	Despacho 1114	9823423424	manuel@sucasa.es	4

Figura 4.24. *Listado de la agenda con array_walk().*

Obtención de submatrices

Una vez que se han grabado los datos de nuestros amigos y que la agenda aumenta de tamaño, puede ser interesante añadir la posibilidad de mostrar solamente una parte de los datos. Supongamos que se quieren listar los datos de diez en diez y, además, incluir botones en la página para poder avanzar y retroceder en el listado. Una posible forma de hacerlo sería mediante iteraciones sobre los elementos de la matriz. Otra posible solución se basaría en la utilización de la función `array_slice()`. Esta función permite extraer una secuencia de elementos de una matriz. Si se trata de una matriz indexada, devuelve los elementos entre un determinado par de índices, y si la matriz es asociativa, devuelve los elementos que, por el orden en que fueron insertados, se encuentren en las posiciones indicadas. Los elementos extraídos se devuelven en una matriz. La sintaxis es la siguiente:

```
array array_slice (array matriz, int posicion
                   [, int tamaño])
```

Donde los parámetros tienen el siguiente significado:

- `matriz` representa la matriz de la que se quiere obtener la secuencia de elementos;
- `posicion` indica el lugar a partir del cual se comenzará la selección. El valor puede ser positivo o negativo. Cuando es positivo representa, exactamente, la posición a partir de la cual comienza la selección, y si es negativo, la posición a partir de la que se comienza la selección se obtiene empezando a contar desde el final de la matriz;

- tamaño indica el número de elementos que van a ser seleccionados. Si se omite, se seleccionarán todos los elementos desde la posición indicada por el parámetro posición hasta el final de la matriz. El valor de tamaño puede ser positivo o negativo. Cuando es positivo indica el número de elementos a seleccionar, y si es negativo indica a cuántos elementos del final de la matriz está el final de la secuencia seleccionada.

A continuación se muestra un ejemplo de utilización de array_slice() para seleccionar elementos de una matriz. Dada la siguiente declaración de matriz:

```
$matriz1 = array("Agustin", "Jorge", "Javier","Santiago",
                 "Abraham");
```

Si se ejecuta la sentencia de PHP:

```
$matriz2 = array_slice($matriz1, 2,2);
```

se seleccionan los elementos 'Javier' y 'Santiago' de la matriz, ya que se ha indicado que el valor de la posición es 2 y el número de elementos a seleccionar es 2.

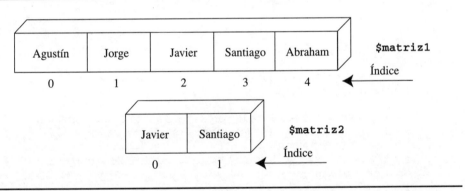

Figura 4.25. *Contenido de $matriz1 y $matriz2 después de ejecutar array_slice ().*

Si en lugar de la sentencia anterior se hubiera ejecutado la sentencia:

```
$matriz2 = array_slice($matriz1, 0, -3);
```

el resultado ahora sería la selección de 'Agustín' y 'Jorge', ya que se ha indicado que el valor de la posición inicial sea 0 y el tamaño de la secuencia seleccionada es −3, es decir, la secuencia acaba a tres elementos del final de la matriz.

A continuación se muestra cómo se podría realizar el listado paginado de las fichas de la agenda utilizando la función array_slice():

```
<!-- Cap04/listado_paginado.php -->
<HTML>
<HEAD>
    <TITLE>Listado Paginado de la matriz</TITLE>
</HEAD>
```

```
<BODY>
<?php
   // Se incluyen las funciones generales de otros ejemplos
   require ('utilidades.php');

   // Definición de las constantes utilizadas en el script
   define ('NOMBRE_FICHERO', 'datosagenda.dat');
   define ('TAMANIO', 10);

   // Se cargan los datos de la matriz desde el fichero
   $agenda = array();
   leer_agenda($agenda, NOMBRE_FICHERO);

   // Si es la primera vez que se carga la página
   if (!isset($inicio))
      $inicio = 0;
   // Se obtienen los primeros elementos de la matriz
   $matriz = array_slice($agenda, $inicio, TAMANIO);
   listar($matriz, "Amigos desde el $inicio al ".
         ($inicio + TAMANIO - 1));
?>
   <TABLE ALIGN=CENTER>
      <TR>
         <TD>
<?php
   // Si se está en la segunda página o sucesivas
   if ($inicio >= TAMANIO)
      {
      echo "<FORM ACTION='listado_paginado.php' METHOD='POST'>\n";
      echo "<INPUT TYPE = 'HIDDEN' NAME = 'inicio' VALUE = ",
           $inicio - TAMANIO ,">\n";
      echo "<INPUT TYPE = 'SUBMIT' VALUE = 'ANTERIOR'>\n";
      echo "</FORM>\n";
      }
?>
         </TD>
         <TD>
<?php
   // Si no se está en la última página
   if (($inicio + TAMANIO) < count($agenda))
      {
      echo "<FORM ACTION='listado_paginado.php' METHOD='POST'>\n";
      echo "<INPUT TYPE = 'HIDDEN' NAME = 'inicio' VALUE=",
           $inicio + TAMANIO, ">\n";
      echo "<INPUT TYPE = 'SUBMIT' VALUE = 'SIGUIENTE'>\n ";
      echo "</FORM>\n";
      }
?>
         </TD>
      </TR>
   </TABLE>
</BODY>
</HTML>
```

El script para generar el listado paginado se ha estructurado de la siguiente forma: primero se han definido las constantes que se van a utilizar en el script. Se ha definido una constante para el nombre del fichero y otra para determinar el número de elementos que se listan en cada página. Luego, se han cargado los datos de la matriz desde el fichero donde están almacenados. Además, se ha utilizado $inicio como variable para indicar la posición que ocupa el primer elemento de la tabla que se tiene que mostrar.

Una vez con los datos recuperados, hay que determinar si es la primera vez que se carga la página o si la carga de la misma se ha realizado a través de los botones de navegación que se han habilitado. Cuando es la primera vez que se carga la página, la variable $inicio todavía no ha sido creada y, por lo tanto, no tiene todavía ningún valor, lo que se detecta con la función isset(). El valor inicial que deberá tener $inicio es 0, de esta manera se podrán mostrar los primeros elementos de la matriz.

Una vez asignado el valor del primer elemento a mostrar, la llamada a la función array_slice() nos devolverá una matriz con los elementos seleccionados. Posteriormente la llamada a la función listar() creará la tabla HTML que visualiza los elementos.

Finalmente, la página incluye un formulario con dos botones y un campo oculto. Los botones permitirán la navegación hacia delante y hacia atrás sobre los elementos de la matriz, y el campo oculto es el que almacena el valor de la posición del primer elemento que hay que mostrar. Dicho valor se va aumentando o disminuyendo en función del botón de navegación que se haya seleccionado.

El resultado del script puede verse en la Figura 4.26.

Si lo que se pretende ahora es que el listado de la agenda muestre los datos en un determinado orden, será necesario que se utilicen las funciones que tiene PHP para este cometido.

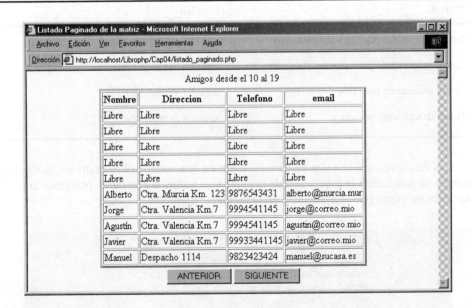

Figura 4.26. *Listado del contenido de la agenda con botones de navegación.*

ORDENACIÓN DE MATRICES

PHP incluye una extensa variedad de funciones para ordenar por múltiples criterios, de hecho todos los métodos se encuentran implementados para poder aplicar orden ascendente o descendente. En función del tipo de matriz que se quiera ordenar PHP permite la utilización de diferentes funciones, siendo distintas las que se utilizan para ordenar matrices indexadas de las que se usan para matrices asociativas.

Los métodos de ordenación de matrices indexadas mantienen la relación entre los pares formados por el valor y la clave, mientras que, lógicamente, no ocurre lo mismo con los métodos para ordenar matrices asociativas. Todas las funciones de ordenación básicas se utilizan de la misma forma: se hace una llamada a la función que implementa el método de ordenación seleccionado, y ésta ordena los datos de la matriz original para que contenga los mismos datos pero en el orden seleccionado. En las siguientes tablas se muestran las diferentes funciones de ordenación.

Para matrices indexadas:

Criterio	Función
Orden ascendente por valor del elemento	sort(array matriz)
Orden descendente por valor del elemento	rsort(array matriz)

Para matrices asociativas:

Criterio	Función
Orden ascendente por valor del elemento	asort(array matriz)
Orden descendente por valor del elemento	arsort(array matriz)
Orden ascendente por clave	ksort(array matriz)
Orden descendente por clave	krsort(array matriz)

Las funciones sort() y rsort() también funcionan sobre matrices asociativas, aunque no mantienen la asociación de la clave y su valor; por lo tanto, producen la pérdida de datos, como puede apreciarse en el siguiente ejemplo:

```
<!-- Cap04/ordenaa_sort.php -->
<?php
    // función que muestra el contenido de la matriz
    function listar($matriz, $titulo)
    {
        // Listar el contenido de un array
        echo "<TABLE BORDER=3 WIDTH= 200 ALIGN=CENTER>\n";
```

```
    echo "<CAPTION ALIGN=TOP>$titulo</CAPTION>\n";
    while (list($clave, $valor) = each($matriz))
        {
        echo "<TR>";
        echo "<TD ALIGN=CENTER>$clave</TD>\n";
        echo "<TD ALIGN=CENTER>$valor</TD>\n";
        echo "</TR>\n";
        }
    echo "</TABLE>\n";
    }

$amigo = array ("Nombre" => "Jorge",
                "Direccion" => "Ctra. Valencia Km.7",
                "Telefono" => 9994541145,
                "email" => "jorge@correo.mio");
listar($amigo, "Antes de ordenar");
sort($amigo);
listar($amigo, "Después de ordenar");
?>
```

La ordenación realizada asigna a cada valor de la matriz una nueva clave que se corresponde con la posición que ocupa; en otras palabras, convierte la matriz asociativa en una matriz indexada. Como puede apreciarse en la Figura 4.27:

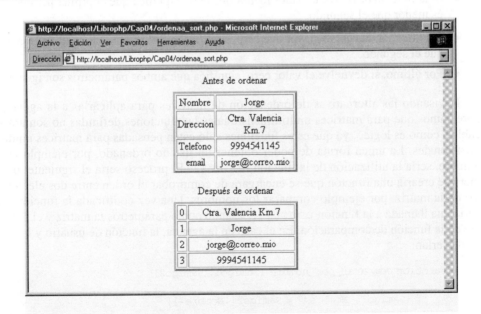

Figura 4.27. *Ejemplo de ordenación de una matriz con la función sort ().*

Los métodos anteriores sólo son aplicables a matrices unidimensionales y además aplican criterios alfabéticos. Por lo tanto, no son aplicables para la obtención de listados de nuestra agenda. Tampoco serían aplicables cuando los criterios de ordenación sean diferentes de los alfabéticos.

Para estos casos PHP dispone de tres funciones: `usort()`, `uasort()` y `uksort()`, que permiten aplicar una misma función de usuario como criterio de ordenación del contenido de la matriz. Los métodos son:

Criterio	Función
Ordena los valores de una matriz indexada mediante el criterio determinado por una función de usuario	`usort (array matriz,` `string nombre_función)`
Ordena los valores de una matriz asociativa mediante el criterio determinado por una función de usuario	`uasort (array matriz,` `string nombre_función)`
Ordena las claves de una matriz asociativa mediante el criterio determinado por una función de usuario	`uksort (array matriz,` `string nombre_función)`

Para el diseño de la función de comparación han de tenerse en cuenta las siguientes consideraciones: cuando la función se encarga de comparar dos valores que se pasan como parámetro, por ejemplo a y b, sólo hay tres casos posibles: que a sea mayor que b, que a sea menor que b o que ambos sean iguales. La función debe tener en cuenta esos tres casos y devolver los valores según el siguiente criterio:

- Si la función devuelve un valor menor que cero, significa que el primer parámetro es menor que el segundo.

- Si la función devuelve mayor que cero, significa que el primer parámetro es mayor que el segundo.

- Por último, si devuelve el valor cero, significa que ambos parámetros son iguales.

Revisando las alternativas de ordenación de matrices para aplicarlas a la agenda, apreciamos que para matrices multidimensionales las funciones definidas no son aplicables, como es lógico, ya que estas funciones sólo están pensadas para matrices unidimensionales. La única forma de poder obtener un listado ordenado, por ejemplo por nombre, sería la utilización de la función `usort()`. El proceso sería el siguiente: primero se crearía una función que se encargara de comprobar el orden entre dos elementos de la matriz, por ejemplo comparar los nombres. Una vez codificada la función se haría una llamada a la función `usort()`, pasando como parámetros la matriz y el nombre de la función de comparación. En el caso de la agenda, la función de usuario y la llamada serían:

```
function comparar_por_nombre ($amigo1, $amigo2)
   {
   if ($amigo1['Nombre'] < $amigo2['Nombre'])
       return -1;
   elseif ($amigo1['Nombre'] > $amigo2['Nombre'])
```

```
        return 1;
    else
        return 0;
    }

usort($agenda, comparar_por_nombre);
```

El script anterior dejaría los datos de la agenda en el orden que se puede observar en la Figura 4.28:

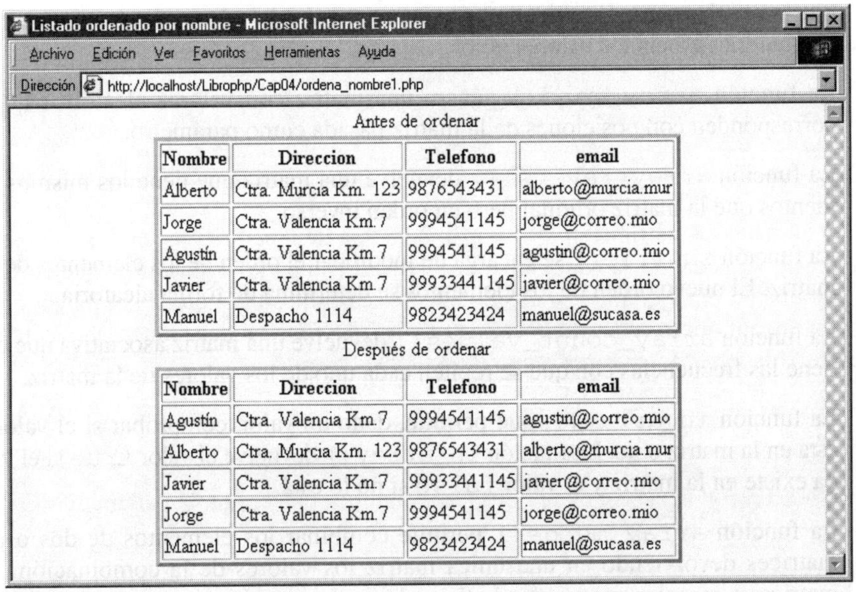

Antes de ordenar

Nombre	Direccion	Telefono	email
Alberto	Ctra. Murcia Km. 123	9876543431	alberto@murcia.mur
Jorge	Ctra. Valencia Km.7	9994541145	jorge@correo.mio
Agustín	Ctra. Valencia Km.7	9994541145	agustin@correo.mio
Javier	Ctra. Valencia Km.7	99933441145	javier@correo.mio
Manuel	Despacho 1114	9823423424	manuel@sucasa.es

Después de ordenar

Nombre	Direccion	Telefono	email
Agustín	Ctra. Valencia Km.7	9994541145	agustin@correo.mio
Alberto	Ctra. Murcia Km. 123	9876543431	alberto@murcia.mur
Javier	Ctra. Valencia Km.7	99933441145	javier@correo.mio
Jorge	Ctra. Valencia Km.7	9994541145	jorge@correo.mio
Manuel	Despacho 1114	9823423424	manuel@sucasa.es

Figura 4.28. *Ejemplo de ordenación de una matriz con la función usort ().*

Por último, sería interesante mencionar que PHP dispone de la función `array_mul-tisort()`, que tiene asociados dos posibles usos. Un primer uso permite ordenar matrices multidimensionales. El segundo uso permite ordenar varias matrices unidimensionales de una sola vez.

OTRAS FUNCIONES

En los apartados anteriores se han analizado de forma exhaustiva las funciones básicas para la manipulación de matrices. Dado que el número de funciones es muy amplio, en este apartado se dará una breve descripción de aquellas que no se han utilizado.

- La función `compact()` devuelve una matriz asociativa generada a partir de un número indeterminado de parámetros, que podrán ser cadenas de caracteres cuyo contenido hace referencia a nombres de variables, o matrices que contienen los nombres de las variables.

- La función `extract()` permite crear variables desde una matriz asociativa, `extract()` considera los nombres de las claves de la matriz como los nombres de variables, y los valores de cada elemento como los valores de cada una de las variables.

- La función `array_unique()` se encarga de devolver una nueva matriz en la que no aparecen elementos repetidos. La nueva matriz mantiene las mismas claves que la matriz original, debiendo tener en cuenta que las claves de elementos borrados tendrán asociados valores nulos.

- La función `array_rand()` genera una matriz con valores aleatorios que se corresponden con posiciones de la matriz pasada como parámetro.

- La función `array_reverse()` devuelve una matriz que tiene los mismos elementos que la matriz original pero en orden inverso.

- La función `shuffle()` se encarga de modificar el orden de los elementos de una matriz. El nuevo orden de los elementos se determina de forma aleatoria.

- La función `array_count_values()` devuelve una matriz asociativa que contiene las frecuencias con que se repiten cada uno de los valores de la matriz.

- La función `in_array()`, que permite, dado un valor, comprobar si el valor ya está en la matriz o no. La función `in_array()` devuelve el valor `true` si el valor ya existe en la matriz y el valor `false` si no lo está.

- La función `array_merge()` permite combinar los elementos de dos o más matrices devolviendo en una única matriz los valores de la combinación. Las matrices a mezclar pueden ser de tipos diferentes, por lo tanto se pueden mezclar matrices asociativas e indexadas.

- La función `array_merge_recursive()` se comporta como `array_merge()` salvo que con esta función los valores existentes para una determinada clave se organizan mediante una matriz asociativa asignada a la clave, no produciéndose ninguna pérdida de valores.

- La función `array_diff()` devuelve en una nueva matriz aquellos elementos de la primera que no están presentes en el resto de matrices que se pasan como argumento.

- La función `array_intersect()` obtiene los elementos comunes a las matrices que pasen como argumento.

- La función `array_flip()` permite intercambiar los papeles entre las claves y los valores, es decir, devuelve una nueva matriz en la cual lo que antes eran claves pasan a ser valores y viceversa.

En este extenso capítulo sobre matrices, se han descrito los aspectos más importantes de este tipo de datos. Es probable que alguna función se haya quedado en el tintero, aunque esto no debe importarnos demasiado, ya que es posible encontrar una relación completa de las funciones para el tratamiento de matrices en el manual *on-line* de PHP[1].

El ejemplo completo de la agenda está incluido dentro del CD-ROM que se distribuye con el libro. La página inicial de la agenda se denomina `agenda.html`. Dicha página tiene el aspecto que se muestra en la Figura 4.29.

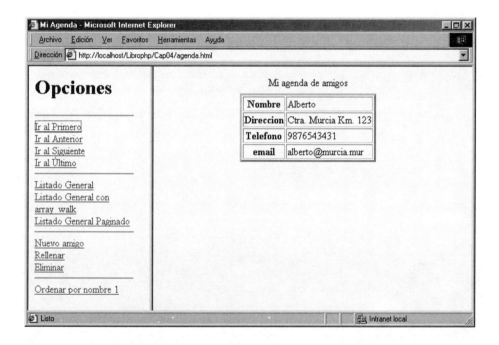

Figura 4.29. *Aspecto de la aplicación que representa la agenda.*

En el siguiente capítulo se estudian las cadenas de caracteres, que representan otro de los tipos de datos más utilizados a la hora de desarrollar scripts PHP.

---

[1] `http://www.php.net/manual/es/ref.array.php`.

CAPÍTULO 5

Cadenas
de caracteres

161

La manipulación de cadenas de caracteres es específicamente necesaria en aquellos lenguajes de programación en los que el objetivo final suele ser la generación de un documento. Conocer las funciones disponibles puede facilitar enormemente el desarrollo de páginas que tengan que presentar datos al usuario final del sitio web.

Este capítulo tiene una amplia componente descriptiva de las funciones de PHP, que se han agrupado de forma temática abordando los siguientes aspectos: formas de mostrar en la salida estándar el contenido de las cadenas de caracteres, herramientas para la manipulación de su contenido y de apoyo a la generación y conversión de documentos HTML.

El objetivo de este capítulo no es obtener una referencia completa de la sintaxis de todas las funciones disponibles en PHP que se encuentran relacionadas con las cadenas de caracteres, ya que para eso existen otros recursos, y por esta razón se omitirán algunas funciones de menor relevancia, como las relacionadas con la conversión de caracteres escritos en otros alfabetos o las relacionadas con la semejanza de sonidos y con la encriptación. Las primeras se omiten porque es obvio que las posibles aplicaciones son poco corrientes. Las segundas se omiten porque todas las funciones están desarrolladas para sonidos ingleses y por lo tanto es raro que puedan utilizarse este tipo de analogías fonéticas en páginas en castellano.

CADENAS DE CARACTERES

Una cadena es una secuencia de caracteres que se encuentran comprendidos entre unos determinados delimitadores. En PHP las cadenas se pueden especificar mediante tres tipos de delimitadores:

- Comillas simples: '
- Comillas dobles: "
- Documento incrustado: <<<

La primera forma de delimitación es la más básica, y permite asignar a una variable de tipo cadena de caracteres todo el texto que vaya encerrado entre las dos comillas simples. El texto puede contener cualquier carácter. Sin embargo, cuando sea necesario que en el texto aparezca una comilla simple ('), ésta deberá ir precedida por el carácter barra invertida (\ ). Esto se denomina escapar un carácter. Si dentro de una cadena delimitada por comillas simples se hace referencia al contenido de una variable, ésta no será tenida en cuenta. A continuación se muestra un ejemplo de cadenas de caracteres delimitados por comillas simples:

```
$cadena1 = 'Me llamo Agustín. Soy \'el Profe\' de este
           capítulo y \n quiero un salto de línea';
echo $cadena1;
$cadena2 = 'Aquí viene una variable, en la $cadena1
            iban comillas simples y \n quiero un
            salto de línea';
echo $cadena2;
```

La ejecución de las sentencias anteriores genera la siguiente salida[1]:

```
Me llamo Agustín. Soy 'el Profe' de este capítulo y \n quiero un salto de
línea
Aquí viene una variable, en la $cadena1 iban comillas simples y \n quiero
un salto de línea
```

Como puede observarse, para que `'el Profe'` vaya entre comillas simples, éstas se han tenido que escapar con el carácter `\`. En la variable `$cadena2`, a pesar de hacer referencia a la variable `$cadena1`, no se tiene acceso al contenido, sino que sólo aparece escrito su nombre.

En cuanto a la forma de delimitación mediante comillas dobles, lo primero que ha de mencionarse es que es más avanzada que la anterior. Como antes, permite asignar a una variable de tipo cadena de caracteres todo el texto que vaya encerrado entre las dos comillas simples. El texto también puede contener cualquier carácter. En este tipo de cadenas, los caracteres especiales que se han definido como parte del lenguaje son interpretados, es decir, que si en la cadena aparece la secuencia \n, el intérprete de PHP no escribirá dichos caracteres, sino que asumirá que lo que se quiere hacer es insertar un salto de línea en esa posición de la cadena. También como en el caso de cadenas delimitadas por comillas simples, cuando se quiere que los caracteres comilla doble (") y barra invertida (\ ) aparezcan como una parte de la cadena, hay que recurrir a la técnica de escapado de caracteres.

En este tipo de cadenas, si se hace referencia al contenido de una variable, ésta se expandirá, es decir, se sustituirá el nombre de la variable por su contenido. A continuación se muestra el mismo ejemplo anterior con comillas dobles:

```
$cadena1 = "Me llamo Agustín. Soy \"el Profe\" de
            este capítulo y \n quiero un salto de línea";
echo $cadena1;
$cadena2 = "Aquí viene una variable, en la $cadena1 iban
            comillas dobles y \n quiero un salto de línea";
echo $cadena2;
```

La ejecución de las sentencias anteriores genera la siguiente salida:

```
Me llamo Agustín. Soy "el Profe" de este capítulo y
  quiero un salto de línea
Aquí viene una variable, en la Me llamo Agustín. Soy "el Profe" de este
capítulo y[2]
  quiero un salto de línea iban comillas dobles y
  quiero un salto de línea
```

---

[1] Aunque en el texto, por necesidades de espacio, aparece el contenido de cada cadena en dos líneas, realmente sólo ocupan una.

[2] Desde «*Aquí...*» hasta «*... capítulo y*» aparecerá en una sola línea, aunque por razones de espacio se muestre en dos.

Como puede observarse, para que "el Profe" vaya entre comillas dobles, éstas se han tenido que escapar con el carácter \. En la variable $cadena2, se hace referencia a la variable $cadena1, y ésta se ha expandido, apareciendo en lugar del nombre de la variable su contenido. Obsérvese también que la secuencia de caracteres \n tampoco aparece y que ha sido sustituida por saltos de línea. Debe recordarse que el salto de línea como tal no es visible dentro de una página HTML.

Los caracteres especiales que pueden aparecer dentro de una cadena de caracteres con esta delimitación son:

Secuencia	Significado
\n	Nueva línea.
\r	Retorno de carro.
\t	Tabulación horizontal.
\\	Barra invertida.
\$	Signo del dólar.
\"	Comillas dobles.
\[0-7]{1,3}	Carácter ASCII que coincide con el número octal.
\x[0-9A-Fa-f]{1,2}	Carácter ASCII que coincide con el número hexadecimal.

Por último, cuando se delimita una cadena mediante la técnica de documento incrustado, son válidas todas las características indicadas para las cadenas delimitadas por comillas dobles. De hecho, la única diferencia entre ambos tipos de representación se basa en que este tipo de delimitación permite que la cadena de caracteres ocupe tantas líneas como sea necesario. Además, la cadena guardará la apariencia con la que fue escrita. Cuando se delimita un texto por documento incrustado, éste debe estar contenido entre los siguientes delimitadores:

```
<<<Identificador
Cadena de caracteres
Sigue la cadena de caracteres
Identificador;
```

Donde la palabra Identificador se debe sustituir por el texto que se quiera utilizar para delimitar dicha cadena de caracteres. El delimitador debe aparecer tanto al principio como al final de la cadena, teniendo en cuenta que la primera aparición va precedida por los caracteres <<< y que la última aparición deberá estar al principio de una línea y terminada por un punto y coma.

El mismo ejemplo anterior se podría expresar ahora de la siguiente forma:

```
$cadena1 = <<< FIN1
    Me llamo Agustín. Soy "el Profe"
    de este capítulo y \n quiero un salto de línea
FIN1;
echo $cadena1, "\n";
$cadena2 = <<< FIN2
   Aquí viene una variable, en la
   $cadena1
   iban comillasvsimples
   y \n quiero un salto de línea";
FIN2;
echo $cadena2;
```

La ejecución de las sentencias anteriores genera la siguiente salida:

```
    Me llamo Agustín. Soy "el Profe"
    de este capítulo y
quiero un salto de línea
   Aquí viene una variable, en la
       Me llamo Agustín. Soy "el Profe"
    de este capítulo y
quiero un salto de línea
   iban comillas simples
   y
quiero un salto de líneaun salto de línea";
```

Como puede observarse en el ejemplo, en este caso se ha realizado la expansión de las variables y también se han interpretado los caracteres especiales. Además, se ha mantenido el formato de las líneas según se escribieron.

Desde el punto de vista estructural, los caracteres que forman parte de una cadena se comportan como una matriz indexada, esto quiere decir que se puede acceder a ellos por la posición que ocupan dentro de la cadena. Conviene recordar que el primer carácter de la cadena se encuentra en la posición 0. Veamos a continuación el resultado de acceder a diferentes elementos de una cadena.

```
$cadena   = 'Esto es una cadena';
$caracter = $cadena[0];  // carácter vale 'E'
$caracter = $cadena[1];  // carácter vale 's'
$caracter = $cadena[10]; // carácter vale 'a'
```

Como paso previo a la manipulación de cadenas, es interesante conocer las funciones de PHP que se aplican sobre sus componentes, es decir, sobre los caracteres. En concreto se dispone de las funciones chr() y ord(), que están disponibles en la mayoría de los lenguajes de programación.

La función chr() devuelve, en una variable de tipo cadena, el carácter de la tabla de códigos ASCII asociado a un valor que recibe como parámetro. El valor que se pase como parámetro a la función deberá estar en el rango 0 a 255, aunque si el valor es mayor, la función obtiene internamente el valor del resto de la división por 256 (operador %) para evitar errores de rango. La sintaxis es la siguiente:

```
string chr(int valor);
```

Así, dados dos números que se diferencian en 256, por ejemplo el 70 y el 326, podemos afirmar que las siguientes sentencias son equivalentes:

```
$cadena1 = chr(70);
$cadena2 = chr(326);
```

Tanto $cadena1 como $cadena2 contienen el carácter 'F'.

La segunda función asociada a caracteres es ord(), que devuelve un número entero que se corresponde con el código ASCII del primer carácter de la cadena que recibe como parámetro. La sintaxis es la siguiente:

```
int ord(string cadena);
```

A continuación se muestra un script que genera una página HTML con la tabla de códigos ASCII.

```php
<!-- Cap05/chr.php -->
<HTML>
<HEAD>
    <TITLE>Tabla de códigos ASCII</TITLE>
</HEAD>
<BODY>
<TABLE ALIGN=CENTER BORDER=3>
<CAPTION>Tabla de códigos ASCII</CAPTION>
<?php
    echo "<TR><TD></TD>\n";
    for ($j = 1; $j < 18; $j++)
        echo "<TD ALIGN=CENTER>$j</TD>\n";
    echo "</TR>\n";
    for ($i = 0; $i < 15; $i++)
        {
        echo "<TR>\n <TD>", $i * 17, "</TD>\n";
        for ($j = 1; $j < 18; $j++)
            echo "<TD ALIGN=CENTER>",chr($i * 17 + $j),"</TD>\n";
        echo "</TR>\n";
        }
?>
</TABLE>
</BODY>
</HTML>
```

Que genera como resultado la página de la Figura 5.1:

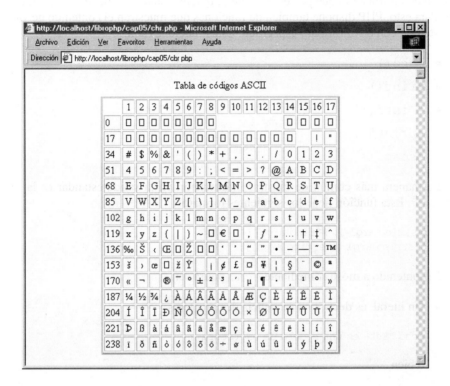

Figura 5.1. *Caracteres que forman el código ASCII.*

En la Figura 5.1 puede apreciarse una tabla con la relación completa de los caracteres que forman el código ASCII. Podrá observarse que algunos caracteres, por ejemplo, del 1 al 8, aparecen representados como cuadrados (□); otros incluso no aparecen (los caracteres del 9 al 13). Esto no quiere decir que dichos caracteres no existan, sino que indica que no son caracteres visibles en HTML. La tabla debe interpretarse de la siguiente forma: para conocer el código ASCII de un determinado carácter, sólo hay que localizarlo en la tabla y sumar los valores que aparecen al principio de la fila y la columna. Así, por ejemplo, el código ASCII de la letra Y se obtendrá de la siguiente manera:

- Está en la fila que empieza por 85.

- Está en la columna que empieza por 4.

La suma de ambos valores: 85 + 4 = 89, que es el código ASCII de la letra.

VISUALIZACIÓN DE CADENAS

Habitualmente, la utilización de cadenas de caracteres viene asociada con el almacenamiento de información que posteriormente se quiere visualizar a través de la salida estándar. Para esto, PHP dispone también de funciones que muestran el contenido de variables de este tipo con o sin formato específico. Estas funciones son:

- `echo()`
- `print()`
- `printf()`
- `sprintf()`
- `sscanf()`

La manera más común de mostrar información en la salida estándar es la función `echo()`[3]. Esta función tiene los siguientes formatos:

```
echo string arg1 [, string argn];
echo(string arg1 [, string argn]);
```

El contenido a mostrar mediante `echo` podrá ser:

- Un literal, es decir, una secuencia de caracteres:

```
echo "Ésta es una prueba de escritura";
```

o bien

```
echo("Ésta es una prueba de escritura");
```

- Una variable de cualquier tipo:

```
$valor1 = 3;
echo $valor1;
$valor2 = 3.0;
echo $valor2;
$cadena1 = "Agustín";
echo $cadena1;
```

- Una combinación de literales y variables mediante concatenación:

```
$valor1 = 2;
$valor2 = 5;
echo "La suma de " . $valor1 . " y de " . $valor2 .
   " es " . ($valor1 + $valor2);
```

---

[3] Aunque también puede considerarse como un constructor del lenguaje.

Se pueden obtener los mismos resultados si se aprovecha la posibilidad de expansión de variables.

```
echo "La suma de $valor1 y de $valor2 es
    ($valor1 + $valor2)";
```

- Una lista combinación de literales y variables:

```
$valor1 = 2;
$valor2 = 5;
echo "La suma de ", $valor1, " y de ", $valor2,
    " es ", $valor1 + $valor2;
```

- Una constante:

```
define("CONSTANTE1", "Buenos días");
echo CONSTANTE1;
```

La función `print()` es la más sencilla de todas y se encarga de mostrar el contenido de una cadena de caracteres sobre la salida estándar. La función no soporta ningún atributo de formato de salida y su sintaxis es:

```
print(string cadena);
```

Donde el parámetro `cadena` es la cadena de caracteres que se quiere mostrar en la salida. La función `print()` soporta la expansión de variables. Esto hace posible que puedan escribirse sentencias del estilo:

```
$edad = 30;
print("La mejor década en la vida es la de los $edad<BR>\n");
```

Mediante la función `print()` se podría mostrar la información de la tabla de multiplicar de un número, por ejemplo, la tabla del 13. El código podría ser el siguiente:

```
$valor = 13;
print("<P>La tabla del 13<BR>\n");
for ($i = 1; $i < 11; $i++)
    print("$valor * $i = " . $valor * $i . "<BR>\n");
```

que generará la siguiente salida:

```
La tabla del 13
13 * 1 = 13
13 * 2 = 26
13 * 3 = 39
13 * 4 = 52
13 * 5 = 65
13 * 6 = 78
13 * 7 = 91
13 * 8 = 104
13 * 9 = 117
13 * 10 = 130
```

Puede observarse en el ejemplo anterior como los números no quedan alineados porque no ocupan el mismo espacio. Esto nos lleva a la conclusión de que la utilización de la función `print()` implica la ausencia de formatos de salida, lo que favorece que al imprimir los valores éstos no aparezcan alineados.

Cuando se desee que los datos se presenten según un determinado formato y que todos los números se muestren ocupando los mismos espacios, hay que utilizar la función `printf()`. Se ha utilizado la palabra `cualquiera` para indicar que los parámetros pueden ser de cualquier tipo. La sintaxis es la siguiente:

```
printf(string formato [, cualquiera valores , ...]);
```

Donde el parámetro `formato` representa el texto y el aspecto de la información que se va a mostrar en la salida estándar, y `valores` indica los datos que se quieren incluir dentro de la cadena que especifica el formato.

Sin tener que recurrir a la creación de una tabla mediante etiquetas HTML, podría conseguirse que la tabla de multiplicar tuviera un aspecto más adecuado con el siguiente código:

```
<!-- Cap05/tabladel13_2.php -->
<HTML>
<HEAD>
  <TITLE>Tabla del 13</TITLE>
<HEAD>
<BODY>
<CENTER>
<?php
    print ("<P>La tabla del 13<BR>\n");
    for ($i = 1; $i < 11; $i++)
       printf ("%'03d * %'02d = %'05d <BR>\n", 13, $i, 13 * $i);
?>
</CENTER>
</BODY>
</HTML>
```

Programa que genera la salida por pantalla de la Figura 5.2.

El formato con el que aparece la información en la salida estándar está formado por una serie de caracteres que se mostrarán directamente y otros, que van precedidos por el símbolo de porcentaje (`%`), denominados especificaciones de conversión. La especificación de conversión de un valor determina los cambios a los que ha de someterse antes de ser mostrado. En una cadena de formato hay que indicar tantas especificaciones de conversión como valores se quieran visualizar en la salida estándar.

Las especificaciones de conversión están compuestas por una serie de elementos bien delimitados que deben aparecer en un determinado orden. Los elementos son los siguientes:

- `Carácter de relleno` para que todos los valores ocupen el mismo espacio. El valor por defecto es el espacio en blanco, aunque puede sustituirse por cualquier otro carácter. El carácter de relleno deberá ir precedido por una comilla simple. En HTML, el espacio en blanco no es útil, ya que el propio lenguaje los omite cuando aparecen consecutivos.

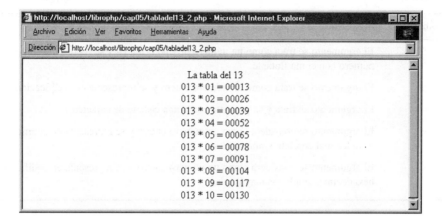

La tabla del 13
013 * 01 = 00013
013 * 02 = 00026
013 * 03 = 00039
013 * 04 = 00052
013 * 05 = 00065
013 * 06 = 00078
013 * 07 = 00091
013 * 08 = 00104
013 * 09 = 00117
013 * 10 = 00130

Figura 5.2. *Tabla del 13 mostrada con printf().*

- Alineamiento, que indicará el tipo de alineamiento de los valores: justificación a la izquierda o a la derecha. Por defecto la presentación justifica a la derecha los valores, de modo que para que se aplique la justificación a la izquierda habrá que poner el carácter menos (-).

- Valor numérico opcional, que determina el número mínimo de caracteres que se deben mostrar. El número seleccionado deberá aproximarse lo más posible al de caracteres del mayor valor que se quiera visualizar, para que así puedan aparecer correctamente alineados.

- Número de decimales para determinar la cantidad de decimales que se deben mostrar al utilizar números de coma flotante. Este descriptor sólo tiene efecto sobre los tipos de datos de coma flotante y deberá aparecer precedido por el punto decimal (.), que es el carácter de separación.

- Por último, Tipo de datos, que identifica el tipo de datos que se quieren mostrar. Los posibles tipos de datos son los siguientes:

Símbolo	Significado
%	Representa el símbolo de porcentaje.
b	El argumento se trata como un número entero y se representa en codificación binaria.
c	El argumento se trata como un número entero y se muestra en la salida el carácter cuyo código ASCII se corresponda con el valor.
d	El argumento se trata como un número entero y se representa en codificación decimal sin parte fraccionaria.

(continúa)

(continuación)

Símbolo	Significado
f	El argumento se trata como un número de tipo double y se representa como un número con coma flotante.
o	El argumento se trata como un número entero y se representa en codificación octal.
s	El argumento se trata y se presenta como una cadena de caracteres.
x	El argumento se considera como un número entero y se representa en codificación hexadecimal con letras minúsculas.
X	El argumento se considera como un número entero y se representa en codificación hexadecimal con letras mayúsculas.

Ahora podrá comprenderse el ejemplo de codificación:

```
printf ("%'_3d  *  %'_2d = %'_5d <BR>\n", 13, $i, $valor*$i);
```

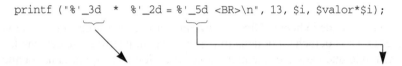

%	Indica comienzo de especificación de conversión
'–	Indica que el carácter de relleno es_
3	Indica el número mínimo de caracteres
d	Indica que se trata el valor como un entero con representación decimal

%	Indica comienzo de especificación de conversión
'–	Indica que el carácter de relleno es_
5	Indica el número mínimo de caracteres
d	Indica que se trata el valor como un entero con representación decimal

No siempre que se da formato a una cadena de caracteres es necesario mostrarla en la salida estándar: podría ser interesante que la cadena resultante de aplicar los datos al formato especificado fuera almacenada en alguna variable para poder manipularla de diferentes formas. La función sprintf() tiene un funcionamiento idéntico a printf() y sólo se diferencia en que la cadena de caracteres resultante de aplicar el formato se almacena en una variable. La sintaxis es la misma que la de printf():

```
string sprintf(string formato [, cualquiera valores]);
```

Donde los parámetros tienen el mismo significado que en la función printf().

Hasta ahora las cadenas de caracteres se han utilizado sólo como salida de información, con o sin formato. Sin embargo, también pueden ser útiles para recuperar información que sigue un determinado formato. Con este fin se utiliza sscanf(), que toma los datos almacenados en una cadena de caracteres y la interpreta de acuerdo con un formato indicado en un parámetro. Como la función puede devolver valores de diferente tipo, en la sintaxis se ha descrito como `cualquiera`:

```
cualquiera sscanf(string cadena, string formato
                    [, string var1...]);
```

Donde los parámetros representan:

- `cadena` es la cadena que se utilizará como entrada de datos;

- `formato` contiene las especificaciones de conversión de los datos almacenados en la cadena;

- `variable1 ...` son parámetros opcionales que permiten que los datos extraídos sean almacenados directamente sobre variables.

Cuando sólo se pasan los dos primeros parámetros a la función, la información que se obtiene de la cadena de caracteres se devuelve en una matriz indexada, donde cada posición se corresponde con uno de los valores leídos. Por otro lado, si se especifican variables para almacenar los datos extraídos, cuando el número de variables es mayor que el de valores leídos de la cadena de entrada, la función devuelve el número de valores asignados.

A continuación se muestra un ejemplo de la utilización de `sscanf()` sobre una matriz de cadenas de caracteres. Las cadenas contienen información de personas y están almacenadas según el siguiente formato: nombre, dirección, DNI y dirección de correo. El siguiente código muestra cómo extraer dichos datos:

```
<!-- Cap05/sscanf.php -->
<HTML>
<HEAD>
    <TITLE>Ejemplo de sscanf()</TITLE>
</HEAD>
<BODY>
<TABLE BORDER=3>
<?php
// Los campos vienen separados por espacios en blanco
$agenda = array(
    "Alberto Ctra._Murcia_Km._123 9876543431 alberto@murcia.mur",
    "Jorge Ctra._Valencia_Km.7 9994541145 jorge@correo.mio",
    "Agustín Ctra._Valencia_Km.7 9994541145 agustin@correo.mio",
    "Javier Ctra._Valencia_Km.7 99933441145 javier@correo.mio",
    "Manuel Despacho_1114 9823423424 manuel@sucasa.es"
                );

foreach($agenda as $amigo)
    {
    $leidos = sscanf($amigo, "%s %s %f %s");
    echo "<TR>\n";
```

```
    echo "<TD>$leidos[0]</TD><TD>$leidos[1]</TD>\n
        <TD ALIGN="CENTER">$leidos[2]</TD>\n
        <TD ALIGN="CENTER">$leidos[3]</TD>\n";
    echo "</TR>\n";
    }
?>
</TABLE>
</BODY>
</HTML>
```

La función `sscanf()` utiliza el espacio en blanco como separador de los campos que lee de una cadena de caracteres. Por esta razón, no se debe utilizar dicho carácter dentro de uno de los campos. Observe en el ejemplo anterior que los campos están separados por espacios en blanco y la cadena de caracteres no contiene espacios en blanco, éstos han sido sustituidos por el carácter de subrayado (_). El ejemplo anterior podría modificarse para tener la información leída en variables y no sobre una matriz. El código modificado sería:

```
$leidos = sscanf($amigo, "%s %s %f %s", $nombre, $direccion,
                    $dni, $email);
echo "<TR>\n";
echo "<TD>$nombre</TD><TD>$direccion</TD>\n
    <TD ALIGN=\"CENTER\">$dni</TD>\n
    <TD ALIGN=\"CENTER\">$email</TD>\n";
echo "</TR>\n";
```

ALTERACIÓN DEL CONTENIDO

Una vez vista la manera de dar formato y enviar hacia la salida estándar las cadenas de caracteres, pueden abordarse las herramientas para la alteración de sus contenidos. En el ejemplo del apartado anterior, la dirección tenía sustituidos los espacios en blanco por el carácter de subrayado (_) y en determinadas circunstancias es posible que se necesite restaurarlos.

Los caracteres de fin de línea y retorno de carro, probablemente sean los caracteres más molestos cuando se trabaja con cadenas que provienen de un fichero. Estos caracteres son los que, generalmente, ocasionan más pérdidas de tiempo en la detección de errores por la comparación de cadenas de caracteres que «aparentemente» son iguales. Suelen ser los grandes olvidados de los accesos a fichero, ya que no se visualizan directamente sobre la pantalla del navegador.

Existe en PHP una función denominada `chop()` que devuelve una cadena de caracteres donde se han eliminado los caracteres blancos y el de nueva línea que aparecen al final de la cadena que recibe como parámetro. Si la cadena no tiene al final dichos caracteres, la función devuelve una cadena igual que la recibida como parámetro. La sintaxis es la siguiente:

```
string chop(string cadena);
```

Generalmente, nada más leer una cadena de caracteres de un fichero suele utilizarse una llamada a la función `chop()` para eliminar el salto de línea y así tener la cadena sin ningún carácter extraño.

Otros caracteres bastante molestos suelen ser los espacios en blanco. Para poder «*combatirlos*», PHP dispone de varias funciones destinadas a eliminarlos cuando aparecen al comienzo, al final de una cadena o en ambos sitios. Las funciones disponibles son:

- `ltrim()`, que elimina los blancos que aparecen por la izquierda en una cadena de caracteres;

- `rtrim()`, que elimina los blancos que aparecen por la derecha en una cadena de caracteres;

- `trim()`, que elimina los blancos que aparecen por la izquierda y por la derecha en una cadena de caracteres.

Las tres funciones devuelven una cadena de caracteres sin los blancos que se querían eliminar. La sintaxis de las funciones es la siguiente:

```
string ltrim(string cadena);
string rtrim(string cadena);
string trim(string cadena);
```

A continuación se muestra un ejemplo de la utilización de las tres funciones:

```
$cadena1 = "     Alberto Pérez López      ";
$cadena2 = rtrim($cadena1);
// $cadena2 tendrá "     Alberto Pérez López"

$cadena3 = ltrim($cadena2);
// $cadena3 tendrá "Alberto Pérez López"

$cadena4 = trim($cadena1);
// $cadena4 tendrá "Alberto Pérez López"
```

Una vez eliminados los caracteres en blanco y los saltos de línea no deseados, el siguiente paso suele ser ajustar el tamaño de los campos, es decir, hacer que los campos ocupen un número fijo de caracteres. Por ejemplo, hacer que el DNI tenga 8 caracteres, que el número de teléfono tenga 9...

Para esto PHP dispone de la función `str_pad()`, que ajusta el tamaño de una cadena de caracteres a una longitud determinada y que, además, permite especificar el carácter de relleno. Esta función es muy útil para el programador a la hora de hacer que la información que se quiere mostrar ocupe el mismo espacio.

La función `str_pad()` primero comprueba si la longitud de la cadena de caracteres que recibe como parámetro es menor que el valor indicado. En caso de serlo, añade tantos caracteres como sean necesarios para alcanzar dicha longitud. La función devuelve como resultado la cadena de caracteres ampliada. Cuando no se especifica ningún carácter de relleno, la función `str_pad()` utiliza espacios en blanco por la derecha. La sintaxis es la siguiente:

```
string str_pad(string cadena, int longitud
              [, string relleno [, int lugar]]);
```

Donde los parámetros representan:

- `cadena` es la cadena de caracteres que se quiere ampliar.

- `longitud` es el número mínimo de caracteres que va a tener la cadena de caracteres. Debe ser un número positivo, y si es negativo no se tendrá en cuenta y la función no hará nada.

- `relleno` es la cadena de caracteres que se va a utilizar para rellenar la cadena original. Si no se especifica ningún carácter, el valor por defecto es el espacio en blanco.

- `lugar` determina el extremo por el que se añadirán los caracteres. Puede tomar uno de los siguientes valores:

Valor	Efecto
STR_PAD_RIGHT	Añade por la derecha. Es el valor por defecto.
STR_PAD_LEFT	Añade por la izquierda.
STR_PAD_BOTH	Intenta añadir en ambos extremos el mismo número de caracteres.

Supongamos que se dispone de una cadena de caracteres que contiene el nombre de una persona, por ejemplo, `'Alberto Pérez López'`. A continuación se muestran los resultados de aplicar de distintas formas la función `str_pad()`.

```
$cadena = "Alberto Pérez López";
// Trata de ampliar el tamaño de la cadena a -20 caracteres
$cadena = str_pad($cadena, -20);
// No tiene ningún efecto porque la longitud es negativa

// Trata de ampliar el tamaño de la cadena a 10 caracteres
$cadena = str_pad($cadena, 10);
// No tiene ningún efecto porque la longitud de la cadena
// es mayor que el valor indicado.

// Trata de ampliar el tamaño de la cadena a 25 caracteres.
// Como no se ha especificado carácter de relleno se utiliza
// el espacio en blanco. Al no indicar la posición se añaden
// por la derecha.
$cadena = str_pad($cadena, 25);
// $cadena tiene "Alberto Pérez López      "

// Trata de ampliar el tamaño de la cadena a 30 caracteres.
// Se ha especificado '*' como carácter de relleno por la
// izquierda
$cadena = str_pad($cadena, 30, "*", STR_PAD_LEFT);
// $cadena tiene "*****Alberto Pérez López      "

// Trata de ampliar el tamaño de la cadena a 35 caracteres.
// Se ha especificado '#' como carácter de relleno por ambos
// extremos.
$cadena = str_pad($cadena, 35, "#", STR_PAD_BOTH);
// $cadena tiene" ##*****Alberto Pérez López      ###"
```

En otras ocasiones es interesante repetir múltiples veces una cadena de caracteres, para lo cual PHP dispone de la función `str_repeat()`. A continuación se muestra un ejemplo que dibuja una figura con forma de árbol.

```
<!--Cap05/str_repeat.php -->
<HTML>
<HEAD>
    <TITLE>Ejemplo de la función str_repeat</TITLE>
</HEAD>
<BODY>
    <CENTER>
<?php
    //Primero pinto la copa del árbol
    for ($i = 1; $i < 15; $i++)
        echo str_repeat("*", $i), "<BR>\n";
    // Pinto el tronco del árbol
    for ($i = 1; $i < 4; $i++)
        echo str_repeat("*", 2), "<BR>\n";?>
    <H1>¡Qué fácil!</H1>
    </CENTER>
</BODY>
</HTML>
```

Ejemplo que genera el dibujo de la Figura 5.3:

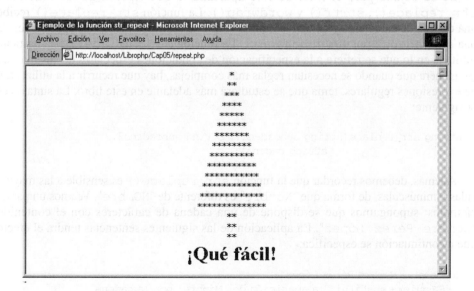

Figura 5.3.   *Resultado generado por el script str_repeat.php.*

Una vez que se dispone de la cadena sin los caracteres «no deseados» y el tamaño ajustado, es posible centrarse en las posibles opciones que tiene PHP para modificar el aspecto de la cadena de caracteres. Existe en PHP otro grupo de funciones que permiten convertir el contenido de la cadena a mayúsculas, minúsculas... Las funciones son:

- `strtolower()` para convertir todos los caracteres alfabéticos a minúsculas;
- `strtoupper()` para convertir todos los caracteres alfabéticos a mayúsculas;
- `ucfirst()` para convertir todos los caracteres alfabéticos a minúsculas, excepto el primero de la cadena;
- `ucwords()` para convertir todos los caracteres alfabéticos de una cadena a minúsculas, excepto el primer carácter de cada palabra.

La sintaxis de las funciones es la siguiente:

```
string strtolower(string cadena);
string strtoupper(string cadena);
string ucfirst(string cadena);
string ucwords(string cadena);
```

Todas las funciones anteriores devuelven una cadena de caracteres una vez que se ha realizado la conversión. Sin embargo, hay que tener en cuenta que los caracteres que dependen de la configuración regional de la máquina no se convierten, por ejemplo: Ñ, Ü, las vocales acentuadas...

Se ha dejado para el final de este apartado la descripción de las funciones `str_replace()`, `strtr()` y `wordwrap()`. La función `str_replace()` recibe una cadena de caracteres y devuelve otra en la que se sustituyen todas las apariciones de una `subcadena2` por otra `subcadena1`. La función `str_replace()` está bastante limitada en lo que se refiere a la especificación de condiciones especiales de sustitución. De manera que cuando se necesitan reglas más complejas, hay que recurrir a la utilización de expresiones regulares, tema que se estudiará más adelante en este libro. La sintaxis es la siguiente:

```
string str_replace(string subcadena1, string subcadena2,
                    string cadena);
```

Además, debemos recordar que la función `str_replace()` es sensible a las mayúsculas y minúsculas, de forma que "Nombre" es diferente de "NOmbre". Veamos un par de ejemplos: supongamos que se dispone de una cadena de caracteres con el contenido "Nombre Pérez López". La aplicación de las siguientes sentencias tendrá el efecto que a continuación se especifica.

```
$cadena = "Nombre Pérez López";
// Se quiere sustituir la aparición de 'Nombre' por la cadena
// 'Alberto' dentro de la variable $cadena
$cadena = str_replace("Nombre", "Alberto", $cadena);
```

```
// El resultado de la sustitución será
// $cadena tiene "Alberto Pérez López"

$cadena = "Nombre Pérez López";
// Se quiere sustituir la aparición de 'NOmbre' por la cadena
// 'Alberto' dentro de la variable $cadena
$cadena = str_replace("NOmbre", "Alberto", $cadena);
// $cadena tiene "Nombre Pérez López", ya que 'NOmbre' no
// aparece dentro de la variable $cadena
```

La función `str_replace()` se podría utilizar para complementar el ejemplo que se presentó para explicar el funcionamiento de la función `sscanf()`. En dicho ejemplo, los espacios en blanco dentro de cada uno de los campos habían sido sustituidos por el carácter de subrayado (_) y sería interesante deshacer dichos cambios. Así, el ejemplo quedaría de la siguiente forma:

```
<!-- Cap05/str_replace.php -->
<HTML>
<BODY>
<TABLE BORDER=3 ALIGN="CENTER">
<?php
// Los campos vienen separados por espacios en blanco
$agenda = array (
  "Alberto Ctra._Murcia_Km._123 9876543431 alberto@murcia.mur",
  "Jorge Ctra._Valencia_Km.7 9994541145 jorge@correo.mio",
  "Agustín Ctra._Valencia_Km.7 9994541145 agustin@correo.mio",
  "Javier Ctra._Valencia_Km.7 99933441145 javier@correo.mio",
  "Manuel Despacho_1114 9823423424 manuel@sucasa.es"
                    );
// Se recorren todos los elementos de la matriz
foreach ($agenda as $amigo)
    {
    $leidos = sscanf($amigo, "%s %s %f %s");
    echo "<TR>\n";
    // Recuerde que la $leidos es una matriz
    foreach ($leidos as $campo)
        {
        // Antes de esribir cada campo se sustituye el
        // carácter de subrayado por un blanco
        $campo = str_replace("_", " ", $campo);
        echo "<TD>$campo</TD>\n";
        }
    echo "</TR>\n";
    }
?>
</TABLE>
</BODY>
</HTML>
```

El script anterior generaría la salida de la Figura 5.4:

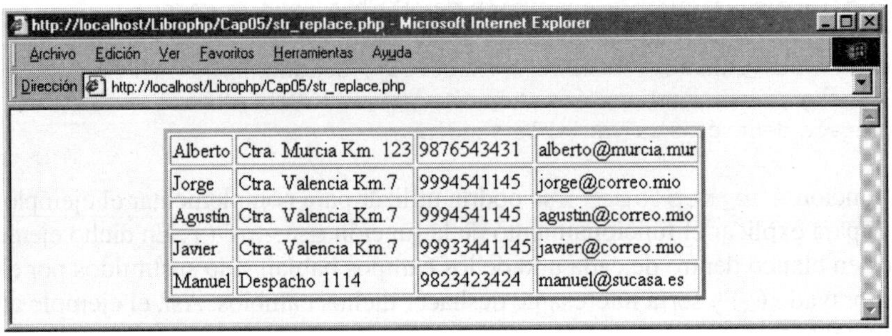

Figura 5.4.   *Contenido de $agenda después de realizar la sustitución de caracteres.*

Otra función que se utiliza para la sustitución de caracteres es `strtr()`, que permite realizar sustituciones de caracteres y que se utiliza, habitualmente, como función para la traducción. Por ejemplo, si se quisieran sustituir todos los caracteres acentuados por su equivalente sin acento, sería poco eficaz utilizar la función `str_replace()`, ya que con ésta para cambiar las cinco vocales acentuadas serían necesarias cinco llamadas, una por cada vocal.

En su lugar la función `strtr()` permite establecer una correspondencia entre los diferentes caracteres a traducir y sus sustitutos. La sintaxis es la siguiente:

```
string strtr(string cadena, string originales,
                        string traducidos);
```

En esta función, tanto el carácter traducido como la traducción deben ser unitarios. Es decir, no sería posible hacer la sustitución de la letra *ñ* por las letras *ny*. Si las cadenas `originales` y `traducidos` son de distinto tamaño, la función tomará como referencia la más corta de las dos, de forma que el resto de caracteres serán ignorados. A continuación se muestra un ejemplo en el que se toma una matriz de cadenas de caracteres y se traducen todos los caracteres acentuados por su equivalente sin acento.

```
$matriz = array("Alberto_Pérez_López 27 1234567",
                "Luis_García 22 23232567",
                "Penélope_Reina 37 567234",
                "María_Luisa_del_Cerro 27 43324567",
                "Bernardo_López 57 14334247");

foreach ($matriz as $persona)
    $persona = strtr($persona, "áéíóúÁÉÍÓÚ", "aeiouAEIOU");
```

Que hace que la variable $matriz tenga los siguientes valores:

```
$matriz = ("Alberto_Perez_Lopez 27 1234567",
           "Luis_Garcia 22 23232567",
           "Penelope_Reina 37 567234",
           "Maria_Luisa_del_Cerro 27 43324567",
           "Bernardo_Lopez 57 14334247");
```

Si la sentencia hubiera sido:

```
$persona = strtr($persona, "áéíóúÁÉÍÓÚ", "aei");
```

sólo se traducirán los caracteres "áéí", que serán reemplazados por "aei". El resto de caracteres especificados, "óúÁÉÍÓÚ", no serán traducidos.

La última función de este apartado es substr_replace(), que sustituye una porción del contenido de una cadena. La cadena sustituida no tiene por qué ser de la misma longitud que la nueva cadena. La sintaxis de la función es la siguiente:

```
string substr_replace(string cadena, string nueva,
                       int comienzo [, int longitud]);
```

Donde los parámetros representan:

- cadena es la cadena donde se quiere realizar la sustitución;

- nueva es la nueva cadena que se quiere incorporar;

- comienzo indica la posición a partir de la cual empieza la sustitución, si el valor es positivo, y si es negativo, la sustitución empieza a tantas posiciones del final como indique el parámetro;

- longitud indica el tamaño de la porción a sustituir, si el valor es positivo, y si el valor es negativo, indica a cuántos caracteres del final acaba la sustitución. Cuando se omite este parámetro, se sustituirá desde la posición de comienzo hasta el final de la cadena.

Por ejemplo, dada la cadena: 'Hoy es Lun 26 de Marzo de 2000', se podría utilizar esta función para cambiar la palabra 'Lun' por 'Lunes'.

```
$cadena = 'Hoy es Lun 26 de Marzo de 2000';
$cadena = substr_replace($cadena, 'Lunes', 7, 3);
```

que hará que la variable $cadena contenga: 'Hoy es Lunes 26 de Marzo de 2000'. La sustitución comienza en la posición 7 de $cadena y tiene una longitud de 3 caracteres. Si se hubiera omitido el último parámetro, $cadena habría contenido: 'Hoy es Lunes'.

ACCESO AL CONTENIDO

Una vez vistas las operaciones elementales de manipulación de cadenas, se van a mostrar en este apartado las funciones que tiene PHP para poder acceder al contenido de las cadenas de caracteres. El acceso se puede realizar con objeto de localizar caracteres, realizar comparaciones o simplemente conocer propiedades de la cadena.

Como ocurría con las matrices, PHP tiene definida para cadenas de caracteres una función que devuelve el número de caracteres que las forman. Esta función es muy útil, ya que una de las primeras comprobaciones que se suelen realizar sobre cadenas de caracteres tienen que ver con su longitud. Por ejemplo, si en una contraseña se especifica una longitud máxima y otra mínima, o si se desea comprobar que un campo no ocupe más de 12 caracteres...

Para comprobar que una cadena no ocupa más de un determinado número de caracteres, lo primero que hay que conocer es su longitud. PHP dispone de la función `strlen()`, que devuelve un número entero que indica cuántos caracteres tiene la cadena que recibe como parámetro. La sintaxis es la siguiente:

```
int strlen(string cadena);
```

Otras veces interesa conocer el número de ocurrencias de cada carácter dentro de una cadena. Por ejemplo, si se quiere verificar que los caracteres introducidos están dentro de un conjunto especificado, o si se quisiera codificar una función de compresión propia, para lo que sería interesante conocer las letras que más se repiten.

Para obtener la frecuencia de aparición de cada carácter se utiliza la función `count_chars()`, que cuenta el número de ocurrencias de cada carácter que pertenezca al código ASCII. Esta función puede recibir opcionalmente un parámetro que determine las condiciones que tienen que cumplir los valores devueltos. Los posibles valores del parámetro son:

- 0 hace que la función devuelva una matriz indexada con la frecuencia de aparición de todos los caracteres del código ASCII. El índice de la matriz se corresponde con el valor del código ASCII.

- 1 hace que la función devuelva una matriz con los caracteres del código ASCII cuya frecuencia sea mayor que 0.

- 2 hace que la función devuelva una matriz con los caracteres que no aparecen en la cadena.

- 3 devuelve una cadena que contiene los caracteres utilizados. Los caracteres aparecen ordenados por su posición dentro del código ASCII.

- 4 devuelve una cadena que contiene los caracteres no utilizados. Los caracteres aparecen ordenados por su posición dentro del código ASCII.

Dado que la función puede devolver valores de diferente tipo, se ha utilizado la palabra `cualquiera` en la descripción de la sintaxis para especificar el tipo devuelto:

```
cualquiera count_chars(string cadena [, int modo]);
```

A continuación se muestra un script que pide una cadena de caracteres y muestra el resultado de la función `count_chars()` en función de las condiciones requeridas.

```
<!-- Cap05/array_count.php -->
<HTML>
<HEAD>
<TITLE>Ejemplo de count_chars()</TITLE>
</HEAD>
<BODY>
<FORM ACTION="array_count.php" METHOD="POST">
<?php
    echo '<P><INPUT TYPE="TEXT" NAME="cadena" VALUE="',
        $cadena, '" SIZE=50>';
?>
    <P><INPUT TYPE="RADIO" NAME="tipo" VALUE=0>
        Matriz con las frecuencias de todos los caracteres
    <P><INPUT TYPE="RADIO" NAME="tipo" VALUE=1 CHECKED>
        Matriz con las frecuencias mayores que 0
    <P><INPUT TYPE="RADIO" NAME="tipo" VALUE=2>
        Matriz con las frecuencias 0
    <P><INPUT TYPE="RADIO" NAME="tipo" VALUE=3>
        Cadena con los caracteres de frecuencia mayor que 0
    <P><INPUT TYPE="RADIO" NAME="tipo" VALUE=4>
        Cadena con los caracteres de frecuencia 0
    <P><INPUT TYPE="SUBMIT" VALUE="OBTENER">
        <INPUT TYPE="RESET" VALUE="LIMPIAR">
</FORM>
<?php
    function listar($matriz, $titulo)
        {
        // Listar el contenido de un array
        echo "<TABLE BORDER=3 WIDTH= 200>\n";
        echo "<CAPTION ALIGN=TOP>$titulo</CAPTION>\n";
        while (list($clave, $valor) = each($matriz))
            {
            echo "<TR>\n";
            echo "<TD ALIGN=CENTER>$clave</TD>\n";
            echo "<TD ALIGN=CENTER>", chr($clave), "</TD>\n";
            echo "<TD ALIGN=CENTER>$valor</TD>\n";
            echo "</TR>\n";
            }
        echo "</TABLE>\n";
        }

    // Determina si hay o no cadena de caracteres
    if (!empty($cadena))
        {
        // La variable $tipo especifica el tipo de respuesta buscada
        $frecuencia = count_chars($cadena, $tipo);
```

```
    // Determina si el resultado es una matriz o una cadena
    if (is_array($frecuencia))
        listar ($frecuencia, 'Caracteres');
    else
        echo $frecuencia;
    }
?>
</BODY>
</HTML>
```

Script que genera la salida de la Figura 5.5:

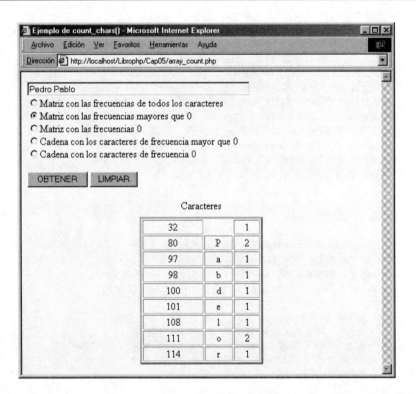

Figura 5.5.   *Resultado de la ejecución del script array_count.php.*

La función anterior se limita a contar la frecuencia de caracteres, pero si lo que se busca es conocer el número de veces que aparece una subcadena en otra, PHP cuenta con la función `substr_count()`. El valor devuelto por la función es un número entero que indica la frecuencia de aparición de la subcadena. La sintaxis es la siguiente:

```
int substr_count(string cadena, string subcadena);
```

Para localizar la primera aparición de un carácter PHP dispone de la función `strchr()`, que devuelve la subcadena que comienza en la primera aparición del carácter indicado. La sintaxis es la siguiente:

```
string strchr(string cadena, char caracter);
```

También existe una función equivalente, llamada `strstr()`, para la localización de una subcadena dentro de la cadena original. La sintaxis es la misma y el resultado devuelto también. De hecho, puede considerarse que la función `strchr()` es un alias de la función `strstr()`. La función `strstr()` es sensible a mayúsculas y minúsculas, de forma que cuando no hace falta tal distinción hay que utilizar la función `stristr()`, que tiene la misma sintaxis y el mismo funcionamiento.

Si en lugar de buscar la primera aparición, lo que se quiere localizar es su última aparición, la función que hay que utilizar es `strrchr()`, que tiene la misma sintaxis que las anteriores.

Por otra parte, si se desea conocer la posición exacta de la subcadena dentro de la cadena de caracteres, las funciones a utilizar serán:

- `strpos()`, que permite localizar la posición de la primera ocurrencia de una cadena en otra.
- `strrpos()`, que permite localizar la posición de la última ocurrencia de una cadena en otra.

La función `strpos()` tiene la siguiente sintaxis:

```
int strpos(string cadena, string subcadena [, int posicion]);
```

Donde los parámetros representan:

- `cadena`, la cadena donde se quiere buscar.
- `subcadena`, la subcadena buscada. Si no se especifica ninguna subcadena la función devuelve el valor `false`.
- `posición`, una posición de la cadena original a partir de la cual se comienza la búsqueda. Si se omite el valor, la búsqueda se hará desde el primer carácter.

Dado que `strpos()` devuelve `false` si no encuentra la subcadena indicada y que 0 también puede ser interpretado como el valor booleano `false`, la utilización correcta de esta función deberá primero comprobar que la función devolvió un valor que sea distinto del objeto `false` y luego trabajar con la posición devuelta. El código debe ser algo semejante a:

```
$posicion = strpos($cadena, 'cadena_buscada');
if ($posicion === false)
    // ATENCIÓN: tiene tres iguales para comprobar si se
    //            ha devuelto el objeto false y no un valor 0.
    //              Si se pone
    //                   $posicion == false o
    //                   !$posicion
    //              Cuando el carácter buscado está en la
    //              posición 0 ejecutaría este código
    {
    // No está.
    }
else
    {
    tratamiento alternativo
    }
```

La sintaxis de la función `strrpos()` es más sencilla, ya que sólo dispone de dos parámetros: cadena y subcadena, comenzando la búsqueda siempre por el último carácter de la cadena.

```
int strrpos(string cadena, string subcadena);
```

Con las funciones anteriores es sencillo diseñar una pequeña función de ejemplo que, dada una cadena de caracteres, compruebe si ésta pudiera ser una dirección de correo electrónico válida. Las direcciones que se van a validar son de la forma:

```
x[xxxx.xxx]@x[xxx].x[x.xxx]
```

Donde x representa cualquier dígito o letra mayúscula o minúscula y los corchetes encierran elementos opcionales. Lo primero que hay que comprobar es que la cadena contiene exactamente un carácter @ y que contiene al menos un punto. Esto se comprobaría contando la frecuencia de aparición de cada carácter dentro de la cadena. Por ejemplo:

```
$caracteres = count_chars($cadena);
if (($caracteres[ord('@')] == 1) &&
    ($caracteres[ord('.')] > 0))
    {
    // Resto del código
    }
```

El siguiente paso será comprobar que los caracteres son letras y dígitos. Se utilizará la función `count_chars()` para obtener los caracteres que aparecen dentro de la cadena a comprobar. Posteriormente, para cada carácter hay que comprobar que esté dentro de los rangos de valores válidos. Esto se hará basándonos en los códigos ASCII de los caracteres obtenidos. Así, los dígitos tienen códigos ASCII entre 48 y 57, las letras mayúsculas entre 65 y 90 y las letras minúsculas entre 97 y 122. Además, serán válidos los caracteres cuyos códigos ASCII sean el 46 (el punto) y el 64 (el carácter @). Esto se comprueba mediante un bucle que vaya accediendo a los elementos de la cadena. Por ejemplo, de la siguiente forma:

```
// Se comprueba que sólo existan caracteres alfabéticos
// Se obtienen, sin repetición, los caracteres de la cadena
$caracteres = count_chars($cadena, 3);
$i = 0;
$seguir = true;
// Se recorren todos los caracteres obtenidos
while (($i < strlen($cadena)) && ($seguir))
    {
    $posicion = ord($cadena[$i]);
    if ($posicion < ord('0'))
        {
        if ($posicion != ord('.'))  // no es el punto
            $seguir = false;
        }
    elseif (($posicion > ord('9')) && ($posicion < ord('@')))
        $seguir = false;  // Entre números y letras mayúsculas
    elseif (($posicion > ord('Z')) && ($posicion < ord('a')))
        $seguir = false;  // Entre mayúsculas y minúsculas
    elseif ($posicion > ord('z'))
        $seguir = false;  // mayor que letras minúsculas
    $i++;
    }
```

Una vez que se ha comprobado que los caracteres son válidos, habrá que comprobar que entre el carácter @ y el final de la cadena aparece al menos un punto y que detrás del punto al menos hay un carácter, y además que el carácter @ no es el primero de la cadena. El control de las posiciones se hará con las funciones `strpos()` y `strrpos()`. El código puede ser:

```
$posicion1 = strpos($cadena, '@');
$posicion2 = strrpos($cadena, '.');
$seguir = (($posicion1 + 1 <= $posicion2) &&
           ($posicion2 < (strlen($cadena) - 1)) &&
           ($posicion1 <> 0));
```

Por último, sólo falta comprobar que tanto antes como después de un punto hay al menos un carácter y que éste no sea @. Esto se puede codificar mediante una función que vaya localizando la posición que ocupan los puntos en la cadena. Para cada posición, se accederá al carácter anterior y posterior mirando si son o no puntos. El código puede ser semejante a:

```
$seguir = true;
$posicion = strpos($cadena, '.');
```

```
while (($posicion) && ($seguir))
    {
    if (($cadena[$posicion - 1] != '.') &&
        ($cadena[$posicion + 1] != '.') &&
        ($cadena[$posicion - 1] != '@') &&
        ($cadena[$posicion + 1] != '@'))
        $cadena = substr($cadena, $posicion + 1);
    else
        $seguir = false;
    $posicion = strpos($cadena, '.');
    }
```

En el código anterior se ha utilizado la función `substr()`, que se describirá más adelante en el capítulo. Ahora, juntando todo el código en un script que se encargue de comprobar direcciones de correo quedaría de la siguiente forma:

```
<!-- Cap05/valida_correo.php -->
<HTML>
<HEAD>
    <TITLE>Validación de direcciones de correo</TITLE>
</HEAD>
<BODY>
<CENTER>
<H1>VALIDACIÓN DE DIRECCIONES DE CORREO</H1>
<FORM ACTION="valida_correo.php" METHOD="POST">
<?php
    echo '<P><INPUT TYPE="TEXT" NAME="cadena" VALUE="',
        $cadena, '" SIZE=50>';
?>
    <P><INPUT TYPE="SUBMIT" VALUE="VALIDAR">
        <INPUT TYPE="RESET" VALUE="LIMPIAR">
</FORM>
<?php
// Función que comprueba que no haya dos puntos seguidos
function comprobar_puntos($cadena)
    {
    $seguir = true;
    // Se obtiene la posición del primer punto
    $posicion = strpos($cadena, '.');
    // Se comprueba que exista
    while (($posicion) && ($seguir))
        {
        // Se comprueba que el anterior y el siguiente no son . o @
        if (($cadena[$posicion - 1] != '.') &&
            ($cadena[$posicion + 1] != '.') &&
            ($cadena[$posicion - 1] != '@') &&
            ($cadena[$posicion + 1] != '@'))
            // Se obtiene la subcadena a partir del punto
```

```
            $cadena = substr($cadena, $posicion + 1);
        else
            $seguir = false;
        // Se vuelve a obtener la posición del primer punto
        $posicion = strpos($cadena, '.');
        }
    return $seguir;
    }


function validar_correo ($cadena)
    {
    // Primero se comprueba que sólo aparezca una arroba
    // y que al menos exista un punto decimal. Para lo que
    // se calcula la frecuencia de los caracteres
    $caracteres = count_chars($cadena);
    if (($caracteres[ord('@')] == 1) && ($caracteres[ord('.')]>0))
        {
        // Se comprueba que sólo existan caracteres alfabéticos
        $caracteres = count_chars($cadena, 3);
        $i = 0;
        $seguir = true;
        while (($i < strlen($cadena)) && $seguir)
            {
            $posicion = ord($cadena[$i]);
            if ($posicion < ord('0'))
                {
                // El código del carácter no es numérico
                if ($posicion != ord('.'))  // y no es el punto
                    $seguir = false;
                }
            elseif (($posicion > ord('9')) && ($posicion < ord('@')))
                $seguir = false;  // Entre números y letras mayúsculas
            elseif (($posicion > ord('Z')) && ($posicion < ord('a')))
                $seguir = false;  // Entre mayúsculas y minúsculas
            elseif ($posicion > ord('z'))
                $seguir = false;  // mayor que letras minúsculas
            $i++;
            }
        if ($seguir) // Si de momento es correcto
            {
            // comprobar que detrás de @ hay caracteres
            //  y al menos un punto
            $posicion1 = strpos($cadena, '@');
            $posicion2 = strrpos($cadena, '.');
            $seguir = (($posicion1 + 1 <= $posicion2) &&
                       ($posicion2 < (strlen($cadena) - 1)) &&
                       ($posicion1 <> 0));
            if ($seguir)
                $seguir = comprobar_puntos($cadena);
            }
```

```
            return $seguir;
        }
    else
        {
        // No tiene una arroba, ni un punto.
        return  false;
        }
    }


    // Determina si hay o no cadena de caracteres
    if (!empty($cadena))
        if (validar_correo($cadena))
            echo "'$cadena' es una dirección de correo válida<BR>";
        else
            echo "'$cadena' no es una dirección de correo válida<BR>";
?>
</CENTER>
</BODY>
</HTML>
```

Script que con las direcciones de correo siguientes: `'ayague@bicho.eui.upm.es'` y `'ayague@bicho..upm.es'` daría los resultados de la Figura 5.6 y de la Figura 5.7:

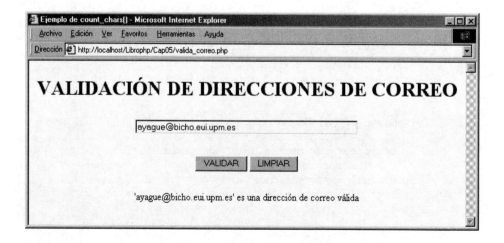

Figura 5.6. *Resultado del script valida_correo.php con una dirección correcta.*

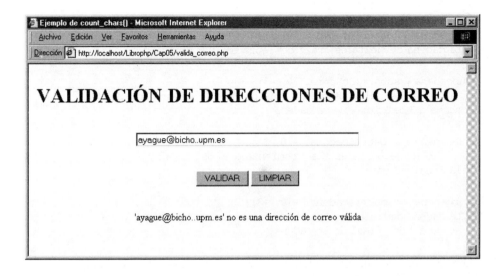

Figura 5.7.   *Resultado del script valida_correo.php con una dirección incorrecta.*

Esta misma función podría simplificarse mediante la aplicación de expresiones regulares, como ya se verá en un capítulo posterior.

Otra operación muy útil al trabajar con cadenas de caracteres, como ya se ha visto en el ejemplo anterior, consiste en la obtención de subcadenas, es decir, porciones limitadas de la cadena original. La función adecuada es `substr()`, que devuelve la porción de cadena original que empieza en una posición y que tiene una determinada longitud. La sintaxis es la siguiente:

```
string substr(string cadena, int comienzo, int longitud);
```

Donde los parámetros representan:

- `cadena`, la cadena de la que se quiere extraer la subcadena.

- `comienzo`, posición a partir de la cual se empieza a extraer la subcadena. Cuando el valor es positivo se cuenta desde el principio de la cadena, y cuando es negativo se hace desde el final de la cadena. Este valor debe ser menor que la longitud de la cadena, aunque si se utilizara un valor mayor, la función devolvería una cadena vacía.

- `longitud`, cuando el número es positivo, indica el número de caracteres que tendrá la subcadena, y si el valor es negativo, la subcadena acabará a tantos caracteres del final como diga este parámetro.

A continuación se muestra un ejemplo con los valores posibles:

```
$cadena = "Alberto Pérez García de Paredes";
$subcadena = substr($cadena, 10, 3);
// La cadena devuelta es "rez" comienza en 10 y longitud 3

$subcadena = substr($cadena, 10, -3);
// La cadena devuelta es "rez García de Pare" comienza en 10 y
// acaba a 3 del final de la cadena.

$subcadena = substr($cadena, -10, 3);
// La cadena devuelta es "de " comienza a 10 del final y
// la longitud es 3

$subcadena = substr($cadena, -10, -3);
// La cadena devuelta es "de Pare" comienza a 10 del final y
// acaba a 3 del final de la cadena.
```

Otro conjunto de funciones interesantes son las que se encargan de comparar cadenas de caracteres. PHP dispone de cinco funciones con este cometido, siendo semejante el funcionamiento de todas ellas. A continuación se indica una breve descripción de cada una:

- `strcmp()` permite comparar dos cadenas de caracteres siendo sensible a mayúsculas y minúsculas.

- `strcasecmp()` permite comparar dos cadenas de caracteres sin ser sensible a mayúsculas y minúsculas.

- `strncmp()` permite comparar los n primeros caracteres de dos cadenas.

- `strnatcmp()` permite comparar dos cadenas de caracteres siendo sensible a mayúsculas y minúsculas, siguiendo el mismo esquema de comparación que siguen las personas (denominado método de comparación natural).

- `strnatcasecmp()`, igual que `strnatcmp()` sin ser sensible a mayúsculas.

El orden natural mencionado consiste en que, cuando en una cadena de caracteres aparecen números en las mismas posiciones, a dichos caracteres se les aplica el orden numérico en lugar de criterios alfabéticos. Por ejemplo, dadas las cadenas de caracteres: `'imagen1.jpg'`, `'imagen2.jpg'`, `'imagen10.jpg'`, `'imagen21.jpg'`, `'imagen3.jpg'`. Si se aplican las funciones no naturales, el orden será:

```
imagen1.jpg
imagen10.jpg
imagen2.jpg
imagen21.jpg
imagen3.jpg
```

Mientras que el orden natural establecerá el siguiente orden:

```
imagen1.jpg
imagen2.jpg
imagen3.jpg
imagen10.jpg
imagen21.jpg
```

En todas las funciones debe tenerse en cuenta que las palabras que incluyan caracteres que no sean internacionales serán ordenadas mal. Por ejemplo, todas las funciones de ordenación dirán que `'Casto'` es menor que `'Caño'`, cuando en castellano no es así. El error se debe a que el carácter `'ñ'` tiene un código ASCII superior al de la `'s'` por pertenecer a los caracteres de configuración regional.

La sintaxis de las funciones es la siguiente:

```
int strcmp(string cadena1, string cadena2);
int strcasecmp(string cadena1, string cadena2);
int strncmp(string cadena1, string cadena2, int tamanio);
int strnatcmp(string cadena1, string cadena2);
int strnatcasecmp(string cadena1, string cadena2);
```

Todas las funciones devuelven los siguientes valores:

- menor que 0 si la `cadena1` es menor que la `cadena2`;

- 0 si las cadenas son iguales;

- mayor que 0 si la `cadena1` es mayor que la `cadena2`.

La única que necesita una breve aclaración es `strncmp()`, el parámetro `tamanio` indica el número de caracteres a comparar de ambas cadenas. Si alguna de las cadenas comparadas no tuviera tantos caracteres, el número indicado se acortaría hasta el menor valor de ambas.

Dadas las siguientes cadenas de caracteres: $cadena1 = "CAdena 17", $cadena2 = "Cadena 2", $cadena3 = "Caño" y $cadena4 = "Casto", a continuación se muestran los resultados de ejecutar algunas funciones de comparación:

```
// strcmp
if (strcmp($cadena1, $cadena2) < 0)
    echo "$cadena1 es menor que $cadena2 según strcmp<BR>\n";
else
    echo "$cadena2 es menor que $cadena1 según strcmp<BR>\n";
```

Que dará como salida: 'CAdena 17 es menor que Cadena 2 según `strcmp`', ya que el orden establecido por el código ASCII de los caracteres hace que el carácter 'A' sea anterior a 'a'.

```
// strcasecmp
if (strcasecmp($cadena1, $cadena2) < 0)
```

```
        echo "$cadena1 es menor que $cadena2 según
                strcasecmp<BR>\n";
    else
        echo "$cadena2 es menor que $cadena1 según
                strcasecmp<BR>\n";
```

Que dará como salida: 'CAdena 17 es menor que Cadena 2 según strca-secmp', ya que, sin tener en cuenta la distinción entre mayúsculas y minúsculas, el orden establecido por el código ASCII de los caracteres hace que el '1' sea anterior al '2'.

```
// strnatcasecmp
if (strnatcasecmp($cadena1, $cadena2) < 0)
    echo "$cadena1 es menor que $cadena2 según
            strnatcasecmp<BR>\n";
else
    echo "$cadena2 es menor que $cadena1 según
            strnatcasecmp<BR>\n";
```

Que dará como salida: 'Cadena 2 es menor que CAdena 17 según strnat-casecmp', ya que, sin tener en cuenta la distinción entre mayúsculas y minúsculas, el orden natural de los números hace que '2' sea un valor menor que '17'.

```
// strcmp con caracteres nacionales
if (strcmp($cadena3, $cadena4) < 0)
    echo "$cadena3 es menor que $cadena4 según strcmp<BR>\n";
else
    echo "$cadena4 es menor que $cadena3 según strcmp<BR>\n";
```

Que dará como salida: 'Casto es menor que Caño según strcmp' por las razones antes mencionadas.

Dentro del acceso al contenido de matrices quedan por analizar las funciones que permiten partir una cadena en trozos más pequeños. Estas funciones son chunk_split(), explode(), implode(), join() y parse_str(). A continuación se pasan a describir sus características.

La función chunk_split() toma una cadena de caracteres e introduce unos separadores a una distancia determinada. El separador utilizado puede ser cualquier carácter. Esto permite, por ejemplo, partir posteriormente la cadena en las porciones del tamaño deseado. Los valores por defecto son: longitud de la porción de 76 caracteres y como caracteres separadores "\r\n". La sintaxis es la siguiente:

```
string chunk_split(string cadena [, int longitud
                    [, string separador]]);
```

La función chunk_split() no modifica la cadena original, sino que devuelve una cadena nueva.

La función explode() puede considerarse complementaria de la anterior, ya que permite obtener una matriz de cadenas de caracteres, extraídas de una cadena original.

Cada una de las subcadenas está formada por los caracteres existentes entre los delimitadores que contenga la cadena original. La función `explode()` necesita como parámetro, además de la cadena a desdoblar, el carácter que va a actuar como separador y, si fuera necesario, el número máximo de líneas que se quieren obtener. La sintaxis es la siguiente:

```
array explode(string separador, string cadena[, int limite]);
```

Cuando se limita el número de cadenas que se deben generar, la última cadena contendrá lo que reste desde la posición actual hasta el final de la cadena original.

La función `implode()` tiene el efecto contrario a `explode()`. Esta función permite juntar en una única cadena los elementos de una matriz que se concatenarán utilizando como elemento de conexión un carácter que debe ser pasado como parámetro. La sintaxis es la siguiente:

```
string implode(string separador, array elementos);
```

Existe otra función denominada `join()`, que es idéntica a `implode()`. Ahora se muestra un ejemplo que mezcla la utilización de las funciones `explode()`, `implode()` y `chunk_split()`.

```php
<!-- Cap05/chunk.php -->
<HTML>
<HEAD>
    <TITLE>Ejemplo de utilización de chunck</TITLE>
</HEAD>
<BODY>
    <CENTER>
    <H3 ALIGN=center>Ejemplo con Chunk</H3>
<?php
    function listar ($matriz, $titulo)
        {
        // Listar el contenido de un array
        echo "<TABLE BORDER=3 WIDTH=200>";
        echo "<CAPTION ALIGN=TOP>$titulo</CAPTION>";
        foreach ($matriz as $clave => $valor)
            {
            if ($valor)
                {
                echo "<TR>";
                echo "<TD ALIGN=center>$clave</TD>";
                echo "<TD ALIGN=center>$valor</TD>";
                echo "</TR>\n";
                }
            }
        echo "</TABLE>\n";
        }
```

```
    $cadena =
"0123456789012345678901234567890123456789012345678901234567890123456789012345678901234567890
123456789";
    $cadena2 = chunk_split($cadena, 20, "x");
    echo "<H3>", $cadena2, "</H3><BR>\n";
    $cadenas = explode("x", $cadena2);
    listar($cadenas, "Cadena desdoblada");
    $cadena3 = implode("|", $cadenas);
    echo "<H3>Cadena generada</H3><BR>\n";
    echo "<H3>", $cadena3, "</H3><BR>\n";
?>
    </CENTER>
</BODY>
</HTML>
```

Ejemplo que genera la pantalla de la Figura 5.8:

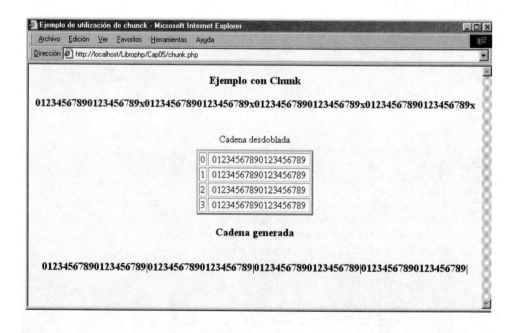

Figura 5.8. *Resultado del script chunk.php.*

En el ejemplo anterior, se ha tomado una cadena formada por 80 caracteres, a la que tras aplicar la función `chunk_split()`, se le ha añadido el carácter 'x' cada 20 posiciones. Luego, mediante la función `explode()`, se ha obtenido una matriz con cuatro cadenas de caracteres. Finalmente, se ha utilizado la función `implode()` para generar una cadena con los elementos de la matriz separados por el carácter `'|'`.

Por último, la función `parse_str()` permite extraer y crear las variables que forman parte de una cadena que se corresponde con un `'query string'` recibido de una URL, dentro del ámbito correspondiente. Esto permite que se pueda utilizar la codificación URL para pasar información a un script PHP. La sintaxis es la siguiente:

```
void parse_str(string cadena);
```

El siguiente ejemplo muestra cómo utilizar la función anterior para crear las variables a partir de una cadena que se corresponde con la codificación URL.

```
$cadena =
        "Nombre=Agustin&dni=1234567&email=Agustin@eui.upm.es";
parse_str($cadena);
echo "Nombre: $Nombre <br>\n";
echo "dni: $dni <br>\n";
echo "email: $email <br>\n";
```

Que hará que se creen las variables indicadas, éstas tomen los valores expresados y se escriban las siguientes cadenas:

```
Nombre: Agustin
dni: 1234567
email: Agustin@eui.upm.es
```

APOYO A DOCUMENTOS HTML

PHP, como lenguaje volcado hacia el desarrollo de sitios web, dispone de una amplia variedad de funciones que sirven de herramientas para la generación y tratamiento de documentos HTML.

En la generación de documentos es habitual que algunos caracteres especiales tengan que aparecer precedidos por una barra invertida (`\`), esto se denomina `'escapar'` un carácter. Esto puede hacerse mediante dos funciones: `addcslashes()` y `addslashes()`.

La función `addcslashes()` devuelve una cadena de caracteres que tiene escapados todos los caracteres especificados como parámetro. Hay que tener cuidado con los caracteres cuyo código ASCII es menor que 32 o mayor que 126, ya que éstos se convierten directamente a código octal. La sintaxis es la siguiente:

```
string addcslashes(string cadena, string lista);
```

Función que se puede utilizar de la siguiente forma:

```
$cadena = "Cadena a escapar";
$cadena2 = addcslashes($cadena, "ei");
echo "$cadena<BR>\n";
echo "$cadena2<BR>\n";
```

Lo que hace que la variable `$cadena2` tenga el siguiente contenido: `"Cad\ena a \escapar"`, es decir, los caracteres e e i aparecen escapados.

Si en lugar de querer escapar cualquier carácter lo que se pretende es escapar los caracteres habituales: comilla simple, comilla doble, barra invertida y NULL, puede utilizarse la función `addslashes()`. La sintaxis es la misma que la de la función anterior sin especificar ninguna lista de caracteres.

Dado que existen funciones para escapar cadenas de caracteres, parece lógico pensar que deben existir funciones que realicen las operaciones contrarias. En este caso, las funciones son `stripcslashes()` y `stripslashes()`. Ambas funciones reciben como parámetro una cadena que puede incluir caracteres de escape y devuelven otra cadena en la que han desaparecido dichos caracteres.

La última función que tiene que ver con el escapado de caracteres es `quotemeta()`. Esta función es capaz de escapar los caracteres especiales: ., \\, +, *, ¿, [, ^,], (, $ y). El resultado de la llamada a esta función es una cadena con los caracteres especiales mencionados escapados. La sintaxis es la siguiente:

```
string quotemeta(string cadena);
```

Como apoyo a la generación de páginas no sólo hay que aprender a escapar caracteres, sino que hay que procurar que todos los caracteres que aparezcan dentro de una página web sean entendibles por los navegadores. Es una buena regla de programación hacer que se traduzcan todos los caracteres no internacionales a entidades HTML. Ésta es, precisamente, la tarea que realizan las funciones `htmlspecialchars()` y `htmlentities()`.

La función `htmlspecialchars()` hace que se conviertan a su entidad HTML los caracteres que tienen un significado especial para dicho lenguaje y además mantengan el significado de la cadena original. Las conversiones que lleva a cabo la función son:

Carácter	Conversión
&	&amp;
"	&quot;
<	&lt;
>	&gt;

En el lenguaje HTML existen más caracteres que deben ser convertidos para poder ser interpretados de forma correcta. Estos caracteres sólo son convertidos por la función `htmlentities()`, que se encarga de traducir todos los caracteres que se pueden identificar como entidades de HTML. La función `htmlentities()` es de aplicación más extensa que la anteriormente citada. La sintaxis de ambas funciones es la siguiente:

```
string htmlspecialchars(string cadena);
string htmlentities(string cadena);
```

Para poder tener acceso a toda la tabla de conversiones de caracteres hay que utilizar la función `get_html_translation_table()`, esta función devuelve una matriz asociativa con las cadenas de conversión para cada uno de los caracteres especiales que HTML tiene reconocidos como entidades. La función admite como parámetro uno de los siguientes valores: `HTML_ENTITIES` o `HTML_SPECIALCHARS`, que son constantes predefinidas de PHP. Para poder ver todas las entidades HTML bastaría con ejecutar el siguiente código:

```
<!-- Cap05/html1.php -->
<HTML>
<HEAD>
    <TITLE>Entidades HTML</HTML>
</HEAD>
<BODY>
<?php
    function listar($matriz, $titulo)
        {
        // Listar el contenido de un array
        echo "<TABLE BORDER=3 WIDTH=200 ALIGN=CENTER>\n";
        echo "<CAPTION ALIGN=TOP>$titulo</CAPTION>\n";
        $contador = 0;
        while (list($clave, $valor) = each($matriz))
            {
            if (($contador % 10) == 0)
                echo "<TR>";
            echo "<TH>$clave</TH>";
            echo "<TD ALIGN=CENTER>", substr($valor, 1), "</TD>";
            $contador++;
            if (($contador % 10) == 0)
                echo "</TR>\n";
            }
        echo "</TABLE>\n";
        }

    $matriz1 = get_html_translation_table(HTML_ENTITIES);
    listar($matriz1, "Entidades HTML");
    echo "<HR>\n";
    $matriz1 = get_html_translation_table(SPECIAL_CHARS);
    listar($matriz1, "Caracteres Especiales HTML");
?>
</BODY>
</HTML>
```

Las cadenas de caracteres de las entidades van precedidas por el carácter '&', pero en el ejemplo se han omitido para poder ser mostradas en la ventana de un navegador sin que sean interpretadas. El resultado se muestra en la Figura 5.9.

Mediante el uso de la función `get_html_translation_table()` es sencillo elaborar una función que convierta una cadena de caracteres a código HTML y también es

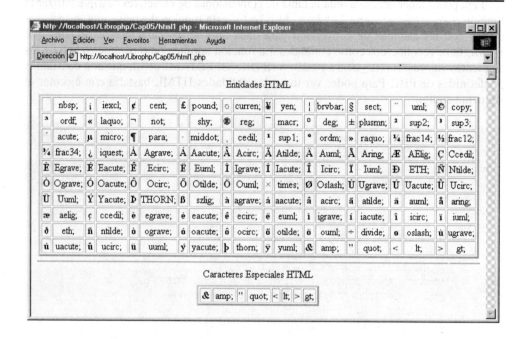

Figura 5.9. *Listado de las entidades y caracteres especiales de HTML.*

sencillo hacer una función que extraiga de una página HTML el texto que la generó. Veamos cómo sería la codificación:

```
function convierteaHTML($cadena)
    {
    $matriz1 = get_html_translation_table(HTML_ENTITIES);
    $resultado = strtr($cadena, $matriz1);
    return $resultado;
    }

function conviertedeHTML($cadena)
    {
    $matriz1 = get_html_translation_table(HTML_ENTITIES);
    $matriz1 = array_flip($matriz1);
    $resultado = strtr($cadena, $matriz1);
    return $resultado;
    }
```

En el ejemplo anterior se ha utilizado la función `array_flip()`, que permite intercambiar el papel entre claves y valores en una matriz asociativa. Ahora se muestra cómo podrían aplicarse a un ejemplo con cadenas de caracteres:

```
$cadena  = "Cadena a escapar >Agustín<";
$cadena1 = convierteaHTML($cadena);
```

```
$cadena2 = conviertedeHTML($cadena1);
// $cadena  tiene: "Cadena a escapar >Agustín<"
// $cadena1 tiene: "Cadena a escapar &gt;Agust&iacute;n&lt;"
// $cadena2 tiene: "Cadena a escapar >Agustín<"
```

Cuando se trabaja con ficheros HTML, por ejemplo, desarrollando un buscador, es necesario tener acceso a las etiquetas meta que aparecen en la cabecera del fichero. PHP dispone de una función, `get_meta_tags()`, que recibiendo como parámetro una página HTML, devuelve una matriz con todas las líneas que contienen etiquetas 'META'. La inspección del documento finaliza al encontrar la función la etiqueta `</HEAD>`, ya que, como se debe saber, ésta es la que delimita la porción del documento correspondiente a la cabecera. La sintaxis de la función es la siguiente:

```
array get_meta_tags(string nombre_fichero
                    [, int include_path]);
```

Si en lugar de leer un fichero de texto buscando obtener la información de las cabeceras, lo que se pretende es acceder a una cadena de caracteres y omitir etiquetas HTML y PHP, hay que utilizar la función `strip_tags()`. Esta función puede fallar si existen etiquetas incompletas en la cadena que se está analizando. El formato es semejante a la función `fgetss()`, que se verá en el capítulo de entrada/salida. La función también puede determinar que algunas etiquetas no sean saltadas durante el proceso del fichero. El formato es el siguiente:

```
string strip_tags(string cadena [, string mostrar_tags]);
```

Donde los parámetros representan:

- `cadena` es la cadena sobre donde se quieren omitir las etiquetas de PHP y HTML;
- `mostrar_tags` indica, como cadena de caracteres, las etiquetas HTML y PHP que no deben ser omitidas de la cadena.

La última función analizada en este apartado está relacionada con los saltos de línea. La función `nl2br()` permite sustituir los caracteres de salto de línea que puedan aparecer en una cadena por la etiqueta `<BR>` de HTML. La sintaxis es la siguiente:

```
string nl2br(string cadena);
```

Por último, también merecen mención especial las funciones que tiene PHP para el tratamiento específico de URL. Es muy habitual trabajar con URL, por ejemplo, para crear bases de datos de referencias. Como ya conocerá el lector, una URL está formada por los siguientes elementos:

Componente	Significado
protocolo	Habitualmente http.
servidor	Dirección IP, nombre o alias del servidor.
puerto	Número de puerto en que el servidor escucha.
path	Path completo al recurso.
datos	Datos enviados al recurso.

Los datos de dicha URL vienen codificados. Así pues, es necesario que PHP dote al lenguaje de funciones para su codificación y descodificación. La primera acción que se puede necesitar realizar sobre una petición es la identificación de los componentes de la misma. Para ello PHP dispone de la función `parse_url()`. Esta función devuelve una matriz asociativa con los elementos que forman parte de la URL. La sintaxis de la función es la siguiente:

```
array parse_url(string cadena_url);
```

La matriz asociativa devuelta por la función tiene los siguientes campos claves:

Clave	Significado
scheme	Habitualmente http.
host	Dirección IP, nombre o alias del servidor.
port	Número de puerto en el que el servidor escucha.
user	Nombre de usuario de acceso al servicio.
password	Clave de acceso.
path	Path completo al recurso.
query	Contiene el *query string* con los datos para el recurso.

Como se verá con mayor detalle en el Capítulo 7, a veces se envía información en el propio 'query string'. Esta información está codificada siguiendo las reglas de codificación URL. Para poder tener acceso a los elementos, es necesario aplicar un proceso de descodificación que se puede hacer en PHP mediante dos funciones: `urldecode()` y `rawurldecode()`.

La codificación RAW URL consiste en separar las palabras claves de una URL por el signo más ("+") y codificar, como secuencias de escape hexadecimales, los espacios en blanco, el signo "+", así como todos los caracteres no alfanuméricos, excepto el carácter de subrayado, "_". Es decir, aparecen sustituidas por una cadena con el formato %##, donde ## es un valor hexadecimal. Por ejemplo, el espacio en blanco, ' ', aparece como %20.

La codificación URL consiste en separar los espacios en blanco por el signo más, "+", y el propio signo "+", así como todos los caracteres no alfanuméricos, excepto el carácter de subrayado, "_", se codifican como secuencias de escape hexadecimales. Es decir, aparecen sustituidas por una cadena con el formato %##, donde ## es un valor hexadecimal. Por ejemplo, el carácter á aparece como %E1. Esta codificación será vista en el Capítulo 7 con mayor profundidad.

La función `urldecode()` descodifica la información que viene URL-codificadas y devuelve una cadena de texto con la cadena sin codificar, y la función `rawurldecode()` hace lo mismo con aquellas que vienen RAW URL-codificadas.

Existen en PHP funciones que realizan el proceso de codificación URL para una determinada cadena. Estas funciones son: `urlencode()` y `rawurlencode()`. El formato codificación URL es el que se utiliza cuando se pasan datos desde un formulario, por lo tanto es conveniente utilizar la función `urlencode()` cuando se quiera diseñar una cadena que vaya a formar parte de una URL. Más adelante, en el Capítulo 7 del libro, se profundizará en el uso de las funciones de codificación URL.

CAPÍTULO 6

Manipulación de fechas

En este capítulo se estudian las funciones existentes en PHP para el empleo de fechas. Este tipo de funciones existe en muchos lenguajes de programación y van orientadas a su obtención y presentación en diferentes formatos. Las fechas son importantes en muchas facetas de la programación, por ejemplo, para establecer la caducidad de cookies, para establecer sesiones de conexión...

Para poder trabajar con fechas, hay que aprender a realizar las operaciones de obtención, manipulación, validación, así como visualización en diferentes formatos. En este capítulo se irá mostrando cómo llevar a cabo cada una de esas tareas.

OBTENER FECHA Y HORA

Si nos preguntáramos qué es el tiempo y cuál es el origen del mismo, seguro que cada uno de nosotros respondería algo diferente. Sin embargo, desde el punto de vista de muchos sistemas informáticos, el origen del tiempo es una fecha que está bien delimitada: el día 1 de enero de 1970 a las 00:00:00 GMT. Dicha fecha es la considerada como la de inicio de la *"era UNIX"*[1].

Toda la información referente a fechas se establece con relación a tan ilustre, y tan seguramente olvidado, acontecimiento. Cuando se pide la hora a un computador, lo que realmente se obtiene no es la hora de un día de un mes de un determinado año, sino que lo que se obtiene es el número, denominado marca de tiempo[2], que representa el número de segundos que han transcurrido desde el inicio de la era UNIX. Por supuesto que dicho valor no es muy significativo. Si al preguntar la hora a un amigo, éste nos respondiera que son las 980936503, muy probablemente no sabríamos que nos está diciendo que son las 11:22 del día 30 de enero de 2001.

PHP dispone de la función time(), que devuelve un número entero que representa la marca de tiempo correspondiente al instante en que se ejecutó dicha función. Este número entero puede parecer un valor incómodo de tratar, y por supuesto para algunas tareas lo es, aunque sin embargo para otras es de gran comodidad. Dado que la fecha es un número entero, está sujeto a todos los operadores de los números enteros, por lo que trabajar con fechas puede hacerse mucho más fácil de lo que cabría esperar.

Para obtener la fecha basta con escribir algo tan sencillo como:

```
$hora = time();
echo "Ahora son las: $hora\n";
// Que se puede escribir en una sola línea:
echo 'Ahora son las: ', time();
```

En algunas aplicaciones es necesaria una precisión mayor que la de segundos. Para estos casos, PHP dispone de la función microtime(), que devuelve una cadena de caracteres que, además de los segundos transcurridos, contiene los microsegundos de la marca de tiempo actual. Esta función sólo está disponible en los sistemas operativos que soporten la función gettimeofday()[3].

---

[1] Traducción del término inglés Unix Epoch.
[2] Traducción del término inglés *timestamp*.
[3] Por ejemplo: UNIX, LINUX y la familia Microsoft®: Windows 95, 98, 2000 y NT.

La cadena de caracteres devuelta se compone de dos valores separados por un espacio en blanco. El primer valor representa el número de microsegundos, expresado como "0.XXXXXXXX", y el segundo representa el número de segundos. Por supuesto, ambos valores se refieren al comienzo de la era UNIX. A continuación se muestra un ejemplo de la utilización de esta función.

```
$cadena = microtime();
// Se extraen los dos elementos de $cadena
$info = explode(" ", $cadena);
// $info[0] contiene el número de microsegundos.
$info[0] = substr_replace($info[0], '', 0, 2); // quito el 0.
echo "La cadena obtenida es: $cadena\n";
// $info[1] contiene el número de segundos.
echo "Ahora son las: $info[1] segundos y
        $info[0] microsegundos<BR>\n";
```

En el ejemplo anterior se ha utilizado la función `explode()` para separar los valores de los segundos y microsegundos de la marca de tiempo. La cadena que se obtendría sería parecida a:

```
La cadena obtenida es: 0.15139200 980936503
Ahora son las: 980936503 segundos y 15139200 microsegundos
```

Con las dos funciones vistas anteriormente, se tiene acceso al número de segundos transcurridos desde el inicio de la era UNIX. Dado un determinado valor en segundos y con unas sencillas operaciones, se podría llegar a obtener la fecha que representa.

Sin embargo, no siempre es recomendable recurrir a dichas operaciones, sobre todo si ya existen funciones que nos facilitan el trabajo. Una de esas funciones es `gettimeof-day()`, que permite conocer la hora actual del sistema. La función devuelve, en una matriz asociativa, los datos de la hora actual del sistema. Las claves de la matriz son las siguientes:

Clave	Contenido
sec	Número de segundos transcurridos desde el comienzo de la era UNIX.
usec	Número de microsegundos de la hora actual.
minuteswest	Número de segundos al oeste de Greenwich.
dstime	Tipo de corrección.

La clave `minutewest`, a pesar de lo que su nombre indica, contiene el número de segundos que se corresponden con el desfase horario con respecto a la hora del *meridiano de Greenwich*, punto que se considera como el comienzo para las diferencias horarias. El valor es positivo al oeste del meridiano y negativo al este. La clave `dstime` indica la corrección horaria entre los horarios de invierno y verano.

Aunque puede ser útil que las fechas sean números enteros, la forma normal de trabajar sigue siendo con años, meses, días, horas, minutos y segundos. Para esto, PHP dispone de varias funciones que se encargan de obtener la fecha del sistema presentada en la forma mencionada.

La primera de las funciones es getdate(), que obtiene una matriz asociativa con la información de la fecha y hora del sistema. Los elementos que contiene la matriz asociativa son:

Clave	Contenido
seconds	Número de segundos de la hora actual.
minutes	Número de minutos de la hora actual.
hours	Número de horas de la hora actual.
mday	Día correspondiente del mes.
wday	Día de la semana en valor numérico. Es un valor entre 0 y 6. El valor 0 es el domingo, el 1 el lunes...
mon	Mes del año en valor numérico. Es un valor entre 1 y 12.
year	Valor numérico del año.
yday	Día del año en valor numérico.
weekday	Cadena de caracteres que contiene el día de la semana. Aparece escrito en lengua inglesa.
month	Cadena de caracteres que contiene el mes del año. Aparece escrito en lengua inglesa.
0	Marca de tiempo obtenida por la función getdate().

Si la llamada a la función se hace sin parámetros, entonces se considera la hora actual del sistema, y si recibe como parámetro un número entero, lo convertirá a la fecha correspondiente. A continuación se muestra un ejemplo que lista el contenido de la hora del sistema.

```
<!-- Cap06/fecha2.php -->
<HTML>
<HEAD>
    <TITLE>Ejemplo de getdate()</TITLE>
</HEAD>
<BODY>
    <CENTER>
    <H3 ALIGN=center>Ejemplo de getdate()</H3>
```

```php
<?php
    function listar($matriz, $titulo)
        {
        // Listar el contenido de un array
        echo "<TABLE BORDER=3 WIDTH=400>\n";
        echo "<CAPTION ALIGN=TOP>$titulo</CAPTION>\n";
        foreach($matriz as $clave => $valor)
            {
            echo "<TR>\n";
            echo "<TD ALIGN=CENTER>$clave</TD>\n";
            echo "<TD ALIGN=CENTER>$valor</TD>\n";
            echo "</TR>\n";
            }
        echo "</TABLE>\n";
        }

    // Se obtiene la hora del sistema
    $hora = getdate();
    listar($hora, "Información de la hora del sistema");
?>
    </CENTER>
</BODY>
</HTML>
```

Programa que genera una imagen similar a la de la Figura 6.1:

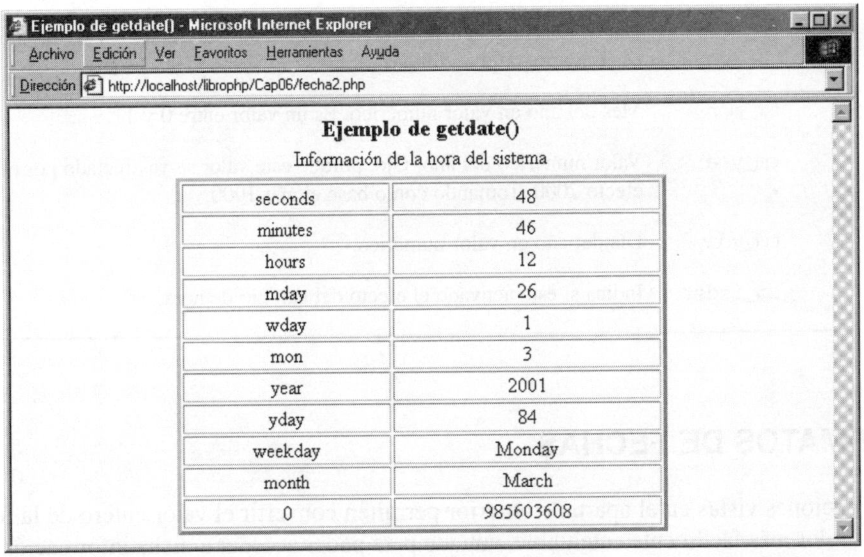

Figura 6.1. *Información obtenida con la función getdate().*

Si en lugar de la llamada a `getdate()` sin parámetros, se hubiera querido hacer la llamada con el valor de una marca de tiempo cualquiera, por ejemplo: `980936503`, la sentencia se debería haber escrito como:

```
$hora = getdate(980936503);
```

Otra función para obtener la hora es `localtime()`, que recibe como parámetros: un valor entero que representa una determinada fecha y un valor booleano que indica el tipo de matriz sobre el que se quiere obtener la respuesta. Si el segundo parámetro toma el valor `false` (valor por defecto), la matriz será indexada, y en caso contrario será asociativa. Por otro lado, si se omite el valor entero de la fecha, se toma la fecha actual. La sintaxis es la siguiente:

```
array localtime(int marca_de_tiempo[, bool tipo_matriz]);
```

En la siguiente tabla se muestran los valores de los índices devueltos cuando la matriz es indexada o las claves si la matriz es asociativa y el contenido correspondiente:

Índice	Clave	Contenido
0	tm_sec	Número de segundos de la fecha indicada.
1	tm_min	Número de minutos de la fecha indicada.
2	tm_hour	Número de horas de la fecha indicada.
3	tm_mday	Día correspondiente del mes.
4	tm_wday	Día de la semana en valor numérico. Es un valor entre 0 y 6. El valor 0 es el domingo, el 1 el lunes...
5	tm_mon	Mes del año en valor numérico. Es un valor entre 0 y 11.
6	tm_year	Valor numérico del año. Ojo, porque este valor se ve afectado por el efecto 2000. Tomando como base el año 1900.
7	tm_yday	Día del año en valor numérico.
8	tm_isdst	Indica si está activado el efecto del cambio de hora.

FORMATOS DE FECHAS

Las funciones vistas en el apartado anterior permiten convertir el valor entero de la fecha en un valor más fácilmente entendible, aunque para poder acceder a dicha información hay que pasar por el paso previo de obtener una matriz. Para evitar este paso intermedio, PHP dispone de la función `date()`. Esta función devuelve una cadena de caracteres que se corresponde con una fecha a la que se ha aplicado un determinado formato. La sintaxis es la siguiente:

```
string date(string formato [, int hora]);
```

Donde los parámetros representan:

- `formato` indica el formato de la cadena de caracteres con el que se quiere mostrar la hora;
- `hora` indica la marca de tiempo que se quiere mostrar.

Para la definición del formato de la fecha se dispone de las siguientes opciones:

Opción	Descripción
a	Hace que en la hora aparezca la cadena "a.m." o "p.m.".
A	Hace que en la hora aparezca la cadena "A.M." o "P.M.".
d	Día del mes con dos dígitos. Los días del 1 al 9 los imprime con cero a la izquierda; es decir, de "01" a "31".
D	Día de la semana como una cadena de tres letras; por ejemplo, "Mon". La cadena se corresponde con el nombre en inglés.
F	Nombre del mes completo como una cadena de caracteres; por ejemplo, "March". La cadena se corresponde con el nombre en inglés.
h	Hace que la hora aparezca en formato de "01" a "12".
H	Hace que la hora aparezca en formato de "00" a "23".
g	Hace que la hora aparezca en formato "1" a "12".
G	Hace que la hora aparezca en formato "0" a "23".
i	Hace que los minutos aparezcan en formato "00" a "59".
j	Hace que el día aparezca en formato "1" a "31".
l (L minúscula)	Día de la semana completo; por ejemplo, "Monday". La cadena se corresponde con el nombre en inglés.
L	Escribe un "0" o un "1", en función de si el año es bisiesto o no. 0 indica que no es bisiesto y 1 que sí lo es.
m	Hace que el mes aparezca en formato "01" a "12".
n	Hace que el mes aparezca en formato "1" a "12".
M	Mes como una cadena de tres letras; por ejemplo, "Mar". La cadena se corresponde con el nombre en inglés.
s	Hace que los segundos aparezcan en formato "00" a "59".
S	Cadena de dos caracteres con el sufijo ordinal en inglés; por ejemplo, "th", "nd".
t	Número de días del mes especificado; de "28" a "31".

(continúa)

(continuación)

Opción	Descripción
U	Número de segundos desde el comienzo de la era UNIX.
w	Número del día de la semana, teniendo en cuenta que el "0" es domingo y que el "6" es sábado.
Y	Año con cuatro cifras; por ejemplo, "2001".
y	Año con dos cifras; por ejemplo, "01".
z	Día del año; de "0" a "365". El primer día del año es el 0.
Z	Obtiene la diferencia horaria en segundos (de "–43200" a "43200") con respecto a la hora GMT (12 h * 60 min * 60 seg).

El resto de caracteres que aparezcan en la expresión del formato horario serán escritos tal cual, ya que no se habrán interpretado. Si en la cadena se quieren mostrar caracteres que pueden ser entendidos por la función date(), éstos deben ser *escapados* con el carácter '\'. A continuación se muestran ejemplos de formatos de fechas:

```php
<?php
   echo "Hoy es ", date("D"), ", ", date("d"), " de ",
        date("F"), " de ", date("Y"), "<BR>\n";
   echo date("\Ho\y e\s D, d \de F \de Y"), "<BR>\n";
   echo date("\So\\n \l\a\s h:i:s a"), "<BR>\n";
   echo "La fecha dada ", date("U", 980936503), " fue ",
        date("D", 980936503), ", ", date("d", 980936503),
        " de ", date("F", 980936503), " de ",
        date("Y", 980936503), "<BR>\n";
   echo "Eran las ", date("h:i:s a", 980936503), "<BR>\n";
?>
```

que generarán como resultado las siguientes fechas y horas:

```
Hoy es Mon, 26 de March de 2001
Hoy es Mon, 26 de March de 2001
Son las 01:35:31 pm
La fecha dada 980936503 fue Wed, 31 de January de 2001
Eran las 11:21:43 am
```

Dado que todas las opciones de formato de la función date() están pensadas para la lengua inglesa, construir una frase tan sencilla como:

```
"Hoy es Mon, 26 de March de 2001"
```

se puede convertir en una ardua tarea, como se puede apreciar en el primer ejemplo, ya que las letras H, y y s tienen un significado especial. La primera solución se basa en concatenar múltiples llamadas a la función `date()`. La segunda solución recurre a *escapar* las letras con significados especiales.

La función `gmdate()` tiene un funcionamiento idéntico a `date()`, salvo que considera que la hora está tomada en el meridiano de Greenwich. Por ejemplo, para la configuración horaria española, las dos líneas siguientes mostrarán una hora de diferencia con el horario de invierno y dos con el de verano, puesto que en este período España tiene una diferencia horaria +2:

```
echo "Hora española ", date("h:i:s a"), "<BR>\n";
echo "Hora de Greenwich ", gmdate("h:i:s a"), "<BR>\n";
```

que dará como resultado algo semejante a:

```
Hora española 11:21:43 am          En invierno
Hora de Greenwich 10:21:43 am

Hora española 11:21:43 am          En verano
Hora de Greenwich 09:21:43 am
```

La función `strftime()` representa otra posibilidad para aplicar formato a una fecha. Esta función utiliza las convenciones locales de la máquina desde la que se ejecuta el script para devolver una cadena con el formato definido. Los nombres del mes y del día de la semana, así como el resto de cadenas dependientes del idioma, siguen los valores establecidos por la función `setlocale()`. El formato queda definido por los siguientes valores:

Opción	Descripción
%a	Nombre del día de la semana abreviado en el idioma seleccionado.
%A	Nombre del día de la semana completo en el idioma seleccionado.
%b	Nombre del mes abreviado.
%B	Nombre del mes completo.
%c	Representación de fecha y hora referidas en el idioma actual.
%d	Día del mes en formato 01 a 31.
%H	Hora como un número de 00 a 23.
%I	Hora como un número de 01 a 12.
%j	Día del año como un número de 001 a 366.
%m	Mes como un número de 01 a 12.
%M	Minuto en número.

(continúa)

(continuación)

Opción	Descripción
%p	'a.m.' o 'p.m.', según la hora dada, o las cadenas correspondientes en el idioma actual.
%S	Segundos en número.
%U	Número de la semana en el año, empezando con el primer domingo como el primer día de la primera semana.
%W	Número de la semana en el año, empezando con el primer lunes como el primer día de la primera semana.
%w	Día de la semana en número (el domingo es el 0).
%x	Representación por defecto de la fecha sin la hora.
%X	Representación por defecto de la hora sin la fecha.
%y	Año en número de 00 a 99.
%Y	Año en número de cuatro cifras.
%Z	Nombre o abreviatura de la zona horaria.
%%	Carácter '%'.

A continuación se muestra el mismo ejemplo anterior para que aparezcan los valores en castellano.

```php
<?php
  setlocale("LC_ALL", "SP");  // Formateado para Windows
  echo "Hoy es ",strftime("%A"), ",", strftime("%d"),
       " de ", strftime("%B"), " de ", strftime("%Y"),
       "<BR>\n";
  echo strftime("Hoy es %A, %d de %B de %Y"), "<BR>\n";
  echo strftime("Son las %I:%M:%S %a"), "<BR>\n";
  echo "La fecha dada fue ", strftime("%A", 980936503),
       " de ", strftime("%B", 980936503), " de ",
       strftime("%Y", 980936503), "<BR>\n";
  echo "Eran las ", strftime("%I:%M:%S", 980936503), "<BR>\n";
?>
```

En el script anterior se ha utilizado una llamada a la función `setlocale()`, que se describirá más adelante en este mismo capítulo. Este script generará como salida las cadenas siguientes:

```
Hoy es lunes,26 de marzo de 2001
Hoy es lunes, 26 de marzo de 2001
```

```
Son las 01:41:53 lun
La fecha dada fue miércoles de enero de 2001
Eran las 11:21:43
```

La función `gmstrftime()` tiene un funcionamiento idéntico a `strftime()`, salvo que considera que la hora está tomada en el meridiano de Greenwich.

ESTABLECIENDO HORAS Y FECHAS

Una vez conocida la forma de obtener la fecha actual, es necesario disponer de una forma de poder fijar una determinada hora para establecer, por ejemplo, la fecha de caducidad de una cookie. Es decir, la forma de obtener la marca de tiempo correspondiente a una determinada fecha.

PHP dispone de dos funciones específicas para obtener una marca de tiempo: `mktime()` y `gmmktime()`, existiendo, además, una función que permite la conversión de una cadena de caracteres en una fecha.

La función `mktime()` devuelve un valor entero que representa la marca de tiempo UNIX de una determinada fecha. Ésta se establece indicando los valores correspondientes de hora, minutos, segundos, mes, día y año. La sintaxis de la función es la siguiente:

```
int mktime(int hora, int minutos, int segundos, int mes,
           int dia, int anio [, int ajuste]);
```

Cada uno de los valores mencionados puede omitirse, teniendo en cuenta que el orden de omisión se establecerá de derecha a izquierda, es decir, para omitir el valor del `mes`, obligatoriamente hay que omitir los valores de `ajuste`, `anio` y `dia`. Aquellos parámetros que se omitan tomarán como valor por defecto el de la fecha y hora actuales. Cuando se utiliza esta función hay que tener cuidado con el orden en el que se indican los valores, ya que ésta es la principal fuente de errores al establecer las fechas.

El único parámetro opcional es `ajuste`, que indica si la hora está sujeta a la corrección horaria para el ahorro de consumo que tienen establecida algunos países. Si el parámetro `ajuste` vale 1, se corresponde con el horario de verano, y si vale 0, se corresponde con el de invierno.

Esta función es especialmente útil para realizar cálculos con fechas, ya que la propia función aplica de forma automática las correcciones necesarias para los valores que estén fuera de rango. Por ejemplo, el último día de un mes puede considerarse como el día 0 del mes siguiente. Así pues, podríamos conocer exactamente la fecha correspondiente al *famoso* 40 de mayo, día hasta el cual según el refrán no nos podemos quitar el sayo. Para conocer dicha fecha bastaría con escribir las siguientes líneas:

```
$dia = mktime(0, 0, 0, 5, 40, 2001);
echo "El 40 de mayo es ", strftime("%A", $dia), ", ",
     strftime("%d", $dia), " de ", strftime("%B", $dia),
     " de ", strftime("%Y", $dia), "<BR>\n";
echo strftime("El 40 de mayo es %A, %d de %B de %Y", $dia), "
     <BR>\n";
```

que darían como resultado:

```
El 40 de mayo es sábado, 09 de junio de 2001
El 40 de mayo es sábado, 09 de junio de 2001
```

La función `gmmktime()` funciona de la misma forma, tiene los mismos parámetros y devuelve el mismo tipo de valor que `mktime()`, pero considerando que los parámetros representan una hora GMT.

VALIDACIÓN DE FECHAS

Imaginemos ahora que es necesario que un usuario de una página web rellene un valor de tipo fecha. Una forma consistiría en solicitarle que indicara valores separados para el día, el mes y, por último, el año. Todos hemos sido usuarios de una aplicación alguna vez y, seguramente, en más de una ocasión, los valores introducidos en algún campo no eran correctos. Habitualmente los errores de este tipo hacen que la aplicación o bien funcione mal, o bien produzca un error de ejecución.

Las fechas siempre han sido uno de los temas más conflictivos a la hora de recoger datos y manipularlos desde aplicaciones. PHP dispone de la función `checkdate()`, que permite comprobar si una determinada combinación de día, mes y año representa una fecha válida. Esta función recibe tres parámetros numéricos: un mes, un día y un año. El valor del mes está acotado entre 1 y 12, el del día depende del mes indicado, teniendo en cuenta los años bisiestos, y el del año está acotado entre 0 y 32767.

La función `checkdate()` devuelve el valor `true` si la combinación indicada es una fecha válida y devuelve `false` en caso de no serlo. La sintaxis es la siguiente:

```
int checkdate(int mes, int dia, int anio);
```

La validación de fechas también puede realizarse con la función `strtotime()`, especificando la fecha mediante una cadena de caracteres. Dicha cadena deberá seguir el formato de fecha inglés, es decir: mm/dd/aaaa; por ejemplo, 3/14/1970. También será válido si el mes se escribe en inglés según el siguiente formato: dd mes aaaa; por ejemplo, 14 march 1970.

Esta función devuelve la marca de tiempo correspondiente a una cadena de caracteres y debe tener en cuenta, al especificar la fecha, que el punto de partida para las marcas de tiempo es el 1 de enero de 1970 a las 00:00, y que, por lo tanto, la función no puede realizar conversiones para fechas anteriores. El formato de la función es:

```
int strtotime(string cadena_fecha[, int ahora])
```

donde el parámetro `cadena_fecha` representa la cadena con el valor a convertir.

La función `strtotime()` también permite aritmética de fechas, es decir, que la cadena que se pasa como parámetro pueda indicar aumento o disminución de alguno de los valores que forman una fecha. Cuando se especifica el parámetro `ahora`, éste determina la fecha que se considera como base para las operaciones de desplazamiento de días; si por el contrario se omite, se toma como valor de fecha la fecha actual del sistema. Así, para sumar un día a la fecha actual se podrán utilizar las siguientes sentencias:

```
// Se escribe en inglés
$fecha = "+1 day";
$dia = strtotime($fecha);
// Devuelve la marca de tiempo de un día más de la fecha
// actual del sistema.

// Se escribe en inglés
$fecha = "2 month 1 days -1 years +2 hours 3 minutes
        -10 seconds";
$dia = strtotime($fecha, 980936503);
// Devuelve la marca de tiempo de dos meses y un día más
// del año anterior de la fecha actual del sistema. Y la
// hora será dos horas 3 minutos más y menos 10 segundos
// de la hora actual del sistema
```

Aquí se muestran algunos ejemplos de conversión de fechas:

```
<!--Cap06/fecha5.php -->
<HTML>
<HEAD>
    <TITLE>Ejemplo de fechas</TITLE>
</HEAD>
<BODY>
<?php
   function muestra($marca, $fecha)
   // función que recibiendo una marca de tiempo y una cadena
   // de caracteres que representa una fecha aplica la función
   // strftime() para mostrarla
      {
      setlocale("LC_ALL", "");
      /* se muestra en castellano gracias a setlocale
         en plataformas windows                          */
      echo "El día es ", strftime("%A", $marca), ",";
      echo strftime("%d",$marca), " de ", strftime("%B", $marca),
      echo " de ", strftime("%Y", $marca), "<BR>\n";
      echo strftime("El día es %A, %d  de %B de %Y", $marca),
                "<BR>\n";
      echo strftime("Son las %I:%M:%S %a", $marca), "<BR><HR>\n";
      }

   // Aquí se obtiene la marca de tiempo de una fecha que se
   // especifica mediante una cadena de caracteres con el
   // formato día nombre_del_ mes año
   $fecha = "14 march 1970"; // Se escribe en inglés
   $dia = strtotime($fecha);
   echo "Fecha recibida: $fecha, marca de tiempo: $dia<BR>\n";
   muestra($dia, $fecha);
```

```
// Aquí se obtiene la marca de tiempo de una fecha y hora
// que se especifica mediante una cadena de caracteres con
// el formato mm/dd/aaaa hh:mm:ss
$fecha = "2/14/1970 12:17:45"; // Se escribe en formato inglés
$dia = strtotime($fecha);
echo "Fecha recibida: $fecha, marca de tiempo: $dia<BR>\n";
muestra($dia, $fecha);

// Aquí se obtiene la marca de tiempo de una fecha
// aplicando la aritmética de fechas. Se toma como base
// la fecha actual del sistema y se obtiene la marca del
// día siguiente a la misma hora
echo "Tomo como base el día de hoy<BR>\n";
// Se escribe en inglés
$fecha = "+1 day";
$dia = strtotime($fecha);
echo "Fecha recibida: $fecha, marca de tiempo: $dia<BR>\n";
muestra($dia, $fecha);

// Aquí se obtiene la marca de tiempo de una fecha
// aplicando la aritmética de fechas. Se toma como base
// la una fecha cualquiera y se obtiene la marca del
// día y hora indicado por la cadena $fecha
// Se escribe en inglés: formato
//  ±xx month ±yy day ±zz year ±aa hour ±bb minute ±cc second
$fecha = "2 month 1 days -1 years +2 hours 3 minutes
          -10 seconds";
echo "Tomo como base ";
muestra(980936503, '');
$dia = strtotime($fecha, 980936503);
echo "Fecha recibida: $fecha, marca de tiempo: $dia<BR>\n";
muestra($dia, $fecha);
?>
</BODY>
</HTML>
```

El ejemplo anterior generará la salida de la Figura 6.2.

La última función que queda por describir en este capítulo es `setlocale()`. Ésta no trabaja directamente con fechas, aunque sí está relacionada con las funciones que las muestran. La llamada a `setlocale()` permite establecer el idioma en el que aparecerán los valores de las fechas, los caracteres separadores decimal y en general toda aquella información que depende de la configuración regional de la máquina desde la que se ejecuta el script. La sintaxis es la siguiente:

```
string setlocale(string categoria, string pais);
```

Donde los parámetros representan:

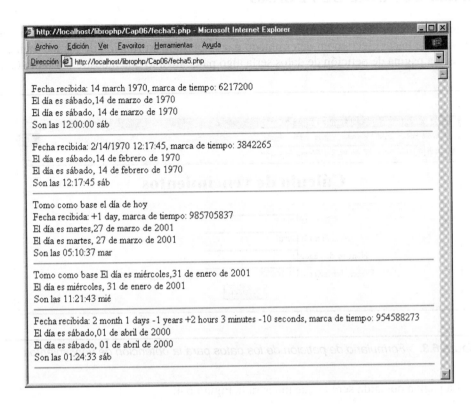

Figura 6.2. *Resultado de las diferentes funciones de validación de fechas.*

- `categoria` es una cadena de caracteres que especifica las funciones que se ven afectadas por la conversión de idioma. Los valores posibles son:

  - `LC_CTYPE` para la conversión de cadenas a la configuración regional.

  - `LC_NUMERIC` para los separadores numéricos.

  - `LC_TIME` para aplicar formatos de fecha y hora con `strftime()`.

  - `LC_ALL` aplica todas las anteriores.

- `pais` permite especificar el idioma con el que se mostrarán los valores devueltos por las funciones indicadas. Si no se especifica ninguno, es decir, es la cadena vacía `""`, se tomarán los valores de las variables de entorno. Salvo que se quiera fijar de una forma explícita la información de la configuración regional a un determinado idioma, es recomendable que este parámetro sea la cadena vacía.

EJEMPLO FINAL DE FECHAS

A continuación se muestra un ejemplo de una página Web que determina las fechas en las que se debe hacer efectivo un determinado pago aplazado en función de los meses indicados. La página de petición de datos sería algo parecido a lo que muestra la Figura 6.3:

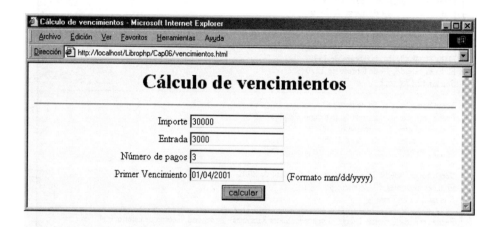

Figura 6.3. *Formulario de petición de los datos para la obtención de vencimientos.*

La página obtenida será la que muestra la Figura 6.4:

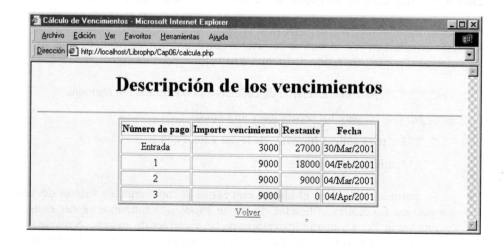

Figura 6.4. *Vencimientos obtenidos.*

El código que genera el formulario de petición de datos es:

```html
<!-- Cap06/vencimientos.html -->
<HTML>
<HEAD>
   <TITLE>Cálculo de vencimientos</TITLE>
</HEAD>
<BODY>
   <CENTER>
   <H1>Cálculo de vencimientos</H1>
   <HR>
   <FORM ACTION="calcula.php" METHOD="POST">
      <TABLE>
         <TR>
            <TD ALIGN="RIGHT">Importe</TD>
            <TD><INPUT TYPE="Text" NAME="importe"></TD>
         </TR>
         <TR>
            <TD ALIGN="RIGHT">Entrada</TD>
            <TD><INPUT TYPE="Text" NAME="entrada"></TD>
         </TR>
         <TR>
            <TD ALIGN="RIGHT">Número de pagos</TD>
            <TD><INPUT TYPE="Text" NAME="numero_pagos"></TD>
         </TR>
         <TR>
            <TD ALIGN="RIGHT">Primer Vencimiento</TD>
            <TD>
               <INPUT TYPE="Text" NAME="fecha1" VALUE='mm/dd/yyyy'>
               (Formato mm/dd/yyyy)
            </TD>
         </TR>
         <TR>
            <TD COLSPAN=2 ALIGN=CENTER>
            <INPUT TYPE="SUBMIT" VALUE="calcular"></TD>
         </TR>
      </TABLE>
   </FORM>
   </CENTER>
</BODY>
</HTML>
```

Para codificar el script `calcula.php` habrá que realizar las siguientes tareas:

1. Determinar si en el formulario los campos están rellenos. Esto se comprueba mediante la función `empty()` para cada uno de los parámetros del formulario. Además, habrá que comprobar que la fecha introducida es correcta. Esto se puede verificar mediante la función `strtotime()`.

2. En el caso de que alguno de los campos esté vacío, se generará una página HTML en la que se indicarán los valores que faltan por introducir.

3. Una vez que los datos se han validado, se ha de restar el importe de la entrada entregada del total que falta por pagar. Obteniendo de esta manera el resto del dinero a aplazar. Con el dinero pendiente y conociendo el número de vencimientos, se puede obtener la cuota constante de amortización. Este valor se calcula como:

```
Resto / numero_de_vencimientos
```

4. Una vez obtenida la cuota de amortización, se genera, con la función `strtotime()`, la marca temporal que se tomará como base para el cálculo de las fechas de los siguientes pagos. Mediante la función `strftime()`, se da formato a la cadena que mostrará la fecha en la fila correspondiente de tabla HTML de vencimientos.

5. Se generará un bucle para ir determinando las siguientes fechas de pago, teniendo en cuenta que cada una diferirá de la anterior en un mes. Para dicho cálculo se vuelve a utilizar la función `strtotime()`.

El código que obtiene los resultados puede ser el siguiente:

```php
<!-- Cap06/calcula.php -->
<HTML>
<HEAD>
    <TITLE>Cálculo de Vencimientos</TITLE>
</HEAD>
<BODY>
<?php
  function validar_campo($campo, $texto)
     {
       echo "<TR>\n";
       echo "<TD>$texto</TD>\n";
       if (empty($campo))
          echo "<TD><FONT COLOR='red'>Falta</FONT></TD>\n";
       else
          echo "<TD>$campo</TD>\n";
       echo "</TR>\n";
     }
  // Primero se comprueba que los campos no estén vacíos. Si hay
  // alguno que no tiene datos, se muestra una página de error
  // que indica los campos que faltan por completar
  if ((empty($importe)) || (empty($entrada)) ||
     (empty($numero_pagos)) || (empty($fecha1)) ||
     (strtotime($fecha1) == -1))
     {
?>
    <CENTER>
```

```
    <h1>Faltan datos de entrada</h1>
    <hr>
    <TABLE>
<?php
        validar_campo($importe, 'Importe');
        validar_campo($entrada, 'Entrada');
        validar_campo($numero_pagos, 'Número de Pagos');
        validar_campo($fecha1, 'Primer Vencimiento');
?>
        </TR>
        <TR>
            <TD COLSPAN=2 ALIGN=CENTER>
            <A HREF="vencimientos.html">Volver</A></TD>
        </TR>
    </TABLE>
<?php
        }
    else
        {
?>
    <CENTER>
    <H1>Descripción de los vencimientos</H1>
    <HR>
    <TABLE BORDER=3>
        <TR>
            <TH>Número de pago</TH>
            <TH>Importe vencimiento</TH>
            <TH>Restante</TH>
            <TH>Fecha</TH>
        <TR>
<?php
    // Se calcula la cantidad que falta por pagar
    $resto = $importe - $entrada;
    // Se calcula el importe de las amortizaciones restantes
    $amortizacion = $resto / $numero_pagos;
    // Se obtiene la fecha del primer pago
    $fecha_inicio = strtotime("$fecha1");
    // Se escribe la fila de la tabla HTML con los valores
    // de la entrada
    echo "<TR>\n";
    echo "<TD ALIGN=CENTER>Entrada</TD>\n";
    echo "<TD ALIGN=RIGHT>$entrada</TD>\n";
    echo "<TD ALIGN=RIGHT>$resto</TD>\n";
    echo "<TD ALIGN=RIGHT>", strftime("%d/%b/%Y"), "</TD>\n";
    echo "</TR>\n";
    // Se escriben las filas de la tabla HTML con los valores
    // de cada uno de los pagos
    for ($i = 1; $i <= $numero_pagos; $i++)
        {
```

```
            // Se obtiene lo que falta por pagar
            $resto = $resto - $amortizacion;
            echo "<TR>\n";
            echo "<TD ALIGN=CENTER>$i</TD>\n";
            echo "<TD ALIGN=RIGHT>$amortizacion</TD>\n";
            echo "<TD ALIGN=RIGHT>$resto</TD>\n";
            echo "<TD ALIGN=RIGHT>", strftime("%d/%b/%Y",
                strtotime("$i months", $fecha_inicio)), "</TD>\n";
            echo "</TR>\n";
            }
?>
    </TABLE>
    <A HREF="vencimientos.html">Volver</A></TD>
<?php
        }
?>
    </CENTER>
</BODY>
</HTML>
```

Una vez vistas las funciones de manejo de fechas, en el siguiente capítulo se estudiarán los conceptos básicos necesarios para la programación de aplicaciones en entornos web. Así, se verá en detalle el funcionamiento del protocolo HTTP, los métodos disponibles y la técnica de cookies.

CAPÍTULO 7

Programando
en entornos
web

En este capítulo se exponen una serie de conceptos avanzados que deben conocer aquellos profesionales que deseen desarrollar aplicaciones en entornos web. Así, se presentan las nociones fundamentales del protocolo HTTP (versión 1.1), los métodos de solicitud habituales y la técnica de utilización de *cookies*, que permite realizar funciones de almacenamiento de información en el cliente.

HTTP: CONCEPTOS BÁSICOS

Como bien conocerá el lector, uno de los protocolos más utilizados en Internet es HTTP (*HyperText Transfer Protocol* o protocolo de transferencia de hipertextos), que es precisamente el protocolo que se emplea en la World Wide Web fundamentalmente para la transferencia de documentos HTML e imágenes entre clientes (navegadores) y servidores web. Para desarrollar aplicaciones basadas en arquitecturas web es aconsejable conocer los mecanismos por los cuales funciona este importantísimo servicio que hoy conocemos como web o www, y uno de estos mecanismos fundamentales es el protocolo HTTP.

El protocolo HTTP[1] es un protocolo del nivel de aplicación orientado hacia la comunicación entre sistemas de información distribuidos, colaborativos e hipermedia. El sistema se basa en el envío de mensajes entre un cliente (habitualmente un navegador web) y un servidor. Dichos mensajes son la unidad básica de la comunicación HTTP. El cliente es siempre quien inicia la comunicación, y para ello envía un mensaje que contiene una *petición*, a lo que el servidor contesta con otro que contiene la *respuesta*.

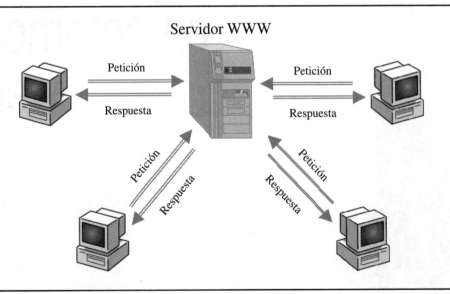

Figura 7.1. *Envío de mensajes empleando HTTP.*

---

[1] Puede obtener el RFC en el que se propone una especificación para el protocolo HTTP/1.1 en http://www.ietf.org/rfc/rfc2616.txt.

Cada mensaje (tanto las solicitudes como las respuestas) está formado por dos partes: la cabecera y el cuerpo del mensaje. La cabecera se separa del cuerpo del mensaje por una línea vacía, esto es, la cabecera no puede contener líneas en blanco, puesto que esto sería interpretado como el comienzo del cuerpo del mensaje. Por su parte, la primera línea de la cabecera es una línea de solicitud (en las peticiones) o una línea de estado (en las respuestas).

En la cabecera de un mensaje se define información acerca de su contenido. Así, por ejemplo, se define el tipo de mensaje, el tipo MIME[2] del contenido, el tamaño de dicho contenido, etc. La estructura de cada línea consiste en un nombre de campo seguido del carácter dos puntos (:) y el valor asociado a dicho campo. Estos campos permiten añadir una importante característica al protocolo HTTP: la negociación de los tipos y la representación de contenidos entre cliente y servidor.

En el cuerpo del mensaje (si es que existe, ya que un mensaje puede consistir sólo en una cabecera) se incluye la información transmitida entre cliente y servidor. Por ejemplo, cuando un servidor web recibe una solicitud de un documento HTML, le envía un mensaje de respuesta al cliente con una cabecera en la que le indica el tipo de contenido, la fecha, el tipo de servidor, la longitud del mensaje...; a continuación, una línea en blanco, y después, el cuerpo del mensaje con la página HTML solicitada. En Figura 7.2 puede observarse un ejemplo de mensaje de respuesta enviado por un servidor web a un cliente.

En la primera línea de este ejemplo se puede ver que el servidor contesta indicando un código de estado 200 (la solicitud ha sido correctamente realizada); después, unas cuantas líneas con parejas `nombre_de_campo: valor_asociado`; a continuación, la línea vacía que separa la cabecera del cuerpo del mensaje, y acto seguido, el cuerpo del mensaje, que contiene el documento HTML solicitado.

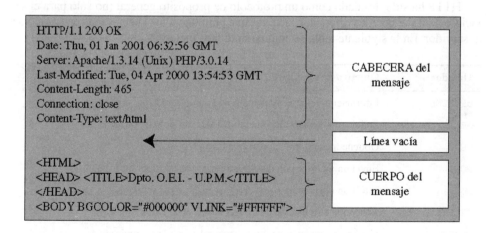

Figura 7.2. *Estructura de los mensajes HTTP.*

---

[2] MIME: Multipurpose Internet Mail Extensions (RFC 2045): `http://www.ietf.org/rfc/rfc2045.txt`.

Observe un detalle importante: el campo `Connection`, que tiene el valor `close`. Esto indica que la conexión ha finalizado. Si hasta ahora no había programado en entornos web, este concepto es importante: una vez que el servidor envía la respuesta a una petición, la conexión se cierra. Este importante detalle hace que la lógica de las aplicaciones web sea bastante distinta a la lógica de las aplicaciones con interfaz directa con el usuario. Las aplicaciones web se construyen como una secuencia de pequeñas fases individuales, siendo preciso el envío de todos los datos necesarios entre las distintas fases de la aplicación.

A continuación, se presentan con mayor nivel de detalle los distintos tipos de mensajes y métodos soportados por el protocolo HTTP y su implicación en el desarrollo de aplicaciones sobre arquitecturas web.

MENSAJES DE SOLICITUD

Cuando un usuario pulsa sobre un enlace, el navegador se encarga de enviar un mensaje de solicitud al servidor correspondiente. Este mensaje contiene en la primera línea de su cabecera el método de solicitud empleado, el identificador del recurso solicitado y la versión del protocolo empleado. En la cabecera del mensaje y a continuación de esta primera línea, opcionalmente pueden figurar muchos campos que aportan información del cliente hacia el servidor. Un ejemplo de la primera línea de una solicitud puede ser:

```
GET /LibroPHP/index.php HTTP/1.0
```

Como puede observarse, el cliente realiza la solicitud empleando el método `GET`, el documento solicitado (identificado por su URI[3]) está en el subdirectorio `LibroPHP`[4] y se denomina `index.php`, y se ha empleado la versión `1.0` del protocolo.

HTTP ha sido diseñado como un protocolo de propósito general (no sólo para el servicio www) y especifica diferentes métodos que permiten a los clientes realizar solicitudes al servidor. En la siguiente tabla se enumeran dichos métodos:

Método	Objetivo de la solicitud
OPTIONS	Información relativa a opciones de comunicación de un recurso.
GET	Solicita un recurso (documento HTML, script PHP, imagen, etc.).
HEAD	Obtiene metainformación acerca de un recurso.
POST	Envía un mensaje con datos para ser procesados por un recurso.
PUT	Envía un documento para ser almacenado en el servidor.
DELETE	Solicita la eliminación de un recurso en el servidor.
TRACE	Genera información de diagnóstico relativa a la comunicación.
CONNECT	Método reservado para comunicaciones a través de proxys.

---

[3] URI: *Uniform Resource Identifier* (Identificador Uniforme de Recursos), RFC 2396: `http://www.ietf.org/rfc/rfc2396.txt`.

[4] Este subdirectorio es relativo a la raíz de documentos (`Document Root`) del servidor web.

Los métodos más empleados habitualmente y que tienen mayor importancia desde el punto de vista del desarrollo de aplicaciones son GET, HEAD y POST. A continuación se estudian estos métodos con mayor nivel de detalle, se explica su funcionamiento y se examinan las diferencias entre ellos. En un apartado posterior se presentarán más detalladamente los diferentes campos de las cabeceras HTTP y la forma de acceder a su contenido desde scripts PHP.

Método GET

El método GET es el que emplean habitualmente los navegadores para obtener un recurso y permite solicitar cualquier tipo de recurso que esté disponible en un servidor. Como se vio anteriormente, un ejemplo de petición empleando el método GET podría ser:

```
GET /LibroPHP/Cap07/metodoGET.php HTTP/1.0
```

Cuando el recurso solicitado (/LibroPHP/Cap07/metodoGET.php) requiere procesamiento para generar la información (como en este ejemplo), se obtiene como resultado los datos generados, no el recurso que realiza dicho procesamiento. Así, cuando un cliente accede a un script PHP, obtiene el resultado de la ejecución del script (habitualmente un documento HTML), no el código del mismo.

El método GET se emplea frecuentemente para solicitar información y, a la vez, en la misma petición enviar variables con sus correspondientes valores. Estas parejas de variables y valores se concatenan en el URI de la petición a continuación del recurso precedidas por el carácter de cierre de interrogación (?). Toda esta cadena recibe el nombre de QUERY STRING (cadena de la consulta). La información transmitida en dicha cadena se codifica siguiendo las reglas indicadas para la codificación URL que se explican detalladamente en el apartado *Codificación URL*.

En los documentos HTML generados dinámicamente, es posible incluir enlaces que incluyan una petición (empleando las habituales etiquetas <A HREF=...>) y, además, transmitan información variable hacia el servidor. Supongamos que hemos generado un script que solicita el nombre de usuario y su número de identificación para acceder a una determinada información. Una vez validada esta información, deseamos mostrar al usuario (llamado Javier en nuestro ejemplo) a través del script MostrarMsj.php sus mensajes pendientes de leer. Lógicamente, este nuevo script también necesita conocer el nombre del usuario previamente validado. Pues bien, para este cometido podemos generar un enlace a dicha página y además enviarle una variable llamada user con el valor Javier. Para ello podríamos hacer que el script generara un documento HTML con un enlace como:

```
<A HREF="/LibroPHP/Cap07/MostrarMsj.php?user=Javier">Leer mensajes</A>
```

Observe que cuando el usuario pulse sobre este enlace, su navegador enviará hacia el servidor un mensaje de solicitud cuya primera línea será parecida a la siguiente:

```
GET /LibroPHP/Cap07/MostrarMsj.php?user=Javier HTTP/1.1
```

Como puede observarse, el URI solicitado incluye la variable y el valor asociado. También es posible concatenar más de una pareja `variable=valor` empleando el carácter `&`. Por ejemplo, la cadena de la consulta podría contener `user=Javier&uid=404`. Cuando esta solicitud llega al servidor, PHP se encarga de incluir en una matriz asociativa denomina `HTTP_GET_VARS` las parejas `clave-valor` correspondientes. Así, en este caso la matriz contendría las claves `user` y `uid` y tendrían respectivamente asociados los valores `Javier` y `404`. Adicionalmente, si la directiva del fichero de configuración `register_globals` está activada[5], creará dos variables globales llamadas `user` y `uid` con sus correspondientes valores.

Para afianzar los conceptos anteriormente expuestos se ha diseñado el script `meto doGET.php`. Este sencillo script se encarga de mostrar algunas de las variables relacionadas con el método `GET`, a continuación imprime el contenido de la matriz asociativa `HTTP_GET_VARS` y por último imprime las mencionadas variables globales.

```
<!-- Cap07/metodoGET.php -->
<HTML>
<HEAD><TITLE>Petición GET</TITLE></HEAD>
<BODY>
<H2 ALIGN="CENTER">Petición GET</H2>
<PRE>
<?php
    // Imprimimos algunas variables relacionadas
    echo <<< Fin_Texto
 *** Variables de la petición ***
    Método Solicitud: {$HTTP_SERVER_VARS['REQUEST_METHOD']}
    Query_String    : {$HTTP_SERVER_VARS['QUERY_STRING']}

Fin_Texto;

    // Ahora imprimimos la matriz asociativa $HTTP_GET_VARS
    echo "\n *** Matriz HTTP_GET_VARS ***\n";
    foreach ($HTTP_GET_VARS as $clave => $valor)
       echo "    $clave => $valor \n";

    // Por último, las variables globales
    echo <<< Fin_Texto
 *** Variables Globales ***
    \$user = $user
    \$uid  = $uid
Fin_Texto;
?>
</PRE>
</BODY>
</HTML>
```

---

[5] El valor por defecto en el fichero de configuración para esta opción es On.

Como se puede comprobar en la Figura 7.3, este script muestra el contenido de las variables anteriormente citadas, a las que se ha accedido de diferentes formas. Para que el ejemplo funcione como se espera, es preciso que la información sea enviada en la solicitud: esto se puede hacer construyendo el apropiado enlace en un documento HTML o bien, para nuestro ejemplo, escribiendo directamente en el navegador la información en la dirección solicitada. En el ejemplo se ha elegido la segunda opción.

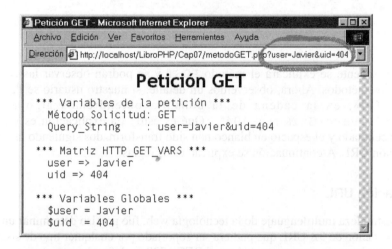

Figura 7.3. *Acceso a variables con método GET.*

Como conocerá el lector, la etiqueta <FORM= " ... " > de HTML dispone de un atributo denominado METHOD. Este atributo permite indicar el método HTTP que debe emplear el navegador para enviar los datos rellenados por el usuario en el formulario hacia el servidor. Los posibles valores de este atributo son GET y POST. Pues bien, cuando se emplea el método GET (que es el método por defecto), toda la información introducida por el usuario en el formulario se envía en la cadena de la consulta. Para comprobar este detalle, se incluye a continuación un formulario que permite la captura del nombre de usuario y su identificador (observe el nombre asignado a los campos de entrada de datos[6] con el atributo NAME). Una vez rellenado con los valores indicados, generará una solicitud idéntica a la empleada en el ejemplo anterior:

```
<!-- Cap07/formularioGET.html -->
<HTML>
<HEAD><TITLE>Formulario GET</TITLE></HEAD>
<BODY>
```

---

[6] Se deben emplear nombres válidos como nombres de variables en PHP. No deben emplearse, por ejemplo, nombres que contengan caracteres acentuados, caracteres ñ o Ñ, espacios en blanco, etc.

```
<H2 ALIGN="CENTER">Formulario GET</H2>
   <FORM ACTION="metodoGET.php" METHOD="GET">
      Nombre de Usuario:
      <INPUT TYPE="Text" NAME="user"><BR>
      Identificador de Usuario:
      <INPUT TYPE="Text" NAME="uid"><BR>
      <INPUT TYPE="Submit" VALUE="Enviar">
   </FORM>
</BODY>
</HTML>
```

Posteriormente se explicará el método POST y se podrán observar las diferencias entre ambos métodos. Ahora, observemos un detalle: si nuestro usuario se llama ahora «Álvaro Gil», en la cadena de la consulta obtendremos algo así como "user=%C1lvaro+Gil&uid=404". ¿Qué es esto? La explicación es sencilla, el carácter acentuado y el espacio en blanco han sido transformados siguiendo las reglas de codificación URL. A continuación se explican estas reglas.

Codificación URL

Dada la naturaleza multilenguaje de la tecnología web, fue preciso determinar un sistema de representación de los URL que pudiera ser soportado por cualquier tipo de sistema con cualquier conjunto de caracteres. Así, en el RFC 1738 se define la estructura y contenido de los URL[7]. Entre otros aspectos, en la sección 2.2 de este documento se especifica la forma de codificar caracteres «poco habituales» en los localizadores, que es lo que habitualmente se conoce como codificación URL.

La codificación URL sigue unas sencillas reglas: los «caracteres especiales» son reemplazados por una tripleta formada por el carácter % seguido de dos dígitos hexadecimales (0..9A..F) que representan el valor (en hexadecimal) del carácter correspondiente. Así, por ejemplo, el carácter # es sustituido por los caracteres %23. Por motivos históricos, el carácter de espacio es reemplazado por el símbolo + (lo cual implica que el símbolo + deba, a su vez, ser reemplazado por su correspondiente codificación hexadecimal, que es %2B).

Los caracteres especiales son los que están contemplados en alguno de los siguientes grupos:

- Aquellos que no tienen asignado un carácter gráfico en el juego de caracteres US-ASCII (como los símbolos ñ, Ñ, á, etc.).

- Los considerados como «peligrosos» (*unsafe*: espacios en blanco, <, >, ", #, %, {...}).

- Reservados con algún significado especial en algún esquema URL. Es el caso de los caracteres /, @, ?, &...

---

[7] T. Berners-Lee, Uniform Resource Locators (URL): http://www.ietf.org/rfc/rfc1738.txt.

A continuación se presenta un ejemplo de aplicación de la codificación URL. Supongamos que el usuario (variable `$user`) se llama «Álvaro Gil», su identificador de usuario (variable `$uid`) ahora es «#13&05» y queremos generar un enlace que envíe el nombre e identificador de usuario al script que hemos empleado anteriormente para procesar el formulario enviado mediante el método GET (denominado `metodoGET.php`). El siguiente código PHP intentaría generar dicho enlace:

```
echo '<A HREF="metodoGET.php?user=', $user, '&uid=', $uid, '">';
```

Esta instrucción, al ser interpretada con los datos anteriores, genera un documento con un enlace como el siguiente:

```
<A HREF="metodoGET.php?user=Álvaro Gil&uid=#13&05">
```

que, evidentemente, es incorrecto, pues incumple las reglas de construcción de URL por contener caracteres no permitidos. Para resolver este problema, PHP ofrece dos útiles funciones que realizarán la codificación y descodificación URL. Estas funciones son `urlencode()` y `urldecode()`. Para evitar el problema anterior, basta con realizar la codificación del contenido de las variables. El código sería ahora el siguiente:

```
echo '<A HREF="metodoGET.php?user=', urlencode($user),
     '&uid=', urlencode($uid), '">';
```

que en esta ocasión funcionaría de manera adecuada generando el enlace:

```
<A HREF="metodoGET.php?user=%C1lvaro+Gil&uid=%2313%2605">
```

Como puede observarse, en la cadena de la consulta ahora han sido sustituidos todos los caracteres no permitidos en la construcción de URL generando un enlace válido. Por su parte, la función `urldecode()` se emplea para realizar la transformación inversa.

Método HEAD

Los mensajes de solicitud empleando el método HEAD son idénticos a aquellos que emplean el método GET, la única diferencia está en el mensaje de respuesta: cuando se trata del método HEAD, el servidor devuelve exclusivamente la cabecera de la respuesta, sin incluir el cuerpo del mensaje.

¿Y para qué sirve entonces este método, si el mensaje de respuesta no dispone de cuerpo con un documento? Pues muy sencillo, sirve para poder consultar información relativa a un recurso (metainformación) sin la necesidad de obtener dicho recurso. Esta información puede ser empleada, por ejemplo, para comprobar la validez de un enlace, la disponibilidad del mismo o cualquier dato existente en la cabecera de la respuesta. Así, por ejemplo, puede ser interesante obtener la fecha de la última modificación del recurso para determinar si se debe actualizar el contenido de otro recurso relacionado.

Método POST

El método POST se emplea fundamentalmente para el envío de formularios. A diferencia del método GET, empleando este método, los datos del formulario son enviados en el cuerpo del mensaje y no en la cadena de la solicitud, como ocurría con GET. De este modo, cuando se emplea POST para procesar los datos de un formulario, éstos son enviados en el cuerpo del mensaje empleando las reglas de la codificación URL vistas anteriormente. Por tanto, en el URI solicitado, la cadena de la consulta (*query string*) suele estar vacía y exclusivamente suele figurar el nombre del recurso que realizará el procesamiento de dicho formulario. A continuación se modificará el formulario empleado anteriormente, utilizando ahora el método POST para su envío (adviértase el valor asignado al atributo METHOD del elemento formulario).

```
<!-- Cap07/formularioPOST.html -->
<HTML>
<HEAD><TITLE>Formulario POST</TITLE></HEAD>
<BODY>
<H2 ALIGN="CENTER">Formulario POST</H2>
    <FORM ACTION="metodoPOST.php" METHOD="POST">
        Nombre de Usuario:
        <INPUT TYPE="Text" NAME="user"><BR>
        Identificador de Usuario:
        <INPUT TYPE="Text" NAME="uid"><BR>
        <INPUT TYPE="Submit" VALUE="Enviar">
    </FORM>
</BODY>
</HTML>
```

Como puede observarse, este formulario es prácticamente idéntico al empleado anteriormente, pero ahora se utiliza el método POST para realizar la solicitud al servidor. Programaremos ahora el script metodoPOST.php que realizará el procesamiento de los datos enviados por este formulario.

```
<!-- Cap07/metodoPOST.php -->
<HTML>
<HEAD><TITLE>Petición POST</TITLE></HEAD>
<BODY>
<H2 ALIGN="CENTER">Petición POST</H2>
<PRE>
<?php
    // Imprimimos algunas variables relacionadas
    echo <<< Fin_Texto
 *** Variables de la petición ***
    Método Solicitud: {$HTTP_SERVER_VARS['REQUEST_METHOD']}
    Query_String    : {$HTTP_SERVER_VARS['QUERY_STRING']}
```

```
Fin_Texto;

    // Ahora imprimimos la matriz asociativa $HTTP_POST_VARS
    echo "\n *** Matriz HTTP_POST_VARS ***\n";
    foreach ($HTTP_POST_VARS as $clave => $valor)
      echo "   $clave => $valor \n";

    // Por último, las variables globales
    echo <<< Fin_Texto
 *** Variables Globales ***
    \$user = $user
    \$uid  = $uid
Fin_Texto;
?>
</PRE>
</BODY>
</HTML>
```

Examinando el código anterior y comparándolo con el empleado para procesar el formulario enviado con método GET, puede observarse que tan sólo ha cambiado la matriz asociativa en la que se guardan las parejas de variables y valores. Esta matriz ahora se denomina $HTTP_POST_VARS. Al mismo tiempo, también puede comprobarse que la cadena de la solicitud (*query string*) ahora está vacía, ya que los datos han sido enviados en el cuerpo del mensaje de la solicitud (obsérvese el campo de dirección en el navegador). Estos detalles pueden apreciarse en la página generada por el script que se muestra en la Figura 7.4.

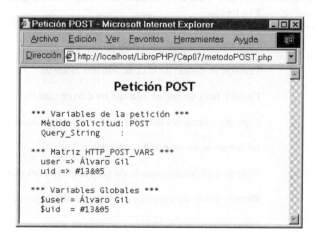

Figura 7.4. *Acceso a variables con método POST.*

En resumen, el método POST es más aconsejable cuando se tiene que realizar una solicitud de un recurso que requiere el envío de un conjunto de datos, ya que los datos no figuran en la propia solicitud (no se ven en la dirección del navegador) y además tampoco se almacenan en los ficheros de registro (*log*) del servidor web. Por tanto, como norma general, podemos indicar que POST es el método más apropiado para el procesamiento de formularios.

Por último, para finalizar con las características de los mensajes de solicitud, a continuación se muestran con un mayor nivel de detalle los distintos campos de la cabecera y su significado. Una vez examinados estos campos, se estudiará la estructura y los tipos de mensajes de respuesta.

Campos de las cabeceras HTTP

Como se ha comentado anteriormente a lo largo de este capítulo, aparte de la primera línea con la solicitud, la cabecera de los mensajes HTTP puede estar formada opcionalmente por múltiples campos con sus correspondientes valores asociados. En la cabecera de una solicitud pueden aparecer tres tipos de campos diferentes:

- Cabeceras generales (comunes a peticiones y respuestas).
- Cabeceras específicas de las solicitudes.
- Cabeceras entidad (metainformación opcional).

Las *cabeceras generales* aportan información relacionada con el mensaje enviado. Las distintas cabeceras generales existentes y su significado pueden observarse en la siguiente tabla:

Nombre del campo	Contenido
Cache-Control	Directivas de control de caché.
Connection	Petición de estado de la conexión tras el envío.
Date	Fecha y hora en que el mensaje ha sido originado.
Pragma	Especifica opciones de comportamiento del protocolo.
Trailer	Información de avance de mensajes.
Transfer-Encoding	Tipo de codificación empleada para el cuerpo del mensaje.
Upgrade	Permite al cliente especificar los protocolos soportados.
Via	Información para pasarelas y servidores proxy.
Warning	Información adicional acerca del estado de un mensaje.

Por su parte, las *cabeceras específicas de la solicitud* permiten a los clientes enviar al servidor información relativa a la solicitud e información concreta del propio cliente. A continuación pueden apreciarse los distintos campos y el significado de su contenido:

Nombre del campo	Contenido
Accept	Lista con los tipos de recursos que el cliente es capaz de manejar, p. ej., text/html, image/*, */*.
Accept-Charset	Juegos de caracteres aceptables para la respuesta.
Accept-Encoding	Tipos de codificación soportados.
Accept-Language	Lista con las preferencias de lenguaje.
Authorization	Credenciales con información para autenticación.
Expect	Indica el estado que el cliente espera del servidor.
From	Dirección de e-mail del usuario.
Host	Nombre del host y puerto del servidor solicitado.
If-Match	Máscara para solicitudes condicionales.
If-Modified-Since	Fecha para realizar solicitudes condicionales.
If-None-Match	Máscara para solicitudes condicionales.
If-Range	Máscara para solicitudes parciales condicionales.
If-Unmodified-Since	Fecha para realizar solicitudes condicionales.
Max-Forwards	Límite de saltos para el método TRACE.
Proxy-Authorization	Credenciales para autenticación ante un servidor proxy.
Range	Rango de bytes solicitados.
Referer	URI del recurso del que se ha obtenido el URI solicitado.
TE	Indica extensiones de codificaciones de transferencia.
User-Agent	Agente usuario (navegador) que ha originado la petición.

A la vista de tal cantidad de opciones, es evidente que el agente de usuario (el navegador) puede opcionalmente enviar gran cantidad de información relacionada con las preferencias del usuario, de tal forma que las aplicaciones residentes en el servidor pueden ser capaces de elaborar respuestas «a medida» según las preferencias indicadas por el cliente. En el siguiente script se emplean algunas variables de PHP[8] ($HTTP_*) para generar una tabla con información acerca del cliente que ha enviado la petición.

---

[8] Para que PHP genere estas variables globales debe estar activada la opción register_globals del fichero de configuración php.ini.

```
<!-- Cap07/variablesHTTP.php -->
<HTML>
<HEAD><TITLE>Variables HTTP</TITLE></HEAD>
<BODY>
<H2 ALIGN="CENTER">Variables Petición HTTP</H2>
<TABLE BORDER="1">
<TR><TH>Campo</TH><TH>Valor</TH></TR>
<?php
    // Sencillamente mostramos las variables PHP
    echo "<TR><TD NOWRAP>User-Agent</TD>
            <TD>$HTTP_USER_AGENT</TD> </TR>\n";
    echo "<TR><TD NOWRAP>Accept</TD>
            <TD>$HTTP_ACCEPT</TD> </TR>\n";
    echo "<TR><TD NOWRAP>Accept-Language</TD>
            <TD>$HTTP_ACCEPT_LANGUAGE</TD> </TR>\n";
    echo "<TR><TD NOWRAP>Referer</TD>
            <TD>$HTTP_REFERER</TD> </TR>\n";
?>
</TABLE>
</BODY>
</HTML>
```

Como resultado del script anterior se generará una página similar a la mostrada en la Figura 7.5 (lógicamente, el contenido variará en función del cliente empleado). En el ejemplo, examinando el contenido asignado a la variable $HTTP_USER_AGENT se puede

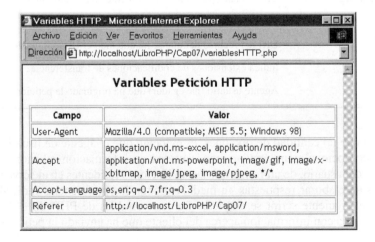

Figura 7.5. *Variables de una petición HTTP.*

saber entre otros detalles que el usuario está empleando como navegador Microsoft Internet Explorer 5.5 (MSIE) sobre un ordenador con sistema operativo Windows 98.

Otra posible forma de acceder a la cabecera completa de una petición HTTP consiste en emplear la función `getallheaders()`. Esta función devuelve una matriz asociativa que contiene cada uno de los campos de la cabecera y su correspondiente valor. En el siguiente ejemplo, además de la mencionada función, también se emplea la matriz `$HTTP_SERVER_VARS` generada por PHP. Esta matriz asociativa contiene, precisamente, información relacionada con el servidor, el entorno y el protocolo HTTP. A continuación puede observarse el listado de un script que genera como resultado una tabla conteniendo la petición y todas las cabeceras recibidas.

```
<!-- Cap07/cabeceraHTTP.php -->
<HTML>
<HEAD><TITLE>Cabecera Petición HTTP</TITLE></HEAD>
<BODY>
<H2 ALIGN="CENTER">Cabecera Petición HTTP</H2>
<TABLE BORDER="1">
<?php
    // Mostramos la primera línea con la petición
    echo "<TR><TH>Petición HTTP:</TH><TD>";
    echo $HTTP_SERVER_VARS['REQUEST_METHOD'], ' ';
    echo $HTTP_SERVER_VARS['REQUEST_URI'], ' ';
    echo $HTTP_SERVER_VARS['SERVER_PROTOCOL'], "</TD></TR>\n";

    // Obtenemos todas las cabeceras
    $CabeceraHTTP = getallheaders();

    // Listamos el contenido de la matriz
    echo "<TR><TH>Campo</TH><TH>Valor</TH></TR> \n";
    foreach ($CabeceraHTTP as $campo => $valor)
        echo "<TR><TD NOWRAP>$campo</TD> <TD>$valor</TD> </TR>\n"
?>
</TABLE>
</BODY>
</HTML>
```

Como puede observarse, las variables utilizadas en el primer ejemplo también están accesibles a través de la correspondiente posición de la matriz asociativa obtenida con la función `getallheaders()`. De este modo, por ejemplo, el contenido de la variable `$HTTP_USER_AGENT` es el mismo que el asociado a la posición `$Cabece raHTTP['User-Agent']` de la matriz del segundo ejemplo.

Toda esta información permite a los programadores desarrollar aplicaciones que son capaces de detectar las capacidades del navegador empleado y, por tanto, generar contenidos de acuerdo a dichas capacidades.

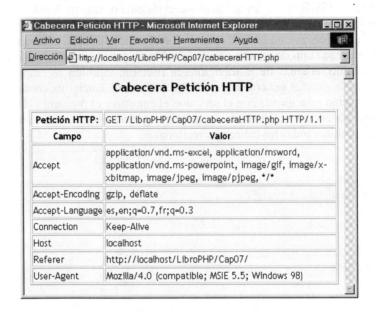

Figura 7.6. *Listado de la cabecera de una petición.*

MENSAJES DE RESPUESTA

Como se comentó al principio del presente capítulo, los mensajes que generan los servidores como respuesta a las peticiones de los clientes también están formados por una cabecera y, opcionalmente, por un cuerpo del mensaje. A su vez, dicha cabecera contiene una primera línea, denominada *línea de estado*, seguida de una serie de campos con sus correspondientes valores. La estructura de la línea de estado es la siguiente:

```
Versión_HTTP Código_de_Estado Descripción_Código_Estado
```

Así, la línea de estado habitual generada por los servidores cuando las peticiones son correctamente atendidas será:

```
HTTP/1.1 200 OK
```

Como puede apreciarse, dicha línea está formada en primer lugar por la versión empleada del protocolo (habitualmente `HTTP/1.1`), a continuación un código de tres dígitos que indica el estado de la solicitud recibida y, finalmente, una breve descripción textual del código de estado devuelto. Existen cinco clases de códigos de estado (en función del primer dígito) que pueden apreciarse en la siguiente tabla:

Código	Finalidad	Estado de la solicitud
1xx	Información	Ha sido recibida, el proceso continúa.
2xx	Éxito	Ha sido recibida, comprendida y aceptada.
3xx	Redirección	Se requiere una acción posterior para completar la solicitud.
4xx	Error en el Cliente	La solicitud tiene una sintaxis incorrecta o no puede ser atendida.
5xx	Error en el Servidor	El servidor ha sido incapaz de atender la solicitud.

Veamos un primer ejemplo de utilización de esos códigos. Vamos a crear una sencilla página que genera un mensaje de error más habitual de lo que nos gustaría: '404 Not Found'. Para ello se empleará la función header(), que permite incluir una línea en la cabecera de la respuesta. Un detalle importantísimo, que no debe olvidarse, es que cuando se emplea la función header(), esta línea debe ejecutarse antes de que el script genere cualquier tipo de contenido, incluidos comentarios, líneas en blanco, etc. Como el lector habrá intuido, esto tiene una sencilla explicación: la cabecera del mensaje de respuesta debe ser generada *antes* que cualquier contenido que figure en el cuerpo de dicho mensaje. Así, cuando se emplee la función header(), modificaremos la estructura que estábamos empleando hasta ahora en los ejemplos del libro, pues generaría un error.

```php
<?php
/* ///////////////////////////////////////////////////////
 * <!-- Cap07/error404.php -->
 * Este script genera un error 404 - Documento no encontrado
 * /////////////////////////////////////////////////////// */
    header('HTTP/1.1 404 Not Found');
?>
```

Lógicamente, cuando se interpreta este script se produce el correspondiente código de error y el navegador muestra una página con el código correspondiente. Hay que observar que muchos navegadores tienen una opción (activada por defecto) a través de la cual, si el servidor devuelve algún tipo de código de error, muestran una página explicativa del error producido. Así, en el ejemplo anterior, un navegador Internet Explorer genera un documento similar al mostrado en la Figura 7.7.

Este script puede ser empleado para ocultar contenidos de directorios. Como el lector conocerá, cuando un cliente solicita un URI con un directorio, pero sin especificar ningún fichero concreto, el servidor puede mostrar el listado de los ficheros disponibles en dicho directorio[9]. Para evitar «dar pistas» sobre el contenido de los directorios se puede emplear el script anterior como página por defecto[10] (habitualmente llamada index.php), y así los usuarios demasiado curiosos todo lo que podrán obtener será una página similar a la del anterior ejemplo.

---

[9] Depende del contenido del directorio (si existe una página por defecto en el mismo) y de la propia configuración del servidor.

[10] En el servidor Apache la directiva DirectoryIndex permite especificar el nombre del fichero por defecto.

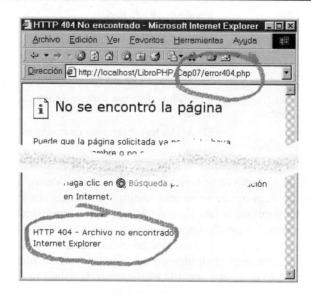

Figura 7.7.   *Ejecución del script error 404.php.*

Campos específicos de las respuestas

En la cabecera de los mensajes de respuesta enviados por los servidores, a continuación de la línea de estado comentada anteriormente, figuran además campos con sus correspondientes valores. Al igual que ocurre en las cabeceras de las solicitudes, existen tres grupos de campos:

- Cabeceras generales (vistas anteriormente, comunes a peticiones y respuestas).
- Cabeceras específicas de las solicitudes.
- Cabeceras entidad (metainformación opcional).

Las cabeceras específicas de las solicitudes permiten a los servidores enviar detalles relacionados con la respuesta que no pueden ser incluidos en la línea de estado. Estas cabeceras proporcionan información adicional acerca del servidor y del acceso al URI solicitado. Los campos disponibles son:

Nombre del campo	Contenido
Accept-Ranges	Indica el tipo de rangos manejados por el servidor (habitualmente contiene el valor `bytes`).
Age	Expresa una estimación del tiempo (en segundos) desde que se generó la respuesta en el servidor original.
ETag	Etiqueta entidad (*entity tag*) para identificación del recurso.

(continúa)

(continuación)

Nombre del campo	Contenido
Location	Permite redirigir solicitudes. Especifica el URI absoluto al que debe dirigirse el navegador para obtener el recurso.
Proxy-Authenticate	Esquema de autenticación ante servidores proxy.
Retry-After	Estimación del momento en que el recurso estará disponible.
Server	Identificación del software empleado por el servidor.
Vary	Información de criterios sobre sistemas caché.
WWW-Authenticate	Esquema de autenticación y parámetros aplicables al URI solicitado en la petición.

Entre los campos anteriores, el más empleado en el desarrollo de scripts es `Location`. Este campo se emplea para redirigir solicitudes hacia otras direcciones. En el próximo ejemplo se genera un script que permite conocer «por dónde se van nuestros usuarios». Como se ha visto en ejemplos anteriores, empleando el campo `Referer` de la cabecera HTTP se puede saber de dónde nos llegan visitas a una página en nuestro servidor, pero, si les ofrecemos una serie de enlaces externos, ¿cómo podemos conocer cuáles de estos enlaces son más interesantes para nuestros visitantes?

Seguimiento de visitantes

El mecanismo para conocer el destino de nuestros visitantes es sencillo: en lugar de emplear los típicos enlaces `<A HREF="URI_externo">` en nuestras páginas HTML, vamos a «filtrar» esta petición a través de un script en nuestro servidor (`espia.php`) que registrará en qué página está el enlace y hacia dónde se dirige el visitante. Así, los enlaces ahora tendrán un aspecto similar a `<A HREF="espia.php?URI_externo">`. El registro se realizará sencillamente escribiendo en un fichero de texto la información correspondiente.

En primer lugar vamos a generar el documento `enlaces.html` (en nuestro ejemplo de manera estática), que contiene un par de «enlaces vigilados» a otros recursos. Los enlaces contienen en la cadena de la consulta (*query string*) el destino del enlace pulsado por los usuarios. El documento es el siguiente:

```
<!-- Cap07/enlaces.html -->
<HTML>
<HEAD><TITLE>Seguimiento de Usuarios</TITLE></HEAD>
<BODY>
<H2 ALIGN="CENTER">Seguimiento de Usuarios</H2>
    <UL>
        <LI><A HREF="espia.php?http://www.php.net/">Servidor PHP</A></LI>
        <LI><A HREF="espia.php?www.zend.com">Servidor Zend</A></LI>
    </UL>
</BODY>
</HTML>
```

A continuación se desarrolla el script `espia.php` que realizará el seguimiento. En el fichero `registro.txt` registraremos de dónde vienen y por dónde se van nuestros usuarios:

```php
<?php
/* //////////////////////////////////////////////////////////////
 * <!-- Cap07/espia.php -->
 * Este script realiza el seguimiento de usuarios
 * ////////////////////////////////////////////////////////////// */

    // Definimos el nombre del fichero de registro
    define('FICHERO_LOG', 'registro.txt');

    // Creamos la función de registro
    function registro ($origen, $destino)
        {
        $cadena = $origen . ' => ' . $destino . "\n";
        $fichero = fopen(FICHERO_LOG, 'a') or
                        die("No puedo abrir " . FICHERO_LOG);
        fwrite($fichero, $cadena);
        fclose($fichero);
        return 1;
        }

    // A trabajar!: registramos el acceso
    $URI_origen  = $HTTP_SERVER_VARS['HTTP_REFERER'];
    $URI_destino = $HTTP_SERVER_VARS['QUERY_STRING'];
    if (!stristr($URI_destino, 'http://'))
        $URI_destino = 'http://' . $URI_destino;
    registro($URI_origen, $URI_destino);

    // Generamos el campo Location de la cabecera
    header("Location: $URI_destino");
?>
```

Como se puede advertir, el funcionamiento es muy sencillo: se obtiene en la variable `$URI_origen` la página sobre la que el usuario ha pulsado, y en la variable `$URI_destino` la dirección de destino del enlace. A continuación, se registra el acceso añadiendo una entrada al fichero de registro[11], y por último, se genera la cabecera con el campo `Location` para que el navegador del cliente obtenga el enlace deseado. En este punto hay que resaltar que es misión del cliente obtener el nuevo recurso indicado por el campo `Location`, el servidor tan sólo se limita a indicar dónde dirigirse para obtener el recurso solicitado. El fichero generado tendrá un contenido similar a:

```
http://localhost/LibroPHP/Cap07/enlaces.html => http://www.php.net/
http://localhost/LibroPHP/Cap07/enlaces.html => http://www.zend.com
http://localhost/LibroPHP/Cap07/enlaces.html => http://www.zend.com
http://localhost/LibroPHP/Cap07/enlaces.html => http://www.php.net/
...
```

---

[11] Deberá prestarse atención a los derechos sobre el directorio en el que se sitúe el fichero de registro. Para que el ejemplo funcione correctamente, el servidor debe tener permiso de escritura en el directorio (para la creación del fichero) y permiso de escritura sobre el propio fichero de registro.

Como posibles ampliaciones, en primer lugar se podrían añadir bloqueos de acceso al fichero de registro. Bastaría con emplear la función `flock()`[12] después de la apertura del fichero y antes del cierre del mismo. Asimismo, también se podría modificar la función de registro guardando la información en un sistema de bases de datos. Esto permitiría un manejo posterior de la información más sencillo para, por ejemplo, generar estadísticas e informes relacionados con el flujo de visitantes sobre las páginas alojadas en nuestro servidor.

Autenticación de acceso

En este apartado se estudia la forma de crear un script que, empleando cabeceras HTTP, implemente un mecanismo de autenticación[13]. En primer lugar, hay que comentar que, debido a limitaciones de las implementaciones, este mecanismo funciona exclusivamente en instalaciones de PHP como módulo interno de Apache, no es operativo en instalaciones en modo CGI ni sobre otros servidores.

En HTTP existen dos esquemas de autenticación de acceso: `Basic` y `Digest`. Básicamente, la diferencia fundamental entre ambos consiste en la forma en la que se envían los datos del usuario: empleando la autenticación básica las credenciales del usuario (nombre y palabra clave) se envían en claro (empleando codificación en base 64). Por el contrario, en la autenticación *digest* se emplean funciones de transformación que evitan el envío de la palabra clave como texto claro.

El funcionamiento de estos dos mecanismos es el mismo, al intentar acceder a un recurso «protegido» el servidor contesta enviando un mensaje en cuya cabecera se especifican el nombre de la zona protegida (o dominio) y un código de estado `401 - Unauthorized`. Cuando el cliente recibe este mensaje, solicita al usuario su nombre de usuario y palabra clave, que son reenviados al servidor para su autenticación. Si al tercer intento fracasa, se deniega el acceso al recurso.

En el siguiente script se implementa un método de control de acceso empleando este esquema básico. Para permitir el acceso al recurso, el usuario debe presentar como credenciales el nombre `'jefe'` y la contraseña `'superjefe'`. Desde el script se accederá a estas credenciales a través de las variables `$PHP_AUTH_USER` y `$PHP_AUTH_PW`. Obsérvese que este sencillo mecanismo podría complementarse con la utilización de una base de datos para ofrecer un mayor rango de posibilidades.

```php
<?php
/* ///////////////////////////////////////////////////////////
 * <!-- Cap07/zona_privada.php -->
 * Autenticación básica de usuarios
 * /////////////////////////////////////////////////////// */
```

---

[12] `flock()` no funciona correctamente en algunos sistemas operativos.

[13] HTTP Authentication: Basic and Digest Access Authentication: http://www.ietf.org/rfc/rfc2617.txt.

```
    // Comprobamos si existe el nombre de usuario
    if (!isset($PHP_AUTH_USER))
        {
        header('WWW-Authenticate: Basic realm=" Zona Restringida "');
        header('HTTP/1.0 401 Unauthorized');
        echo 'ZONA RESTRINGIDA: se requiere autorización.';
        exit();
        }

    // Tiene que ser el jefe...
    elseif (($PHP_AUTH_USER != 'jefe') || ($PHP_AUTH_PW != 'superjefe'))
        {
        header('WWW-Authenticate: Basic realm=" Zona Restringida "');
        header('HTTP/1.0 401 Unauthorized');
        echo 'ZONA RESTRINGIDA: se requiere autorización.';
        exit();
        }

    // Todo es correcto, le dejamos pasar...
    else
        {
        echo '<H2 ALIGN="CENTER">Zona Restringida</H2>';
        echo 'Buenos días JEFE :)';
        }
?>
```

Este script provocará que cuando el usuario intente acceder al mismo, el navegador solicite sus credenciales en una ventana similar a la mostrada en la Figura 7.8.

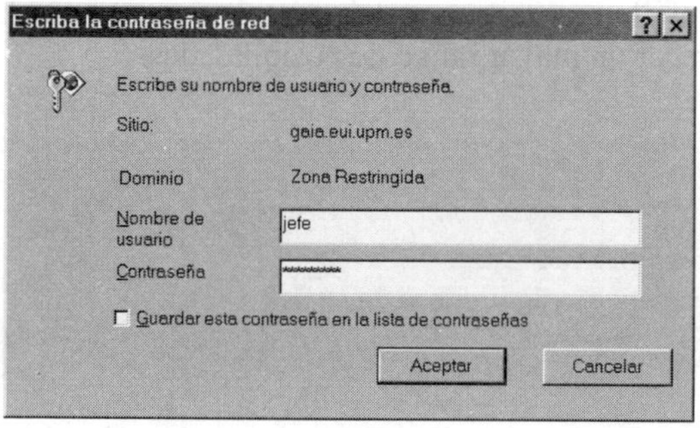

Figura 7.8. *Autenticación básica de usuarios.*

COOKIES

Como ya se ha comentado al inicio de este capítulo, HTTP es un protocolo sin estados. Esto significa que cada solicitud enviada por un cliente al servidor representa una conexión independiente. Por tanto, para realizar cualquier procesamiento que requiera más de un paso, será preciso utilizar algún tipo de mecanismo que permita mantener el «estado del proceso». Uno de estos posibles mecanismos es el empleo de *cookies*.

Las cookies permiten a las aplicaciones residentes en el servidor enviar bloques de información que son almacenados por el cliente. Una vez almacenado dicho bloque, las posteriores solicitudes realizadas por el cliente incluyen el valor actual de la información almacenada en el mismo. A este bloque de información se le denomina cookie[14]. Un aspecto importante a tener en cuenta es que el empleo de esta técnica requiere que el software empleado por el cliente soporte el empleo de cookies (y que este mecanismo esté habilitado).

Estructura de una cookie

Una cookie es un bloque de información que está constituido por varios campos. Todos son opcionales, excepto el nombre de la cookie. Su estructura es:

Elemento	Contenido
nombre	Nombre de la cookie.
valor	Valor asociado a la cookie (se envía empleando la codificación URL).
fecha expiración	Fecha de expiración de la cookie.
path	Subconjunto de URL para los que la cookie es válida.
dominio	Rango de dominios para los que la cookie es válida.
segura	Indica si la cookie se debe transmitir exclusivamente sobre conexiones seguras HTTPS.

Si se envía solamente el nombre, la cookie será eliminada en el cliente. También debe tenerse en cuenta que la información almacenada en una cookie es enviada como un campo en la cabecera de las solicitudes que el cliente envía hacia el servidor. Por tanto, una aplicación que desee emplear esta técnica debe realizar al menos dos pasos: en el primer paso se enviará la cookie, y en el segundo (y posteriores) se podrá consultar la información almacenada en la misma. Un error muy habitual cuando se emplea esta técnica consiste en intentar dar valor e intentar consultar el contenido en el primer paso.

---

[14] La especificación del mecanismo de cookies puede obtenerse en: http://www.netscape. com/newsref/std/cookie_spec.html.

Envío de una cookie al cliente

Para este cometido, PHP dispone de la función `setcookie()`. Esta función tiene seis parámetros (los seis campos indicados anteriormente), aunque sólo el primero es obligatorio. A continuación se desarrolla un sencillo script llamado `envio_cookie.php`, que enviará una cookie denominada `Cap07` con una serie de valores que posteriormente serán consultados. Esta cookie será válida durante diez minutos para todos aquellos scripts que estén en el mismo directorio.

```php
<?php
/* ////////////////////////////////////////////////////////////////
 * <!-- Cap07/envio_cookie.php -->
 * Este script envía una cookie llamada Cap07
 * //////////////////////////////////////////////////////////// */

    // Generamos los valores que se van a especificar para la cookie
    $nombre = 'Cap07';                          // Nombre de la cookie
    $valor = 404;                               // Un valor cualquiera
    $fecha_expiracion = time() + 600;      // Expira en 10 minutos
    $path = dirname($HTTP_SERVER_VARS['REQUEST_URI']);   // El path actual

    // Enviamos la cookie
    setcookie($nombre, $valor, $fecha_expiracion, $path, '', 0);

    // Escribimos algo (para que no aparezca una página en blanco :)
    echo "Cookie enviada: $nombre, $valor, $fecha_expiracion, $path \n";
?>
```

Para comprobar que el ejemplo anterior ha funcionado correctamente podemos volver a emplear el script `cabeceraHTTP.php`. Si todo ha funcionado correctamente, como puede observarse en la Figura 7.9, el cliente envía un campo adicional (llamado `Cookie`) con la información correspondiente.

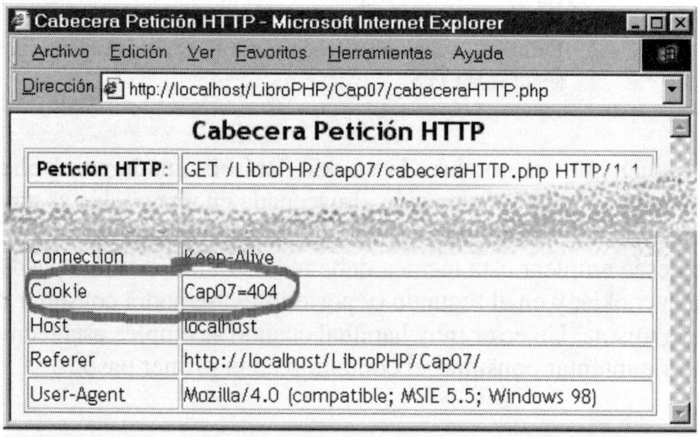

Figura 7.9. *Comprobación del envío de la cookie.*

Cuando se emplea esta técnica hay que tener en cuenta que la información de las cookies se envía en las cabeceras de los mensajes, tanto para las peticiones realizadas por el cliente, como para las respuestas generadas por el servidor. Por tanto, igual que ocurre cuando se emplea la función header(), el script no debe generar ningún tipo de salida antes del empleo de la función setcookie().

Para provocar la eliminación de la cookie en el cliente, basta con enviar una nueva cookie con el mismo nombre, pero sin valor adicional. En el script borrar_cookie.php se puede observar el empleo de este mecanismo.

```php
<?php
/* /////////////////////////////////////////////////////////
 * <!-- Cap07/borrar_cookie.php -->
 * Este script elimina una cookie llamada Cap07
 * ///////////////////////////////////////////////////////// */

    // Generamos los valores que se van a especificar para la cookie
    $nombre = 'Cap07';                     // Nombre de la cookie

    // Enviamos la cookie
    setcookie($nombre);

    // Escribimos algo (para que no aparezca una página en blanco :)
    echo "Cookie $nombre eliminada \n";
?>
```

En los dos ejemplos anteriores, en lugar de realizar la última operación echo() se podría haber incluido una llamada a la función header() para que, empleando el campo Location, redirija de forma automática al cliente hacia el script cabeceraHTTP.php. Así, tras cada operación se mostraría el contenido de las cabeceras enviadas por el cliente y, por tanto, la situación de la cookie empleada. El código correspondiente sería:

```
header('Location: http://localhost/LibroPHP/Cap07/cabeceraHTTP.php');
```

Por otra parte, también es importante destacar que en caso de existir múltiples ejecuciones de la función setcookie(), éstas son ejecutadas en orden inverso a como aparecen en el código. Así, si desea borrar una cookie antes de insertar otra, primero se debe escribir la sentencia de inserción y después la de borrado.

Recuperación de una cookie en el servidor

La recuperación desde un script PHP del contenido de una cookie es muy simple: basta con acceder a la matriz asociativa $HTTP_COOKIE_VARS. Esta matriz contiene una entrada nombre-valor por cada cookie enviada por el cliente. En el siguiente ejemplo puede observarse cómo acceder a la cookie anteriormente generada:

```
<!-- Cap07/leer_cookie.php -->
<HTML>
<HEAD><TITLE>Recuperación de cookies</TITLE></HEAD>
<BODY>
<H2 ALIGN="CENTER">Cookies disponibles</H2>
<TABLE BORDER="1" ALIGN="CENTER">
<?php
    // Listamos el contenido de la matriz HTTP_COOKIE_VARS
    echo "<TR><TH> Cookie </TH><TH> Valor </TH></TR> \n";
    foreach ($HTTP_COOKIE_VARS as $cookie => $valor)
        echo "<TR><TD NOWRAP>$cookie</TD> <TD>$valor</TD> </TR>\n"
?>
</TABLE>
</BODY>
</HTML>
```

El documento generado puede observarse en Figura 7.10:

Figura 7.10. *Recuperación de la cookie en el servidor.*

Adicionalmente, en caso de estar activada la opción `register_globals` del fichero de configuración, PHP crea una variable global con el nombre de la cookie (`$Cap07` en nuestro ejemplo) y el valor asociado a la misma.

Si espera acceder al resto de información de la cookie a través de algún método, no pierda su tiempo: no es posible[15]. Sólo quien envía la cookie conoce los detalles de la información enviada, como son la fecha de expiración, el path, el dominio, etc. ¿Cuál puede ser el motivo de esta «ocultación» de información? Pues, seguramente (y esto es una opinión personal...), evitar *la batalla de las cookies* entre distintas aplicaciones (posiblemente de distintos servidores) eliminando y modificando cookies ajenas.

---

[15] Existe una excepción a esta regla: cuando se emplean sesiones PHP. La función `session_get_cookie_params()` permite obtener todos los parámetros de la cookie de sesión.

Contador de accesos empleando cookies

A continuación desarrollaremos un sencillo contador personal de accesos a una página empleando la técnica de envío y recuperación de cookies. De esta forma, el valor del contador se almacenará en el cliente, no siendo necesario el almacenamiento de ningún tipo de información en el servidor.

El funcionamiento es trivial: cada vez que se accede a la página, el script recupera el valor de la cookie y la reenvía con el contador incrementado. De esta forma, cuando el cliente accede al script, éste no tiene más que acceder al valor de la cookie para determinar cuántas veces ha visitado dicho cliente la página en cuestión. El código de este script es el siguiente:

```php
<?php
/* /////////////////////////////////////////////////////////////
 * <!-- Cap07/contador.php -->
 * Este script cuenta el número de accesos empleando cookies
 * ///////////////////////////////////////////////////////////// */

    // Generamos los valores que se van a especificar para la cookie
    $nombre = 'ContadorCap07';

    // Obtenemos el valor del contador (evitando warnings no deseados...)
    if (!isset($HTTP_COOKIE_VARS[$nombre]))
        $valor = 1;
    else
        $valor = $HTTP_COOKIE_VARS[$nombre] + 1;

    // Expira el 01/01/2010 a las 00:00:00
    $fecha_expiracion = mktime(0, 0, 0, 1, 1, 2010);

    // Esta cookie sólo la verá el script actual
    $path = $HTTP_SERVER_VARS['REQUEST_URI'];

    // Ahora enviamos la cookie y después generamos el documento
    setcookie($nombre, $valor, $fecha_expiracion, $path, '', 0);
?>
<HTML>
<HEAD><TITLE>Contador con cookies</TITLE></HEAD>
<BODY>
<H2 ALIGN="CENTER">Contador de accesos</H2>
<?php
    if ($valor == 1)    // Es la primera vez
        echo "Bienvenido por primera vez a nuestra página\n";
    else
        echo "Has visitado nuestra página $valor veces\n";
?>
</BODY>
</HTML>
```

De este modo, el script anterior, tras unas cuantas visitas, generará un documento similar al mostrado en la Figura 7.11:

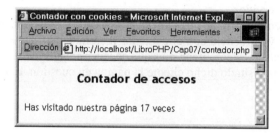

Figura 7.11. *Contador personal de accesos empleando cookies.*

Adicionalmente, PHP permite manejar matrices de cookies. Podríamos, por ejemplo, enviar una serie de cookies llamadas `Cap07[contador]`, `Cap07[nombre]` y `Cap07[email]`. El servidor enviará una cookie diferente por cada campo de la matriz, pero tiene la ventaja de poder manejarlas como una matriz cuando son recuperadas.

CAPÍTULO 8

Entrada y salida en PHP

Las operaciones de entrada/salida tienen mucha importancia en cualquier lenguaje de programación, ya que, generalmente, no tiene sentido una aplicación que no sea capaz de mostrar resultados en pantalla, leer o escribir en un fichero o manipular una base de datos. A lo largo del capítulo se analizará la forma de acceder a datos almacenados en ficheros y las diferentes formas de trabajo. Posteriormente, en otros capítulos de este libro se estudiarán las operaciones de acceso a sistemas gestores de bases de datos.

OPERACIONES BÁSICAS CON FICHEROS

El adecuado conocimiento de la manipulación de ficheros es uno de los complementos fundamentales para el diseño de páginas web. Piense por un momento lo ineficiente que sería el sitio web de una tienda virtual si tuviera que tener diseñada una página por cada uno de los productos que ofrece. Sería más grave todavía el hecho de tener que modificar todas las páginas HTML de aquellos productos a los que, por ejemplo, en algún momento les fuera modificado el precio.

Para resolver esta problemática, la solución más sencilla que se puede plantear consiste en separar los datos de los productos y los scripts que generan sus páginas, y en función de la necesidad del visitante del web generar de forma dinámica el contenido de la página. Esto requiere un pequeño esfuerzo suplementario en el servidor, pero a cambio facilita en gran medida el mantenimiento actualizado de la información.

La forma más primitiva de almacenar los datos de los productos consistiría en la utilización de ficheros de texto. Un fichero es una estructura de datos que se guarda en memoria secundaria y que permite almacenar información. Los ficheros pueden almacenar caracteres, valores numéricos o cualquier otro tipo de información.

A continuación se van a estudiar los pasos necesarios para poder generar de forma dinámica una página que muestre, por ejemplo, los artículos de una tienda virtual. Supongamos que dicha tienda vende electrodomésticos de los que quiere guardar la siguiente información: código del artículo, descripción, precio de coste, precio de venta, stock actual y stock mínimo. Ésta podría estar almacenada en un fichero con la siguiente organización: cada una de las seis propiedades de un artículo está almacenada en una línea, y si no se conoce el valor aparece una línea en blanco. La apariencia del fichero podría ser algo parecido a:

```
1
Televisión 21''
19900
25000                    Artículo 1
12
3
2
Televisión 25''
30000
35000                    Artículo 2

3
```

Las páginas que se van a generar tendrán el aspecto mostrado en las Figuras 8.1 y 8.2:

Figura 8.1.   *Formulario de selección de productos.*

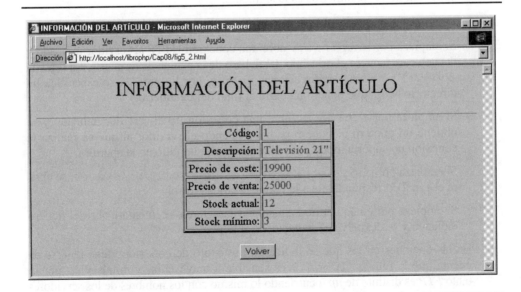

Figura 8.2.   *Información detallada del artículo seleccionado.*

El web a desarrollar estará formado por dos páginas. La página inicial para la selección del producto se generará obteniendo del fichero los nombres de los artículos ofertados por la empresa. Una vez seleccionado el producto, se accederá al fichero para obtener la información del artículo seleccionado.

Siempre que se vaya a manipular cualquier fichero, han de realizarse las operaciones según el siguiente esquema:

- Abrir el fichero.

- Realizar las operaciones específicas sobre los datos.

- Cerrar el fichero.

Hasta aquí se han planteado los aspectos generales del diseño de la solución que se ha buscado para el desarrollo del web. Ahora se van a detallar cada uno de los pasos de forma que pueda implementarse la aplicación web buscada.

¿Cómo se abre un fichero?

PHP dispone de la función `fopen()`, que permite realizar esta operación. El formato de la llamada a la función es:

```
int fopen(string fichero, string modo [, int ruta_include]);
```

La descripción de los parámetros es la siguiente:

- `fichero` dispone de varias acepciones:

    - Si empieza por `http://...` abre una conexión HTTP al servidor indicado y devuelve un puntero al principio del fichero de la página de respuesta. La función `fopen()` no maneja redirecciones `http` y, por lo tanto, si se especifica un directorio habrá que poner una barra al final del parámetro.

    - Si empieza por `ftp://...` abre una conexión ftp al servidor indicado y se obtiene un puntero al fichero pedido. Cuando el servidor al que se realiza la conexión no soporta modo pasivo, se producirá un fallo en la apertura.

    - Si empieza por `php://stdin`, `php://stdout` o `php://stderr`, se abrirá el canal correspondiente a la entrada, salida o error.

    - Si empieza por cualquier otra cadena de caracteres, se intentará abrir el fichero indicado y se devuelve el manejador del fichero

    En las opciones en las que se indica un protocolo de conexión, debe tenerse en cuenta que la función `fopen()` es sensible a mayúsculas y minúsculas, por lo tanto *FTP* es distinto de *ftp*, ocurriendo lo mismo con los nombres de los servidores y recursos a los que se desea acceder.

- `modo` determina la forma de acceso en que se abre el fichero. Un fichero puede ser abierto con diferentes modos: lectura, escritura, lectura y escritura, añadir información... En la siguiente tabla se muestran los diferentes modos de operación que permite PHP.

Tabla 8.1.

Atributo	Efecto
r	Sólo lectura.
r+	Lectura y escritura.
w	Sólo escritura. Borra el contenido anterior.
w+	Lectura y escritura. Borra el contenido anterior.
a	Sólo escritura. Conserva el contenido anterior.
a+	Lectura y escritura. Conserva el contenido anterior.

El modo, además de los valores reflejados en la Tabla 8.1, puede contener la letra b cuando el sistema operativo necesite distinguir entre archivos binarios y de texto, cosa que es innecesaria en UNIX. Todas las opciones en las que se abre el fichero en modo de escritura tienen un comportamiento común, de forma que si el fichero existe, lo abren en el modo especificado. Pero si el fichero no existe, tratan de crearlo[1].

- ruta_include es opcional y sólo puede tomar el valor 1. Se utiliza para indicar que, a la hora de realizar la búsqueda de los ficheros, la función fopen() utilice los directorios especificados en la directiva include_path del fichero php.ini.

En resumen, la función fopen() devuelve un número entero que representa el manejador del fichero abierto a través del cual se realizarán las operaciones de acceso al fichero. A continuación se muestran diferentes ejemplos de apertura de ficheros:

```
// Apertura de un fichero del mismo servidor en modo lectura
$fichero = fopen('/Php4/ejemplos/fichero1.txt', 'r');
// Apertura de un fichero en modo lectura especificando una URL
// mediante el protocolo http
$fhttp = fopen('http://www-oei.eui.upm.es/', 'r');
// Apertura de una conexión a un servidor ftp
$fftp = fopen('ftp://usuario:clave@servidor_ftp.es/nombre', 'w');
```

Como ya se ha visto, la operación de apertura de un fichero es la más importante de las disponibles, ya que si se produce algún error en ella, el resto de pasos no pueden ser realizados. Por esta razón, el esquema habitual de utilización se apoya en la función die() de PHP. El formato será:

```
$variable = fopen(nombre_fichero, modo) or die(mensaje);
```

---

[1] Conviene recordar que para poder abrir ficheros almacenados en algún servidor web con los diferentes tipos de acceso especificados hay que tener permisos acordes al modo de operación requerido.

El funcionamiento es el siguiente: si la llamada a la función `fopen()` falla es porque el fichero no está accesible en el modo especificado, en este caso no tiene sentido seguir con la carga de la página, y aquí es donde se aplica la sentencia `die(mensaje)`, que hace que termine el script mostrando en la ventana del navegador el mensaje indicado.

Adicionalmente, la función `die()` también puede recibir como parámetro el nombre de una función que se ejecutará antes de que termine el script. Esta función suele emplearse para construir una página que indique el error que se ha producido.

¿Cómo se recorre un fichero?

Ésta es una operación muy sencilla que consiste en ir leyendo los caracteres que se encuentran almacenados en el fichero hasta llegar a una marca especial denominada `EOF` (`End Of File`, fin de fichero), que determina el final del mismo. Una vez que se ha alcanzado el final del fichero, si se intenta realizar una operación de lectura no se producirá error, sino que como resultado se devolverá el valor `false`.

Como ocurría con las matrices, los ficheros tienen un cursor interno que indica la posición actual a la que se tiene acceso. Cada vez que se realiza una operación de lectura, dicho cursor se avanza una posición para poder realizar la lectura del siguiente elemento. Cuando se abre un fichero, el cursor se sitúa delante del primer elemento, de modo que la primera operación de lectura recupere el primer elemento.

Para comprobar si se ha alcanzado el final del fichero, PHP dispone de la función `feof()`. Ésta comprueba si la posición actual del fichero es la marca de final de fichero o no. Su ejecución no tiene ningún efecto sobre el contenido del fichero ni sobre la posición actual en el mismo. La sintaxis de la función `feof()` es la siguiente:

```
int feof(int fichero)
```

El parámetro `fichero` se corresponde con el manejador del fichero y debe ser el valor devuelto por la función `fopen()`. La función `feof()` devuelve el valor `true` cuando el puntero de posición se encuentra apuntando a la marca `EOF` o si se produce algún error en el acceso al fichero. En caso contrario devuelve `false`.

PHP dispone de varias funciones para realizar las operaciones de lectura de un fichero, las diferencias entre ellas se basan en el número de bytes que se leen y en su sintaxis. A continuación se van a describir las distintas funciones de lectura.

La función más genérica de lectura es `fread()`, que se encarga de leer un determinado número de bytes del fichero y devolverlos en una cadena de caracteres. La sintaxis de la función es la siguiente:

```
string fread(int fichero, int numero_bytes);
```

El parámetro `fichero` es el manejador del fichero del que se quiere leer, y el parámetro `numero_bytes` indica la cantidad de bytes. La lectura acaba cuando se ha leído el número de bytes indicado o se alcanza el final del fichero.

Si lo que se pretende es leer la información del fichero carácter a carácter, habrá que utilizar la función `fgetc()`. De la misma forma que antes, la función devuelve el resultado en una cadena de caracteres si la lectura se realizó con éxito, y devuelve `false` cuando se encuentra el final de fichero EOF. La sintaxis de la función es:

```
string fgetc(int fichero);
```

Si lo que se pretende es leer una línea entera de un fichero, habrá que utilizar entonces la función `fgets()`, que, como las funciones anteriores, devuelve una cadena de caracteres con la información leída. La sintaxis de la función es:

```
string fgets(int fichero, int numero_bytes);
```

La longitud de la cadena tendrá como máximo los `numero_bytes` − 1 bytes leídos del fichero pasado como parámetro. La operación de lectura terminará cuando se produzca alguna de las siguientes causas: se han leído `numero_bytes` − 1 bytes, se ha alcanzado el final de línea, carácter `'\n'`, o se ha alcanzado el final del fichero. Cuando se alcanza el final de línea, la cadena devuelta incluye el carácter de fin de línea leído. Conviene que el valor especificado en `numero_bytes` sea un número alto para que sea mayor que cualquier longitud de línea que pueda aparecer en el fichero.

En el caso de que se produzca cualquier error durante la operación de lectura, la función devolverá el valor `false`. A continuación se mostrará un pequeño ejemplo para leer de un fichero de texto línea a línea.

```
define('NOMBRE_FICHERO', 'productos.dat');
$fichero = fopen(NOMBRE_FICHERO, 'r');
$num_linea = 0;
while (!feof($fichero))
    {
    $num_linea++;
    // Se ha utilizado 4096 como número de bytes para
    // poder leer cualquier línea independientemente
    // de su longitud
    $buffer = fgets($fichero, 4096);
    echo "Línea $num_linea: $buffer <BR>\n";
    }
fclose($fichero);
```

Si en lugar de leer un fichero de texto lo que se pretende es leer líneas de un fichero que contiene un documento HTML, y además se quieren omitir las etiquetas del lenguaje en la lectura del documento, la función a utilizar será `fgetss()`. El comportamiento de esta función es similar a `fgets()`, diferenciándose en que puede utilizar un tercer parámetro que determine las etiquetas HTML que deben permanecer en las líneas leídas. La sintaxis de la función es:

```
string fgetss(int fichero, int numero_bytes [, string mostrar_tags]);
```

El parámetro `fichero` representa el manejador del fichero del que se quiere leer, el parámetro `numero_bytes` indica la cantidad de bytes que se quieren leer del fichero y `mostrar_tags` indica, mediante una cadena de caracteres, las etiquetas HTML que no deben ser omitidas de la línea que se ha leído. A continuación se muestra un ejemplo que lee un fichero HTML línea a línea, omitiendo todas las etiquetas excepto las marcas <BODY> y <HR>.

```
<!-- Cap08/leerfichero.php -->
<HTML>
<HEAD>
    <TITLE>Lectura de ficheros</TITLE>
</HEAD>
<BODY>
    <H3>Ejemplo de lectura de un fichero omitiendo etiquetas HTML</H3>
<?php
    define('NOMBRE_FICHERO', 'ejemplo.html');

    // Se abre el fichero de ejemplo
    $fichero = fopen(NOMBRE_FICHERO, 'r') or die('Error de apertura');

    // Se inicializa el contador de líneas
    $num_linea = 0;

    // Mientras queden líneas por leer
    echo '<!--', NOMBRE_FICHERO, "-->\n";
    while (!feof($fichero))
        {
        // Se cuenta la línea
        $num_linea++;
        // Se lee la línea
        $buffer = fgetss($fichero, 4096, '<BODY> <HR>');
        echo "Línea $num_linea: $buffer <br>";
        }

    echo '<!-- fin de ', NOMBRE_FICHERO, "-->\n";
    echo "<H3>El fichero tiene $num_linea líneas</H3>";

    // Se cierra el fichero
    fclose ($fichero);
?>
</BODY>
</HTML>
```

Si el fichero `ejemplo.html` contiene el siguiente código:

```
<!-- Cap08/ejemplo.html -->
<HTML>
<HEAD>
    <TITLE>Fichero de ejemplo</TITLE>
</HEAD>
<BODY>
```

```
<H1>Consultas sobre tablas</H1>
<HR>
Seleccione una opción:
<FORM ACTION="mostrartabla.php3" METHOD="POST">
    <SELECT NAME="tabla">
        <OPTION VALUE="clientes">Clientes
        <OPTION VALUE="coche">Coches
    </SELECT>
    <HR>
    <INPUT TYPE="Submit" VALUE="Consultar">
</FORM>
</BODY>
</HTML>
```

La salida obtenida por el programa escrito puede observarse en la Figura 8.3.

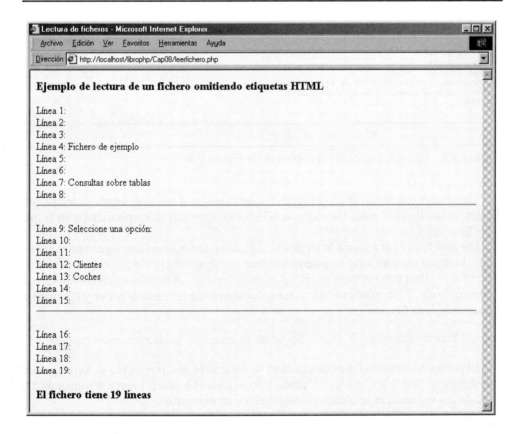

Figura 8.3. *Fichero leído con fgetss().*

El código que genera la página HTML es el de la Figura 8.4:

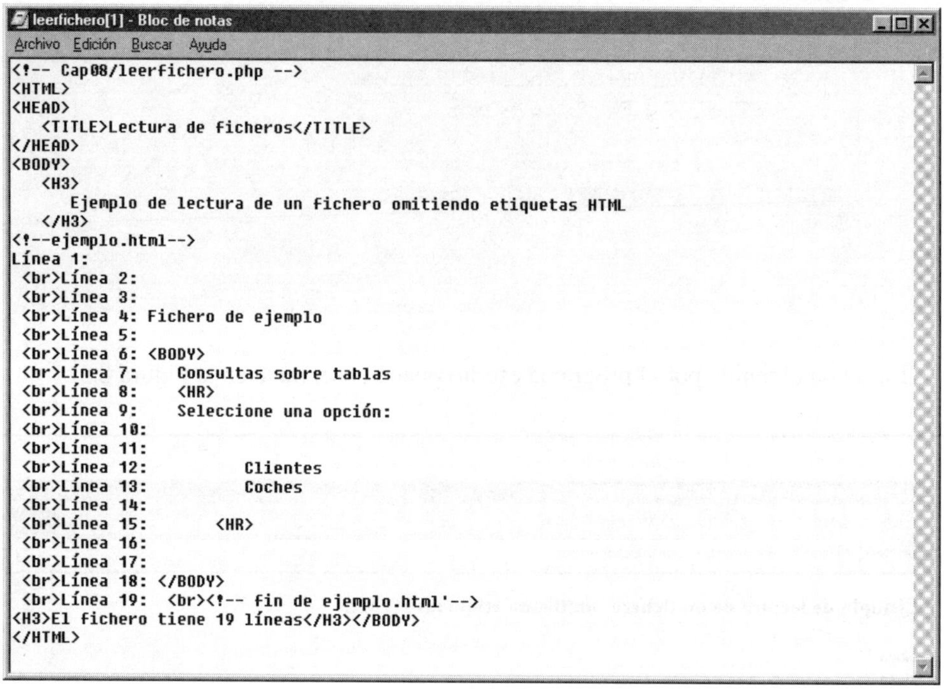

```
leerfichero[1] - Bloc de notas                                          _ □ ×
Archivo  Edición  Buscar  Ayuda
<!-- Cap08/leerfichero.php -->
<HTML>
<HEAD>
    <TITLE>Lectura de ficheros</TITLE>
</HEAD>
<BODY>
    <H3>
        Ejemplo de lectura de un fichero omitiendo etiquetas HTML
    </H3>
<!--ejemplo.html-->
Línea 1:
 <br>Línea 2:
 <br>Línea 3:
 <br>Línea 4: Fichero de ejemplo
 <br>Línea 5:
 <br>Línea 6: <BODY>
 <br>Línea 7:     Consultas sobre tablas
 <br>Línea 8:     <HR>
 <br>Línea 9:     Seleccione una opción:
 <br>Línea 10:
 <br>Línea 11:
 <br>Línea 12:        Clientes
 <br>Línea 13:        Coches
 <br>Línea 14:
 <br>Línea 15:     <HR>
 <br>Línea 16:
 <br>Línea 17:
 <br>Línea 18: </BODY>
 <br>Línea 19:  <br><!-- fin de ejemplo.html'-->
<H3>El fichero tiene 19 líneas</H3></BODY>
</HTML>
```

Figura 8.4. *Código fuente de la página de la Figura 8.3.*

Como se puede observar en la Figura 8.4, en el ejemplo anterior durante la lectura del fichero se han omitido todas las etiquetas HTML, excepto aquellas especificadas en la función `fgetss()`.

Por otro lado, si al realizar la lectura se pretenden leer valores que siguen un determinado formato de entrada, se puede ahorrar mucho trabajo empleando la función `fscanf()`. Esta función obtiene los datos de entrada de un fichero siguiendo un formato determinado. Posteriormente dicha información puede ser tratada por el programador. La sintaxis de la función es:

```
cualquiera fscanf(int fichero, string formato [, string var1...]);
```

El parámetro `formato` es una cadena de caracteres que representa el formato en el que deben ser leídos los valores[2]. Cuando sólo se pasan los dos primeros argumentos a la función los valores que se obtienen se devuelven en una matriz.

---

[2] Para definir el formato son aplicables las reglas vistas en el capítulo de cadenas para la función `sscanf()`.

El resto de parámetros son opcionales y representan las variables a las que se quiere asignar el valor mediante la operación de lectura. En este caso, el número de variables debe coincidir con el número de valores a leer. Cuando se indican estos parámetros, la función devuelve como resultado el número de valores asignados.

A continuación se muestra un ejemplo de utilización de la función `fscanf()`. Supongamos que se quiere construir una página HTML que muestre, en una tabla, el contenido de un fichero que tiene la información almacenada en líneas, donde cada una está formada por dos valores separados por un carácter de tabulación, como por ejemplo:

```
Agustín    10
Pedro      10
Manuel     15
Jorge      10
Javier     10
```

Para poder leer ambos valores de una vez podría ser interesante utilizar la función `fscanf()`. Para ello basta con indicar el formato en el que están almacenados los datos. En este caso, una cadena de caracteres y un valor numérico separados por un tabulador. La cadena que representa el formato será `"%s\t%d\n"`, que indica lo siguiente:

- `%s` indica que se va a leer una cadena de caracteres

- `\t` indica que después de la cadena hay un tabulador

- `%d` indica que se tiene que leer un valor numérico

- `\n` indica que hay que leer después el salto de línea

Si además se quisiera que los valores fueran almacenados en dos variables, éstas se deberían indicar en la llamada a la función. El código de la página que lee el contenido del fichero y que genera una tabla será el siguiente:

```php
<!-- Cap08/scanfichero.php -->
<HTML>
<HEAD>
    <TITLE>Lectura de fichero</TITLE>
</HEAD>
<BODY>
<H3 ALIGN="CENTER">Lectura de datos con fscanf()</H3>
<TABLE BORDER="3" ALIGN="CENTER">
   <TR>
     <TH>Nombre</TH>
     <TH>Edad</TH>
     <TH>Datos leídos</TH>
   </TR>
<?php
   define('NOMBRE_FICHERO', 'datos5.dat');
```

```
    // Se abre el fichero de ejemplo
    $fichero = fopen(NOMBRE_FICHERO, 'r');

    // Mientras queden datos en el fichero
    while (!feof($fichero))
        {
        // Se leen los datos del nombre y de la edad
        $leidos = fscanf($fichero, "%s\t%d\n", $nombre, $edad);
        // Se escribe la fila de la tabla HTML
        echo "<TR>\n";
        echo "<TD>$nombre</TD>\n";
        echo "<TD ALIGN=\"CENTER\">$edad</TD>\n";
        echo "<TD ALIGN=\"CENTER\">$leidos</TD>\n";
        echo "</TR>\n";
        }

    // Se cierra el fichero
    fclose($fichero);
?>
</TABLE>
</BODY>
</HTML>
```

La Figura 8.5 muestra la página obtenida tomando los datos del fichero `datos5.dat` antes mostrado:

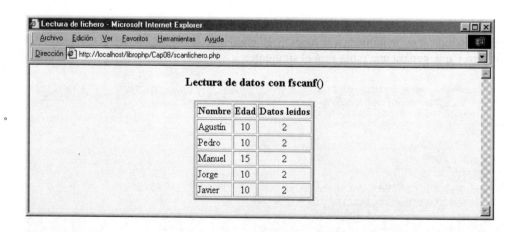

Figura 8.5. *Página con el contenido del fichero datos5.dat.*

La última función que se va a estudiar para realizar la lectura de un fichero es la función `file()`, que permite leer con una operación todo el contenido de un fichero y almacenarlo en una matriz. Cada posición de esta matriz contendrá una línea del fichero, incluido el carácter de salto de línea. La sintaxis de la función es:

```
array file(string nombre_fichero [, int ruta_include]);
```

Cuando se utiliza la función file(), no es necesario utilizar las funciones fopen() y fclose(), ya que ambas se ejecutan de forma implícita con la función file(). Los parámetros nombre_fichero y ruta_include siguen las mismas normas que en la función fopen().

El ejemplo anterior se podría escribir también de la siguiente forma utilizando la función file():

```php
<!-- Cap08/file.php -->
<HTML>
<HEAD>
    <TITLE>Lectura de fichero</TITLE>
</HEAD>
<BODY>
<H3 ALIGN="CENTER">Lectura de datos con file()</H3>
<TABLE BORDER="3" ALIGN="CENTER">
  <TR>
    <TH>Nombre</TH>
    <TH>Edad</TH>
    <TH>Datos leídos</TH>
  </TR>
<?php
    define('NOMBRE_FICHERO', 'datos5.dat');

    // Se lee el fichero de ejemplo a una matriz
    $fichero = file(NOMBRE_FICHERO);

    // Se recorre la matriz línea a línea
    foreach ($fichero as $linea)
        {
        // Se obtienen los valores del nombre y la edad
        $leidos = sscanf($linea, "%s\t%d\n", $nombre, $edad);
        // Se escribe la fila de la tabla HTML
        echo "<TR>\n";
        echo "<TD>$nombre</TD>\n";
        echo "<TD ALIGN=\"CENTER\">$edad</TD>\n";
        echo "<TD ALIGN=\"CENTER\">$leidos</TD>\n";
        echo "</TR>\n";
        }
?>
</TABLE>
</BODY>
</HTML>
```

¿Cómo se cierra un fichero?

Cerrar es la última operación que se debe realizar al manipular un fichero y permite cerrar la referencia que se hace desde el script al fichero. La función definida en PHP para esta operación es `fclose()`, que devuelve el valor `true` si no hay ningún problema o `false` si se produce cualquier error. Una vez ejecutada la función `fclose()`, para poder acceder al contenido de un fichero hay que volver a abrirlo. La sintaxis de la función es:

```
int fclose(int fichero);
```

Donde el parámetro `fichero` representa el manejador del fichero que se quiere cerrar y debe ser el valor devuelto por la función `fopen()` cuando fue abierto.

La función `fclose()` obliga a que la información que se encuentre almacenada en buffers de entrada/salida en memoria se almacene definitivamente en disco.

Solución al problema planteado

Una vez estudiadas las operaciones de apertura, lectura y cierre de un fichero, se dispone ya de las herramientas suficientes para resolver el problema que se planteó al inicio del capítulo, una posible solución para la generación de la primera página podría ser:

```
<!-- Cap08/Catalogo.php -->
<HTML>
<HEAD>
    <TITLE>Catálogo virtual</TITLE>
</HEAD>
<BODY BGCOLOR="#E3C993">
    <P ALIGN="CENTER">
      <FONT SIZE="6">CATÁLOGO VIRTUAL DE <BR> ELECTRODOMÉSTICOS</FONT>
    </P>
    <HR>
    <P ALIGN="CENTER"><FONT SIZE="5">
                Seleccione un producto de la lista</FONT></P>

    <FORM METHOD="POST" ACTION="buscar.php">
      <P ALIGN="CENTER">
      <SELECT NAME="articulo">
<?php
    // Se abre el fichero con los datos
    define('NOMBRE_FICHERO', 'electrodomesticos.dat');
    $fichero = fopen(NOMBRE_FICHERO, 'r') or die('Error de apertura');

    $linea       = 0;   // variable para contar las propiedades
    $codigo      = 0;   // variable para almacenar el código
    $descripcion = ';   // variable para la descripción

    // Sólo interesan las líneas primera y
    // segunda de cada producto
    while (!feof($fichero))
      {
      $linea++;
```

```
        $buffer = fgets($fichero, 4096);
        $buffer = chop($buffer);    // elimina el salto de línea
        if ($linea == 1)
            $codigo = $buffer;
        elseif ($linea == 2)
            {
            $descripcion = $buffer;
            echo "<OPTION VALUE='$codigo'>$descripcion";
            echo "</OPTION>\n";
            }
        elseif ($linea == 6)
            $linea = 0;
        }
    // se cierra el fichero
    fclose($fichero);
?>
        </SELECT></P>
        <P ALIGN="CENTER"><INPUT TYPE="SUBMIT"
                         VALUE="Ver las características"></P>
    </FORM>
</BODY>
</HTML>
```

Dado el formato del fichero de datos visto al principio del capítulo, sólo hay información relevante, en este momento, en las dos primeras filas de cada producto, que son las que contienen el código y la descripción del producto, por lo tanto el resto nos las debemos saltar. El recorrido del fichero se ha realizado con un bucle, de forma que en cada iteración se ha incrementado en uno un contador contenido en la variable $linea. Cuando $linea toma el valor 1 o 2, se almacena información para generar la opción correspondiente, y cuando toma el valor 6 se vuelve a poner a 0 para empezar con el siguiente artículo. El resto de líneas se ignoran. El script genera el documento mostrado en la Figura 8.6:

Figura 8.6. *Formulario de selección de productos.*

La descripción del producto seleccionado se puede obtener mediante el siguiente script:

```
<!-- Cap08/buscar.php -->
<HTML>
<HEAD>
    <TITLE>INFORMACIÓN DEL ARTÍCULO</TITLE>
</HEAD>
<BODY BGCOLOR="#E3C993">
<P ALIGN="CENTER"><FONT COLOR="black" SIZE="6">
    INFORMACIÓN DEL ARTÍCULO</FONT></P>
<HR>
<TABLE BORDER="3" CELLPADDING="2" ALIGN="CENTER">
<?php
    // Esta función se encarga de leer del fichero una línea que
    // contiene un campo del artículo
    function leer_campo($fichero)
        {
        if (!feof($fichero))
            {
            $buffer = fgets($fichero, 4096);
            $buffer = chop($buffer);
            }
        else
            $buffer = "";
        return $buffer;
        }

    // función que muestra el contenido de un campo del fichero
    function escribir_campo ($fichero, $cadena)
        {
        echo "<TR>\n";
        echo "<TD ALIGN='RIGHT'>";
        echo "<FONT SIZE=4>$cadena:</FONT></TD>\n";
        echo "<TD ALIGN='LEFT'>";
        echo "<FONT COLOR="blue" SIZE=4>", leer_campo($fichero);
        echo "</FONT></TD>\n";
        echo "</TR>\n";
        }

    // Se abre el fichero con los datos
    define('NOMBRE_FICHERO', 'electrodomesticos.dat');
    $fichero = fopen(NOMBRE_FICHERO, 'r') or die('Error de apertura');

    $codigo      = 0;  // variable para almacenar el código
    $descripcion = ''; // variable para la descripción
    $seguir = true;
    // Sólo interesan las líneas primera
```

```php
    // y segunda de cada producto
    while (!feof($fichero) && $seguir)
        {
        $buffer = fgets($fichero, 4096);
        $buffer = chop($buffer);
        if ($buffer == $articulo)
            $seguir = false;
        else
            {
            // salto la descripción
            $buffer = fgets($fichero, 4096);
            // salto el precio de coste
            $buffer = fgets($fichero, 4096);
            // salto el precio de venta
            $buffer = fgets($fichero, 4096);
            // salto el stock actual
            $buffer = fgets($fichero, 4096);
            // salto el stock mínimo
            $buffer = fgets($fichero, 4096);
            }
        }

    if (!$seguir)
        {
        // Se ha encontrado el producto
        echo "<TR>\n";
        echo "<TD ALIGN='RIGHT'>";
        echo "<FONT SIZE=4>Código:</FONT></TD>\n";
        echo "<TD ALIGN='LEFT'>";
        echo "<FONT COLOR=blue SIZE=4>$buffer</FONT></TD>\n";
        echo "</TR>\n";
        escribir_campo($fichero, 'Descripción');
        escribir_campo($fichero, 'Precio de coste');
        escribir_campo($fichero, 'Precio de venta');
        escribir_campo($fichero, 'Stock actual');
        escribir_campo($fichero, 'Stock mínimo');
        }
    else // NO se ha encontrado el producto
        echo "<H1>PRODUCTO NO ENCONTRADO</H1>\n";
    // se cierra el fichero
    fclose($fichero);
?>
</TABLE>
    <FORM METHOD="POST" ACTION="catalogo.php">
        <P ALIGN="CENTER">
        <INPUT TYPE="SUBMIT" VALUE="Volver"></P>
    </FORM>
</BODY>
</HTML>
```

En este script se ha recorrido el fichero buscando el código del artículo que se ha seleccionado en el formulario anterior y que está almacenado en la variable $articulo. El script que generará una salida semejante a la de la Figura 8.7.

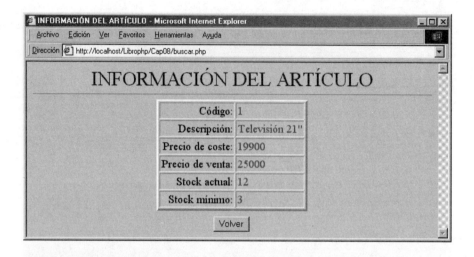

Figura 8.7. *Información detallada del artículo seleccionado.*

ESCRITURA EN FICHEROS

Hasta ahora lo que se ha aprendido sólo tiene que ver con las operaciones de lectura de un fichero, pero todavía no se ha mencionado nada sobre las funciones que tiene PHP para poder almacenar datos en ellos. Supongamos ahora que se quiere desarrollar una página web que permita añadir nuevos elementos al fichero de productos de nuestro almacén virtual de electrodomésticos. La página presentará un formulario desde el que se realizará la introducción de los datos que se quieren registrar en el fichero. Una vez que se hayan introducido los datos, se generará otra página que muestre en una tabla todos los datos del fichero para que pueda comprobarse que la información se ha almacenado con éxito.

Para poder realizar operaciones de escritura sobre un fichero habrá que realizar, como antes, tres pasos:

- Abrir el fichero en el modo de escritura.

- Realizar la operación de escritura.

- Cerrar el fichero.

Con respecto a la operación de apertura del fichero, ya se han mencionado las opciones disponibles cuando se describió la función fopen(). Sólo queda mencionar que hay dos modos distintos de apertura para escritura:

- Crear un fichero nuevo. Valor `'w'` para el atributo `modo` de la función `fopen()`.

- Añadir datos a un fichero. Valor `'a'` para el atributo `modo` de la función `fopen()`.

A continuación se muestran dos ejemplos de apertura de un fichero en modo de escritura:

```
// El fichero1.txt se abre en modo escritura
$fichero = fopen('/Php4/ejemplos/fichero1.txt', 'w');
// El fichero1.txt se abre en modo escritura para añadir datos
$fichero = fopen('/Php4/ejemplos/fichero1.txt', 'a');
```

No existe una operación específica para cerrar un fichero que fue abierto en modo escritura, sino que la operación de cierre del fichero en este caso también es `fclo-se()`, la misma que se utilizó anteriormente.

Las funciones de escritura son más sencillas que las de lectura y se reducen únicamente a dos. Para escribir datos en un fichero pueden utilizarse las funciones `fputs()` y `fwrite()`, que hacen exactamente lo mismo. Ambas permiten escribir cadenas de caracteres en un fichero, y el resultado devuelto por la función indica el número de bytes que se han escrito. Si se produce algún error en la escritura devuelve el valor `false`. La sintaxis de las funciones es:

```
int fputs(int fichero, string cadena [, int longitud]);
int fwrite(int fichero, string cadena [, int longitud]);
```

El parámetro `fichero` representa el manejador del fichero sobre el que se quiere escribir. El parámetro `cadena` es la cadena de caracteres que contiene la información que se quiere almacenar en el fichero. Por último, `longitud` es opcional y permite determinar el número de bytes de la cadena que se quiere escribir en el fichero. Si `longitud` es mayor que el número de bytes de la cadena, ésta se escribe completa.

Una vez conocidas las funciones necesarias para escribir en un fichero se puede desarrollar la página web para añadir nuevos datos. En nuestro ejemplo, habrá que diseñar un formulario que permita pedir los datos del producto que se quiere añadir, y habrá que diseñar un script que se encargue de almacenar dichos datos en el fichero de productos.

La página para grabar nuevos artículos puede ser similar a la mostrada en la Figura 8.8. El código HTML de esta página es:

```
<!-- Cap08/nuevo.html -->
<HTML>
<HEAD>
    <TITLE>NUEVO ARTÍCULO</TITLE>
</HEAD>
<BODY BGCOLOR="#E3C993">
<P ALIGN="CENTER">
   <FONT COLOR="#000000" SIZE=6>NUEVO ARTÍCULO</FONT></P>
<HR>
<FORM METHOD="POST" ACTION="altaarticulo.php">
<TABLE BORDER=3 CELLPADDING=2 ALIGN="CENTER">
   <TR>
       <TD ALIGN='RIGHT'><FONT SIZE=4>Código:</FONT></TD>
       <TD ALIGN='LEFT'><INPUT TYPE="TEXT" NAME="mcodigo"></TD>
   </TR>
```

```
    <TR>
        <TD ALIGN='RIGHT'><FONT SIZE=4>Descripción:</FONT></TD>
        <TD ALIGN='LEFT'><INPUT TYPE="TEXT" NAME="mdescripcion"></TD>
    </TR>
    <TR>
        <TD ALIGN='RIGHT'><FONT SIZE=4>Precio de coste:</FONT></TD>
        <TD ALIGN='LEFT'><INPUT TYPE="TEXT" NAME="mcoste"></TD>
    </TR>
    <TR>
        <TD ALIGN='RIGHT'><FONT SIZE=4>Precio de venta:</FONT></TD>
        <TD ALIGN='LEFT'><INPUT TYPE="TEXT" NAME="mventa"></TD>
    </TR>
    <TR>
        <TD ALIGN='RIGHT'><FONT SIZE=4>Stock actual:</FONT></TD>
        <TD ALIGN='LEFT'><INPUT TYPE="TEXT" NAME="mstock"></TD>
    </TR>
    <TR>
        <TD ALIGN='RIGHT'><FONT SIZE=4>Stock mínimo:</FONT></TD>
        <TD ALIGN='LEFT'><INPUT TYPE="TEXT" NAME="mminimo"></TD>
    </TR>
</TABLE>
<P ALIGN="CENTER">
    <INPUT TYPE="SUBMIT" VALUE="Grabar"></P>
</FORM>
</BODY>
</HTML>
```

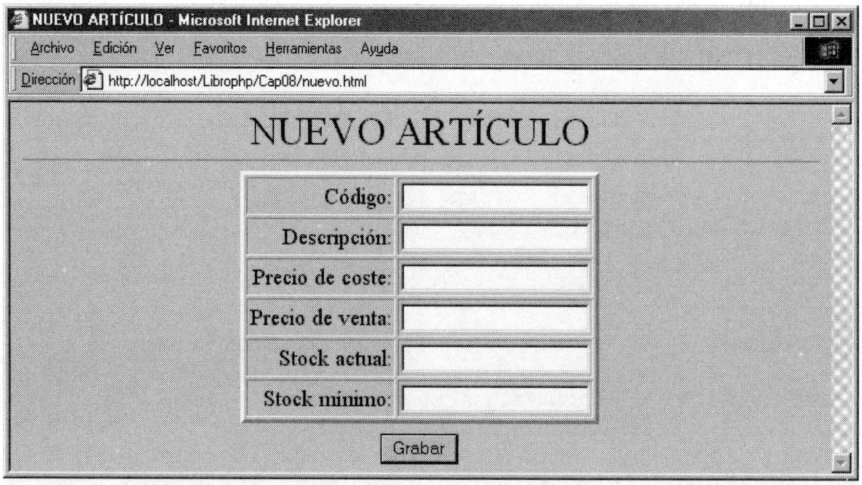

Figura 8.8. *Formulario de entrada de nuevos artículos.*

Y el script que almacena los datos en el fichero y genera la página de respuesta es:

```html
<!-- Cap08/altaarticulo.php -->
<HTML>
<HEAD>
    <TITLE>LISTADO DE ARTÍCULOS</TITLE>
</HEAD>
<BODY BGCOLOR="#E3C993">
  <P ALIGN="CENTER">
  <FONT COLOR="black" SIZE="6">
      INFORMACIÓN DE LOS ARTÍCULOS ALMACENADOS</FONT></P>
  <HR>
  <TABLE BORDER ="3" CELLPADDING="2" ALIGN="CENTER">
    <TR>
       <TH><FONT SIZE=4>Código</FONT></TH>
       <TH><FONT SIZE=4>Descripción</FONT></TH>
       <TH><FONT SIZE=4>Precio de coste</FONT></TH>
       <TH><FONT SIZE=4>Precio de venta</FONT></TH>
       <TH><FONT SIZE=4>Stock actual</FONT></TH>
       <TH><FONT SIZE=4>Stock mínimo</FONT></TH>
    </TR>
<?php
    function leer_campo($fichero)
       {
       if (!feof($fichero))
          {
          $buffer = fgets($fichero, 4096);
          // Elimina el carácter de salto de línea
          $buffer = chop($buffer);
          // Si la línea se ha quedado vacía se añade un blanco
          // para que se vea como una celda vacía
          if ($buffer == '')
             $buffer = " ";
          }
       else $buffer = " ";
       return $buffer;
       }

    // Se abre el fichero para guardar los datos al final
    define('NOMBRE_FICHERO', 'electrodomesticos.dat');
    $fichero = fopen(NOMBRE_FICHERO, 'a');

    // Se escribe en el fichero una línea por cada campo
    fputs($fichero, "$mcodigo\n");
    fputs($fichero, "$mdescripcion\n");
    fputs($fichero, "$mcoste\n");
    fputs($fichero, "$mventa\n");
    fputs($fichero, "$mstock\n");
    fputs($fichero, "$mminimo\n");
    // Se cierra el fichero para que los datos queden guardados
    fclose($fichero);
```

```
    // Se abre el fichero para leer los datos de los productos
    $fichero = fopen(NOMBRE_FICHERO, 'r');
    // Se recorre el fichero para mostrar el nuevo contenido
    while (!feof($fichero))
        {
        echo "<TR>";
        // Se leen los seis campos
        for ($i = 0; $i < 6; $i++)
            {
            echo "<TD ALIGN='LEFT'>";
            echo "<FONT COLOR='blue' SIZE=4>";
            echo leer_campo($fichero), "</FONT></TD>";
            }
        echo "</TR>";
        }
    // Se cierra el fichero
    fclose($fichero);
?>
</TABLE>
<FORM ACTION="nuevo.html" METHOD="POST">
     <P ALIGN="CENTER">
         <INPUT TYPE="SUBMIT" VALUE="Volver"></P>
</FORM>
</BODY>
</HTML>
```

En este script, en primer lugar se ha abierto el fichero en modo escritura para añadir elementos al final del mismo. Posteriormente, se ha abierto en modo lectura para ir recorriendo el fichero y mostrando el contenido de los datos completos del producto. Una vez que se ejecuta, genera una pantalla semejante a la de la Figura 8.9.

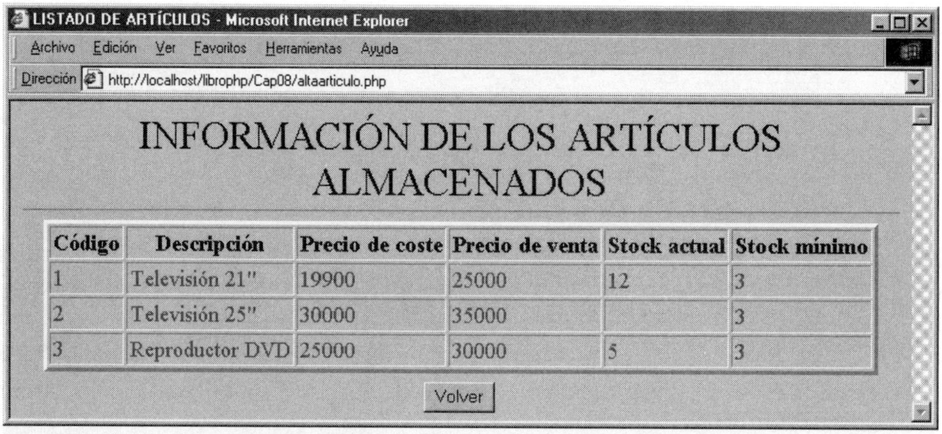
LISTADO DE ARTÍCULOS - Microsoft Internet Explorer
Archivo Edición Ver Favoritos Herramientas Ayuda
Dirección http://localhost/librophp/Cap08/altaarticulo.php
INFORMACIÓN DE LOS ARTÍCULOS ALMACENADOS
Código | Descripción | Precio de coste | Precio de venta | Stock actual | Stock mínimo
1 | Televisión 21" | 19900 | 25000 | 12 | 3
2 | Televisión 25" | 30000 | 35000 | | 3
3 | Reproductor DVD | 25000 | 30000 | 5 | 3
Volver

Figura 8.9. *Listado del contenido del fichero de artículos después de realizar un alta.*

ACCESO DIRECTO EN FICHEROS

Hasta este punto se han visto las funciones disponibles en PHP para manipular un fichero de forma secuencial; sin embargo, existe un conjunto de funciones que permiten al programador situarse en una determinada posición del fichero para, posteriormente, leer a partir de ahí.

La función `fseek()` permite posicionar el puntero de lectura en cualquier posición del fichero. El valor de la posición debe estar dentro de los límites del fichero. El posicionamiento podrá establecerse con respecto a tres posibles situaciones:

- Posicionamiento con respecto al principio del fichero.

- Posicionamiento con respecto al final del fichero.

- Posicionamiento con respecto a la posición actual en el fichero.

La función `fseek()` devuelve el valor 0 si se pudo alcanzar la posición indicada y devuelve −1 en caso de fallar el posicionamiento. Hay que recordar que si se realiza el posicionamiento más allá de la marca de fin de fichero no se considerará como error. La sintaxis es la siguiente:

```
int fseek(int fichero, int posicion, [int base]);
```

donde los parámetros representan:

- `fichero` representa el manejador del fichero y debe ser el valor devuelto por la función `fopen()` cuando se abrió. La función `fseek()` no se puede utilizar sobre manejadores de ficheros abiertos que se corresponden con las referencias `"http://"` o `"ftp://"` ...

- `posicion` es la posición del fichero en la que se quiere situar el puntero de lectura del fichero. Podrá tomar un valor negativo en función del valor del parámetro `base`.

- `base` puede tomar uno de los siguientes valores:

  - SEEK_SET hace que la base para el cálculo de la nueva posición sea el principio del fichero. La nueva posición, por lo tanto, será la misma que el valor indicado en el parámetro `posición`. Es el valor tomado por defecto.

  - SEEK_CUR hace que la base para el cálculo de la nueva posición sea la posición actual del fichero. La nueva posición se calculará como la posición actual más el desplazamiento indicado por el parámetro `posición`.

  - SEEK_END hace que la base para el cálculo de la nueva posición sea el final del fichero. La nueva posición se calculará como la posición del final del fichero más el desplazamiento indicado por el parámetro `posición`.

Una de las operaciones habituales, cuando se habla de la manipulación de ficheros, consiste en posicionarse al comienzo del fichero para poder leer el primer byte del mismo.

Esto se podría realizar con la función `fseek()` indicando el valor 0 para el parámetro `posición`. Sin embargo, existe una función específica denominada `rewind()` que realiza esta tarea. Su efecto consiste en el posicionamiento inmediato en la primera posición del fichero, y si se produjera algún error la función devolvería el valor 0. La sintaxis es la siguiente:

```
int rewind(int fichero);
```

La última función específica relacionada con el posicionamiento dentro de un fichero es `ftell()`. Esta función recupera el valor de la posición actual dentro del fichero al que se está accediendo. La función `ftell()` no lleva asociado el desplazamiento ni la lectura de ningún byte del fichero. Si se produjera un error al intentar indicar la posición actual del fichero, la función devolverá el valor `false`. La sintaxis es la siguiente:

```
int ftell(int fichero);
```

TÉCNICA DE BUFFERING

Otra técnica habitual a la hora de elaborar scripts consiste en la utilización de búffers de salida. Esta técnica consiste en que el contenido de la salida estándar, en lugar de ser enviado directamente al navegador, a medida que se va generando, se almacena temporalmente en un búffer de salida. Una vez en el búffer de salida, su contenido puede ser modificado, si es necesario, antes de ser enviado definitivamente al navegador.

Para comenzar la captura del búffer se utiliza la función `ob_start()`. Mientras está activada la captura de búffer, toda la salida del script se almacena en un búffer intermedio de salida. El contenido del búffer puede ser copiado a una cadena de caracteres y posteriormente modificado.

También es posible definir una función que se encargue de tratar el contenido de la cadena de caracteres almacenada en el búffer antes de que ésta sea enviada a la salida estándar. Esto se consigue llamando a la función `ob_start()` con el nombre de una función como parámetro. La función llamada debe tener un parámetro que representará la cadena de caracteres que se quiere escribir y debe devolver una cadena de caracteres. La llamada a la función especificada se realiza cuando se ejecuta la función `ob_end_flush()`. La sintaxis de ambas funciones es:

```
void ob_start([string nombre_funcion]);
void ob_end_flush();
```

Para finalizar la captura del canal de salida se utiliza la función `ob_end_flush()`, que se encarga de enviar el contenido del búffer a la salida estándar y además desactiva el modo de captura.

A continuación se muestra un ejemplo de aplicación de esta técnica de buffering. Supongamos que se pretende que las apariciones de la palabra `'Línea'` dentro de las diez primeras del texto que se quiere mostrar en el navegador sean en mayúscula y con color rojo. Una posible solución sería la siguiente:

- Primero se escribirá la función que realizará los cambios correspondientes al contenido de la salida estándar.

- Antes de escribir alguna línea de página de salida, se activará el búfer de salida indicando el nombre de la función que realizará los cambios.

- A continuación se procederá a la generación de las líneas de la página de salida. De forma que al llegar a la décima línea finalice la captura del búfer.

- Finalmente se cerrará el búfer de salida, haciendo que todo su contenido sea mostrado en la salida estándar.

Una posible codificación sería la siguiente:

```
<!-- Cap08/leerficherobuffer2.php -->
<HTML>
<HEAD>
    <TITLE>Lectura de ficheros</TITLE>
</HEAD>
<BODY>
    <H3>Ejemplo de captura de búfer</H3>
<?php
    function tratar($cadena)
        {
        // Se realiza el cambio solicitado
        return ereg_replace("Línea",
                            "<FONT COLOR='red'>Línea</FONT>", $cadena);
        }

    define('NOMBRE_FICHERO', 'ejemplo.html');
    $fichero = fopen(NOMBRE_FICHERO, 'r') or die('Error de apertura');
    $num_linea = 0;
    $captura   = true;

    // Se captura la salida estándar y se almacena en un búfer
    ob_start("tratar");
    while (!feof($fichero))
        {
        // Se leen las líneas del fichero y se elabora la respuesta
        $num_linea++;
        $linea = fgetss($fichero, 4096, '<BODY> <HR>');

        // Se escribe sobre el búfer
        echo "Línea $num_linea: $linea<BR>\n";

        // Se comprueba si se ha llegado a la décima línea
        if ($num_linea >= 10 and $captura)
            {
            // Se ha llegado a la décima fila y se termina la captura
            // del búfer.
```

```
            $captura = false;
            ob_end_flush();
            }
      }
    fclose($fichero);

    // Se finaliza la captura si el fichero leído no tenía diez líneas
    if ($captura)
        ob_end_flush();
?>
</BODY>
</HTML>
```

El script del ejemplo se basa en el que se utilizó para ilustrar el funcionamiento de la función `fgetss()`. Se han introducido los cambios adecuados para realizar la captura del búfer de salida hasta que se ha leído la décima línea. De esta manera se puede observar como aquellas líneas que fueron escritas con el búfer capturado tienen realizada la sustitución y el resto no. El resultado de la ejecución del script se ve en la Figura 8.10:

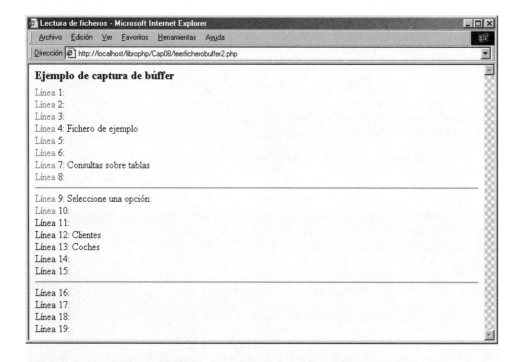

Figura 8.10. *Página resultado del script leerficherobuffer 2.php.*

Otras funciones asociadas al manejo de búffers son:

- `ob_get_contents()`, que devuelve una cadena con el contenido del búffer de salida o `false` si no se ha activado la captura.

- `ob_get_length()`, que devuelve la longitud de la cadena de caracteres del búffer de salida o `false` cuando no se ha activado la captura.

- `ob_end_clean()`, que elimina el contenido del búffer de salida y desactiva la captura de búffer.

La sintaxis de estas funciones es:

```
string ob_get_contents();
int ob_get_length();
void ob_end_clean();
```

OTRAS FUNCIONES DE MANEJO DE FICHEROS

Para finalizar el capítulo referente a entrada/salida de ficheros faltan por mencionar algunas funciones que aporta PHP y que en determinadas ocasiones pueden ser útiles.

La primera función es `fpassthru()`, que muestra el contenido referenciado por un manejador de fichero sobre la salida estándar, habitualmente `stdout`. Esta función devuelve el número de bytes mostrados cuando no se produce ningún fallo y `false` cuando se ha producido un error de lectura. Una vez que se ha terminado de mostrar toda la información del fichero, la función cierra el mismo, con lo que el manejador deja de ser útil.

Esta función se utiliza cuando sólo se quiere mostrar el contenido de un fichero, sea del tipo que sea, a través de la salida estándar. La sintaxis es la siguiente:

```
int fpassthru(int fichero);
```

La siguiente función, asociada al manejo de búffers, es `set_file_buffer()`, que permite determinar el tamaño de búffer que utilizará PHP. La utilización de búffers de escritura permite que las aplicaciones optimicen los accesos a la unidad de disco sobre la que se está almacenando la información. Mediante búffers, la escritura en disco se va realizando en bloques de un tamaño determinado, lo que permite que el número de accesos a disco se reduzca de forma significativa, mejorando con esto el rendimiento de las aplicaciones web diseñadas.

Por defecto, PHP establece un tamaño del búffer de escritura en 8 Kbytes para todos los ficheros abiertos con `fopen()`. La función `set_file_buffer()` devuelve el valor 0 si se pudo establecer sin problemas el nuevo tamaño de búffer, y devuelve EOF si se produjo algún error al fijar dicho tamaño. La sintaxis es la siguiente:

```
int set_file_buffer(int fichero, int tamanio_buffer)
```

El parámetro `fichero` representa el manejador del fichero y `tamanio_buffer` indica en número de bytes el nuevo tamaño de búffer que se quiere establecer. Si el valor es 0, no se utilizará un búffer intermedio en las operaciones de escritura.

La última función que se va a tratar es la función `readfile()`, que permite leer un fichero y mostrarlo en la salida estándar. La función devuelve el valor `false` si se produce un error de acceso al fichero, y si la operación se realiza con éxito, la función devuelve el número de bytes leídos del fichero. La sintaxis es la siguiente:

```
int readfile(string nombre_fichero [, int usar_include]) ;
```

Los parámetros tienen el mismo significado que en la función `fopen()`.

Como último ejemplo, se quiere crear un script que permita recuperar, dentro de un elemento de tipo `textarea`, un determinado rango de líneas de un fichero de texto. Este ejemplo utilizará las funciones vistas en apartados anteriores de este capítulo.

Las páginas pedidas pueden ser como las que se muestran en las Figuras 8.11 y 8.12:

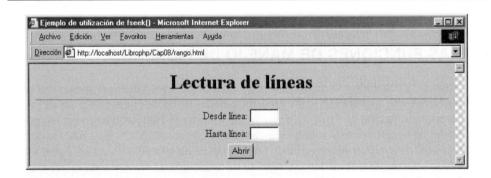

Figura 8.11.   *Formulario de selección de líneas a leer.*

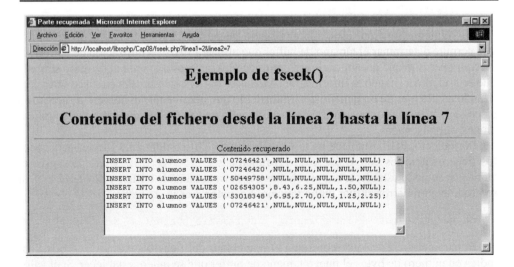

Figura 8.12.   *Página con las líneas del fichero seleccionadas.*

El código que genera la página de la Figura 8.11 es:

```
<!-- Cap08/rango.html -->
<HTML>
<HEAD>
    <TITLE>Ejemplo de utilización de fseek()</TITLE>
</HEAD>
<BODY BGCOLOR="#E3C993">
  <CENTER>
  <H1>Lectura de líneas</H1>
  <HR>
  <FORM NAME="formulario" ACTION="fseek.php" METHOD="POST">
    <TABLE>
    <TR>
        <TD ALIGN="RIGHT">Desde línea:</TD>
        <TD ALIGN="LEFT">
            <INPUT TYPE="TEXT" SIZE="5" NAME="linea1"></TD>
    </TR>
    <TR>
        <TD ALIGN="RIGHT">Hasta línea:</TD>
        <TD ALIGN="LEFT">
            <INPUT TYPE="TEXT" SIZE="5" NAME="linea2"></TD>
    </TR>
    <TR>
        <TD ALIGN="CENTER" COLSPAN="2">
            <INPUT TYPE="SUBMIT" VALUE="Abrir"></TD>
    </TR>
    </TABLE>
  </FORM>
  </CENTER>
</BODY>
</HTML>
```

Y el script que lee las líneas indicadas y que genera la Figura 8.12 es:

```
<!-- Cap08/fseek.php -->
<HTML>
<HEAD>
    <TITLE>Parte recuperada</TITLE>
</HEAD>
<BODY BGCOLOR="#E3C993">
  <CENTER>
  <H1>Ejemplo de fseek()</H1>
  <HR>
  <FORM NAME="formulario">
  <H1>
<?php
```

```
      echo "Contenido del fichero desde la línea";
      echo "$linea1 hasta la línea $linea2";
  ?>
  </H1>
  <HR>
      Contenido recuperado <BR>
      <TEXTAREA NAME="texto" COLS="67" ROWS="10">
<?php
      // Se abre el fichero donde están almacenados los datos
      define('NOMBRE_FICHERO', 'fseek.dat');
      $fichero = fopen(NOMBRE_FICHERO, 'r');
      // Se comprueba que los parámetros tienen algún valor
      if (empty($linea1))
         $linea1 = 0;
      // se limpia el caché para que la función filesize()
      // obtenga el tamaño real del fichero en el momento
      // de ser leído
      clearstatcache();

      // El valor 67 es el ancho de la línea que se lee del fichero
      if (empty($linea2))
         $linea2 = filesize(NOMBRE_FICHERO) / 67;

      $linea = $linea1;
      // Se busca la primera línea del fichero
      fseek($fichero, (intval($linea1) - 1) * 67);

      // Se leen sólo las líneas pedidas
      while (!feof($fichero) && $linea <= $linea2)
         {
         $buffer = fgets($fichero, 100);
         echo $buffer;
         $linea++;
         }

      // Se cierra el fichero
      fclose($fichero);
  ?>
      </TEXTAREA>
  </FORM>
  </CENTER>
</BODY>
</HTML>
```

Hasta aquí las funciones básicas para leer y almacenar información dentro de un fichero. En el siguiente capítulo se estudiarán las funciones que permiten el tratamiento de ficheros y el manejo de directorios.

CAPÍTULO 9

Mantenimiento
de directorios
y ficheros

INTRODUCCIÓN

En el desarrollo y administración de aplicaciones web, resulta bastante habitual tener que acceder al sistema de ficheros del servidor con objeto de manipular los elementos que contiene. Tanto en el entorno Unix/Linux como en el entorno Windows, los ficheros se estructuran dentro de una jerarquía compuesta por directorios (también denominados carpetas en entornos Windows) que pueden contener, junto a ficheros de datos, otros directorios, conformando una estructura en forma de árbol.

En este capítulo vamos a describir las funciones que el lenguaje PHP incorpora para moverse a través de la jerarquía de directorios, trasladar, crear o eliminar nuevos elementos, así como consultar las características y atributos de los ficheros y directorios.

CAMBIO, CREACIÓN Y BORRADO DE DIRECTORIOS

Los siguientes formatos de funciones se corresponden respectivamente con las operaciones de acceso, creación y eliminación de directorios.

```
boolean chdir(string ruta_a_directorio)
boolean mkdir(string ruta_a_directorio, int permisos)
boolean rmdir(string ruta_a_directorio)
```

La función `chdir()` permite cambiar de directorio activo accediendo al directorio indicado en `ruta_a_directorio`. En plataformas Windows, en la ruta de un directorio se pueden utilizar como separador de campo indistintamente los caracteres "\" y "/"; en plataformas Unix/Linux es necesario utilizar el carácter "/"[1]. La cadena "." denota el directorio actual, y la cadena ".." representa al directorio padre del directorio actual. La ruta para acceder a un directorio puede ser relativa al directorio actual o absoluta indicando todo el camino desde el directorio raíz. En caso de no existir la ruta especificada, la función no realizará ninguna acción y devolverá el valor `false`.

Veamos dos ejemplos de acceso a un directorio (suponemos que estamos en el entorno Windows).

```
chdir("c:/php4");   // ruta de acceso absoluta al directorio
                    // "php4"
chdir("pruebas");   // ruta de acceso relativa al directorio
                    // "pruebas"
```

La función `mkdir()` crea dentro del árbol de directorios un nuevo directorio en la posición indicada por el parámetro `ruta_a_directorio`. Las operaciones que se podrán realizar sobre este nuevo directorio vienen determinadas por el segundo parámetro de la función, llamado `permisos`, que debe ser un número octal. La función devuelve un valor booleano que indica si ha sido posible realizar la creación del directorio. Veamos un ejemplo de su uso:

```
if (!mkdir("nuevodirectorio", 0700))
    echo "ERROR: No se puede crear el directorio";
```

---

[1] Se recomienda emplear el carácter "/" para garantizar la portabilidad de las aplicaciones.

Para borrar un directorio hay que utilizar la función `rmdir()`, que recibe en el parámetro `ruta_a_directorio` el camino de acceso al directorio a eliminar. Solamente se pueden borrar aquellos directorios que estén vacíos, siempre y cuando se tengan los permisos necesarios para hacerlo (esta condición es necesaria en entornos Unix/Linux). En caso de no poder efectuar la operación, la función devuelve el valor booleano `false`.

Cuando en el intérprete esté activada la información de avisos (*warnings*) y además se produzca algún error en la función `chdir()`, `mkdir()` o `rmdir()`, se generará un mensaje del estilo:

```
Warning: MkDir failed (File exists) in pruebamkdir.php on line 9
```

PROCESAMIENTO DE LOS ELEMENTOS DE UN DIRECTORIO

Supongamos que queremos realizar una operación determinada (búsqueda, visualización...) sobre todos los ficheros de un directorio. Tenemos que disponer de algún mecanismo que permita conocer qué elementos forman parte de dicho directorio. PHP proporciona una solución sencilla a este problema: **el manejador de directorios**.

Un **manejador de directorios** representa una conexión lógica con un directorio determinado que permite leer la lista de los nombres de los elementos (ficheros y directorios) contenidos en dicho directorio. Internamente, un manejador de directorios mantiene un puntero que referencia la lista de los nombres de los distintos elementos.

El procesamiento de un directorio comienza con la creación de un manejador. Para ello, se utiliza la función `opendir()`, que recibe la ruta de acceso al directorio y devuelve un manejador del mismo: una referencia para su manipulación. En caso de producirse alguna anomalía el valor devuelto por la función será `false`. La sintaxis de `opendir()` es la siguiente:

```
int opendir(string ruta_a_directorio)
```

Una vez que se dispone del manejador de directorio se pueden realizar tres operaciones sobre él: lectura, «rebobinado» o cierre, cuyo formato es el siguiente:

```
string readdir(int manejador_de_directorio)
void rewinddir(int manejador_de_directorio)
void closedir(int manejador_de_directorio)
```

La función `readdir()` recibe como parámetro un manejador de directorio y devuelve una cadena con el nombre del siguiente elemento del directorio (nombre de fichero o subdirectorio), incluidos los nombres simbólicos del directorio actual (".") y del padre del directorio actual (".."). En el caso de que no haya más elementos en el directorio o que el manejador proporcionado sea incorrecto, la función devolverá el valor booleano `false`. Se utiliza para el procesamiento completo de un directorio, tal y como se muestra en el ejemplo final de este apartado.

Para el caso en que se desee volver a procesar un directorio comenzando desde su primera entrada, se dispone de la función `rewinddir()`. Dicha función recibe como parámetro un manejador de directorio y sitúa el puntero interno de lectura de entradas de directorio en el primer valor.

Cuando se finaliza el tratamiento de las entradas de un directorio se debe liberar el manejador del mismo para así liberar recursos del sistema. La función `closedir()` realiza esta operación.

En el siguiente ejemplo se muestra un script PHP que muestra todos los elementos del directorio donde se encuentra ubicado. Para ello, crea un manejador asociado al directorio actual (`'.'`) y posteriormente, por medio de la función `readdir()`, recupera cada uno de los elementos del directorio y los muestra por pantalla. Finalmente se cierra el manejador.

```
$manejador = opendir('.');
echo "Elementos del directorio actual:<BR>\n";
while ($elemento = readdir($manejador))
    echo "$elemento<BR>\n";
closedir($manejador);
```

LA CLASE DIR

PHP proporciona una pseudoclase predefinida para el manejo de directorios: la clase **dir**. Realmente, esta clase no aporta ninguna funcionalidad adicional a las que ya hemos visto anteriormente, pero puede ser interesante para aquellos programadores que prefieran emplear la programación orientada a objetos. Para poder trabajar con un directorio hay que crear una instancia de la clase **dir** por medio de su constructor:

```
$directorio = dir(ruta_a_directorio);
```

Este objeto cuenta con 3 métodos y 2 propiedades; estas últimas son sólo de consulta, por lo que no pueden modificarse. Los métodos se denominan `read()`, `rewind()` y `close()` y son equivalentes respectivamente a las funciones `readdir()`, `rewinddir()` y `closedir()`. La propiedad `path` contiene una cadena con la ruta de acceso al directorio que representa el objeto. La propiedad `handle` contiene un manejador al directorio que puede ser utilizado por las funciones definidas en el apartado anterior para leer, borrar o rebobinar un directorio.

El siguiente ejemplo, muy parecido al anterior, permite visualizar todos los elementos de un directorio utilizando la clase **dir**:

```
$directorio = dir(".");
echo "Elementos del directorio actual:
$directorio->path<BR>\n";
while ($entrada = $directorio->read())
    echo $entrada, "<BR>\n";
$directorio->close();
```

COPIA, BORRADO Y RENOMBRADO DE FICHEROS

Tal y como hacemos con los directorios, también se pueden copiar y borrar ficheros por medio de PHP (por supuesto, siempre y cuando se tengan los permisos adecuados). Además, también es posible cambiar de nombre a un fichero. Todo esto se realiza con las siguientes funciones:

```
boolean copy(string fichero_origen, string fichero_destino)
boolean unlink(string nombre_de_fichero)
boolean rename(string nombre_antiguo, string nombre_nuevo)
```

Estas funciones devuelven un valor booleano que indica si se han ejecutado satisfactoriamente. Además, si está activado el nivel de errores correspondiente y se ha producido algún error puede aparecer un aviso del intérprete del estilo:

```
Warning: Rename failed (No such file or directory)
in pruebarename.php on line 14
```

Para obtener una copia de un fichero hay que utilizar la función `copy()`, pasándole como parámetros el nombre del fichero que queremos copiar seguido del nombre que queremos asignarle a la copia.

Si lo que queremos es eliminar un fichero, tendremos que proporcionar su nombre como parámetro a la función `unlink()`.

```
boolean unlink(fichero) // Elimina fichero
```

La función `rename()` permite cambiar el nombre a un fichero. Como se puede apreciar en la descripción de su sintaxis, basta con proporcionarle el nombre del fichero que se quiere renombrar junto con el nuevo nombre con el que se le va a reconocer. Así, si por ejemplo deseamos cambiar el nombre de un fichero que se llama `familiares.txt` por `parientes.txt`, escribiríamos las sentencias:

```
if (!rename("familiares.txt", "parientes.txt"))
    echo "ERROR: no se puede renombrar el fichero";
```

ATRIBUTOS DE FICHEROS Y DIRECTORIOS

Los ficheros y directorios tienen una serie de características propias que denominamos atributos. PHP da soporte a un conjunto de funciones que proporcionan información acerca de dichos atributos.

El primer atributo interesante de un elemento de directorio determina su existencia; en función de esta cualidad se podrá operar con él o no. Para ello, disponemos de la función `file_exists()`, cuya sintaxis es la siguiente:

```
boolean file_exists(string elemento_de_directorio)
```

La función recibe el nombre de un elemento de directorio (fichero o directorio) y devuelve `true` o `false` dependiendo de si existe o no ese elemento en ese directorio.

Para determinar el tamaño de un fichero se dispone de la función `filesize()`, cuyo formato es el que aparece a continuación:

```
int filesize(string nombre_de_fichero)
```

La invocación de esta función devuelve el tamaño (en bytes) del fichero especificado como parámetro. Si no existe el fichero con el nombre indicado, la función devuelve `false`.

El siguiente grupo de funciones son las relacionadas con ciertos hitos dentro de la vida de un fichero. Todas ellas devuelven un valor entero que se corresponde con el tiempo en segundos transcurrido desde las 00:00:00 horas del 1 de enero de 1970. Si se produce algún error, el valor devuelto es `false`. Su formato es el siguiente:

```
int fileatime(string nombre_de_fichero)
int filemtime(string nombre_de_fichero)
int filectime(string nombre_de_fichero)
```

La función `fileatime()` devuelve el instante en que se realizó el último acceso al fichero `nombre_de_fichero`. Por otra parte, para saber el instante en que se modificó por última vez un fichero se utiliza la función `filemtime()`. Por último, la función `filectime()` devuelve el instante en que se realizó el último cambio al fichero que recibe como parámetro. Un fichero se considera que ha cambiado cuando se crea, se escribe en él o se cambian sus permisos. En entornos Windows esta función devuelve el instante en que el fichero fue creado.

Para conocer el tipo de un elemento de un directorio, existen dos alternativas: por un lado, se dispone de la función `filetype()`, que devuelve el tipo del elemento de directorio indicado como parámetro; por otro lado, se puede recurrir a un conjunto de funciones que devuelven un valor booleano si una entrada de un directorio es de un determinado tipo. Veamos las dos posibilidades con más detenimiento.

La sintaxis de la función `filetype()` es la siguiente:

```
string filetype(string elemento_de_directorio)
```

Si la entrada al directorio no existe, esta función devuelve `false`. En caso contrario el valor de retorno será una de las siguientes cadenas:

Tipo	Descripción
block	El elemento de directorio es un dispositivo especial de bloques.
char	El elemento de directorio es un dispositivo especial de caracteres.
dir	El elemento de directorio es un directorio.
fifo	El elemento de directorio es de tipo FIFO.
file	El elemento de directorio es un fichero.
link	El elemento de directorio es un enlace simbólico.
unknown	No se puede determinar el tipo de elemento de directorio.

Algunos de los valores de la tabla anterior sólo tienen sentido en plataformas Unix/Linux, por lo que en plataformas Windows nunca aparecerán.

La otra posibilidad consiste en preguntar directamente si un elemento de directorio es de un determinado tipo obteniendo un valor booleano, tal y como ocurre con las funciones:

```
boolean is_dir(string elemento_de_directorio)
boolean is_file(string elemento_de_directorio)
```

Adicionalmente, con objeto de permitir la protección de ficheros y directorios existe en PHP la función:

```
boolean chmod(string elemento_de_directorio, int permisos)
```

Esta función recibe como parámetros el nombre de un elemento de directorio junto con los permisos con los que se quiere dotar, y devuelve un booleano indicando si ha sido posible realizar la operación. La descripción de permisos se hace por medio de un número en octal cuyo significado varía de las plataformas Unix/Linux a Windows. En el primer caso, se indican los permisos con respecto a las operaciones básicas (ejecución, lectura y escritura) del propietario, el grupo al que pertenece y el resto del mundo del elemento de directorio escogido, mientras que en entornos Windows sólo se indican los permisos del propietario. Además, en estos últimos entornos exclusivamente se puede controlar el permiso de escritura sobre un elemento de directorio, ya que siempre se puede leer y el permiso de ejecución viene determinado por la extensión del fichero.

En el siguiente ejemplo, sobre un sistema Unix/Linux se asignan permisos de lectura y escritura para el propietario (valor 6 en octal), de lectura para el grupo al que pertenece el elemento de directorio (valor 4) y ninguno para el resto del mundo.

```
if (chmod("fichero", 0640))
    echo "permisos cambiados";
else
    echo "no se pueden cambiar los permisos";
```

El uso de la función `chmod()` en entornos Unix/Linux está restringido al propietario del elemento de directorio y al administrador del sistema, por lo que sólo estos usuarios podrán cambiar los permisos. Cuando se ejecuta a través de un servidor un script en PHP, se hace con la personalidad de un determinado usuario que habitualmente, por motivos de seguridad, no es la misma que la del propietario de los scripts y sus ficheros adjuntos, por lo que puede ocurrir que no sea posible cambiar los permisos.

Para determinar cuáles son los permisos asignados a un fichero se puede recurrir a la función:

```
int fileperms(string elemento_de_directorio)
```

La función recibe un elemento de directorio y devuelve un número entero en base decimal que contiene los permisos de dicho elemento. Si se produce algún error se devolverá el valor `false`. Para obtener los permisos en base octal, que es como normalmente se expresan, habrá que hacer una conversión de base por medio de la función `printf()` junto con un filtrado (por medio del operador `&`) para conseguir únicamente los 3 últimos valores, que son los que realmente nos interesan. Por lo tanto, normalmente se invocará a la función de la siguiente manera:

```
printf("%o", (fileperms("elemento_a_directorio") & 0777))
```

Se puede conocer directamente si un fichero o directorio puede ser leído, si se puede escribir en él o si es ejecutable por medio de las funciones is_readable(), is_writeable() e is_executable(), respectivamente. Veamos el formato de estas funciones:

```
boolean is_readable(string elemento_de_directorio)
boolean is_writeable(string elemento_de_directorio)
booelan is_executable(string elemento_de_directorio)
```

Realmente, toda la información que obtenemos de las funciones descritas anteriormente se obtiene de una estructura asociada (dentro del sistema de ficheros de la plataforma operativa en la que se trabaje) a cada elemento de directorio. PHP permite acceder a la estructura completa por medio de la función stat(), que recibe como parámetro el nombre de un elemento de directorio y devuelve un vector indexado con 13 valores detallados en la siguiente tabla:

Posición	Contenido
0	Contiene un número que identifica el dispositivo del sistema de ficheros donde se encuentra el elemento de directorio.
1	Número de serie del elemento de directorio. En Windows siempre es 0.
2	Permisos del elemento de directorio.
3	Número de enlaces (*links*) del elemento de directorio.
4	Identificación del usuario propietario del elemento de directorio. En Windows siempre es 0.
5	Identificación del grupo del propietario del elemento de directorio. En Windows siempre es 0.
6	Tipo de dispositivo que contiene el elemento de directorio.
7	Tamaño en bytes del elemento de directorio.
8	Instante en que se realizó el último acceso al elemento de directorio.
9	Instante en que se modificó por última vez el elemento de directorio.
10	Instante en que se realizó el último cambio al elemento de directorio. Un cambio se produce cuando se crea, se escribe o se cambian los permisos del elemento. En entornos Windows sólo se considera el instante de creación.
11	Tamaño de bloque a emplear en el sistema de ficheros. En Windows contiene –1.
12	Número de bloques ocupado por el fichero. En Windows contiene –1.

La función `lstat()` es similar a la anterior en las plataformas Windows. En plataformas Unix/Linux se diferencia en que cuando se proporciona como parámetro un enlace simbólico, se devuelve información acerca de él mismo y no del fichero al que hace referencia.

Como hemos afirmado anteriormente, las funciones que nos informan sobre los atributos de los elementos de directorio están basadas en la estructura vector que devuelve la función `stat()`. Normalmente, recuperar dicha estructura del sistema de ficheros es bastante costoso, por lo que cuando se invoca a cualquiera de las funciones anteriores por primera vez dentro de un script PHP, se guarda la estructura vector en memoria, para ser reutilizada con posterioridad. Si se produce algún cambio en los ficheros, éstos no quedan reflejados en memoria, por lo que si se desea tener actualizada la información de atributos habrá que ejecutar la función `clearstatcache()`, que obliga a que se acceda de nuevo a la estructura del sistema de ficheros. Dicha función no recibe parámetros ni devuelve nada.

EJEMPLO 1: PROPIEDADES DE UN FICHERO

Con el objeto de mostrar la utilización de algunas de las funciones descritas en este capítulo, vamos a desarrollar una página «autoprocesada» que tras invitarnos a introducir el nombre de un fichero, nos muestra las propiedades asociadas al mismo. La codificación realizada tendrá dos partes claramente diferenciadas. Por un lado, estará el código HTML que genere el formulario a través del cual se introduce el nombre del fichero que se quiere consultar, y por otro, el tratamiento de dicha información introducida que implica la realización, en secuencia, de las siguientes acciones:

- Comprobar que en el directorio pertinente existe un elemento con el nombre proporcionado a través del formulario y que se trata de un fichero, empleando respectivamente las funciones `file_exits()` y `is_file()`.

- Obtener las propiedades del fichero invocando a las funciones necesarias para ello.

- Presentar en forma tabular las propiedades calculadas anteriormente.

A continuación se incluye el código completo de la página que nos permite consultar las propiedades de un fichero:

```
<!-- Cap09/propiedades.php -->
<HTML>
<HEAD>
    <TITLE>Propiedades de un Fichero</TITLE>
</HEAD>
<BODY>
<?php
if (!isset($fichero))
    {
```

```
    // Mostrar el formulario de petición del fichero
?>
    <CENTER>
    <BR>
    <H1>Propiedades de un fichero</H1><BR>
    <FORM METHOD="POST">
        Introduzca el nombre del fichero:
        <INPUT TYPE="Text" NAME="fichero"><BR><BR>
        <INPUT TYPE="Submit" VALUE="Enviar">
    </FORM>
    </CENTER>
<?php
}
else
    // Proceso del elemento $fichero
    {
    // Comprobación de que $fichero existe en el directorio
    // y se trata de un fichero
    if (!file_exists($fichero) || !is_file($fichero))
        {
        // $fichero no es un nombre de un fichero perteneciente
        // al directorio actual
        echo "<H1 ALIGN='Center'>ERROR: no existe un fichero ",
             "con ese nombre</H1>\n";
        }
    else
        {
        // Obtengo las propiedades del fichero cuyo nombre
        // es $fichero
        $tamanio = filesize($fichero);
        if (is_writeable($fichero))
            $escribible = "<FONT SIZE=5 COLOR='Blue'>SI</FONT>";
        else
            $escribible = "<FONT SIZE=5 COLOR='Red'>NO</FONT>";
        if (is_readable($fichero))
            $leible = "<FONT SIZE=5 COLOR='Blue'>SI</FONT>";
        else
            $leible = "<FONT SIZE=5 COLOR='Red'>NO</FONT>";
        if (is_executable($fichero))
            $ejecutable = "<FONT SIZE=5 COLOR='Blue'>SI</FONT>";
        else
            $ejecutable = "<FONT SIZE=5 COLOR='Red'>NO</FONT>";
        $ultimo_acceso = date("d/m/y h:i:s", fileatime($fichero));
        $ultima_modificacion = date("d/m/y h:i:s",
                                    filemtime($fichero));
        $ultimo_cambio = date("d/m/y h:i:s",
                             filectime($fichero));

        // Presentación de las propiedades del fichero $fichero
```

```
        echo <<<FIN
        <BR>
        <CENTER><H1>Propiedades de $fichero</H1>
        <TABLE BORDER=1 CELLPADDING=10 CELLSPACING=0
         BGCOLOR='Orange'>
            <TR>
                <TD ALIGN='Center'><FONT SIZE=5>Tamaño</FONT></TD>
                <TD ALIGN='Center'><FONT SIZE=5>Escritura</FONT></TD>
                <TD ALIGN='Center'><FONT SIZE=5>Lectura</FONT></TD>
                <TD ALIGN='Center'><FONT SIZE=5>Ejecución</FONT></TD>
            </TR>
            <TR>
                <TD ALIGN='Center'><FONT SIZE=5>$tamanio bytes</TD>
                <TD ALIGN='Center'>$escribible</TD>
                <TD ALIGN='Center'>$leible</TD>
                <TD ALIGN='Center'>$ejecutable</TD>
            </TR>
            <TR>
                <TD COLSPAN=2>
                    <FONT SIZE=5>Último Acceso Realizado</FONT>
                </TD>
                <TD ALIGN='Center' COLSPAN=2>
                    <FONT SIZE=5>$ultimo_acceso</FONT>
                </TD>
            <TR>
            </TR>
                <TD COLSPAN=2>
                    <FONT SIZE=5>Última Modificación Realizada</FONT>
                </TD>
                <TD ALIGN='Center' COLSPAN=2>
                    <FONT SIZE=5>$ultima_modificacion</FONT>
                </TD>
            </TR>
            <TR>
                <TD COLSPAN=2>
                    <FONT SIZE=5>Último Cambio Realizado</FONT>
                </TD>
                <TD ALIGN='Center' COLSPAN=2>
                    <FONT SIZE=5>$ultimo_cambio</FONT>
                </TD>
            </TR>
        </TABLE>

FIN;
        }
    }
?>
</BODY>
</HTML>
```

Cuando se acceda al script anterior por primera vez obtendremos la imagen que se aprecia en la Figura 9.1.

Si en el formulario de la Figura 9.1 introducimos, por ejemplo, el nombre del script que estamos desarrollando (propiedades.php) obtendríamos sus propiedades, tal y como se aprecia en la Figura 9.2.

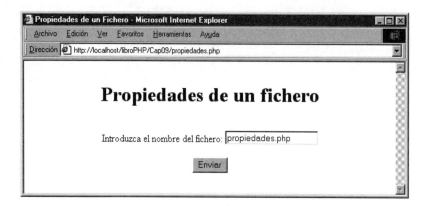

Figura 9.1. *Formulario para introducir el nombre del fichero que se desea consultar.*

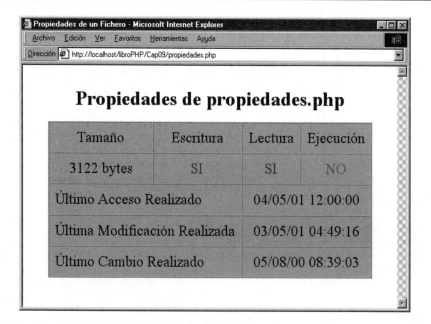

Figura 9.2. *Propiedades del fichero seleccionado.*

FUNCIONES ESPECÍFICAS DE UNIX/LINUX

PHP proporciona una serie de funciones adicionales específicas del sistema de ficheros de plataformas Unix/Linux. Vamos a hacer una descripción genérica de todas ellas sin entrar en detalle en sus singularidades, ya que esta información se puede consultar en los manuales que incorporan estos sistemas operativos. Estas funciones no tienen sentido en plataformas Windows, por lo que no realizarán ninguna acción en dicho entorno.

En primer lugar, dentro de los entornos Unix/Linux, se puede determinar cuál es el propietario, grupo o i-nodo de un elemento de directorio utilizando respectivamente las funciones:

```
int fileowner(string elemento_de_directorio)
int filegroup(string elemento_de_directorio)
int fileinode(string elemento_de_directorio)
```

Todas estas funciones reciben como parámetro un elemento de directorio y, si no se produce ningún error, devuelven la información que su propio nombre indica.

Para cambiar el dueño o grupo al que pertenece un elemento de directorio se dispone respectivamente de las funciones:

```
boolean chown(string elemento_de_directorio, string usuario)
boolean chgrp(string elemento_de_directoro, string grupo)
```

Estas funciones reciben como parámetros el elemento de directorio sobre el que se quiere actuar, junto con el usuario o grupo que van a ser los nuevos propietarios de dicho elemento. El valor devuelto es un booleano que indica si se ha podido realizar correctamente la operación.

Existe una función similar a la llamada al sistema operativo `umask()`, que permite definir una máscara de permisos para la creación de archivos. Además, esta función devuelve la máscara actual:

```
int umask(int mascara)
```

Relacionadas con los enlaces (*links*) a elementos de directorio existen un conjunto de funciones que vamos a detallar a continuación. La primera función es la que nos indica si es cierto que una cadena de caracteres contenida en el parámetro `elemento_de_directorio` se corresponde con el nombre de un enlace simbólico:

```
boolean is_link(string elemento_de_directorio)
```

Tenemos también la función `linkinfo()`, que proporciona información sobre el enlace que le pasemos por parámetro.

Desde PHP es posible crear enlaces normales o simbólicos. Para ello tenemos respectivamente las dos funciones siguientes:

```
boolean link(string elemento_enlazado,
             string nombre_de_enlace)
boolean symlink(string elemento_enlazado,
                string nombre_de_enlace_simbolico)
```

Como vemos, las dos funciones reciben dos parámetros que son el elemento sobre el que se realiza el enlace y el nombre con el que se crea dicho enlace. Si hay algún problema en la creación del enlace ambas funciones devuelven el valor `false`.

La última función relacionada con los enlaces es `readlink()`, que recibe como parámetro un enlace simbólico a un fichero y devuelve una cadena conteniendo el camino de acceso al fichero enlazado.

OTRAS FUNCIONES RELACIONADAS

Las funciones `basename()` y `dirname()` se utilizan para obtener información de la ruta de acceso a un directorio o fichero. Su sintaxis es la siguiente:

```
string basename(string ruta_de_directorio)
string dirname(string ruta_de_directorio)
```

La primera función devuelve el nombre de directorio final o fichero de la ruta de acceso especificada (subcadena obtenida de ruta de acceso situada después del último carácter `"/"`). Mientras que `dirname()` devuelve el nombre del directorio de la ruta de acceso indicada (subcadena obtenida de ruta de acceso de directorio situada antes del último carácter `"/"`). Veamos algún ejemplo:

```
dirname("dir1/dir2/fichero");    // devuelve "dir1/dir2"
basename("dir1/dir2/fichero");   // devuelve "fichero"
dirname("elemento");             // devuelve "elemento"
basename("elemento");            // devuelve "elemento"
```

La función `touch()` recibe como argumentos el nombre de un fichero y un instante de tiempo expresado en segundos transcurridos desde la hora 00:00:00 del 1 de enero de 1970. Su efecto es asignar el valor del segundo parámetro como el instante en que se modificó por última vez el fichero. La sintaxis es:

```
boolean touch(string nombre_de_fichero, [integer instante])
```

El segundo parámetro es opcional y en caso de ser omitido se tomará como valor el marcado por el reloj del sistema. Si el fichero no existe, se crea uno nuevo con tamaño cero. Cuando no se pueda realizar la operación se devolverá el valor `false`.

Para el procesado de información es bastante habitual la utilización de ficheros temporales de apoyo. Muchas veces se plantea el problema de escoger un nombre de fichero temporal que no exista. PHP incorpora una función que da respuesta a la necesidad enunciada:

```
string tempnam(string ruta_de_directorio, string prefijo)
```

La función recibe como parámetros el nombre del directorio donde se quiere crear el fichero temporal, junto con el prefijo por el que va a comenzar el nombre del fichero temporal. Como resultado la función devuelve un nombre que no existe. El funcionamiento de esta función depende bastante de la plataforma en la que se esté trabajando.

EJEMPLO 2: ADMINISTRADOR DE ARCHIVOS

En este ejemplo vamos a desarrollar un conjunto de scripts PHP que permitan realizar algunas funciones básicas de administración de archivos a través de un web. En concreto se van a poder realizar las siguientes operaciones:

- **Navegación por el árbol del web.** Se podrá acceder a cada uno de los directorios situados por debajo del directorio donde se encuentran las páginas PHP de este ejemplo, mostrándose los archivos y subdirectorios de los que están compuestos. Además, se podrán visualizar a través del navegador los contenidos de los ficheros pertenecientes a dichos directorios.

- **Borrado de ficheros.** Por medio de esta operación podremos eliminar un fichero.

- **Copia de ficheros.** Esta operación realiza una copia de un fichero dándole el nombre que nosotros le indiquemos.

- **Renombrado de ficheros.** Esta operación nos permitirá cambiar el nombre de un fichero por otro que le proporcionemos.

- **Creación de un nuevo directorio.** Se podrán crear nuevos subdirectorios pertenecientes al que nos encontremos en ese momento.

- **Borrado de un directorio.** Cuando un directorio se encuentre vacío podremos eliminarlo.

- **Muestra del árbol completo de un directorio.** Esta operación nos permitirá mostrar todos los subdirectorios y archivos que pertenecen directa o indirectamente al subdirectorio donde nos encontremos.

La ejecución de todas las operaciones descritas anteriormente está supeditada a que el usuario cuente con los permisos pertinentes para realizarlas.

El sistema administrador que vamos a desarrollar va a estar compuesto por cuatro páginas PHP que se comunican entre sí. La Figura 9.3 muestra cómo se enlazan dichas páginas:

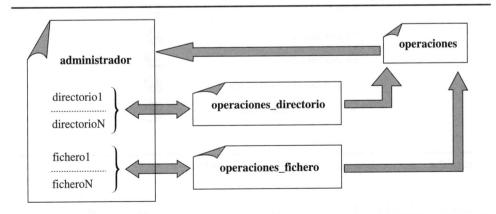

Figura 9.3. *Relación de llamadas entre los ficheros de la aplicación de administración de archivos.*

La página `administrador.php` recibe como dato un directorio determinado y nos muestra todos los elementos de dicho directorio. Acompañando a cada elemento del directorio van a aparecer dos iconos (a derecha e izquierda) que tienen asociadas unas determinadas acciones. Si pulsamos en el icono de la derecha accederemos a la página (`operaciones_directorio.php` u `operaciones_fichero.php`) que nos permite seleccionar una operación sobre el elemento del directorio. El icono de la izquierda de un elemento tiene un comportamiento distinto dependiendo de si acompaña a un directorio o a un fichero. En el primer caso, cuando se pulse sobre el icono se accederá a la lista de los elementos contenidos en el directorio (se carga en el navegador la misma página PHP con el nombre del directorio como dato). En el segundo caso, se visualiza a través del navegador el contenido del fichero. La Figura 9.4 nos muestra la apariencia de la página `administrador.php`.

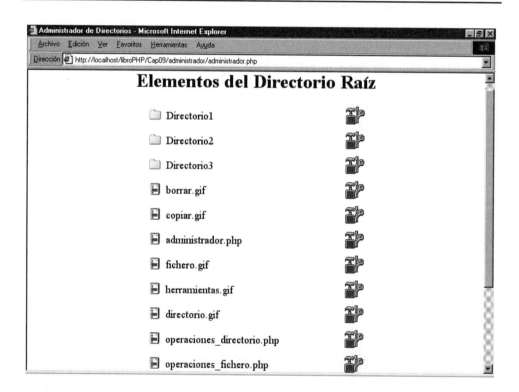

Figura 9.4. *Elementos del directorio raíz de la aplicación.*

La base del código de la página `administrador.php` radica en el proceso de todos los elementos de un directorio. Para ello, lo primero que haremos será cambiar al directorio que recibimos como parámetro, utilizando la función PHP `chdir()`. A continuación, abrimos un manejador de directorio y tratamos cada uno de los elementos del directorio. El siguiente código nos muestra estas acciones:

```
if (!chdir($directorio))
    die("<H1>ERROR:No se puede acceder a este directorio</H1>");
$manejador = opendir(".");
while ($elemento = readdir($manejador))
    {
    // Tratamiento de los elementos del directorio
    }
```

Con el objeto de mostrar los elementos del directorio clasificados por su categoría, primero se han tratado los elementos de tipo directorio y posteriormente los de tipo fichero, por lo que, en realidad, realizamos dos iteraciones con dichos elementos. Para determinar que un elemento del directorio cumple la condición de directorio nos apoyaremos en la función PHP is_dir().

Centrémonos ahora en el tratamiento de los elementos del directorio. Ya hemos indicado que cada uno de ellos va a ir acompañado de dos iconos sobre los que podemos pulsar y obtener una respuesta. Esto significa que nuestro script deberá escribir un conjunto de etiquetas HTML por cada elemento del estilo de:

```
<A HREF='pagina_del_icono_izquierda'>
<IMG SRC='imagen_icono_izquierda'>
</A>
elemento de directorio
<A HREF='pagina_del_icono_derecha'>
<IMG SRC='imagen_icono_derecha'>
</A>
```

La imagen del icono izquierdo será la de una carpeta para los directorios y la de una página de texto para los ficheros. La imagen del icono derecho va a ser la misma para los dos tipos de entradas del directorio. En cuanto a los destinos de los enlaces, también se van a hacer distinciones en función de los tipos de elementos del directorio. En caso de que se trate de un directorio, el enlace de la izquierda estará dirigido a la misma página PHP (administrador.php) con el parámetro $directorio actualizado con la ruta necesaria para llegar desde el directorio actual al indicado por el elemento. En otro caso, el enlace de la izquierda será al fichero cuyo nombre coincida con el del elemento del directorio. El enlace de la derecha se realizará a la página de operaciones del elemento, siendo ésta operaciones_directorio.php cuando el elemento sea un directorio y operaciones_fichero.php cuando se trate de un fichero. Tanto en un caso como en el otro se pasará como parámetro en el *query-string* del enlace el elemento del directorio sobre el que se quiere operar.

El código completo de la página administrador.php aparece en el siguiente listado. Se han añadido porciones de código adicional al ya comentado con el objeto de controlar los errores, situar todos los elementos dentro de una tabla HTML y resolver algún caso excepcional:

```
<!-- Cap09/administrador/administrador.php -->
<HTML>
<HEAD><TITLE>Administrador de Directorios</TITLE></HEAD>
<BODY>
<?php
if (!isset($directorio) || $directorio == ".")
   {
   $directorio = ".";
   $nombre_directorio = "1 Directorio Raiz";
   }
else
   $nombre_directorio = " " . basename($directorio);

// Cambio al directorio que se ha recibido como parámetro
if (!chdir($directorio))
   die("<H1>ERROR:No se puede acceder a este directorio</H1>");
echo "<CENTER><H1>Elementos de$nombre_directorio</H1>\n";
echo "<TABLE BORDER=0>\n";

// Abrimos un manejador del directorio
$manejador = opendir(".");

// Procesamos todos los elementos del directorio
// que son a su vez directorios
while ($elemento = readdir($manejador))
   {
   if (is_dir($elemento) &&
      ($elemento != "." && !($directorio == "." &&
       $elemento == "..")))
      {
      if ($elemento == "..")
         {
         $ruta = dirname($directorio);
         $item = "<FONT SIZE=4 COLOR='Red'>" .
                 "Directorio Anterior</FONT>";
         }
      else
         {
         $ruta = "$directorio/$elemento";
         $item = "<FONT SIZE=4>$elemento</FONT>";
         }
      echo "<TR>\n<TD>\n";
      echo "<A HREF='administrador.php?directorio=",
           rawurlencode($ruta),"'>\n";
      echo "<IMG SRC='directorio.gif' ALT='Cambiar a $elemento'";
      echo "BORDER=0></A>\n</TD>\n";
      echo "<TD>$item</TD>\n<TD WIDTH=100></TD>\n";
      echo "<TD>\n<A HREF='operaciones_directorio.php?";
```

```
        echo "directorio=",rawurlencode($ruta),"'>\n";
        echo "<IMG SRC='herramientas.gif'";
        echo " ALT='Operaciones con $elemento' border=0>";
        echo "</A>\n</TD>\n</TR>\n";
        }
    }

// Rebobinamos el manejador
rewinddir($manejador);

// Procesamos todos los elementos del directorio que son ficheros
while ($elemento = readdir($manejador))
    {
    if (!is_dir($elemento))
        {
        echo "<TR>\n<TD>\n<A HREF='$directorio/$elemento'>\n";
        echo "<IMG SRC='fichero.gif' ALT='Visualizar $elemento'";
        echo " BORDER=0></A>\n</TD>\n";
        echo "<TD><FONT SIZE=4>$elemento</TD></FONT>\n";
        echo "<TD WIDTH=100></TD>\n<TD>\n";
        echo "<A HREF='operaciones_fichero.php?directorio=" ,
            rawurlencode("$directorio/$elemento"),"'>\n";
        echo "<IMG SRC='herramientas.gif'";
        echo " ALT='Operaciones con $elemento' BORDER=0>";
        echo "</A>\n</TD>\n</TR>\n";
        }
    }
closedir($manejador);
echo "</TABLE>\n</CENTER>\n";
?>
</BODY>
</HTML>
```

Las páginas `operaciones_directorio.php` y `operaciones_fichero.php` son similares en cuanto a su funcionamiento. Permiten seleccionar qué operación queremos realizar con el elemento de directorio recibido en el parámetro `$directorio`. Vamos a comentar el código de la primera de ellas.

La página `operaciones_directorio.php` está prácticamente compuesta por código HTML. En ella encontramos tres formularios correspondientes con cada una de las operaciones que se pueden realizar con los directorios (crear directorio, borrar directorio y mostrar directorio). Estos formularios se envían pulsando en las imágenes con el nombre de cada operación (elementos *Input* de tipo *Image*). La acción que se realiza al enviar cualquiera de los tres formularios es ejecutar el script `operacion.php`, que describiremos más adelante. Existe un cuarto formulario con un único botón que permite volver a la página `administrador.php`, que, como ya sabemos, muestra la lista con los elementos del directorio actual. El código completo de esta página es el que aparece a continuación:

```
<!-- Cap09/administrador/operaciones_directorio.php -->
<HTML>
<HEAD><TITLE>Operaciones con Directorios</TITLE></HEAD>
<BODY>
<CENTER>
<H1>Operaciones con el Directorio
<?php
if ($directorio == ".")
    $nombre_directorio = " Raiz";
else
    $nombre_directorio = " " . basename($directorio);
echo basename($nombre_directorio)
?>
</H1>
<TABLE BORDER=0>
    <TR>
        <?php
        $etiqueta_form = "<FORM METHOD='POST' ACTION='" .
                         "operacion.php?operacion=0&directorio=" .
                            rawurlencode($directorio) . "'>";
        echo $etiqueta_form, "\n";
        ?>
        <TD>
        <INPUT TYPE="Image" BORDER=0 SRC="crear.gif"
         ALT="Crear Directorio">
        </TD>
        <TD>Crear</TD>
        <TD>Nombre de directorio:</TD>
        <TD><INPUT TYPE="Text" NAME="nombre_directorio"></TD>
        </FORM>
    </TR>
    <TR>
        <?php
        $etiqueta_form = "<FORM METHOD='POST' ACTION='" .
                         "operacion.php?operacion=1&directorio=" .
                            rawurlencode($directorio) . "'>";
        echo $etiqueta_form, "\n";
        ?>
        <TD>
        <INPUT TYPE="Image" BORDER=0 SRC="mostrar.gif"
         ALT="Mostrar Directorio Completo">
        </TD>
        <TD>Mostrar</TD>
        </FORM>
    </TR>
    <TR>
        <?php
        $etiqueta_form = "<FORM METHOD='POST' ACTION='" .
                         "operacion.php?operacion=2&directorio=" .
```

```
                            rawurlencode($directorio) . "'>";
        echo $etiqueta_form, "\n";
        ?>
        <TD>
        <INPUT TYPE="Image" BORDER=0 SRC="borrar.gif"
         ALT="Borrar Directorio">
        </TD>
        <TD>Borrar</TD>
        </FORM>
    </TR>
</TABLE>
<?php
$etiqueta_form = "<FORM METHOD='POST' ACTION='" .
                "administrador.php?directorio=" .
                rawurlencode($directorio) . "'>";
echo $etiqueta_form, "\n";
?>
    <INPUT TYPE='Submit' VALUE='VOLVER AL DIRECTORIO'>
</FORM>
</CENTER>
</BODY>
</HTML>
```

La Figura 9.5 muestra cómo se visualiza a través de un navegador la página anterior:

Figura 9.5. *Operaciones para realizar con un directorio.*

Como ya comentamos con anterioridad, el código de la página `operaciones_` `fichero.php` es muy similar al que hemos explicado recientemente, por lo que nos limitamos a incluirlo sin descripciones adicionales:

```
<!-- Cap09/administrador/operaciones_fichero.php -->
<HTML>
<HEAD><TITLE>Operaciones con Ficheros</TITLE></HEAD>
<BODY>
<CENTER>
<H1>Operaciones con el fichero <?echo basename($directorio)?></H1>
<TABLE BORDER=0>
    <TR>
        <?php
        $etiqueta_form = "<FORM METHOD='POST' ACTION='" .
                        "operacion.php?operacion=3&directorio=" .
                        rawurlencode($directorio) . "'>";
        echo $etiqueta_form, "\n";
        ?>
        <TD>
        <INPUT TYPE="Image" BORDER=0 SRC="borrar.gif"
         ALT="Borrar Fichero">
        </TD>
        <TD>Borrar</TD>
        </FORM>
    </TR>
    <TR>
        <?php
        $etiqueta_form = "<FORM METHOD='POST' ACTION='" .
                        "operacion.php?operacion=4&directorio=" .
                        rawurlencode($directorio) . "'>";
        echo $etiqueta_form, "\n";
        ?>
        <TD>
        <INPUT TYPE="Image" BORDER=0 SRC="copiar.gif"
         ALT="Copiar Fichero">
        </TD>
        <TD>Copiar</TD>
        <TD>Nombre de la copia:</TD>
        <TD><INPUT TYPE="Text" NAME="nombre_destino"></TD>
        </FORM>
    </TR>
    <TR>
        <?php
        $etiqueta_form = "<FORM METHOD='POST' ACTION='" .
                        "operacion.php?operacion=5&directorio=" .
                        rawurlencode($directorio) . "'>";
        echo $etiqueta_form, "\n";
        ?>
        <TD>
```

```
            <INPUT TYPE="Image" BORDER=0 SRC="renombrar.gif"
            ALT="Renombrar Fichero">
            </TD>
            <TD>Renombrar</TD>
            <TD>Nuevo Nombre:</TD>
            <TD><INPUT TYPE="Text" NAME="nuevo_nombre"></TD>
            </FORM>
        </TR>
</TABLE>
<?php
$etiqueta_form = "<FORM METHOD='POST' ACTION='" .
                 "administrador.php?directorio=" .
                 rawurlencode(dirname($directorio)) . "'>";
echo $etiqueta_form, "\n";
?>
    <INPUT TYPE='Submit' VALUE='VOLVER AL DIRECTORIO'>
</FORM>
</CENTER>
</BODY>
</HTML>
```

La página `operacion.php`, como su propio nombre indica, es la encargada de realizar una operación. Pero, ¿qué operación se ejecuta y con qué datos? La respuesta es sencilla, se utilizan los valores enviados desde la página anterior a ésta. Estos valores se encuentran en las variables `$operacion` y `$directorio`, que contienen respectivamente el número de operación que hay que realizar y el directorio o fichero al que hay que aplicarle dicha operación. Además, algunas operaciones reciben algún dato complementario necesario para poderse ejecutar. La siguiente tabla nos muestra la correspondencia entre el número de operación y la operación que representa, así como la información adicional que se recibe para realizar la operación correctamente.

Número	Operación	Dato complementario
0	Crear un directorio.	Nombre del nuevo directorio.
1	Mostrar un directorio completo.	
2	Borrar un directorio.	
3	Borrar un fichero.	
4	Copiar un fichero.	Nombre de la copia del fichero.
5	Renombrar fichero.	Nuevo nombre del fichero.

Para controlar los errores más comunes que ocurren al realizar las operaciones, vamos a definir un conjunto de funciones que nos van a ayudar a evitarlos. Veámoslas.

La función `existe_nombre_en_directorio()` recibe como parámetro un nombre y determina si ya existe un elemento con ese nombre en el directorio actual. Para ello, la función abre un manejador de directorio por medio del cual se recorre todos los nombres de los elementos del directorio y comprueba que no coinciden con el proporcionado como parámetro. El código es el siguiente:

```
function existe_nombre_en_directorio($nombre)
    {
    $manejador = opendir(".");
    $contador = 0;
    while ($elemento = readdir($manejador))
        if ($elemento == $nombre)
            return true;
    return false;
    }
```

La función `esta_vacio_directorio()` determina si un directorio se encuentra vacío. El código de esta función es similar al que se comentó en el párrafo anterior y consiste en recorrer los elementos del directorio actual contándolos. Si el número obtenido es 2, significa que el directorio sólo tiene como entradas el puntero al directorio padre `".."` y el puntero al propio directorio `"."` y por lo tanto se encuentra vacío.

En cuanto a `escribir_boton_volver()`, se trata de una función encargada de devolver una cadena que contenga el código HTML necesario para generar un formulario con un botón tal que cuando sea pulsado nos envíe a la página `administrador.php`. Esta función es utilizada en el tratamiento de errores y la operación que nos muestra la composición de un directorio.

```
function escribir_boton_volver($directorio)
    {
    return "<CENTER><FORM METHOD='Post'" .
            "ACTION='administrador.php?directorio=" .
            rawurlencode("$directorio")."'>\n" .
            "<INPUT TYPE='Submit' VALUE='VOLVER'>\n" .
            "</FORM>\n</CENTER>\n";
    }
```

La función `error()` recibe un número de error y un nombre de directorio y escribe el mensaje de error correspondiente con el error que se ha producido. Además, apoyándose en la función `escribir_boton_volver()` escribe un formulario con un botón para regresar al directorio desde donde se llegó a esta página.

La ejecución de las operaciones se realiza invocando a las funciones que PHP nos proporciona para el manejo de directorios y ficheros, teniendo en cuenta los posibles errores que se puedan producir. La única excepción se produce con la operación que nos permite mostrar el contenido completo de un directorio. Para realizar esta operación hemos desarrollado una función específica llamada `mostrar_arbol()`, cuyo código es el siguiente:

```
function mostrar_arbol($raiz)
    {
    $nivel = "       ";
```

```php
echo "$nivel<IMG SRC='directorio.gif' ALT='$raiz' BORDER=0>",
    "<FONT SIZE=5>$raiz</FONT><BR>\n";
$manejador = opendir(".");
while ($elemento = readdir($manejador))
    if (!is_dir($elemento))
        echo "$nivel$nivel<IMG SRC='fichero.gif' "." ALT='$elemento' BORDER=0>",
            "$elemento<BR>\n";
rewinddir($manejador);
while ($elemento = readdir($manejador))
    if (is_dir($elemento) && $elemento != "." && $elemento != "..")
        {
        chdir($elemento);
        mostrar_arbol("$raiz/$elemento");
        }
closedir($manejador);
chdir("..");
}
```

Básicamente, la función recorre los elementos del directorio que se recibe en el parámetro `$raiz` y los procesa. Si el elemento procesado se trata de un fichero, se escribe el icono que lo representa junto con el nombre del elemento guardando una cierta indentación. En el caso de que el elemento sea un directorio, se cambia a ese directorio y se hace una llamada recursiva a la misma función para que repita las acciones relatadas en este párrafo. Antes de terminar de ejecutar la función se cambia al directorio padre para recuperar la situación anterior a la llamada recursiva de la función.

Una vez que se han realizado las operaciones que no devuelven ningún valor (todas a excepción de la operación `mostrar_raiz()`), nuestro script nos devuelve a la página `administrador.php` utilizando la función PHP `header()`.

El código completo del script `operaciones.php` es el que se muestra a continuación:

```php
<?php
/* ////////////////////////////////////////
 *   <!-- Cap09/administrador/operacion.php -->
 *   //////////////////////////////////////// */
// Función que muestra todos los elementos descendientes directos
// o indirectos del directorio que se pasa como parámetro
function mostrar_arbol($raiz)
    {
    $nivel = "       ";
    echo "$nivel<IMG SRC='directorio.gif' ALT='$raiz' BORDER=0>",
        "<FONT SIZE=5>$raiz</FONT><BR>\n";
    $manejador = opendir(".");
    while ($elemento = readdir($manejador))
        if (!is_dir($elemento))
            echo "$nivel$nivel<IMG SRC='fichero.gif' ",
                "ALT='$elemento' BORDER=0>$elemento<BR>\n";
```

```
      rewinddir($manejador);
      while ($elemento = readdir($manejador))
         if (is_dir($elemento) && $elemento != "." &&
            $elemento != "..")
            {
            chdir($elemento);
            mostrar_arbol("$raiz/$elemento");
            }
      closedir($manejador);
      chdir("..");
      }

// Función que determina si ya existe en el directorio el
// nombre que se proporciona como parámetro
function existe_nombre_en_directorio($nombre)
   {
   $manejador = opendir(".");
   $contador = 0;
   while ($elemento = readdir($manejador))
      if ($elemento == $nombre)
         return true;
   return false;
   }

// Función que determina si el directorio actual se encuentra vacío
function esta_vacio_directorio()
   {
   $manejador = opendir(".");
   $contador = 0;
   while ($elemento = readdir($manejador))
      $contador++;
   return ($contador == 2);
   }

// Función que escribe un botón que al ser pulsado vuelve a
// mostrar el directorio indicado como parámetro
function escribir_boton_volver($directorio)
   {
   return " <CENTER><FORM METHOD='POST'" .
         "ACTION='administrador.php?directorio=" .
         rawurlencode("$directorio")."'>\n" .
         "<INPUT TYPE='Submit' VALUE='VOLVER'>\n" .
         "</FORM>\n</CENTER>\n";
   }

// Función que muestra un mensaje de error y acaba con la ejecución
function error($numero, $directorio)
   {
   $cadena = "<HTML>\n<BODY>\n<CENTER>\n";
```

```
      $cadena .= "<H1>ERROR:No se puede ";
   switch ($numero)
      {
      case 0:
         $cadena .= "acceder a este directorio</H1>\n";
         break;
      case 1:
         $cadena .= "crear este directorio</H1>\n";
         break;
      case 2:
         $cadena .= "borrar este directorio</H1>\n";
         break;
      case 3:
         $cadena .= "borrar este fichero</H1>\n";
         break;
      case 4:
         $cadena .= "copiar este fichero</H1>\n";
         break;
      case 5:
         $cadena .= "renombrar este fichero</H1>\n";
         break;
      }
   $cadena .= escribir_boton_volver($directorio) .
            "</BODY>\n</HTML>";
   die($cadena);
   }

$elemento = basename($directorio);
$ruta = dirname($directorio);

// Cambio de directorio
if (($operacion >= 0 && $operacion <= 2 && !chdir($directorio)) ||
    ($operacion >= 3 && $operacion <= 5 && !chdir($ruta)))
   error(0, ".");

// Ejecución de la operación requerida
switch ($operacion)
   {
   case 0:
      if ($nombre_directorio == "" ||
          existe_nombre_en_directorio($nombre_directorio) ||
          !mkdir("$nombre_directorio", 0777))
         error(1, $directorio);
      $ruta = $directorio;
      break;
   case 1:
      echo "<HTML><BODY>";
      echo "<CENTER><H1>Arbol Completo de $elemento</H1></CENTER>";
      mostrar_arbol($elemento, "    ");
```

```
            echo escribir_boton_volver($directorio);
            echo "</BODY>\n</HTML>";
            break;
        case 2:
            if (!esta_vacio_directorio() || !rmdir("."))
                error(2, $directorio);
            break;
        case 3:
            if ($elemento == "" ||
                !existe_nombre_en_directorio($elemento) ||
                !unlink($elemento))
                error(3, $ruta);
            break;
        case 4:
            if ($nombre_destino == "" ||
                existe_nombre_en_directorio($nombre_destino) ||
                !copy($elemento, $nombre_destino))
                error(4, $ruta);
            break;
        case 5:
            if ($nuevo_nombre == "" ||
                existe_nombre_en_directorio($nuevo_nombre) ||
                !rename($elemento, $nuevo_nombre))
                error(5, $ruta);
            break;
        }
    if ($operacion != 1)
        header("location: administrador.php?directorio=" .
                rawurlencode("$ruta"));
    ?>
```

Aunque se han tomado medidas para evitar la mayoría de los errores posibles, el sistema de administración que hemos desarrollado no está libre de ellos. Además de los problemas que pueden surgir con los permisos, hay otras situaciones que no se han tratado debido a que en este punto del libro todavía no se han descrito las técnicas que se aplican en el desarrollo de sitios web. Por ejemplo, podemos tener problemas en los accesos concurrentes al sistema de ficheros, de tal manera que alguien puede estar borrando un fichero que otro usuario en ese mismo instante intente visualizar. Por otro lado, también podemos encontrarnos problemas si se usa la facilidad del navegador que nos permite acceder a una página visualizada anteriormente, guardada en la memoria caché. En este caso, si, por ejemplo, borramos un fichero, la página guardada en la caché no tiene actualizada la información, por lo que nos permitirá accionar de nuevo la operación de borrar el fichero ya borrado, produciéndose el error consiguiente.

En el siguiente capítulo se presentará el lenguaje SQL que permitirá definir, acceder y manipular información masiva registrada en una base de datos.

CAPÍTULO 10

El lenguaje SQL

En este capítulo se presenta al lector el lenguaje SQL como una herramienta imprescindible para poder desarrollar sistemas informáticos que necesiten altos rendimientos en el manejo de la información y, en consecuencia, el empleo de gestores de bases de datos. Dada la amplia extensión del mismo, este capítulo no pretende en ningún momento abarcar todas las características del lenguaje SQL ni describir las diferencias en las sintaxis de todos los gestores existentes en el mercado, pero sí pretende hacer una descripción genérica de su potencia y mostrar cómo funciona apoyándonos en MySQL, uno de los gestores más utilizados dentro del mundo de desarrollos en Internet en combinación con PHP.

GESTORES DE BASES DE DATOS

La mayoría de los sistemas informáticos actuales manejan una ingente cantidad de datos y aquellos que están accesibles a través de Internet no son una excepción. La problemática asociada a dicho almacenamiento masivo de información y a su posterior manipulación fue solucionada inicialmente con los denominados «sistemas de ficheros», que se basaban en que cada programa importante para una organización tenía almacenados los datos que requería para su funcionamiento en uno o varios ficheros propios. Estos ficheros se diseñaban para un sistema específico y el resto de sistemas disponibles en la misma organización no los modificaban o leían. Este tipo de estructura tenía los inconvenientes asociados al hecho de que existiese una redundancia no controlada con la que se podían producir inconsistencias, muy peligrosas para la integridad de los datos. Así, por ejemplo, los datos de un determinado cliente podrían aparecer en el fichero que utilizaba el departamento de facturación y estar repetidos en el fichero que utilizaba el departamento de publicidad de una determinada entidad. Al figurar dichos datos en más de un sitio, su actualización resultaba complicada, y se corría el riesgo de modificarla en uno de los dos sitios y en el otro no. Cuando tiene lugar este tipo de operaciones, se puede dar el caso en que no se pueda diferenciar cuál es la información correcta (datos inconsistentes).

Para evitar estas situaciones, se diseñaron los sistemas gestores de bases de datos. Una base de datos es una estructura de datos homogéneos organizados de tal manera que se minimizan los efectos asociados a su manejo. Para que dicho manejo resulte fácil a los usuarios y que éstos dispongan de herramientas que faciliten la gestión completa, aparecen los sistemas gestores de bases de datos. Éstos son sistemas que «envuelven» y «protegen» los datos, en la medida de lo posible, frente a manipulaciones indebidas, al mismo tiempo que integran una serie de herramientas que gestionan, entre otras cosas, la manipulación completa de los datos, los accesos concurrentes, las copias de seguridad, la «integración» con programas en lenguajes de uso general, etc. Pero, sobre todo, los gestores proporcionan a los datos una característica básica, que es la independencia respecto de los programas que los usan y que lleva a evitar la redundancia no deseada.

Estos sistemas que se acaban de describir, y que se han denominado «gestores de bases de datos», pueden representar la información de diferentes maneras (modelo jerárquico, en red, etc.), aunque la que nos ocupa en estos momentos, por ser la habitual en entornos de desarrollo para Internet, es la proporcionada por el denominado «modelo relacional». Este modelo se basa en el concepto de «relación» y la representación que hace es la correspondiente a la utilización de «tablas» o «relaciones» para el almacenamiento de datos, de tal forma que cada fila de la tabla es uno de los elementos que se desean guardar, y cada una de las columnas es una propiedad de dichos elementos. Si se hiciese una correspondencia con el concepto tradicional de «fichero», se podría decir que una fila se corresponde con un registro y que una columna lo hace con un campo de dicho registro. A cada una de estas columnas se le denomina, en este entorno, «atributo», y a cada fila, «tupla». Así, una tabla que representase los empleados de una determinada empresa podría ser:

CodEmp	Nombre	Categoría	Sueldo	CodDpto
E1	José	Aprendiz	90000	D1
E2	Mario	Maestro	130000	D2
E3	Juan	Director	150000	D1

En esta tabla se puede observar que cada fila se corresponde con un empleado y que cada columna representa un atributo o característica de los empleados. Así, el primer atributo es un código de empleado (CodEmp), el segundo es el nombre del empleado, el tercero es su categoría profesional, y después ya aparecen el sueldo y el código del departamento en el que trabaja cada uno de dichos empleados.

A pesar de que el diseño de estas tablas y de cómo se llega a ellas no es objetivo del presente libro, hay que destacar que existen una serie de atributos especiales, denominados «claves» (uno de ellos sería la clave principal), cuya característica más importante es la de identificar de forma única cada una de las tuplas o filas de la relación. En el caso de la tabla de empleados, y aunque sólo sea de forma intuitiva, es necesario señalar que el código de empleado no se repite en ninguna otra fila, de tal forma que si se conoce un valor, se puede identificar de forma única el resto de los valores de los atributos de la fila correspondiente. A este código de empleado se le conoce como «clave».

Si se observa atentamente la tabla del ejemplo expuesto (Empleados) se puede deducir que hay otro atributo en ella que es especial: el código de departamento (CodDpto). Este atributo proviene de otra tabla en la que es clave principal (la tabla de información acerca de los departamentos en los que trabajan dichos empleados). Aunque, como se ha dicho antes, se sale del ámbito de este libro, es necesario indicar que se trata de una «clave foránea» y que se debe tener especial cuidado con los valores que acepta, ya que la integridad de los datos depende de sus valores. Parece razonable pensar que el usuario no debería poder incluir en la tabla de Empleados ninguna tupla cuyo valor para el atributo CodDpto no existiese en la tabla Departamentos (en la que es clave). Como ejemplo, la información que podría contener esta segunda tabla (Departamentos) podría ser:

CodDpto	Descripción	Situación
D1	Producción	3 planta
D2	Publicidad	2 planta
D3	Facturación	3 planta

Por otra parte, y sin entrar en detalles, la existencia de un atributo en común en las dos tablas permite relacionarlas a través del mencionado código. Es evidente que el diseño de estas tablas no tiene por qué ser sencillo, pero el aspecto que presentan y el manejo de los datos que contienen sí lo son. Como se verá más adelante, con muy pocos comandos del lenguaje se pueden realizar manipulaciones muy potentes de dichos datos.

Para poder atender a las necesidades de los diferentes tipos de usuarios, los gestores de bases de datos deben proporcionar distintas formas de trabajar. Parece claro que no es lo mismo que un usuario desee, en un momento dado, realizar una pequeña consulta del estilo de «deseo conocer todos los clientes que viven en la zona centro», a que dicho usuario esté desarrollando una gestión informática donde se registre y recupere información de una forma masiva. La mayoría de los gestores comerciales proporcionan herramientas de desarrollo y lenguajes propios de acceso que permiten desde una consulta sencilla hasta el acceso desde el programa más complicado. Sin embargo, todos los gestores de bases de datos relacionales permiten la utilización en sus entornos de un lenguaje estándar que facilita enormemente el trabajo: el lenguaje de consulta estructurado o SQL (*Structured Query Language*). Este lenguaje es enormemente fácil, intuitivo y potente y se puede usar desde los dos entornos tradicionales: como lenguaje interpretado para la realización de pequeñas consultas y como lenguaje embebido en otro para la realización de sistemas completos.

Para poder realizar todas las funciones requeridas, el SQL debe incorporar, al menos, dos tipos de comandos: los pertenecientes al «Lenguaje de Definición de Datos» (LDD), que permiten definir la estructura de las tablas, vistas y otra serie de conceptos que se verán más adelante, y los pertenecientes al «Lenguaje de Manipulación de Datos» (LMD), que permiten la realización de consultas, así como inserciones, borrados y actualizaciones de datos.

EL GESTOR DE BASES DE DATOS MYSQL

A lo largo de este capítulo se verán los comandos pertenecientes al LDD y al LMD de una forma básica (si el lector desea ampliar conocimientos existe mucha bibliografía al respecto) y se explicarán de una forma general. Sin embargo, sí hay que indicar que los diferentes fabricantes de gestores de bases de datos suelen cumplir solamente en parte las especificaciones del estándar. Los sistemas existentes en el mercado tienen sintaxis diferentes y, a pesar de que en lo fundamental se acercan al estándar, es más que probable que haya pequeñas diferencias entre los comandos destinados a ser ejecutados en un gestor o en otro.

En el presente libro se ha optado por elegir como gestor de bases de datos de referencia MySQL, que es muy utilizado dentro de los entornos de desarrollo de sistemas web con PHP. Esta elección no es debida a que este gestor sea mejor que otros en todos los aspectos ni a que cumpla en mayor o menor medida el estándar de SQL92 (de hecho hay otros gestores que lo cumplen con mucha mayor rigurosidad), sino a una serie de razones que en conjunto hacen de él un gestor adecuado para el desarrollo de sistemas que funcionen en PHP (disponibilidad de licencias estilo «software libre», accesibilidad al código fuente, funcionamiento en las principales plataformas, rendimiento espectacular bajo determinadas condiciones, etc.).

Por esto, a lo largo de este capítulo se presentan los ejercicios prácticos con MySQL y, por tanto, no todos ellos funcionan en cualquier otro gestor, pero sí lo harán con adaptaciones mínimas en su sintaxis.

MySQL es un gestor de bases de datos accesible de forma gratuita (consultar licencias en su propia documentación) en `http://www.mysql.com/` y está disponible para las principales plataformas del mercado. Al margen de algunas herramientas y pequeños programas para diferentes usos, básicamente se compone de un programa que actúa de servidor y que atiende las peticiones de los clientes (principalmente vía TCP). El software servidor tiene numerosas opciones para ejecutarse, y se invita al lector a consultar la documentación disponible en el sitio web mencionado anteriormente, así como la disponibilidad de diferentes versiones (la utilizada en este libro es la 3.23.33).

Los programas cliente están accesibles también en la misma dirección y sirven para establecer la conexión con el servidor y solicitar la ejecución de las consultas que se estimen oportunas. Evidentemente, en el desarrollo de sitios web los clientes no tienen sentido, ya que, como se verá en el siguiente capítulo, la conexión con el servidor se establece directamente desde el código PHP, pero en éste nos permite comprobar la corrección del código generado.

La ejecución del servidor y, por tanto, del gestor se limita a una llamada al fichero ejecutable correspondiente con las opciones deseadas. Un ejemplo podría ser:

```
mysqld --skip-name-resolve
```

que lo ejecuta sin que resuelva las direcciones a través del servidor de nombres. Como ejemplo de inicialización de un cliente en un entorno con sistema operativo Windows, tenemos la llamada que realiza la conexión con el servidor que está en la misma máquina, como usuario `"root"` (sin palabra clave) y a una base de datos que se denomina `"LibroPHP"`:

```
mysql -u root LibroPHP
```

Cuando se desea ejecutar un comando SQL desde un cliente MySQL, se dispone de dos opciones:

- Desde dentro del entorno del cliente, al ejecutarlo y una vez que está disponible la interfaz proporcionada, introducir el comando de forma interactiva, de tal forma que el servidor interpreta la orden y la ejecuta, emitiendo los mensajes correspondientes si los hubiera. Esto requiere la orden anteriormente expuesta:

```
mysql -u root LibroPHP
```

- Solicitar la ejecución del cliente sin necesidad de abrir la interfaz, ya que se redirige la entrada de datos desde un fichero que contiene todas las instrucciones SQL separadas por el carácter punto y coma (;) y que se van interpretando de una en una, de tal forma que si se produce un error en alguna de ellas, se detiene la ejecución tras emitir el mensaje de error:

```
mysql -u root LibroPHP < NombreDeFichero
```

LENGUAJE DE DEFINICIÓN DE DATOS

Creación de tablas

Se denomina «lenguaje de definición de datos» al conjunto de instrucciones que permiten al usuario crear la estructura que representará la «visión» que va a tener de sus datos. El comando más común es el de creación de las tablas, especificando los nombres de los atributos, sus tipos, longitud y algunas características más.

La sintaxis simplificada del comando de creación de una tabla es:

```
CREATE TABLE NombredeTabla
   (Atributo1 Tipo(Longitud) [Not Null],
    Atributo2 Tipo(Longitud) [Not Null],
    ...
    AtributoN Tipo(Longitud) [Not Null],
    [PRIMARY KEY (ListadeAtributos),]
    [FOREIGN KEY (Atributo) REFERENCES NombredeTabla
       ON DELETE CASCADE|RESTRICT|SET NULL
       ON UPDATE CASCADE|RESTRICT|SET NULL])
```

Los tipos de los atributos varían bastante de un gestor de bases de datos a otro, pero, en general, en el modelo relacional son bastante simples y se limitan, en su mayoría, a números, cadenas de caracteres y tipos «fecha». Así, podríamos generalizar los tipos básicos en:

- `Integer`: Números enteros. Algunos gestores los indican como «Numeric» con su longitud.
- `Char(n)`: Cadenas de n caracteres alfanuméricos.
- `Date`: Tipos «fecha».

Algunos gestores destacan por completar sus tipos de datos con otra serie de ellos que aportan importantes ventajas de tratamiento, como puede ser el tipo `VARCHAR`, que son cadenas alfanuméricas iguales que `CHAR` pero para las cuales no se reserva todo el espacio designado por su longitud, de tal forma que se puede utilizar para datos de contenido largo sin necesidad de reservar y malgastar espacio no utilizado.

Como ejemplo se muestran en la página siguiente algunos de los tipos de datos que maneja MySQL.

Como se puede observar, y a pesar de que existen otros tipos de datos dentro del gestor (`TinyBlob`, `TinyText`, `Timestamp`, etc.) que permiten manejar datos específicos, los mostrados se asemejan mucho a los tipos estándar, y, como mucho, presentan ligeras variantes que permiten un manejo de datos cómodo.

Por otra parte, las opciones `Unique` (no contemplada por MySQL, pero muy común en muchos gestores) y `Not Null` de la sentencia `CREATE` hacen referencia a la integridad debida a la existencia de claves. La primera indica que el atributo no puede tener valores repetidos, de tal forma que cualquier intento por insertar un valor duplicado será

Tipo	Descripción
Tinyint [Unsigned]	Entero de 0 a 255 o de –128 a 128 si dispone de signo.
Smallint [Unsigned]	Entero de 0 a 65535 o de –32768 a 32768 si dispone de signo.
Int Integer	Entero normal. Rango de –2147483648 a 2147483648 si dispone de signo o de 0 a 4294967295 si no dispone de él.
Float [(M,D)]	Número en coma flotante de simple precisión si no se pasa ningún argumento. M es el número de dígitos y D es el número de decimales.
Double [(M,D)] Double Precision [(M,D)] Real [(M,D)]	Número en coma flotante de doble precisión. Siempre dispone de signo. M es el número de dígitos y D es el número de decimales.
Decimal [(M [,D])] Numeric(M,D)	Número almacenado como una cadena de caracteres. M es el número total de dígitos sin contar el signo ni el punto decimal y D es el número de decimales.
Date	Tipo fecha. Admite formatos "YYYY-MM-DD" o "YY-MM-DD" o "YYMMDD". Rango desde el 01-01-1000 al 31-12-9999. Se pueden asignar como cadenas de caracteres.
Time	Tipo «hora». Admite formato "HH:MM:SS" o "HHMMSS" o "HHMM" o "HH".
Char(longitud)	Cadena de caracteres de la longitud indicada. Se reserva el espacio en caracteres aunque no se usen.
Varchar(longitud)	Cadena de caracteres de la longitud indicada que se almacena con su ocupación. El espacio sobrante no se reserva. Máxima longitud: 255 caracteres.
Blob Text	Tipo destinado a almacenar bits sin interpretar. Se suelen usar para almacenar texto más largo que 255 caracteres. La diferencia entre Blob y Text radica en que las comparaciones en datos de tipo Blob diferencian mayúsculas de minúsculas y en Text no (usando el alfabeto inglés).

interceptado por el gestor y se emitirá el mensaje de error correspondiente. La segunda hace referencia a la importancia de asignarle un valor a cada atributo y de no permitir que se pueda dar de alta una tupla sin conocer dicho valor. Esto es evidente en las claves primarias y es dependiente de cada problema en el caso de atributos que no lo son.

La imposibilidad de definir un atributo como Unique se sustituye con la posibilidad de definir la clave primaria en la cláusula Primary Key. Parece evidente que si se define un conjunto de atributos como clave primaria de una relación, éstos no deben aceptar valores repetidos ni nulos.

Por último, la opción `Foreign Key` hace referencia a la existencia de las claves foráneas y permite definirlas indicando, para el atributo en cuestión, en qué tabla es clave primaria y cuál es la opción que debe tomar en caso de que sufra una modificación o se elimine de la tabla en la que es clave principal (`ON DELETE|UPDATE CASCA-DE|SET NULL|RESTRICT`). Hay que destacar que MySQL no soporta la definición de claves foráneas y que simplemente acepta la sintaxis para facilitar la migración desde otros gestores, pero no las toma en cuenta a la hora de efectuar borrados o actualizaciones.

Antes de poder efectuar ninguna operación de manipulación de tablas se debe crear la base de datos, que no pasa de ser una entidad que agrupa de una manera lógica todos sus datos. En MySQL, esta creación supone la aparición de un subdirectorio en el que se van a almacenar los ficheros con los datos. Para hacerlo se dispone del comando `CREA-TE DATABASE`, y después de ejecutarlo hay que elegir, entre las bases de datos disponibles, cuál es la elegida para trabajar (comando `USE`):

```
CREATE DATABASE LibroPHP;


USE LibroPHP;
```

Una vez realizadas estas operaciones ya se pueden ejecutar los comandos de definición de las tablas `Departamentos` y `Empleados` del ejemplo, que podrían ser:

```
CREATE TABLE Departamentos
  (CodDpto     CHAR(2)  Not Null,
   Descripcion CHAR(10) Not Null,
   Situacion   CHAR(15),
   PRIMARY KEY (CodDpto));


CREATE TABLE Empleados
  (CodEmp    CHAR(2)  Not Null,
   Nombre    CHAR(10) Not Null,
   Categoria CHAR(15),
   Sueldo    INTEGER,
   CodDpto   CHAR(2),
   PRIMARY KEY (CodEmp),
   FOREIGN KEY (CodDpto)
     REFERENCES Departamentos
     ON UPDATE SET NULL
     ON DELETE SET NULL);
```

Es importante destacar que todos los comandos SQL terminan en un punto y coma para poder separarlos de la siguiente instrucción. Si se almacenan las dos instrucciones anteriores en un fichero denominado `Crear.sql` y realizamos una conexión con un cliente, solicitando su ejecución, obtenemos una pantalla en la que el gestor no emite ningún mensaje por no haberse producido ningún error, tal y como puede verse en la Figura 10.1.

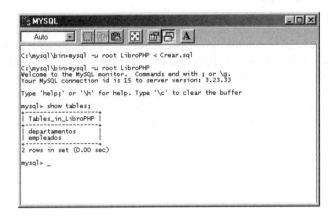

Figura 10.1. *Ejecución de un script sql de creación de tablas.*

En esta misma figura se puede observar, además, como se realiza una conexión posterior a la ejecución y se solicita un listado de las tablas existentes en la base de datos (comando `show tables`). Por supuesto, la sentencia de creación de la base de datos `LibroPHP` tiene que haber sido ejecutada previamente (por ejemplo, desde dentro de la interfaz proporcionada por el cliente de MySQL). En este caso, la elección de base de datos va implícita en la llamada al cliente, puesto que, como se puede ver, en la llamada, después del usuario (`root`) se indica la base de datos.

En ambas tablas el criterio para situar la cláusula `Not Null` ha sido absolutamente arbitrario, a excepción de los atributos que forman parte de la clave principal (y en realidad, de los que son clave foránea, que sí deben admitir valores nulos).

Por supuesto, existe una orden para borrar una tabla y es tan sencilla como:

```
DROP TABLE NombredeTabla;
```

que borrará la tabla de nombre `NombredeTabla` (su estructura) y el contenido entero, de tal forma que se perderán todos los datos contenidos en ella.

Igualmente, existe una instrucción para modificar la estructura de una tabla, añadiendo, eliminando o modificando atributos y sus características. La sintaxis, documentada de manera amplia en el manual de MySQL, tiene la siguiente forma básica:

```
ALTER TABLE NombredeTabla
[ADD NombredeAtributo Definición]
[CHANGE AntiguoNombreAtributo NuevoNombreAtributo Definicion]
[DROP NombredeAtributo];
```

cuyas diferentes cláusulas sirven respectivamente para añadir un nuevo atributo a la tabla, modificar la definición de uno ya existente o eliminar alguno de los atributos actuales.

Creación de índices

Los índices son una estructura de acceso que permiten al gestor de base de datos trabajar de una forma más eficiente con los numerosos datos que suele albergar. Se podría simplificar diciendo que un índice es una estructura en la que los datos se encuentran ordenados por el contenido de uno o más atributos, de tal forma que su acceso es siempre más rápido. En general, los índices los crea el usuario como parte de la estrategia de acceso a los datos, dado que es él quien conoce los atributos por los que se van a realizar consultas, etc. Pero una vez creados, es el gestor el que decide cuándo y cómo utilizarlos, de tal manera que se vuelve transparente al usuario. Asimismo es el gestor el que se encarga de mantener estas estructuras actualizadas en todo momento ante la introducción de nuevos datos o la actualización de los ya existentes.

La orden para crear un índice de forma simple es:

```
CREATE [UNIQUE] INDEX NombreIndice
    ON NombreTabla (ListadeAtributos);
```

Como se ve, la única opción es la de definir el índice con valores únicos, lo que daría, al igual que en la creación de tablas con las claves, un error en caso de intentar introducir un valor ya existente. Esto se debe a que el sistema no podría duplicar valores en las estructuras asociadas a los índices, por lo que impide el alta de valores repetidos.

Como política general, es recomendable la generación de índices para todas las claves primarias de las relaciones, así como para todos los atributos sobre los que se sepa que se van a ejecutar consultas a menudo (como caso particular, es recomendable crear índices sobre los atributos utilizados en las operaciones de join, ya que es una operación muy costosa). Como ejemplo, la creación de una estructura de índice que permita un acceso rápido a través del código de empleados en la tabla de empleados sería:

```
CREATE INDEX IndCodEmpl
    ON Empleados (CodEmp);
```

El nombre dado (IndCodEmpl) servirá para identificarlo ante determinadas funciones de mantenimiento y estadísticas que todo responsable de una base de datos puede hacer a través del gestor.

Al igual que con las tablas, el usuario puede eliminar un índice con la sentencia:

```
DROP INDEX NombredeIndice;
```

La creación de un índice se puede observar en la Figura 10.2.

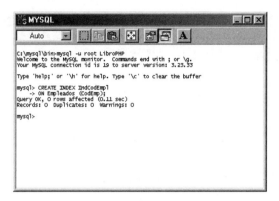

Figura 10.2. *Comando SQL de creación de índices.*

LENGUAJE DE MANIPULACIÓN DE DATOS

En entornos de gestión, la manipulación que se hace sobre cualquier soporte que contenga datos (léase bases de datos) consiste, principalmente, en la ejecución de alguna de las cuatro operaciones típicas de mantenimiento: la inserción de nuevos datos en las tablas, consulta de dichos datos, actualización de los ya existentes y el borrado de éstos. El lenguaje SQL dispone de una sentencia para cada operación que veremos en detalle.

Inserción de datos

La introducción de nuevos datos dentro de una tabla del modelo relacional se realiza mediante el comando INSERT, que permite añadir una nueva tupla en una tabla:

```
INSERT INTO NombredeTabla [(Atrib1, Atrib2, ..., AtribN)]
    VALUES (ValorAtrib1, ValorAtrib2, ..., ValorAtribN);
```

En la Figura 10.3 se puede observar la introducción de algunos de los datos de los departamentos y empleados que se han mostrado como ejemplo al principio del capítulo.

Si se quisiera introducir un nuevo empleado en la tabla que se ha creado anteriormente se podría escribir:

```
INSERT INTO Empleados(CodEmp, Nombre, Categoria, Sueldo, CodDpto)
    VALUES ('E4', 'Santiago', 'Aprendiz', 90000, 'D2');
```

Hay que hacer notar que para mantener la coherencia de la base de datos la tabla de departamentos debería contener al menos una tupla en la que se hiciera referencia a la existencia de un departamento cuyo código fuese 'D2'. Los nombres de los atributos que apa-

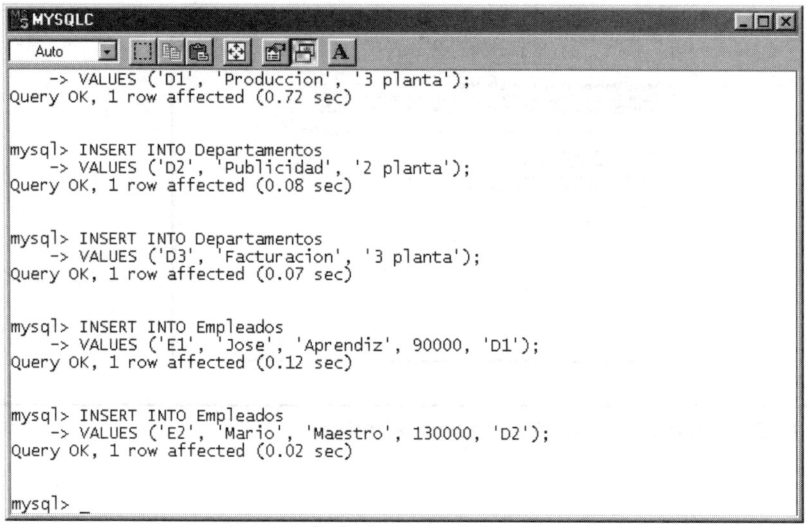

```
MYSQLC                                                    _□×
 Auto    ▼ [::]▣▣ ☒ ☐▣ A
      -> VALUES ('D1', 'Produccion', '3 planta');
Query OK, 1 row affected (0.72 sec)

mysql> INSERT INTO Departamentos
    -> VALUES ('D2', 'Publicidad', '2 planta');
Query OK, 1 row affected (0.08 sec)

mysql> INSERT INTO Departamentos
    -> VALUES ('D3', 'Facturacion', '3 planta');
Query OK, 1 row affected (0.07 sec)

mysql> INSERT INTO Empleados
    -> VALUES ('E1', 'Jose', 'Aprendiz', 90000, 'D1');
Query OK, 1 row affected (0.12 sec)

mysql> INSERT INTO Empleados
    -> VALUES ('E2', 'Mario', 'Maestro', 130000, 'D2');
Query OK, 1 row affected (0.02 sec)

mysql> _
```

Figura 10.3. *Inserción de datos en las tablas.*

recen después del nombre de la tabla son opcionales, y si no se ponen el gestor introducirá los valores indicados en la cláusula VALUES, haciendo corresponder cada uno de ellos con cada uno de los atributos en el orden en que se indicaron en la creación de las tablas. Incluso, se podría no introducir algunos de los valores (siempre que no hubiesen sido creados con la cláusula Not Null), para lo cual sólo hace falta indicar el nombre de los atributos que queremos introducir. La siguiente instrucción introduciría una fila correspondiente a un nuevo empleado del que todavía no se conoce la categoría ni el sueldo que va a percibir. Obsérvese que no se podría intentar introducirla sin el atributo nombre, puesto que en nuestra tabla ejemplo se ha definido ese atributo como Not Null:

```
INSERT INTO Empleados (CodEmp, Nombre, CodDpto)
   VALUES ('E5', 'Jorge', 'D2');
```

Consultas de datos

Para estas operaciones, el lenguaje SQL dispone de un sentencia muy simple y muy potente, que permite realizar cualquier consulta relacional al sistema. La sentencia es tremendamente intuitiva, y a pesar de que no se entra al detalle, sí que se va a describir avanzando desde los conceptos más simples a los más complicados. La sentencia en cuestión es SELECT, que permite indicar los datos que queremos obtener y las tablas en las que se encuentran dichos datos. La sintaxis completa de esta instrucción es:

```
SELECT *|ListadeAtributos
FROM ListadeTablas
[WHERE ListadeCondiciones]
[GROUP BY ListadeAtributos
[HAVING ListadeCondiciones]]
[ORDER BY ListadeAtributos];
```

Como ejemplo inicial, si se desea obtener una lista formada por los códigos de los empleados y sus nombres, se utilizarán las dos únicas cláusulas que son obligatorias en la sentencia: SELECT y FROM:

```
SELECT CodEmp, Nombre
FROM Empleados;
```

nos dará como resultado una tabla con la lista de empleados (código y nombre). Por lo tanto, tras la cláusula SELECT se escriben los atributos cuyos valores queremos obtener y tras el FROM se escribe el nombre de las tablas en las que se encuentran dichos atributos. Si se desean obtener todos los atributos existentes en las tablas, no hace falta escribir la lista entera, sino que se puede sustituir por el carácter ' * ', que indica, precisamente, que se desea obtener el valor de todos los atributos:

```
SELECT *
FROM Empleados;
```

nos daría como resultado una lista completa de los empleados y de todos sus atributos (es decir, la tabla completa), tal y como se puede ver en la Figura 10.4.

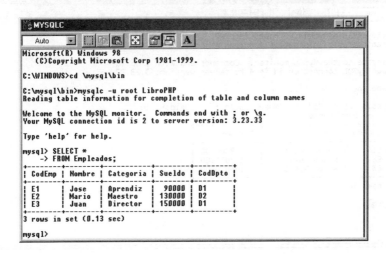

Figura 10.4.   *Selección de datos de empleados.*

La lista de atributos seleccionados puede incluir constantes o expresiones aritméticas. Por ejemplo, se podría solicitar el sueldo incrementado en un 10 por 100 de la forma:

```
SELECT CodEmp, Sueldo*1.10
FROM Empleados;
```

y si se desease incluir en todas las filas del resultado una constante, solamente hay que escribirla en la selección:

```
SELECT CodEmp, 'Nuevo Sueldo:' , Sueldo*1.10
FROM Empleados;
```

Lo que genera un resultado en el que en todas las filas aparecen las palabras 'Nuevo Sueldo' como si fuese un valor más de un atributo de la tabla, tal y como muestra la Figura 10.5.

Por supuesto, en ninguno de los casos anteriores se produce una actualización de los datos en las tablas y la sentencia se limita a mostrar por pantalla la expresión solicitada: el sueldo aumentado en un 10 por 100 (multiplicado por 1,10).

Supóngase ahora que se desean obtener los datos de los empleados (CodEmp y Nombre) y la «situación» de los departamentos en los que trabaja cada uno de ellos (Situacion). La primera intención sería escribir:

```
SELECT CodEmp, Nombre, Empleados.CodDpto,
       Departamentos.CodDpto, Situacion
FROM Empleados, Departamentos;
```

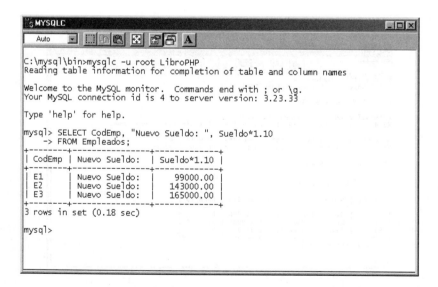

Figura 10.5.   *Selección con expresiones.*

que parece responder a la sintaxis correctamente, ya que primeramente escribimos los atributos que deseamos obtener y después las tablas. Antes de pasar al análisis de lo que se obtendría, hay que hacer notar que se ha solicitado al sistema gestor que nos dé el código de departamento dos veces: la primera vez es el código existente en la tabla de `Empleados` y la segunda es el código que aparece en la tabla de `Departamentos`. Dado que no se puede producir ambigüedad (el sistema no sabría si se quiere obtener el atributo `CodDpto` de la tabla `Empleados` o de la tabla `Departamentos`), se ha utilizado la «notación punto» para indicar con el nombre de la tabla seguido de un punto y del nombre del atributo cuál de los dos atributos se desea. En nuestro caso se han solicitado los dos para poder analizar el resultado: en realidad, la sentencia es correcta sintácticamente, pero no da como resultado el esperado, puesto que lo que ejecuta es un producto cartesiano entre todas las filas de las dos tablas. Este producto cartesiano es la combinación de todas las filas de una tabla con todas las filas de la otra, y así, con los datos introducidos en nuestras tablas, el resultado de todas las combinaciones sería el mostrado por la Figura 10.6.

Independientemente de que en algún gestor se ejecute en otro orden o introduzca el nombre de la tabla en la cabecera de los datos, se ve claramente que el resultado obtenido no es el deseado, ya que produce como salida datos falsos, al mostrar filas que indican que un determinado empleado trabaja en un departamento en el que no lo hace o que un determinado departamento está en una planta en la que no está ubicado. Si no hubiéramos solicitado los dos códigos de departamento, probablemente no podríamos distinguir el error o conocer cuáles son las filas correctas. Obsérvese que solamente algunas filas son correctas, y son aquellas en las que coincide el valor del código de departamento en

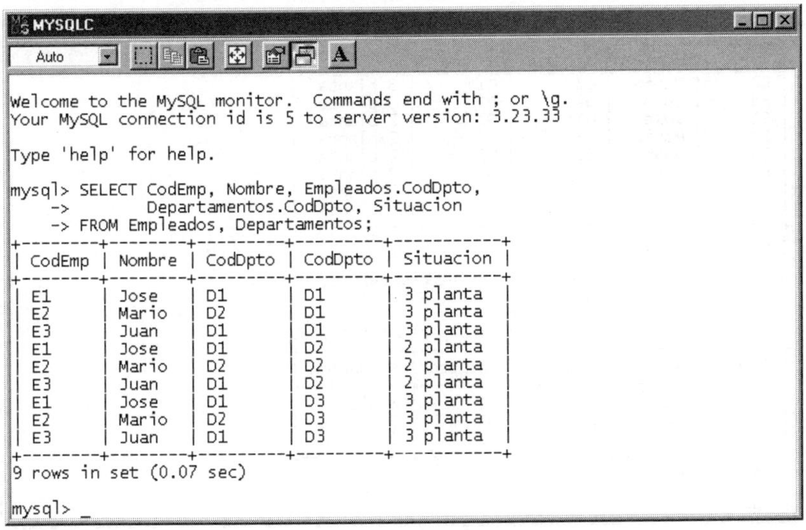

```
Welcome to the MySQL monitor.  Commands end with ; or \g.
Your MySQL connection id is 5 to server version: 3.23.33

Type 'help' for help.

mysql> SELECT CodEmp, Nombre, Empleados.CodDpto,
    ->        Departamentos.CodDpto, Situacion
    -> FROM Empleados, Departamentos;
+--------+--------+---------+---------+-----------+
| CodEmp | Nombre | CodDpto | CodDpto | Situacion |
+--------+--------+---------+---------+-----------+
| E1     | Jose   | D1      | D1      | 3 planta  |
| E2     | Mario  | D2      | D1      | 3 planta  |
| E3     | Juan   | D1      | D1      | 3 planta  |
| E1     | Jose   | D1      | D2      | 2 planta  |
| E2     | Mario  | D2      | D2      | 2 planta  |
| E3     | Juan   | D1      | D2      | 2 planta  |
| E1     | Jose   | D1      | D3      | 3 planta  |
| E2     | Mario  | D2      | D3      | 3 planta  |
| E3     | Juan   | D1      | D3      | 3 planta  |
+--------+--------+---------+---------+-----------+
9 rows in set (0.07 sec)

mysql> _
```

Figura 10.6. *Producto cartesiano entre Empleados y Departamentos.*

ambas tablas. Es evidente que sólo se deseaba la situación de un departamento si el trabajador pertenece a ese departamento.

El problema, relacionado con el hecho de que el código de departamento sea una clave primaria en una tabla y clave foránea en otra (ya que es el valor por el que se tienen que relacionar ambas tablas), se soluciona añadiendo una condición en la cláusula SELECT y es, precisamente, la de que ambos valores deben coincidir. Dicha condición se expresa en la cláusula WHERE:

```
SELECT CodEmp, Nombre, Empleados.CodDpto,
       Departamentos.CodDpto, Situacion
FROM   Empleados, Departamentos
WHERE Empleados.CodDpto = Departamentos.CodDpto;
```

El resultado de ejecutar la sentencia SQL produciría la misma tabla mostrada con anterioridad, pero solamente aparecerían las tres filas correctas (Figura 10.7).

En casos como éste, no se suele solicitar el código de departamento por duplicado, ya que, como es lógico y se puede observar en el resultado obtenido, es el mismo en ambas columnas.

En general, la cláusula WHERE no solamente se utiliza para resolver el problema de relacionar dos o más tablas (conocido como unión natural o por su término anglosajón *join*), sino que sirve para establecer los filtros que se desea que cumplan las filas obtenidas en el resultado. Así, si se desea obtener el listado de empleados que ganan más de 100.000 pesetas se podría ejecutar la siguiente consulta:

```
SELECT *
FROM Empleados
WHERE Sueldo > 100000;
```

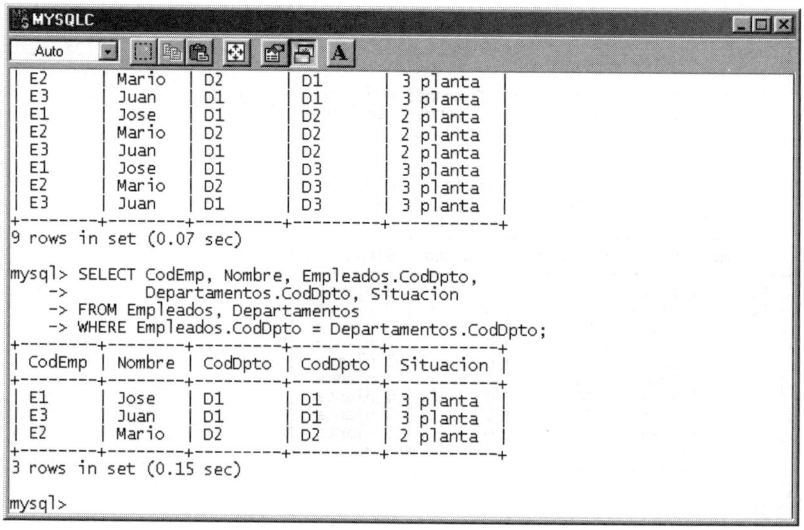

Figura 10.7. *Relacionando dos tablas.*

Y se obtendría como resultado:

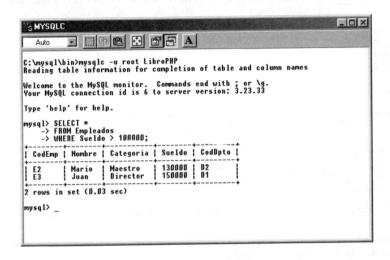

Figura 10.8. *Condiciones en las consultas.*

La sentencia SELECT ignorará cualquier fila que no cumpla las condiciones establecidas en la cláusula WHERE, por lo que el resultado de la consulta anterior serán las dos tuplas de los empleados que ganan más de 100.000 pesetas. Las condiciones establecidas en esta cláusula pueden ser tan complicadas como se desee y puede involucrar:

- Atributos, constantes o expresiones.

- Operadores de comparación (>, <, >=, <=, =, <>).

- Operadores lógicos (and, or, not).

De tal forma que resulta muy fácil anidar condiciones, utilizando, si se requiere, paréntesis:

```
SELECT CodEmp, Nombre, Categoria, Sueldo, Situacion
FROM Empleados, Departamentos
WHERE Empleados.CodDpto = Departamentos.CodDpto AND
      (Categoria = 'Aprendiz' OR Situacion = '3 planta');
```

Esta consulta devuelve todos los datos de los empleados y de los departamentos en los que trabajan, siempre y cuando los primeros tengan categoría de «aprendiz» o que los segundos estén ubicados en la tercera planta, como se ve en la Figura 10.9.

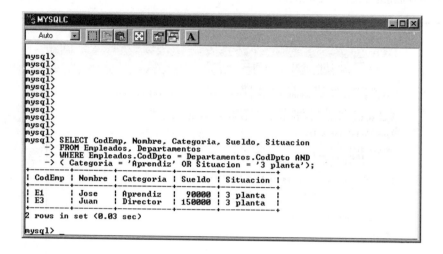

Figura 10.9. *Condiciones compuestas.*

El lenguaje SQL dispone de una serie de operadores especiales que añaden mayor facilidad a la hora de expresar las condiciones en la cláusula WHERE. El operador BETWEEN ... AND ... es uno de ellos:

```
SELECT *
FROM Empleados
WHERE Sueldo BETWEEN 80000 AND 100000;
```

Este operador permite definir un intervalo en el que se tiene que encontrar el valor del atributo en cuestión para poder ser devuelto como resultado válido de la consulta. En el ejemplo se devolverán todos los datos de los empleados cuyo sueldo esté entre 80.000 y 100.000 pesetas (Figura 10.10). Como se puede observar, este operador es sustituible por la combinación conjuntiva de dos condiciones que establezcan que el sueldo debe ser mayor que 80.000 y menor que 100.000.

Por otra parte, se pueden utilizar comodines a la hora de buscar coincidencias en los valores de los atributos si se utiliza el operador LIKE. Este operador permite sustituir un grupo de caracteres por el carácter especial «%» y un carácter por «_». Se podría, por ejemplo, solicitar la lista de empleados cuyo nombre comienza por el carácter «J»:

```
SELECT *
FROM Empleados
WHERE Nombre LIKE 'J%';
```

que produce la salida mostrada en la Figura 10.11.

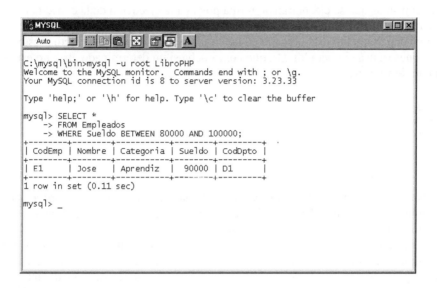

Figura 10.10. *Utilización del operador BETWEEN...AND.*

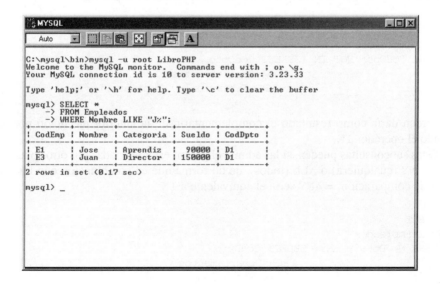

Figura 10.11. *Utilización del operador LIKE.*

En SQL estándar, y en muchos gestores de bases de datos, se puede, asimismo, realizar subconsultas que se ejecutarán de forma previa a la ejecución de la consulta principal. Se podría, por ejemplo, solicitar el nombre de los empleados que se encuentren entre aquellos cuyo departamento está ubicado en la tercera planta. Para poder efectuar este tipo de operaciones se usa el operador IN, que comprueba si un determinado atributo está en un conjunto de valores:

```
SELECT *
FROM Empleados
WHERE CodDpto IN (SELECT CodDpto
                  FROM Departamentos
                  WHERE Situacion = '3 planta');
```

Destacamos el hecho de que la subconsulta aparece entre paréntesis y esta ejecución selecciona primeramente el conjunto de códigos de departamento cuya situación es la de la tercera planta, para después seleccionar aquellos empleados cuyo código de departamento esté entre los previamente seleccionados. Estas subconsultas pueden ser, en general, tan complicadas como se desee y pueden tener varios niveles de anidamiento, aunque no es aconsejable anidar más de dos o tres niveles, puesto que se estaría creando una consulta muy difícil de comprender. También hay que decir que, hoy por hoy, el gestor **MySQL**, utilizado como ejemplo principal a lo largo de los capítulos de bases de datos del presente libro, **no soporta las subconsultas**, por lo que hay que ejecutarlas previamente y almacenar el resultado o solucionarlo desde el lenguaje de programación (en este caso, obviamente, PHP).

Las subconsultas pueden aparecer también combinadas, como es natural, con los operadores lógicos, pero es muy común usar el operador de negación:

```
SELECT *
FROM Empleados
WHERE CodDpto NOT IN (SELECT CodDpto
                      FROM Departamentos
                      WHERE Situacion = '3 planta');
```

esta orden daría como resultado el complementario de la anterior ejecución por haber negado el operador IN.

Estas subconsultas pueden, si las admite el gestor, estar afectadas por otros operadores como ANY (cualquiera) o ALL (todos), de tal forma que en combinación con los operadores de comparación, = ANY sería el equivalente a IN:

```
SELECT *
FROM Empleados
WHERE CodDpto = ANY (SELECT CodDpto
                     FROM Departamentos
                     WHERE Situacion = '3 planta');
```

y, por otra parte, <> ALL sería equivalente a NOT IN.

Existen dentro de las posibilidades de selección una serie de funciones denominadas «agregadas» que permiten obtener datos totalizados acerca de las filas. Las funciones son:

Función	Descripción
COUNT(* | DISTINCT Atributo)	Cuenta número de tuplas.
SUM(Atributo)	Suma los valores del atributo indicado.
AVG(Atributo)	Obtiene la media aritmética del atributo indicado.
MAX(Atributo)	Obtiene el valor máximo del atributo.
MIN(Atributo)	Obtiene el valor mínimo del atributo.

Se podría, por ejemplo, desear saber cuántas tuplas tiene una tabla, para lo cual se podría ejecutar:

```
SELECT COUNT(*)
FROM Empleados;
```

Lo cual daría como resultado, en el caso de la tabla de empleados, lo mostrado en la Figura 10.12.

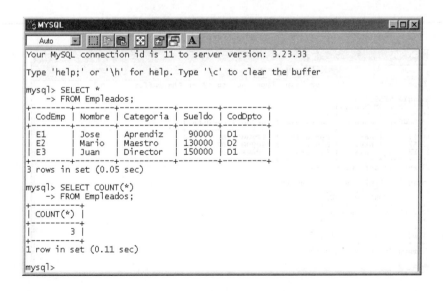

Figura 10.12. *Contenido de tuplas.*

Hay que destacar que al indicar en la función COUNT el carácter ' * ' estamos indicando que se desea contar dichas tuplas. Si por el contrario se indica el nombre de un atributo, en general, lo que el gestor hará es devolver el número de tuplas de la tabla que tienen algún valor insertado en dicho atributo. Al igual que ésta, se podría usar cualquiera de las otras funciones. Sin embargo, la importancia de estas funciones radica en el hecho de que si se utilizan de manera combinada con la cláusula GROUP BY, se pueden generar consultas muy potentes. Esta cláusula agrupa los resultados por la coincidencia de los valores en el atributo indicado. Es importantísimo destacar que cuando se ejecuta una sentencia SELECT que contiene una cláusula GROUP BY el resultado será exclusivamente de una tupla por cada uno de los valores diferentes que contenga el atributo de dicha cláusula. Como ejemplo podemos querer contar el número de empleados que tiene cada uno de los departamentos de nuestras tablas:

```
SELECT CodDpto, COUNT(*)
FROM Empleados
GROUP BY CodDpto;
```

Primeramente hay que señalar que la utilización de esta cláusula es independiente de la incorporación de condiciones en la cláusula WHERE y el resultado que produce es el mostrado en la Figura 10.13.

Las funciones agregadas, una vez que se incluye la cláusula GROUP BY, afectan de manera independiente a cada uno de los grupos y resulta importante comprender que sólo se obtiene una tupla por grupo formado.

Uno de los errores más típicos en la utilización de la cláusula GROUP BY es solicitar datos que pueden contener más de un valor en cada uno de los grupos: podríamos

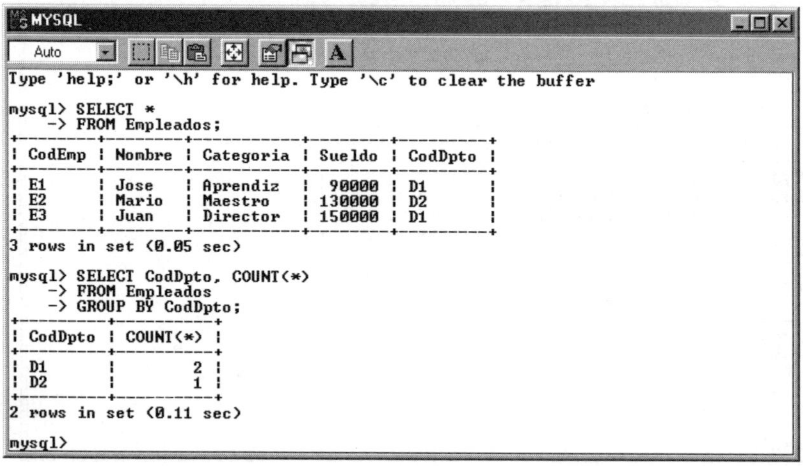

Figura 10.13. *Contenido empleados de cada departamento.*

vernos tentados a obtener, además del código del departamento y el número de empleados de la consulta anterior, los nombres de dichos empleados, para lo que tenderíamos a
escribir:

```
SELECT CodDpto, COUNT(*), Nombre
FROM Empleados
GROUP BY CodDpto;
```

lo que en la mayoría de los gestores provoca un error, puesto que para un código en concreto (atributo por el que se agrupa) puede existir más de un Nombre, con lo que se produciría ambigüedad para el gestor. Al poder emitir solamente una tupla para cada uno de
los grupos generados, no sabría, en el caso del departamento D1, cuál de los empleados
mostrar en el resultado.

En algunos gestores (incluyendo MySQL), esta instrucción no emite un error, pero funciona de manera incorrecta al elegir sin ninguna razón aparente un valor de los disponibles.
En general, no se puede seleccionar ningún atributo que pueda tener más de un valor diferente para cada uno de los grupos generados con la cláusula GROUP BY.

Como segundo ejemplo, obtengamos la cantidad que cada uno de los departamentos
destina a sueldos. Lo vamos a solucionar formando grupos por código de departamento de
tal manera que la función SUM afecte a cada uno de ellos de manera independiente:

```
SELECT CodDpto, SUM(Sueldo)
FROM Empleados
GROUP BY CodDpto;
```

que devolvería lo mostrado en la Figura 10.14.

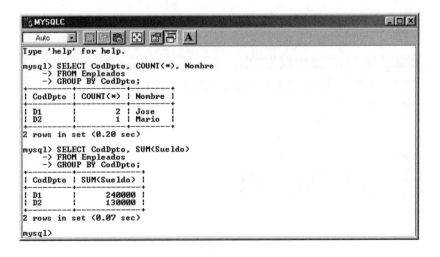

Figura 10.14. *Utilización de la función agregada SUM().*

Si ahora se deseease obtener la descripción del departamento, nos veríamos obligados a agrupar también por ella:

```
SELECT Empleados.CodDpto, Descripcion, SUM(Sueldo)
FROM Empleados, Departamentos
WHERE Empleados.CodDpto = Departamentos.CodDpto
GROUP BY Empleados.CodDpto, Descripcion;
```

De esta forma obtenemos un grupo por cada una de las descripciones y códigos de departamento que existen. Dado que sabemos que a un único código no le corresponden (por la estructura de la tabla) más de una descripción, el resultado obtenido será el correcto (ver Figura 10.15). Hay que destacar en el comando anterior el hecho de que se haya utilizado la notación punto para evitar la ambigüedad que produciría hacer referencia al atributo CodDpto sin indicar si es el de la tabla Empleados o el de la tabla Departamentos.

Al igual que la cláusula WHERE imponía condiciones a las tuplas que debían formar parte del resultado y que cualquier tupla que no las cumpliese sería automáticamente ignorada, se tiene la posibilidad de incorporar condiciones a las tuplas de grupos obtenidas con las cláusulas GROUP BY: para ello se dispone de la cláusula HAVING, que impone dichas condiciones y cuya expresión se puede formar con las mismas reglas que las establecidas para WHERE (atributos, operadores lógicos, etc.), pero puede, además, involucrar funciones agregadas. En el caso anterior y a modo de ejemplo, se podría estar interesado exclusivamente en aquellos grupos cuya suma de sueldos sea mayor de 200.000 pesetas, para lo cual se podría establecer la condición:

```
SELECT CodDpto, SUM(Sueldo)
FROM Empleados
GROUP BY CodDpto
HAVING SUM(Sueldo) > 200000;
```

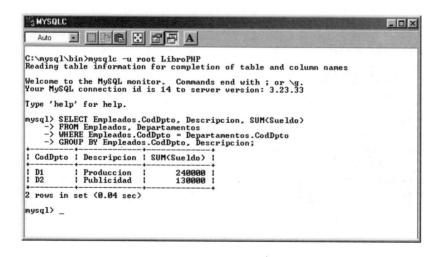

Figura 10.15. *Agrupando por dos atributos.*

que nos daría como resultado exclusivamente la fila correspondiente al departamento D1, cuya suma es de 240.000 pesetas.

Una operación típica (aunque, como ya se ha mencionado con anterioridad, no funciona en MySQL) es la de incluir una subconsulta en la condición HAVING, al igual que en la cláusula WHERE. Una situación concreta es la necesidad de anidar dos funciones agregadas. Dado que dicho anidamiento no está permitido por el estándar, se puede suplir sustituyendo la primera de ellas por una subconsulta. Como ejemplo, podríamos querer conocer cuál es el departamento que más empleados tiene. Para conseguir esto se podría estar tentado de anidar las funciones MAX() y COUNT(), haciendo MAX(COUNT(*)). Esta sucesión de operaciones no está permitida, por lo que el resultado se debe obtener supliendo la función MAX() por una condición que solamente cumpla el valor máximo. Dicha condición es que este valor sea igual o superior a todos los valores obtenidos con COUNT(*). Dado que solamente el máximo es mayor que todos e igual a sí mismo, el resultado que se obtiene es el deseado. La sentencia SQL para resolver este ejemplo es:

```
SELECT CodDpto, COUNT(*)
FROM Empleados
GROUP BY CodDpto
HAVING COUNT(*) >= ALL (SELECT COUNT(*)
                        FROM Empleados
                        GROUP BY CodDpto);
```

La consulta interna se ejecuta y calcula el número de empleados para cada uno de los departamentos (la función agregada COUNT afecta a cada uno de los grupos que están establecidos por código de departamento) y posteriormente la consulta externa elige de los mismos datos solamente aquel que sea el máximo (al ser mayor o igual que todos los anteriores).

Como última opción dentro de la instrucción SELECT, existe la posibilidad de ordenar el resultado por uno o varios atributos mediante la cláusula ORDER BY, de tal forma que, por defecto, la ordenación se hace en orden ascendente, pero que si se desea que se haga en orden descendente solamente hay que incluir la palabra DESC al final. Para obtener la lista de empleados ordenados alfabéticamente por el nombre de manera descendente podríamos escribir:

```
SELECT *
FROM Empleados
ORDER BY Nombre DESC;
```

Eliminación de datos

Otra de las sentencias necesarias en el tratamiento típico de la información es aquella que permite el borrado de los datos. Para esto en SQL se dispone de la instrucción DELETE, cuya sintaxis es:

```
DELETE FROM NombredeTabla
[WHERE Condicion];
```

Esta sentencia borrará de la tabla indicada en `NombredeTabla` todas aquellas filas o tuplas que cumplan la condición especificada en la cláusula `WHERE`. La condición especificada puede ser tan complicada como se desee, ya que se permite la introducción de las mismas condiciones que en una instrucción `SELECT`. Si no se especifica ninguna condición, el gestor procederá al borrado de todas las filas existentes en la tabla, por lo que hay que tener mucho cuidado a la hora de ejecutarla en estos términos.

En nuestro ejemplo, si se desease borrar todos los empleados que perteneciesen al departamento cuyo código es `'D2'` se procedería a ejecutar la orden:

```
DELETE FROM Empleados
WHERE CodDpto = 'D2';
```

Actualización de datos

Como última instrucción a mostrar dentro de un mantenimiento típico de los datos de una tabla, está aquella que nos permite modificar el contenido de uno o varios atributos de una serie determinada de filas. Esta instrucción es `UPDATE` y su sintaxis es:

```
UPDATE NombredeTabla
SET Atributo1 = NuevoValor,
SET Atributo2 = NuevoValor,
...
SET AtributoN = NuevoValor
[WHERE Condición];
```

Esta sentencia permite la actualización de cuantos atributos deseemos en la tabla indicada por `NombredeTabla`, de tal forma que el nuevo valor que toman dichos atributos es el indicado en la asignación. Si se desea actualizar más de un atributo se deben separar por comas.

Por último, hay que indicar que esta actualización, al igual que los borrados indicados anteriormente, afectan a todas aquellas tuplas que cumplan la condición establecida en la cláusula `WHERE`, ignorando el sistema todas las que no lo hagan.

Por ejemplo, se podría querer actualizar el sueldo de todos los empleados de la tabla de empleados incrementándolo un 10 por 100 y se ejecutaría:

```
UPDATE Empleados
SET Sueldo = Sueldo * 1.10;
```

Si se desease subir el sueldo nada más que a los empleados del departamento cuyo código fuese `'D2'` se debería ejecutar:

```
UPDATE Empleados
SET Sueldo = Sueldo * 1.10
WHERE CodDpto = 'D2';
```

que genera el resultado que se comprueba en la Figura 10.16.

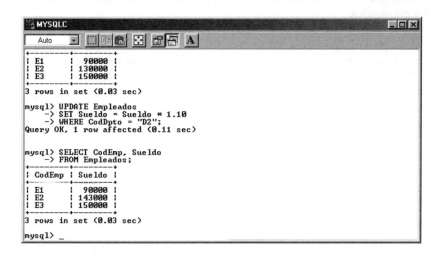

Figura 10.16. *Actualización del sueldo en un 10 por 100.*

Al igual que antes, en la cláusula WHERE se permiten condiciones tan complicadas como se desee, y hay que indicar también que el nuevo valor que se asigna puede ser el resultado de ejecutar cualquier tipo de consulta (generalmente siempre que ésta no involucre a la tabla que se está actualizando, ya que consultar una tabla que está siendo modificada en ese mismo instante podría producir incoherencias).

OTROS ASPECTOS RELACIONADOS

Tal y como ya se ha mencionado, MySQL carece de algunas de las funcionalidades que caracterizan, en general, a un gestor de bases de datos relacionales (subconsultas en la sentencia SELECT, mantenimiento de la integridad referencial mediante la cláusula FOREIGN KEY). Entre estas carencias figura el concepto de «transacción», que en determinadas circunstancias y entornos adquiere una gran importancia.

Una transacción es, de forma intuitiva, un grupo de instrucciones que se deben ejecutar todas o ninguna, ya que de lo contrario se podrían producir errores en la coherencia de la base de datos. Sirva como ejemplo una actualización de los sueldos de los empleados de una empresa. Supóngase que primeramente se suben los sueldos y posteriormente se actualizan las cantidades retenidas para pago de impuestos. Es posible que se produzca algún fallo entre la primera operación (actualización del sueldo) y la segunda (actualización de impuestos) que impida la normal ejecución de esta última. Ante un error de este tipo y habiéndose ejecutado ya la primera, ¿debemos volver a lanzar el programa? No parece lógico, puesto que estaríamos actualizando por segunda vez el sueldo; pero ¿nos debemos conformar con la base de datos tal y como está? Tampoco parece una solución válida, puesto que las retenciones efectuadas no se corresponderían con el nivel de ingresos de los empleados.

Para evitar este tipo de situaciones, todas las operaciones que se deben ejecutar conjuntamente se programan dentro de una transacción, de tal manera que se indica al gestor que va a dar comienzo una transacción (generalmente con una instrucción del tipo BEGIN TRANSACTION, dependiente del gestor) para pasar a ejecutar todas las operaciones. Cuando terminan estas operaciones se comprueba si ha habido algún error (mediante códigos en registros de memoria o variables de los propios gestores) y si no se ha producido ningún error se da por válida toda la transacción (instrucción COMMIT) y se termina (END TRANSACTION), quedando validadas todas las operaciones efectuadas dentro de ella. Si, por el contrario, se detecta que se ha producido algún error, se dispone de una instrucción (ROLLBACK) que anula todos los cambios que haya efectuado cualquier operación dentro de la transacción actual para así encontrarnos en la misma situación en la que estaba la base de datos antes de comenzar la transacción. De esta forma se puede volver a lanzar el programa con garantías de que no se ha producido ninguna inconsistencia.

La imposibilidad de trabajar actualmente con transacciones en MySQL no lo invalida como gestor de sistemas para Internet, ya que en estos entornos, normalmente, las operaciones se realizan de forma atómica, lo que quiere decir que cualquier operación sobre la base de datos se da por válida de forma individual. Si se necesita de forma imperiosa un sistema de transacciones en el gestor, se puede recurrir a implementar uno propio, ya que básicamente consiste en llevar registro de todas las operaciones efectuadas sobre los datos, de tal manera que se pueda deshacer cualquiera de ellas si se desea.

CAPÍTULO 11

Acceso a Bases
de Datos

Una vez que se ha presentado, en el capítulo anterior, el lenguaje SQL como la herramienta estándar para realizar consultas a cualquier gestor de bases de datos, en éste se presenta la forma en que se puede conectar PHP con dichos gestores. A lo largo del capítulo se muestra cómo construir sentencias SQL que posteriormente son ejecutadas a petición del script PHP y cuyo resultado termina siendo parte de las páginas HTML generadas por el intérprete.

INTRODUCCIÓN

Una vez que el servidor web ha solicitado al intérprete de PHP la ejecución de un determinado script, éste se puede encontrar con sentencias que pretenden manipular los datos almacenados por un gestor de bases de datos. Dado que este último es el encargado de «proteger los datos», cualquier operación sobre ellos debe realizarse a través de la interfaz proporcionada para ello por el gestor. La forma en que el intérprete de PHP y el gestor se pueden conectar y «hacerse entender» es doble: ODBC (*Open DataBase Connectivity*) y funciones nativas. La primera consiste en una API estándar, que presenta una «capa» de software que oculta detalles de conexión. Para poder utilizarla solamente hace falta instalar o activar en el gestor correspondiente el módulo de software encargado de su gestión y realizar las llamadas correspondientes desde nuestro programa. En teoría, estas funciones son independientes de los fabricantes.

La segunda manera consiste en efectuar llamadas a las funciones nativas propias de cada gestor. En contraposición a la pérdida de homogeneidad en la forma de manipular los datos, la utilización de este tipo de funciones proporciona un método de acceso mucho más eficiente que la utilización de las proporcionadas por ODBC, ya que no necesitan de la intervención de esa «capa de software», que, al fin y al cabo, retrasa la ejecución de las consultas.

A lo largo de este capítulo se va a mostrar la utilización de ODBC con un gestor como es Microsoft Access que funciona solamente en entornos con sistema operativo Windows, y posteriormente se mostrará el empleo de funciones nativas para conectar con MySQL, que está disponible en múltiples plataformas.

CONEXIÓN A TRAVÉS DE ODBC

Antes de empezar a ver las diferentes funciones de que se dispone a la hora de trabajar con conexiones ODBC, hay que indicar que, normalmente, para poder utilizarlo hay que configurarlo en el gestor. En entornos con sistema operativo Windows, esta función se realiza al definir una «fuente de datos» o DSN como origen con el que se va a establecer la conexión. Esto quiere decir que hay que «declarar» que se va a utilizar la base de datos de Access con la interfaz ODBC. Para ello solamente hay que situarse en el «Panel de Control» y elegir el icono correspondiente a «Fuentes de Datos ODBC» (Figura 11.1).

Una vez elegida esta opción y dependiendo de la política de accesos que se haya establecido para el sistema, se puede dar de alta un DSN de usuario o de sistema. En nues-

Figura 11.1.   *Ventana del panel de control de Windows.*

tro caso daremos de alta una fuente de datos de usuario. Para ello, una vez elegida la pestaña indicada bajo ese nombre, se pulsa la opción de `Agregar` y se elige el tipo de gestor de base de datos que vamos a conectar, que en este ejemplo se trata del `Controlador para Microsoft Access`. Tras la elección y al pulsar `Finalizar` se debe introducir el nombre de la base de datos que hayamos elegido (y creado con anterioridad desde el propio gestor) y el nombre del «origen de datos», esto es, el nombre con el que vamos a realizar nuestras conexiones desde las páginas PHP (Figura 11.2).

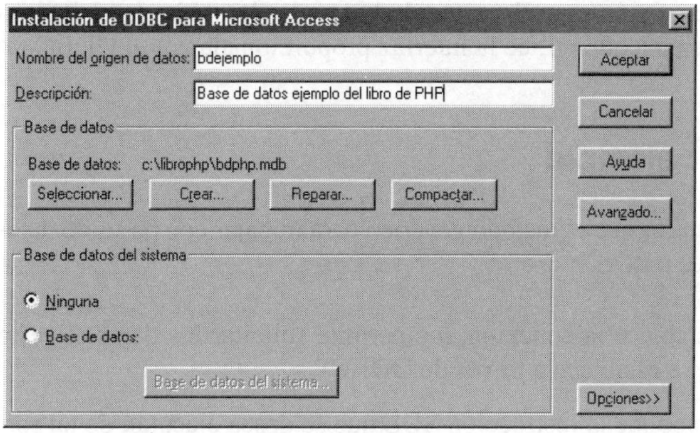

Figura 11.2.   *Creación de un origen de datos.*

Figura 11.3.   *Asignación de usuario y contraseña.*

Se puede observar que el nombre de la base de datos no tiene por qué coincidir con el nombre del origen de datos (en este ejemplo, la base de datos se denomina `"bdphp"` y, sin embargo, el nombre con el que se van a establecer las conexiones desde las páginas PHP es `"bdejemplo"`).

Siempre que se necesite una mínima seguridad, se puede declarar que las conexiones a este sistema deben hacerse proporcionando un nombre de usuario y una contraseña. En este caso se define un usuario `"lector"` con la contraseña `"librophp"`, tal y como se ve en la Figura 11.3 (la contraseña aparece «tapada» por caracteres `"*"`).

Con estos sencillos pasos se crea el origen de datos y a partir de ahora ya podremos realizar la conexión con el gestor de bases de datos desde el intérprete PHP o desde cualquier sistema que utilice la interfaz proporcionada por el ODBC.

El primer ejemplo

Hay que destacar que el método genérico para trabajar con bases de datos suele constar de los siguientes pasos:

- Se establece la conexión que permite solicitar los datos al gestor (en este primer caso, se establece a través de ODBC).

- Se compone la instrucción SQL que se desea ejecutar, de tal forma que dicha instrucción se almacena en una variable de tipo «cadena» con el objeto de pasársela completa al gestor de bases de datos.

- Se solicita al gestor que ejecute la instrucción antes generada.

- En caso de que se necesite, se procesa el resultado obtenido de la ejecución.

- Se liberan los recursos utilizados en la consulta y se cierra la conexión con el gestor.

En algunos casos y bajo determinadas circunstancias es posible no cerrar la conexión al finalizar una consulta, y así poder utilizarla posteriormente si se desea lanzar otra consulta desde el mismo usuario. De esta forma se ahorra el tiempo de conexión, lo que aumenta la eficiencia. A este tipo de conexiones se les denomina «conexiones persistentes», ya que «sobreviven» a la ejecución del programa que las crea.

Como primer ejemplo de conexión a través de ODBC se muestra un programa que crea la estructura de la tabla «Empleados» vista en el capítulo anterior y que inserta la primera de las filas de datos que se mostraron:

```
<!-- Cap11/creatabla.php -->
<HTML>
<HEAD>
  <TITLE>Prueba PHP con ODBC sobre Access</TITLE>
</HEAD>
<BODY>
<CENTER>
<FONT COLOR="blue"><H1> Conexión con Microsoft Access </H1></FONT>
</CENTER>
<HR>
 <CENTER><B>Funciones Básicas de Manejo de Datos </B></CENTER>
<HR>
<?php
  // Se establece la conexión con la fuente de datos
  $conexion = odbc_connect("bdejemplo", "lector", "librophp");
  // Si no hay conexión, se emite un error y se aborta
  if (!$conexion)
     die ("Error en la conexión con el gestor");


  // El primer comando SQL será el de creación
  // de la tabla de empleados
  $consultaSQL = "CREATE TABLE Empleados
          (CodEmp CHAR(2) Not Null, Nombre CHAR(10) Not Null,
           Categoria CHAR(15), Sueldo INTEGER, CodDpto CHAR(2));";
  echo $consultaSQL, "<BR>\n";


  // Se solicita la ejecución de la instrucción contenida en $com
  $resultado = odbc_do($conexion, $consultaSQL);
  if ($resultado)
     echo "<BR><B>Tabla creada</B><BR>\n";
  else
```

```
        die("Error en la creación");

    // La siguiente instrucción será la inserción de un dato
    $consultaSQL = "INSERT INTO Empleados
            VALUES ('E1', 'Jose', 'Aprendiz', 90000, 'D1');";
    echo $consultaSQL, "<BR>\n";


    // Se solicita la ejecución de la nueva instrucción (Insert)
    $resultado = odbc_do($conexion, $consultaSQL);
    if ($resultado)
        echo "<BR><B>Datos insertados</B><BR>\n";
    else
        die("Error en la inserción");


    // Se cierra la conexión
    odbc_close($conexion);
?>
<BR><HR>
</BODY>
</HTML>
```

Como se observa en el programa "`creatabla.php`", se utiliza la estructura básica de trabajo con la BD: conexión con la base de datos, preparación de la sentencia SQL, ejecución de ésta (en el programa se preparan y ejecutan dos instrucciones) y, finalmente, la desconexión del sistema. Para todo ello se usan tres funciones de ODBC:

`odbc_connect(FuentedeDatos, Usuario, Clave)`, que establece la conexión del intérprete PHP con el origen de datos indicado, utilizando el usuario y la palabra clave proporcionados en el segundo y tercer parámetros. Establece la conexión y devuelve un identificador que se utilizará en otras funciones. En caso de no poder establecer la conexión devuelve `false` (valor cero). Como se puede observar, con esta función nos limitamos a indicarle al intérprete de PHP cuál será la base de datos que vamos a utilizar (identificada por su fuente de datos).

La segunda función utilizada nos permite la ejecución de una sentencia SQL que tengamos almacenada en una variable de tipo 'cadena', de tal forma que se indica la conexión sobre la que se ejecuta y el comando a ejecutar: `odbc_do(Identificador_Conexión, Comando_SQL)`. El primer parámetro que recibe es el identificador de conexión obtenido de la función `odbc_connect()`, y el segundo el comando SQL a ejecutar. Si se produce algún error devuelve el valor `false`, y si todo es correcto, el nombre de un cursor en el que se almacena el resultado.

La última de las funciones utilizadas en el pequeño programa es la que permite cerrar la conexión: `odbc_close(Identificador_Conexión)`, que recibe el identificador obtenido a la hora de establecer la conexión mediante `odbc_connect`.

En nuestro ejemplo, el resultado es el que se puede ver en la Figura 11.4.

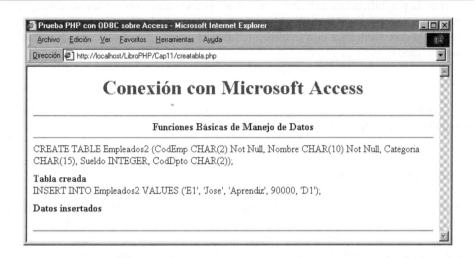

Figura 11.4. *Resultado de la ejecucion del script «creatable».*

Como se puede observar, la salida producida es exclusivamente debida a las líneas de código con la instrucción `echo` y no a que la ejecución de los comandos SQL produzca ninguna salida. De hecho, para comprobar que todo ha funcionado correctamente, se debe acudir al gestor a realizar una consulta, comprobando primeramente que existe la tabla de la cual se ha solicitado su creación, y una vez vista, ejecutar una consulta que nos muestre la tupla introducida, tal y como se ha realizado en la Figura 11.5:

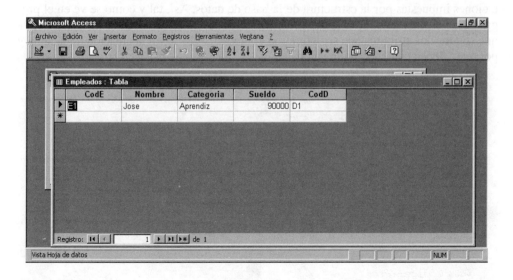

Figura 11.5. *Vista de la tabla desde Access.*

Existe la posibilidad de solicitar conexiones persistentes con la base de datos, de tal forma que en sucesivas solicitudes al sistema no se sufra el retraso debido al establecimiento de la conexión. Para ello se utiliza la función `odbc_pconnect()`, que funciona como la estándar ya vista antes:

```
int odbc_pconnect(string dsn, string usuario, string clave)
```

En este caso, la conexión es persistente y cualquier otra petición de conexión al mismo DSN, con el mismo usuario y palabra clave, reutilizará esta conexión.

Inserción de datos

Aunque sea posible crear una tabla e introducir datos en ella desde un script, la situación habitual es otra. Normalmente los datos que hay que insertar en una tabla provienen de un formulario rellenado por el usuario. Para ilustrar esto, se ha desarrollado un pequeño formulario que acepta los datos de uno de los empleados del ejemplo y que, al enviar los datos, solicita la ejecución de un script denominado `"insercion.php"`. Este script, si detecta que no se ha introducido ningún valor en las variables `CodEmp` y `Nombre`, se limita a mostrar un mensaje de error. En caso de que se hayan introducido correctamente estos valores, produce la inserción de los datos en la tabla. Para realizarlo se utilizan las tres funciones vistas anteriormente. Únicamente cabe reseñar que se controla el contenido de la variable `Sueldo`, dado que dicho atributo se ha definido como numérico en la tabla y por tanto se debe comprobar que no se introduzca un contenido alfanumérico en él. De ocurrir, se provocaría un error por parte del gestor de bases de datos que aparecería en el documento generado.

Por otra parte, y a pesar de que es un primer ejemplo, sí conviene contemplar las limitaciones impuestas por la estructura de la base de datos. Así, tal y como se ve en el programa, se efectúa un control sobre el contenido de los atributos `CodEmp` y `Nombre`, ya que son los dos atributos que se definieron como `Not Null` en la creación de la tabla y por tanto deben contener algún valor.

El formulario es:

```html
<!-- Cap11/formempleado.html -->
<HTML>
<HEAD><TITLE>Prueba PHP con ODBC sobre Access</TITLE></HEAD>
<BODY>
<CENTER>
<FONT COLOR="blue"><H1> Conexión con Microsoft Access </H1></FONT>
<H3> Formulario de Entrada de Datos </H3>
<HR>
<FORM NAME="miformulario" METHOD='POST' ACTION="insercion.php">
 <TABLE BORDER=1>
 <TR>
  <TD>Código:</TD>
  <TD><INPUT TYPE="Text" NAME="CodEmp" SIZE=2 MAXLENGTH=2></TD>
```

```
  <TD>Nombre:</TD>
  <TD><INPUT TYPE="Text" NAME="Nombre" SIZE=10 MAXLENGTH=10></TD>
 </TR>
 <TR>
  <TD>Categoria:</TD>
  <TD><INPUT TYPE="Text" NAME="Categoria" SIZE=15></TD>
  <TD>Sueldo:</TD>
  <TD><INPUT TYPE="Text" NAME="Sueldo" SIZE=10 MAXLENGTH=10></TD>
 </TR>
 <TR>
   <TD>Departamento:</TD>
   <TD><INPUT TYPE="Text" NAME="CodDpto" SIZE=2 MAXLENGTH=2></TD>
 </TR>
 <TR>
  <TD><INPUT TYPE="Submit" VALUE="Enviar"></TD>
  <TD><INPUT TYPE="Reset" VALUE="Borrar"></TD>
 </TR>
 </TABLE>
</FORM>
</CENTER>
<BR><HR>
</BODY>
</HTML>
```

que produce una visualización como la mostrada en la Figura 11.6.

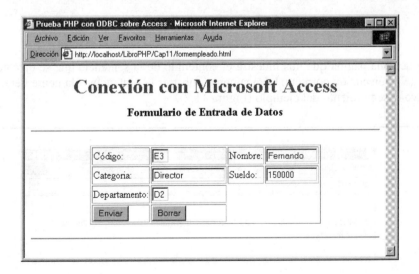

Figura 11.6. *Formulario para insertar datos.*

El script `"insercion.php"` es:

```
<!-- Cap11/insercion.php -->
<?php
  // Se establece la conexión con la fuente de datos
  $conex = odbc_connect("bdejemplo", "lector", "librophp");

  // Si no se ha asignado un sueldo se pone a 0
  // para evitar errores con el tipo en SQL.
  // Se comprueba también su tipo
  if (empty($Sueldo))
    $Sueldo = 0;
  if (!settype($Sueldo, "integer"))
    $Sueldo = 0;

  // Insertamos la tupla en la tabla con la sentencia INSERT
  if (!(empty($CodEmp)) && !(empty($Nombre)))
    {
    $consultaSQL = "INSERT INTO Empleados VALUES ('$CodEmp',
              '$Nombre','$Categoria', $Sueldo, '$CodDpto');";
    echo "<BR><B>\n",$consultaSQL;
    $resultado = odbc_do($conex, $consultaSQL);
    if ($resultado)
      echo "<BR>Tupla insertada</B><BR>";
    }
  else
      echo "<B>Debe introducir, al menos, Código y Nombre</B>";

  odbc_close ($conex);
?>
```

y produce una página que nos muestra el contenido de la sentencia que se ejecuta y un mensaje de ejecución correcta. Lógicamente, mostrar la sentencia solamente tiene como objetivo el seguimiento del ejemplo (Figura 11.7).

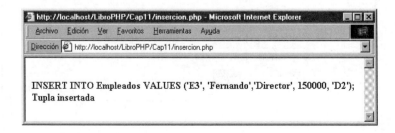

Figura 11.7. *Notificación de la inserción.*

Parece lógico, por tanto, que empecemos ya a preocuparnos por la integridad de la base de datos: la inserción en esta tabla de una fila con un valor ya existente para CodEmp provocaría un error en nuestra página.

Para evitar este comportamiento, antes de proceder a la inserción se puede comprobar que dicho valor no existe previamente. A pesar de que el recorrido de cursores se explica en el siguiente punto, se plantea la solución en base a la función odbc_fetch_row(), que hace accesible cada una de las filas devueltas por una consulta. De esta forma, para comprobar si un valor ya existe se realiza una consulta por dicho valor y se intenta acceder al resultado. Si no hay filas sobre las que avanzar, odbc_fetch_row() devuelve false, y true si las hay. Basándonos en este comportamiento, si obtenemos false, es que no hay filas resultantes y por tanto se puede insertar el valor deseado. El código del script es insercioncomprobada.php, que necesita su ejecución desde un formulario como el del ejemplo anterior:

```
<!-- Cap11/insercioncomprobada.php-->
<?php
  // Se establece la conexión con la fuente de datos
  $conex = odbc_connect("bdejemplo", "lector", "librophp");

  if (!empty($CodEmp))
     {
     $consultaSQL = "SELECT * FROM Empleados";
     $consultaSQL .= " WHERE CodEmp='$CodEmp';";
     // Se ejecuta la consulta con el valor a insertar
     $resultado = odbc_do($conex,$consultaSQL);
     // Se solicita la primera fila obtenida
     $Hay_Filas = odbc_fetch_row ($resultado);
     if ($Hay_Filas)
        {
        // Si hay una fila, el valor ya existía en la tabla
        echo "<B>Código: $CodEmp\n";
        echo "<BR>Fila ya existente<BR></B>\n";
        }
     else
        {
        // Si no hay filas con ese valor, se inserta
        $consultaSQL ="INSERT INTO Empleados VALUES ('$CodEmp',
                '$Nombre', '$Categoria', $Sueldo, '$CodDpto');";
        echo "<BR>$consultaSQL\n";
        $resultado = odbc_do($conex, $consultaSQL);
        if ($resultado)
           echo "<BR>Tupla insertada<BR>";
        } // del else
     } // de if (!empty($CodEmp))
  // Se cierra la conexión
  odbc_close($conex);
?>
```

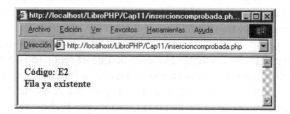

Figura 11.8. *Aviso de error en la inserción.*

Es evidente que en este caso se ha obviado la parte de comprobación del tipo del sueldo y de la existencia del nombre (incorporar esta funcionalidad aquí no es más que copiar el código correspondiente del ejemplo anterior). Hay que destacar en este caso que el programa, antes de ejecutar la sentencia INSERT con la instrucción odbc_do(), ejecuta la consulta ya mencionada, buscando en la tabla de «Empleados» todas las filas que tuviesen ya un código como el que se desea introducir. En caso de que la búsqueda dé como resultado alguna tupla, no se ejecuta la inserción y se emite el correspondiente mensaje de error (Figura 11.8)

Recorrido de cursores

El último ejemplo nos lleva a plantear la filosofía de trabajo cuando lo que se desea realizar es una consulta a la base de datos, que a priori funciona así:

- Se establece la conexión.

- Se forma la orden SQL que ejecuta la consulta.

- Se solicita la ejecución de la orden SQL.

- Se recibe un identificador del cursor en el que están los datos obtenidos a través del gestor. El cursor no es más que una estructura de datos que se puede recorrer secuencialmente y en la que se introducen todas las filas obtenidas como resultado de dicha consulta.

- Se procesa la información obtenida.

- Se liberan los recursos utilizados y se solicita el cierre de la conexión.

En el ejemplo recorridocursor.php se compone la instrucción y se solicita su ejecución. El resultado se introduce en un «cursor» cuyo identificador se almacena en la variable $resultado. Los datos en el cursor se recorren de arriba abajo y de izquierda a derecha, lo cual viene a ser el recorrido habitual de una tabla relacional. Dado que a priori es posible que se desconozca el número de atributos de los que se compone la tabla, se usará la función odbc_num_fields(Identificador_Cursor), que proporciona el número de atributos devueltos (además, se obtendrá su contenido haciendo referencia al número de campo que ocupa). Posteriormente se recorre el cursor con un bucle que finaliza en el momento en que no queden más filas por procesar. Dentro de este bucle se recorre cada fila hasta el máximo número de campos de los que dispone (proporcionado por `odbc_num_fields()`), generando en cada uno de ellos una de las celdas de la tabla de presentación. Además, como es posible que algún atributo contenga un valor nulo y no deba ser escrito, se efectúa la comprobación pertinente.

Es importante destacar que dentro del bucle que recorre el cursor, el acceso a cada uno de los atributos mencionados se realiza a través de la función `odbc_result(nombrecursor, numeroatributo)`, que devuelve el contenido del atributo cuyo número se pasa como parámetro, siempre de la fila activa en el cursor.

La función `odbc_fetch_row(Identificador_Cursor, Numero_de_Fila)` declarará activa la siguiente fila a la actual si no se especifica ningún número de fila. Si por el contrario se indica un número de fila, ésta se declara activa y se tendrá acceso a ella. Por último, la función devuelve `FALSE` si no ha podido desplazarse a la fila indicada o `TRUE` si lo ha conseguido.

```
<!-- Cap11/recorridocursor.php -->
<HTML>
<HEAD><TITLE>Prueba PHP con ODBC sobre Access</TITLE></HEAD>
<BODY>
<CENTER>
 <FONT COLOR='blue'><H1> Tabla de Consulta de Datos</H1></FONT>
 <HR><BR><BR>
 <TABLE BORDER=1 WIDTH=90%>
  <TR><TD ALIGN='center'><FONT COLOR='blue'>Código</FONT></TD>
   <TD ALIGN='center'><FONT COLOR='blue'>Nombre</FONT></TD>
   <TD ALIGN='center'><FONT COLOR='blue'>Categoría</FONT></TD>
   <TD ALIGN='center'><FONT COLOR='blue'>Sueldo</FONT></TD>
   <TD ALIGN='center'><FONT COLOR='blue'>Departamento</FONT></TD>
  </TR>
<?php
  // Se establece la conexión con la fuente de datos
  $conex = odbc_connect("bdejemplo", "lector", "librophp");

  $consulta = "SELECT * FROM Empleados;";
  $resultado = odbc_do($conex, $consulta);
  $Num_Campos = odbc_num_fields($resultado);
  $Num_Filas = 0;
  // Se recorre el cursor
  while (odbc_fetch_row($resultado))
     {
     $Num_Filas++;
     echo "<TR>";
     for ($i = 1; $i <= $Num_Campos; $i++)
        {
        echo "<TD ALIGN='center'>";
```

```
            if (odbc_result($resultado, $i))
                echo odbc_result($resultado, $i);
            echo "</TD>";
            } //de los campos de una tupla: el for
        echo "</TR>";echo "\n";
        } // de todas las tuplas respuesta: el while

    // Si noy hay datos se indica
    if ($Num_Filas == 0)
        {
        echo "<TR><TD COLSPAN=9><CENTER>";
        echo "No hay empleados";
        echo "</CENTER></TD></TR>\n";
        }
    echo "</TABLE>\n";
    echo "<BR><HR><BR>\n";

    echo "<B>Número de filas: $Num_Filas<BR>\n";
    echo "Número de campos: $Num_Campos</B>\n";

    echo "</CENTER>";

    //Se liberan recursos y se cierra la conexión
    odbc_free_result($resultado);
    odbc_close($conex);
?>
</BODY>
</HTML>
```

Como se observa en la Figura 11.9 (en la página siguiente), se muestra todo el contenido de la tabla, ya que no se ha impuesto ninguna condición en la sentencia SQL.

También se hace necesario destacar la utilización de la función `odbc_free_result(Identificador_Cursor)`, que libera los recursos asociados a un cursor. Si el gestor soporta transacciones y se están empleando, en caso de que se liberen los recursos antes de completar dichas transacciones, se efectuará una operación de *rollback* sobre todas ellas.

Además, como se ha visto, el número de filas recuperadas, que se presenta al final de la página, se ha conseguido en base a incrementar en uno un contador (`$Num_Filas`) cada vez que se efectúa una operación de «adelantar» en una fila el cursor (*fetch*). Existen operaciones específicas en el nivel de ODBC que permiten obtener estos datos directamente. Así, tenemos la función `odbc_num_rows(Identificador_Cursor)`, que devuelve un entero indicando el número de filas que ha devuelto el gestor como resultado de la consulta y que, por tanto, están accesibles a través del cursor que se le ha pasado como parámetro. En caso de error el valor devuelto es -1.

Sin embargo, en muchos casos, estas funciones, dada la generalidad con la que están implementadas, no funcionan correctamente con todos los gestores. Basta ver la salida pro-

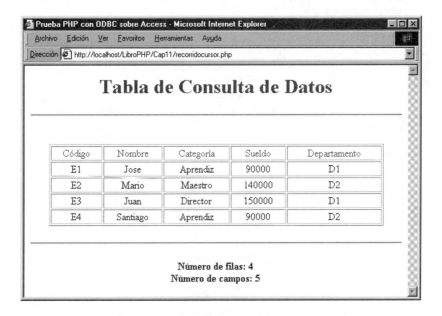

Figura 11.9. *Selección de todos los empleados.*

ducida por la siguiente variante del programa para comprobarlo. En este script, la función mencionada devuelve un valor erróneo, pero la utilización, en paralelo, de la función COUNT(*) de SQL proporciona el valor correcto.

```
<!-- Cap11/constablaSQL.php -->
<HTML>
<HEAD><TITLE>Prueba PHP con ODBC sobre Access</TITLE></HEAD>
<BODY>
<CENTER>
<FONT COLOR='blue'><H1> Tabla de Consulta de Datos</H1></FONT>
<HR><Br><Br>
<TABLE BORDER=1 WIDTH=90%>
<TR><TD ALIGN='Center'><FONT COLOR='blue'>Código</FONT></TD>
<TD ALIGN='Center'><FONT COLOR='blue'>Nombre</FONT></TD>
<TD ALIGN='Center'><FONT COLOR='blue'>Categoría</FONT></TD>
<TD ALIGN='Center'><FONT COLOR='blue'>Sueldo</FONT></TD>
<TD ALIGN='Center'><FONT COLOR='blue'>Departamento</FONT></TD>
</TR>

<?php
    // Se establece la conexión con la fuente de datos
    $conex = odbc_connect("bdejemplo", "lector", "librophp");
    // Se almacena la consulta en $consulta
```

```
$consulta = "SELECT * FROM Empleados;";
// Se ejecuta la consulta
$resultado = odbc_do($conex, $consulta);
// Se obtiene el número de atributos de la tabla
$Num_Campos = odbc_num_fields($resultado);
// Se obtiene el número de filas de la tabla
$Num_Filas = odbc_num_rows($resultado);

// Se recorre el cursor
while (odbc_fetch_row($resultado))
   {
   echo "<TR>";
   for ($i = 1; $i <= $Num_Campos; $i++)
      {
      echo "<TD ALIGN='CENTER'>";
      if (odbc_result($resultado, $i) != NULL)
         echo odbc_result($resultado, $i);
      echo "</TD>";
      } //de los campos de una tupla: el for
   echo "</TR>\n";
   } // de todas las tuplas respuesta: el while

// Si noy hay datos se indica
if ($Num_Filas == 0)
   {
   echo "<TR><TD COLSPAN=9><CENTER>";
   echo "No hay empleados";
   echo "</CENTER></TD></TR>\n";
   }
echo "</TABLE\n>";
echo "<BR><HR><BR>\n";

// Código que obtiene el número de filas resultante del SQL
// anterior basándose en la función COUNT de SQL

$instruccion = "SELECT Count(*) FROM Empleados;";
$Primera_Cuenta = odbc_do($conex, $instruccion);
//El count es el único atributo del resultado
$Num_Tuplas = odbc_result($Primera_Cuenta, 1);
echo "<B>El número de filas con count() es: <FONT COLOR='red'>";
echo "$Num_Tuplas</FONT><BR>\n";
echo "Numero de filas con odbc_num_rows: <FONT COLOR='red'>";
echo "$Num_Filas</FONT>\n";

echo "<BR></B></CENTER>\n";

//Se liberan recursos y se cierra la conexión
```

```
    odbc_free_result($resultado);
    odbc_free_result($Primera_Cuenta);
    odbc_close($conex);

?>

</BODY>
</HTML>
```

Obsérvese que el contenido de las variables $Num_Filas y $Num_Tuplas debería ser el mismo, ya que la primera es obtenida en base a una función propia del ODBC, mientras que la segunda se basa en una consulta SQL que en este caso cuenta todas las tuplas de la tabla. Sin embargo, tal y como se muestra en la Figura 11.10, el resultado obtenido a través de la función odbc_num_rows() da como resultado −1, ya que en este caso no funciona adecuadamente con la interfaz de Microsoft Access.

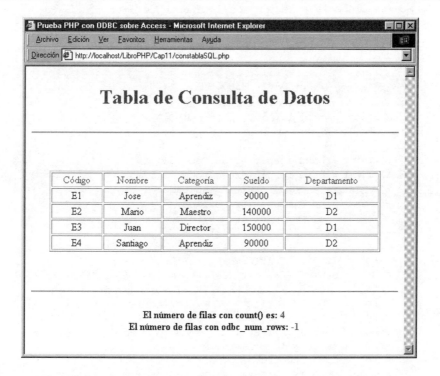

Figura 11.10. *Error en la función odbc_num_rows.*

El siguiente programa tiene como función generar una pantalla de consulta con aspecto de formulario en la que el usuario puede introducir un código de empleado, y el script php busca la tupla cuyo código coincida con el introducido y genera el formulario con los valores de los campos. Este formulario, por tanto, sirve para realizar consultas individuales, fila a fila, y se basa en las mismas funciones expuestas hasta aquí, pero variando la consulta SQL para que se obligue a cumplir la condición de igualdad y, evidentemente, generando la pantalla con aspecto de formulario en vez de tabla:

```
<!-- Cap11/consform.php -->
<HTML>
<HEAD><TITLE>ODBC sobre Access</TITLE></HEAD>
<BODY>
<CENTER>
<FONT COLOR='blue'><H1>Consulta de datos en Microsoft Access</H1>
</FONT><HR>
<FORM NAME="miformulario"  METHOD='post' ACTION="consform.php">
<TABLE BORDER=1>


<?php
   // Se establece la conexión con la fuente de datos
   $conex = odbc_connect("bdejemplo", "lector", "librophp");

   if (!empty($CodEmp) )
      {
      $consultaSQL = "SELECT * FROM Empleados
                        WHERE CodEmp = '$CodEmp';";
      $resultado = odbc_do($conex, $consultaSQL);
      if (odbc_fetch_row($resultado))
         {
         $CodEmp = odbc_result($resultado, 1);
         $Nombre = odbc_result($resultado, 2);
         $Categoria = odbc_result($resultado, 3);
         $Sueldo = odbc_result($resultado, 4);
         $CodDpto = odbc_result($resultado, 5);
         echo "<TR><TD>Código:</TD><TD>";
         echo "<INPUT TYPE='Text' NAME='CodEmp' VALUE='$CodEmp'";
         echo " SIZE=2></TD><TD>Nombre:</TD>\n<TD>";
         echo "<INPUT TYPE='Text' NAME='Nombre' VALUE='$Nombre'";
         echo " SIZE=10></TD></TR>\n<TR><TD>Categoria:</TD><TD>";
         echo "<INPUT TYPE='Text' NAME='Categoria' ";
         echo "VALUE='$Categoria' SIZE=15></TD><TD>Sueldo:</TD>";
         echo "<TD><INPUT TYPE='Text' NAME='Sueldo' VALUE=$Sueldo ";
         echo "SIZE=10></TD></TR>\n<TR>";
         echo "<TD>Departamento:</TD><TD>";
         echo "<INPUT TYPE='Text' NAME='CodDpto' ";
         echo "VALUE='$CodDpto' SIZE=2></TD></TR>\n";
```

```
        }
      else    //No encuentra el código introducido
         {
         echo "<TR>";
         echo "<TD COLSPAN=2><B><CENTER>Código:";
         echo $CodEmp,"</B></CENTER></TD></TR>";
         echo "<TR><TD COLSPAN=2><B><CENTER>NO EXISTENTE";
         echo "</CENTER></B></TD></TR>";
         } // de si no existe el código introducido
      } // del 1 if: si se ha introducido código
  else{   // Se genera el formulario por primera vez
?>
  <TR>
    <TD>Código:</TD>
    <TD><INPUT TYPE='Text' NAME='CodEmp' SIZE=2></TD>
    <TD>Nombre:</TD>
    <TD><INPUT TYPE='Text' NAME='Nombre' SIZE=10></TD>
  </TR>
  <TR>
    <TD>Categoria:</TD>
    <TD><INPUT TYPE='Text' NAME='Categoria' SIZE=15></TD>
    <TD>Sueldo:</TD>
    <TD><INPUT TYPE='Text' NAME='Sueldo' SIZE=10></TD>
  </TR>
  <TR>
    <TD>Departamento:</TD>
    <TD><INPUT TYPE='Text' NAME='CodDpto' size=2></TD>
  </TR>


<?php
    }
    odbc_close ($conex);
?>


  <TR>
    <TD><INPUT TYPE="Submit" VALUE="Enviar"></TD>
    <TD><INPUT TYPE="Reset" VALUE="Borrar"></TD>
  </TR>
  </TABLE>
  </FORM>
  </CENTER><BR><HR>
</BODY>
</HTML>
```

cuyo aspecto final, de cara al usuario, al encontrar una tupla es el mostrado en la Figura 11.11:

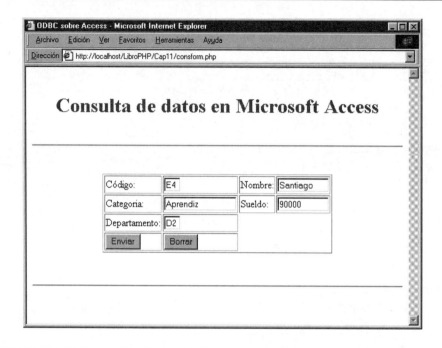

Figura 11.11. *Consulta de empleados en el formulario.*

Actualización de datos

La programación de una actualización de datos en PHP se realiza básicamente de igual forma que las consultas, encontrándose la diferencia en la consulta SQL, que, como se ha visto en el capítulo anterior, debe ser una sentencia UPDATE. Evidentemente, la lógica del programa se debe ocupar de funcionalidades tales como la comprobación de que la fila que se desea actualizar existe, de que no se van a producir duplicidades, etc.

En cualquier caso, se realiza la actualización con la consabida serie de sentencias de conexión, ejecución y cierre:

```
$conex = odbc_connect("bdejemplo", "lector", "librophp");
$com ="UPDATE Empleados ";
$com .= " SET Nombre ='$Nombre', Categoria = '$Categoria'";
$com .= ", Sueldo = $Sueldo, CodDpto = '$CodDpto'";
$com .= " WHERE CodEmp = '$CodEmp';";
$res = odbc_do($conex, $com);
// Aquí se incluiría el código que trata posibles errores
odbc_close($conex);
```

Las operaciones de borrado se efectúan exactamente igual, con la correspondiente sustitución de la instrucción SELECT o UPDATE por DELETE.

Otras funciones de ODBC

Existen otra serie de funciones que tienen como objetivo facilitar el manejo de las tablas y la información que de ellas se tiene. La información que aportan se refiere a la estructura de las tablas sobre las que se ejecuta la consulta, lo que las hace especialmente indicadas cuando no se conocen los tipos o longitudes de los atributos. Entre ellas, cabe destacar las que se reflejan en la siguiente tabla:

Función	Descripción
`odbc_field_type` `(Identificador_Cursor,` `Numero_Campo)`	Devuelve en una cadena el tipo del campo cuyo número se pasa como parámetro. El número de campo comienza en 1.
`odbc_field_name` `(Identificador_Cursor,` `Numero_Campo)`	Devuelve en una cadena el nombre del campo cuyo número se pasa como parámetro. El número de campo comienza en 1.
`odbc_field_len` `(Identificador_Cursor,` `Numero_Campo)`	Devuelve la longitud que ocupa el campo. El número de campo comienza en 1.
`odbc_exec(Identificador_` `Conexion, Comando_SQL)`	Devuelve el identificador del cursor en el que se almacena el resultado de la ejecución del comando SQL. Si se produce algún error devuelve FALSE. Es equivalente a `odbc_do`.
`odbc_commit` `(Identificador_Conexion)`	Si el gestor soporta transacciones se efectúa una operación de *commit*. Devuelve TRUE si todo ha ido bien, FALSE en otro caso.
`odbc_rollback` `(Identificador_Conexion)`	Se anulan todas las transacciones pendientes del usuario sobre la conexión abierta. Devuelve TRUE si no hay errores, FALSE en otro caso.

Como ejemplo, el siguiente programa accede a la tabla de empleados y, tras ejecutar una consulta sobre ella, recupera el nombre, tipo y longitud de cada uno de los atributos que la componen:

```
<!-- Cap11/diccionario.php -->
<HTML>
<HEAD><TITLE>Datos sobre el diccionario de Access</TITLE></HEAD>
<BODY>
<CENTER>
    <FONT COLOR='blue'><H1> Consulta de Tipos</H1></FONT>
<HR><BR><BR>
<TABLE BORDER=1 WIDTH=90%>
<TR><TD ALIGN='center'><FONT COLOR='blue'>Nombre</FONT></TD>
<TD ALIGN='center'><FONT COLOR='blue'>Tipo</FONT></TD>
<TD ALIGN='center'><FONT COLOR='blue'>Longitud</FONT></TD>
```

```php
<?php

// Se establece la conexión con la fuente de datos
$conex = odbc_connect("bdejemplo", "lector", "librophp");

$consulta = "SELECT * FROM Empleados;";
$resultado = odbc_do($conex, $consulta);
$Num_Campos = odbc_num_fields($resultado);
for ($i = 1; $i <= $Num_Campos; $i++)
   {
   echo "<TR><TD ALIGN='center'>";
   echo odbc_field_name($resultado, $i);
   echo "</TD><TD ALIGN='center'>";
   echo odbc_field_type($resultado, $i);
   echo "</TD><TD ALIGN='center'>";
   echo odbc_field_len($resultado, $i), "</TD></TR>\n";
   }

echo "</TABLE>";
echo "</CENTER>";

//Se cierra la conexión
odbc_close($conex);
?>

<BR>
</BODY>
</HTML>
```

y se obtiene la pantalla de la Figura 11.12.

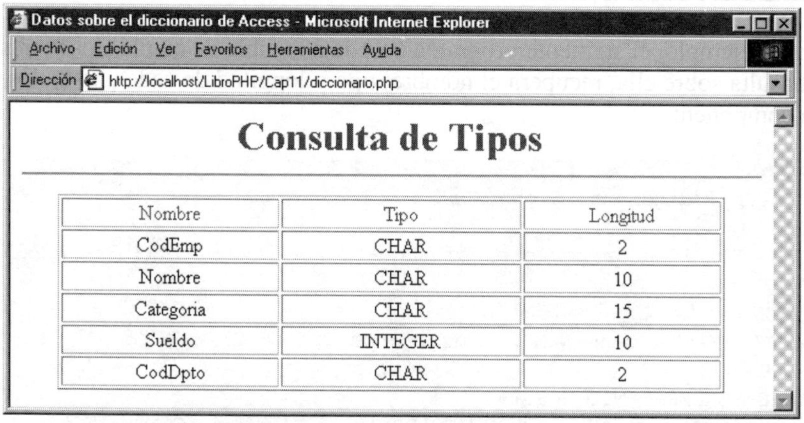

Figura 11.12. *Consulta de información de los campos.*

Por último, la función `odbc_result_all(Identificador_Cursor, Formato)` devuelve todas las filas del cursor en formato de una tabla HTML. El formato de la tabla se indica como si se estuviese incluyendo en la etiqueta `<TABLE>` de HTML, esto es, con los atributos `'bgcolor'`, `'border'`, `'width'`, `'height'`, etc.

Como ejemplo vamos a modificar el anterior para obtener como resultado una tabla formada por `odbc_result_all`:

```
<!-- Cap11/result_all.php -->
<HTML>
<HEAD><TITLE>Prueba PHP con ODBC sobre Access</TITLE></HEAD>
<BODY>
<CENTER>
<FONT COLOR='blue'><H1> Tabla de Consulta de Datos</H1></FONT>
<HR>
<?php
   // Se establece la conexión con la fuente de datos
   $conex = odbc_connect("bdejemplo", "lector", "librophp");
   // Se genera la consulta y se ejecuta
   $consulta = "SELECT * FROM Empleados;";
   $resultado = odbc_do($conex,$consulta);
   // Se obtiene la tabla
   $Num_Filas = odbc_result_all($resultado, "bgcolor='lightblue'
                               border=1 bordercolor='white'");
   echo "<BR><HR><BR>";
   echo "Número de filas leidas en el cursor:";
   echo "<Font color='red'>$Num_Filas<BR>";
   echo "<BR><HR><BR>";


   //Se liberan recursos y se cierra la conexión
   odbc_free_result($resultado);
   odbc_close($conex);
?>


<BR>
</CENTER>
</BODY>
</HTML>
```

que genera una página como la de la Figura 11.13.

Como se puede observar, esta última función ahorra mucho esfuerzo dedicado a dar formato a la salida si no se requiere una presentación muy elaborada.

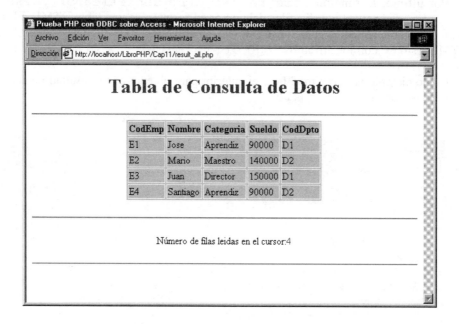

Figura 11.13. *Tabla formateada con odbc_result_all.*

CONEXIÓN CON MYSQL

Uno de los gestores de bases de datos más utilizados en entornos en los que se emplee PHP como lenguaje de programación es MySQL. El alto grado de integración del que se dispone con este gestor y el numeroso grupo de funciones disponibles, unido a las ventajas propias del gestor, hacen de esta pareja una potente plataforma de desarrollo.

La ventaja principal de utilizar las funciones nativas del gestor se refiere sobre todo a la eficiencia que supone la supresión de la capa intermedia (ODBC) dedicada a la traducción de los comandos SQL genéricos a la sintaxis propia del gestor. PHP dispone de un gran número de funciones nativas que sirven para efectuar cualquier tipo de consulta a MySQL. Todas ellas comienzan por el prefijo `"mysql_"`, al igual que todas las referidas a la interfaz ODBC comienzan con el prefijo `"odbc_"`. Evidentemente, la ganancia en eficiencia provoca una pérdida de generalidad de las aplicaciones.

Recorrido de cursores

La forma genérica de obtener información de tablas de MySQL sigue el esquema ya descrito:

- Conexión con el gestor.
- Preparación de la consulta SQL.

- Ejecución de la consulta.

- Procesamiento del resultado obtenido en el cursor.

- Liberación de recursos.

- Cierre de la conexión.

Para realizar estos pasos disponemos de las funciones indicadas a continuación:

Función	Descripción
`mysql_connect(host, usuario, password)`	Establece la conexión con el servidor. Recibe el nombre del ordenador desde el que se hace la conexión (localhost:3306 por defecto), y, opcionalmente, el nombre de usuario y palabra clave. Devuelve un identificador de conexión.
`mysql_select_db(basededatos, conexion)`	Selecciona la base de datos sobre la que se va a trabajar. Se indica mediante una cadena de caracteres que es el nombre de dicha base de datos. El parámetro que indica la conexión es opcional.
`mysql_query(consulta,conexion)`	Ejecuta la consulta SQL indicada como primer parámetro sobre la base de datos seleccionada en la conexión del segundo parámetro. El segundo parámetro es opcional, y en caso de no ponerse, se ejecutará sobre la conexión activa. Devuelve un identificador de cursor en el que está almacenado el resultado de ejecutar dicha consulta.
`mysql_num_fields(cursor)`	Devuelve el número de atributos que figuran en el cursor que se le pasa como parámetro y en el que se almacena el resultado de una consulta.
`mysql_fetch_row(cursor)`	Avanza a la siguiente posición de la fila o tupla activa en el cursor. Devuelve un array que contiene en sus celdas cada uno de los valores de los atributos de la fila.
`mysql_free_result(cursor)`	Libera los recursos asociados con el cursor.
`mysql_close(conexion)`	Cierra la conexión establecida con `mysql_connect()`.

La forma en que estas funciones se pueden usar se muestra en el ejemplo `"cursor.php"`:

```
<!-- Cap11/cursor.php -->
<HTML>
<HEAD><TITLE>Conexión con MySql</TITLE></HEAD>

<BODY link="#0000ff" vlink="#0000ff">
```

```
<CENTER><FONT COLOR='blue'>
<H1> Información del gestor MySQL </H1></FONT>
<H3> Recorrido de Cursores</H3></CENTER>

<?php
  // Establecimiento de la conexión
  $conex = mysql_connect("localhost", "root", "")
          or die("NO se pudo realizar la conexión");
  // Selección de la base de datos
  mysql_select_db("LibroPHP", $conex);

  // Preparación y ejecución de la consulta
  $cons = "SELECT * FROM Empleados";
  $resultado = mysql_query($cons,$conex);
  // Obtención del número de filas del resultado
  $Num_filas = mysql_num_rows($resultado);
  echo "<Br>Número de filas en el resultado: $Num_filas<BR>\n";
  // Obtención del número de atributos
  $Num_campos = mysql_num_fields($resultado);

  // Recorrido del cursor de fila en fila
  while ($fila = mysql_fetch_row($resultado))
    {
    // Recorrido de los atributos de una fila
    for ($i = 0; $i < $Num_campos; $i++)
       echo $fila[$i], " ";
    echo "<BR>\n";
    }

  // Liberamos los recursos de las consultas
  mysql_free_result($resultado);
  // Se cierra la conexión
  mysql_close($conex);
?>
<BR>
<HR>
</BODY>
</HTML>
```

cuyo resultado es el que se visualiza en la Figura 11.14 de la página siguiente.

En el código previo se ha utilizado, además, la función `mysql_num_rows(cursor)`, que devuelve el número de filas que se han almacenado en el cursor que se le pasa como parámetro.

Resulta importante entender cómo en el recorrido del cursor se establece un bucle para recuperar una a una todas sus filas, y dentro de este bucle se utiliza otro para acceder a cada uno de los atributos (recorrido en este caso mediante la variable $i).

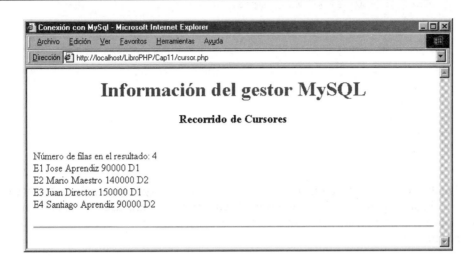

Figura 11.14. *Datos obtenidos al recorrer el cursor.*

Existen otras formas de recorrer el cursor y para ello se dispone de funciones tales como mysql_result(cursor, numerodefila, numerodecolumna), que devuelve el valor del atributo cuyo número de columna se le pasa como tercer parámetro, en la fila indicada por el segundo. Si no se indica el número de columna, se devuelve el primero de los atributos. El recorrido se puede desarrollar mediante dos bucles con la sentencia for:

```php
<?php
    //Establecimiento de la conexión
    $conex = mysql_connect("localhost", "root", "")
            or die("NO se pudo realizar la conexión");
    // Selección de la base de datos
    mysql_select_db("LibroPHP");
    // Preparación y ejecución de la consulta
    $cons = "SELECT * FROM Empleados";
    $resultado = mysql_query($cons, $conex);
    // Obtención del número de filas del resultado
    $Num_filas = mysql_num_rows($resultado);
    echo "<Br>Núm. de filas en el resultado: $Num_filas<BR>\n";
    // Obtención del número de atributos
    $Num_campos = mysql_num_fields($resultado);

    // Recorrido del cursor de fila en fila
    for ($j = 0; $j < $Num_filas; $j++)
        {
        // Recorrido de los atributos de una fila
```

```php
    for ($i = 0; $i < $Num_campos; $i++)
        {
        $atributo = mysql_result($resultado, $j, $i);
        echo " $atributo ";
        }
    echo "<BR>\n";
    }
// Liberamos los recursos de las consultas
mysql_free_result($resultado);
// Se cierra la conexión
mysql_close($conex);
?>
```

Igualmente, mediante la función `mysql_fetch_array(cursor)`, se dispone de acceso al cursor, pero obteniendo el resultado en forma de matriz asociativa, cuyo manejo implica el conocimiento del nombre de los diferentes atributos. El código para realizarlo de esta manera es:

```php
<?php
// Establecimiento de la conexión
$conex = mysql_connect("localhost", "root", "")
         or die("NO se pudo realizar la conexión");
// Selección de la base de datos
mysql_select_db("LibroPHP");

// Preparación y ejecución de la consulta
$cons = "SELECT * FROM Empleados";
$resultado = mysql_query($cons, $conex);
// Obtención del número de filas del resultado
$Num_filas = mysql_num_rows($resultado);
echo "<Br>Núm. de filas en el resultado: $Num_filas<BR>\n";
// Obtención del número de atributos
$Num_campos = mysql_num_fields($resultado);

// Recorrido del cursor
while ($arr_asoc = mysql_fetch_array($resultado))
    {
    echo $arr_asoc['CodEmp'], " ";
    echo $arr_asoc['Nombre'], " " ;
    echo $arr_asoc['Categoria'], " ";
    echo $arr_asoc['Sueldo'], " ";
    echo $arr_asoc['CodDpto'], " ";
    echo "<BR>\n";
    }

// Liberamos los recursos de las consultas
mysql_free_result($resultado);
// Se cierra la conexión
mysql_close($conex);
?>
```

Por último, la función `mysql_fetch_object()` es similar a `mysql_fetch_array()`, pero el acceso a los atributos de la fila es a través de las propiedades del objeto que constituye dicha fila. En particular, la referencia a los atributos, en vez de realizarse a elementos de una matriz, se hace a propiedades de un objeto:

```php
<?php
   // Establecimiento de la conexión
   $conex = mysql_connect("localhost", "root", "")
            or die("NO se pudo realizar la conexión");
   // Selección de la base de datos
   mysql_select_db("LibroPHP");

   // Preparación y ejecución de la consulta
   $cons = "SELECT * FROM Empleados";
   $resultado = mysql_query($cons, $conex);
   // Obtención del número de filas del resultado
   $Num_filas = mysql_num_rows($resultado);
   echo "<Br>Núm. de filas en el resultado: $Num_filas<BR>\n";
   // Obtención del número de atributos
   $Num_campos = mysql_num_fields($resultado);

   // Recorrido del cursor
   while ($Objeto_Fila = mysql_fetch_object($resultado))
      {
      echo $Objeto_Fila->CodEmp, " ";
      echo $Objeto_Fila->Nombre, " " ;
      echo $Objeto_Fila->Categoria, " ";
      echo $Objeto_Fila->Sueldo, " ";
      echo $Objeto_Fila->CodDpto, " ";
      echo "<BR>\n";
      }

   // Liberamos los recursos de las consultas
   mysql_free_result($resultado);
   // Se cierra la conexión
   mysql_close($conex);
?>
```

Manejo de errores

MySQL dispone de dos funciones nativas que devuelven información acerca del tipo de error en caso de que se haya producido. Estas dos funciones son `mysql_errno()`, que devuelve el número de error producido y reconocido por el intérprete (aunque se haya generado en el gestor) y `mysql_error()`, que devuelve una descripción de dicho error. Un ejemplo de su utilización es el mostrado en `"error.php"`.

```
<!-- Cap11/error.php -->
<?php
  //Establecimiento de la conexión
  $conex = mysql_connect("localhost", "root", "")
          or die("NO se pudo realizar la conexión");
  // Selección de la base de datos
  mysql_select_db("BaseNoExistente");
  echo mysql_errno(), ": ", mysql_error(), "<BR>\n";
  mysql_select_db("LibroPHP");
  $cons = "SELECT apellido FROM Empleados";
  $res = mysql_query($cons, $conex);
  echo mysql_errno(), ": ", mysql_error();
  // Se cierra la conexión
  mysql_close($conex);
?>
```

Figura 11.15. *Control de errores en el acceso a MySQL.*

que al intentar acceder primeramente a una base de datos que no existe y después a un atributo desconocido, genera una salida como la mostrada en la Figura 11.15.

Conexiones persistentes

En MySQL se dispone de la posibilidad de mejorar los tiempos de respuesta en base al hecho de que los usuarios suelen solicitar la ejecución de más de una consulta, y para cada una de ellas el script realiza una conexión con el gestor de bases de datos y la cierra al finalizar su ejecución, esto es, se emplea una conexión diferente para cada script ejecutado.

La función `mysql_pconnect()`, que admite los mismos parámetros que `mysql_connect()` (ya vista en apartados anteriores), abre una conexión que, a diferencia de la anterior, no se cierra con la finalización del script, sino que perdura más allá de su ejecución. Esta conexión es aprovechada si se recibe una nueva solicitud desde el mismo cliente, igual usuario y con la misma palabra clave.

A la hora de ejecutar esta función, PHP primero determina si existe una conexión persistente que ya esté abierta con los mismos parámetros, y si no la encuentra es cuando decide abrir una nueva.

La función `mysql_close()` no cierra las conexiones persistentes, por lo que resulta recomendable la liberación cuidadosa de recursos antes de abandonar la ejecución del script que ha creado la conexión persistente.

El diccionario de datos

Una de las grandes ventajas que proporciona la altísima integración que PHP y MySQL tienen es la existencia de muchas funciones que permiten al programador acceder a las diferentes estructuras que conforman una base de datos sin tener que conocerla a priori.

Algunas de estas funciones son:

Función	Descripción
`mysql_list_dbs(conexion)`	Devuelve en un cursor los nombres de las bases de datos disponibles en el servidor al que se ha conectado la instrucción `mysql_connect()` o `mysql_pconnect()`. El parámetro es opcional.
`mysql_list_tables (basededatos, conexion)`	Devuelve en un cursor los nombres de las tablas disponibles en la base de datos indicada. El parámetro de conexión es opcional.
`mysql_tablename(cursor, numerofila)`	Devuelve el nombre de la tabla o de la base de datos que está en el cursor indicado y en la fila indicada después de ejecutar `mysql_list_dbs()` o `mysql_list_tables()`.
`mysql_field_name(cursor, numerocol)`	Devuelve el nombre del campo cuyo índice se pasa como segundo parámetro dentro del cursor indicado.
`mysql_field_type(cursor, numerocol)`	Devuelve el tipo del campo cuyo índice se pasa como segundo parámetro.
`mysql_field_len(cursor, numerocol)`	Devuelve la longitud del campo cuyo índice se pasa como segundo parámetro.
`mysql_field_flags(cursor, numerocol)`	Devuelve una serie de indicativos correspondientes a características del atributo cuyo índice se pasa como segundo parámetro.

Los valores (en una cadena de caracteres) que devuelve la función `mysql_field_flags()` **pueden ser**: `"not_null"`, `"primary_key"`, `"unique_key"`, `"multiple_key"`, `"blob"`, `"unsigned"`, `"zerofill"`, `"binary"`, `"enum"`, `"auto_increment"` y `"timestamp"`.

Veamos un recorrido por la información básica de los atributos de la tabla de Empleados:

```php
<?php
   $conex = mysql_pconnect('localhost', 'root', ");
   mysql_select_db("LibroPHP");
   $Latrib = mysql_list_fields("LibroPHP", "Empleados");
   $Num_Atrib = mysql_num_fields($Latrib);
   echo "Numero de atributos: $Num_Atrib<BR>\n";
   // Se recorre cada uno de los campos
   for ($i = 0; $i < $Num_Atrib; $i++)
      {
      echo "<B>Nombre:</B> ".mysql_field_name($Latrib, $i)." ";
      echo "<B>Tipo:</B> ".mysql_field_type($Latrib, $i)." ";
      echo "<B>Long.: </B>".mysql_field_len($Latrib, $i)." ";
      echo "<B>Características: </B>";
      $Car = mysql_field_flags($Latrib, $i);
      if (!$Car)
         echo "Ninguna";
      else
         echo $Car;
      echo "<BR>\n";
      }
   // Se liberan recursos
   mysql_free_result($Latrib);
   mysql_close($conex);
?>
```

que genera la salida de la Figura 11.16.

Como ejemplo global de acceso al diccionario de datos, vamos a desarrollar un script que permite que el usuario elija mediante una serie de listas desplegables (SELECT) una base de datos, una tabla de dicha base de datos y un atributo de la tabla, tras lo cual se eje-

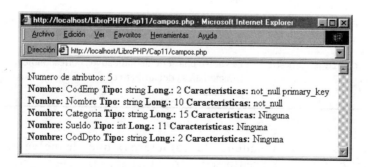

Figura 11.16. *Información sobre los atributos.*

cuta una consulta y se obtienen las características principales del atributo. El script tendrá las siguientes fases:

- Conexión con MySQL.

- Generación de la lista desplegable SELECT con la lista de bases de datos.

- Generación de la lista desplegable SELECT con la lista de tablas para la base de datos seleccionada.

- Generación de la lista desplegable SELECT con la lista de atributos para la tabla elegida.

- Visualización de la información asociada a las propiedades del atributo elegido.

- Liberación de los recursos ocupados.

- Desconexión del gestor.

Para la primera fase nos basamos en la función descrita mysql_list_dbs(), que devuelve en un cursor todos los nombres de las bases de datos disponibles. Se forma el SELECT recorriendo el cursor y obteniendo el nombre de cada base de datos con mysql_tablename(cursor, indice).

La generación de las etiquetas SELECT correspondientes a las listas desplegables de las tablas y de los atributos es básicamente igual que la descrita, haciendo uso de las funciones mysql_list_tables(basededatos) y mysql_list_fields(basededatos, tabla) después de haber seleccionado la base de datos.

Por último, se genera una consulta auxiliar sobre la tabla seleccionada (SELECT * FROM Tabla) que permite acceder a las propiedades de los campos. Aquí hay que destacar que, a pesar de utilizar la función mysql_fetch_field(cursor, indice), se accede a las propiedades no a través de mysql_field_flags(), sino a través del tratamiento de la fila como un objeto, haciendo referencia a sus propiedades con la notación común en ellos (NombreObjeto -> NombrePropiedad). En este caso el código hace referencia constante a $prop -> NombrePropiedad. De esta forma nos ahorramos el código asociado a la división de la cadena de caracteres que forman los «flags» en diferentes propiedades.

Este script tiene dos características destacables: la primera es el hecho de que solamente se ejecuta cierta parte del código si la base de datos tiene tablas (de tal forma que si no las tiene las opciones de las etiquetas SELECT son un espacio en blanco). En este caso se debe almacenar el valor cero en la propiedad VALUE de los SELECT. La segunda es la importancia de que el script conozca en todo momento cuál es el elemento seleccionado en cada una de las listas desplegables, ya que se ejecuta la consulta cada vez que se produce una nueva selección (empleando el evento onChange de JavaScript). Para solucionar esto se aprovecha la posibilidad de usar el atributo VALUE para almacenar el índice seleccionado, de tal forma que si lo que se cambia es la base de datos, entonces se actualiza la selección de las otras dos listas a valor cero. Hay que tener en cuenta que cada vez que se selecciona un valor, se está solicitando la ejecución del script y se reciben las variables del formulario de la ejecución anterior. Si en dicha fase anterior se ha solicitado un número de campo superior al máximo de los que existen en la tabla actual, se deben iniciar los valores de tabla y campo, ya que se obtiene un error al intentar acceder a un número de campo que no existe.

El código de este script (dicmysql.php) es:

```
<!-- Cap11/dicmysql.php -->
<HTML>
<HEAD><TITLE>Diccionario de Datos de MySQL</TITLE></HEAD>

<BODY link="#0000ff" vlink="#0000ff">
<CENTER><FONT COLOR='blue'>
<H1> Información del gestor MySQL </H1></FONT>
<H3> Acceso al diccionario de datos</H3></CENTER>

<CENTER><BR><BR>
<TABLE BORDER=1 WIDTH=60%>
<TR><TD ALIGN='center'><FONT COLOR='blue'>Base de Datos</FONT></TD>
<TD ALIGN='center'><FONT COLOR='blue'>Tabla</FONT></TD>
<TD ALIGN='center'><FONT COLOR='blue'>Campo</FONT></TD></TR>
<TR><TD ALIGN='center'>

<?php
  $conex = mysql_connect("localhost", "root", "");
  // Primero información de las bases de datos
  echo "<FORM NAME='datos' ACTION='dicmysql.php' METHOD='POST'>\n";

  // La primera vez que se ejecuta, no se ha elegido
  // base de datos ni tabla ni campo. Deben ser cero.
  if (!isset ($sbd))
     $sbd = 0;
  if (!isset ($stab))
     $stab = 0;
  if (!isset ($sfield))
     $sfield = 0;

  // Se obtienen todas las bases de datos disponibles
  $bds = mysql_list_dbs();

  $Num_bds = mysql_num_rows($bds);
  echo "<SELECT NAME='sbd'
     onChange = 'document.datos.stab.selectedIndex = 0;
                 document.datos.sfield.selectedIndex = 0;
                 document.datos.submit()'>";
  echo "\n";
  // Se forman todas las opciones del select
  for ($i = 0; $i < $Num_bds; $i++)
     {
     $nombre_base[$i] = mysql_tablename($bds, $i);
     echo "<OPTION VALUE='$i'";
     // Si el índice es $sbd es que era el seleccionado
```

```
      if ($i == $sbd)
         echo " SELECTED";
      echo ">".$nombre_base[$i]."</OPTION>\n";
      echo "\n";
      }
echo "</SELECT></TD>\n";

// Ahora información de las tablas para la base de datos elegida
// Se selecciona la base de datos
mysql_select_db($nombre_base[$sbd]);
$bdSelecc = $nombre_base[$sbd];
// Se obtienen las tablas de la base de datos
$tabs = mysql_list_tables($nombre_base[$sbd]);
$Num_tabs = mysql_num_rows($tabs);
// Si hay tablas, se generan el resto
if ($Num_tabs)
   {
   echo "<TD ALIGN = 'center'>";
   echo "<SELECT NAME = 'stab'
            onChange='document.datos.sfield.selectedIndex = 0;
                      document.datos.submit()'>\n";
   // Se forman todas las opciones del select
   for ($i = 0; $i < $Num_tabs; $i++)
      {
      $nombre_tabla[$i] = mysql_tablename($tabs, $i);
      echo "<OPTION VALUE='$i'";
      // Si el índice es $stab es que era el seleccionado
      if ($i == $stab)
         echo " SELECTED";
      echo ">".$nombre_tabla[$i]."</OPTION>\n";
      }
   echo "</SELECT>";
   echo "</TD>\n";

   // Ahora información de los atributos para la tabla elegida
   $tabSelecc = $nombre_tabla[$stab];
   $Latrib = mysql_list_fields($bdSelecc, $tabSelecc);
   $Num_Atrib = mysql_num_fields($Latrib);
   echo "<TD ALIGN = 'center'>";
   echo "<SELECT NAME = 'sfield'
               onChange='document.datos.submit()'>\n";

   for ($i = 0; $i < $Num_Atrib; $i++)
      {
      $nombre_campo = mysql_field_name($Latrib, $i);
      echo "<OPTION VALUE = '$i'";
      if ($i == $sfield)
         echo " SELECTED";
      echo ">$nombre_campo</OPTION>\n";
      }
```

```
echo "</SELECT></TD>\n";
echo "</TR></TABLE>";

// Ahora se muestran las características del campo elegido
echo "<HR><BR>";
echo "<TABLE BORDER=1 WIDTH=40%>";
// Se genera una consulta para poder ver las propiedades
// de los atributos
$cadena = "SELECT * FROM " . $nombre_tabla[$stab];
$cons_aux = mysql_query($cadena);
// Se puede tratar el campo como un objeto
// para acceder a sus propiedades
$prop = mysql_fetch_field($cons_aux, $sfield);
echo "<TR><TD><FONT COLOR=blue>Longitud Máxima: </FONT></TD>";
echo "<TD><FONT COLOR='red'>" . $prop->max_length;
echo "</FONT></TD></TR>\n";
echo "<TR><TD><FONT COLOR = 'blue'>Nulos: </FONT></TD>";
echo "<TD><FONT COLOR = 'red'>";
if ($prop->not_null)
    echo "NO";
else
    echo "SI";
echo "</FONT></TD></TR>\n";
echo "<TR><TD><FONT COLOR=blue>Clave Primaria: </FONT></TD>";
echo "<TD><FONT color = 'red'>";
if ($prop->primary_key)
    echo "SI";
else
    echo "NO";
echo "</FONT></TD></TR>\n";
echo "<TR><TD><FONT COLOR='blue'>Tipo: </FONT></TD>";
echo "<TD><FONT COLOR='red'>" . $prop->type;
echo "</FONT></TD></TR>\n";
echo "</TABLE>";

} // de si tiene tablas la bd
else {
?>
  <TD>
  <SELECT NAME = 'stab' onChange = 'document.datos.submit()'>
     <OPTION VALUE = '0' SELECTED>   </OPTION>
  </SELECT>
  </TD> <TD>
  <SELECT NAME = 'sfield' onChange = 'document.datos.submit()'>
     <OPTION VALUE = '0' SELECTED>   </OPTION>
  </SELECT>
  </TD><BR></TR>
  </TABLE>
  <HR><BR><BR>
  <FONT SIZE=+1 COLOR=red>
```

```
              La base de datos No tiene tablas definidas</FONT>
    <?php
      }   // de generar los select aunque no tengan tablas

    // Liberamos los recursos de las consultas
    mysql_free_result($bds);
    if ($Num_tabs)
      {
      mysql_free_result($tabs);
      mysql_free_result($Latrib);
      mysql_free_result($cons_aux);
      }
    echo "</CENTER></FORM>\n";
    // Se cierra la conexión
    mysql_close($conex);

?>


<BR>
<HR>
</BODY>
</HTML>
```

La salida generada es la mostrada en la Figura 11.17 y en ella se puede ver cómo se muestra la información del campo CodEmp de la tabla Empleados de la base de datos LibroPHP, que es la seleccionada.

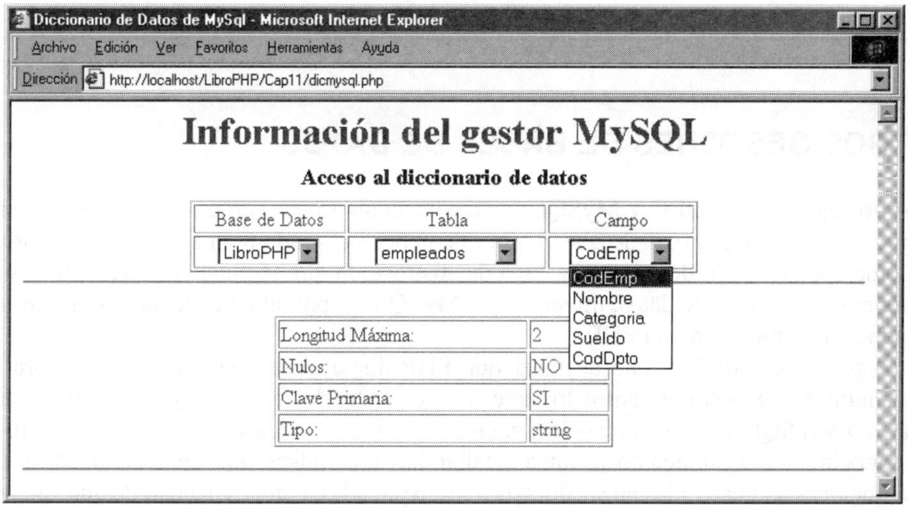

Figura 11.17. *Información del diccionario de datos.*

Otras funciones de MySQL

PHP pone a disposición de los programadores un conjunto muy grande de funciones nativas para MySQL, y, además de las ya explicadas, se tiene las que se detallan a continuación:

Función	Descripción
`mysql_affected_rows(conexion)`	Devuelve el número de filas afectadas por una actualización o borrado.
`mysql_change_user(usuario, passwd)`	Cambia el usuario actual al indicado.
`mysql_create_db(basededatos)`	Crea la base de datos indicada como parámetro.
`mysql_drop_db(basededatos)`	Elimina la base de datos indicada.
`mysql_insert_id(cursor)`	Devuelve el valor generado para un atributo de tipo `AUTO_INCREMENT` en el último `INSERT`.
`mysql_get_client_info()`	Devuelve la versión del cliente. Funciona a partir de la versión 4.0.5.
`mysql_get_host_info()`	Devuelve información de la conexión establecida, incluyendo el nombre del servidor. Funciona a partir de la versión 4.0.5.
`mysql_get_proto_info(conexion)`	Devuelve la versión de protocolo usada en la conexión. Funciona a partir de la versión 4.0.5.
`mysql_get_server_info()`	Devuelve la versión del servidor. Funciona a partir de la versión 4.0.5.

OTROS GESTORES DE BASES DE DATOS

Los dos ejemplos (ODBC y MySQL) vistos hasta ahora son, en principio, los entornos más comunes de trabajo, dado que, a pesar de haber explicado la interfaz ODBC sobre el sistema operativo Windows, es una capa de abstracción que se puede instalar sobre cualquier gestor de bases de datos, mientras que MySQL es, probablemente, el gestor más utilizado en combinación con PHP.

A pesar de esto, hay que destacar que PHP dispone de funciones nativas para un gran número de gestores, entre los que destacan Oracle, mSQL, Informix, Interbase, Ingres o MS SQL Server, etc. Evidentemente, la utilización de estas funciones requiere de su conocimiento y, aunque no se van a detallar, hay que indicar que, en general, casi todas las funciones son parecidas en su sintaxis a las explicadas, con la salvedad de que van precedidas por un prefijo que indica el gestor. Así, el prefijo de Oracle es «ora» y algunas de sus funciones son:

Función	Descripción
`ora_bind(cursor, variable, parámetro, long)`	Vincula una variable PHP a un parámetro de Oracle.
`ora_close(cursor)`	Cierra el cursor indicado.
`ora_columnName(cursor, indice)`	Devuelve el nombre del atributo en la posición índice del cursor indicado.
`ora_columnType(cursor, indice)`	Devuelve el tipo del atributo indicado en el índice del cursor pasado como parámetro.
`ora_commit(conexion)`	Provoca la confirmación de las transacciones realizadas sobre la conexión del parámetro.
`ora_commiton(conexion)`	Habilita el modo de commit automático detrás de cada una de las operaciones efectuadas.
`ora_commitoff(conexion)`	Deshabilita el modo de commit automático detrás de cada una de las operaciones efectuadas.
`ora_exec(cursor)`	Ejecuta la sentencia SQL asociada al cursor indicado.
`ora_fetch(cursor)`	Avanza la fila activa dentro del cursor.
`ora_get_column(cursor, campo)`	Devuelve el valor del atributo indicado.
`ora_logoff(conexion)`	Cierra una conexión con Oracle.
`ora_logon(usuario, contraseña)`	Devuelve un identificador de la conexión establecida como usuario indicado con la contraseña del segundo parámetro.
`ora_open(conexion)`	Abre un cursor con la conexión indicada y devuelve su identificador.
`ora_parse(cursor, sentenciaSQL, defer)`	Interpreta la sentencia SQL y la asocia al cursor indicado.
`ora_rollback(conexion)`	Deshace una transacción realizada y no confirmada con `ora_commit()`.

CAPÍTULO 12

Gráficos en PHP

Actualmente es difícil concebir una página web que carezca de algún tipo de imagen gráfica. Generalmente, en la mayoría de los casos dichas imágenes se limitan a ser un compendio de trazos geométricos para representar dibujos sencillos. En otras ocasiones las imágenes consisten en un conjunto de textos montados sobre fotografías; hasta ahora la forma habitual de hacer dichos montajes se basaba en la utilización de programas especializados en el tratamiento de imágenes. En otras ocasiones el contenido de las imágenes se genera en tiempo real, por ejemplo, en la obtención de gráficos bursátiles.

Sin embargo, al desarrollar un web, el diseñador se encuentra muy a menudo con que el tratamiento que se hace sobre las imágenes es casi siempre el mismo y las diferencias estriban en la utilización de distintos colores y textos o simplemente varía el tipo de letra que se pretende incluir en la imagen. En estos casos, el diseñador ha de armarse de paciencia y realizar las modificaciones necesarias sobre cada uno de los diseños iniciales para adaptarlos a las nuevas características que las imágenes han de incluir.

INTRODUCCIÓN A LOS GRÁFICOS

Con la aparición de PHP, una parte de estos montajes puede realizarse de forma dinámica desde el propio lenguaje de generación de la página web, mediante un conjunto de funciones específicas para la elaboración de gráficos. La utilización de dichas funciones presenta una serie de ventajas con respecto a los editores gráficos. La primera es que, mediante la utilización de PHP, no es necesario almacenar todas las imágenes que aparecen en una página web, sino que sólo habrá que almacenar aquellas imágenes básicas necesarias para poder realizar los montajes.

Otra ventaja añadida de PHP consiste en la posibilidad de elaboración de gráficos generados a partir de datos que varían muy rápidamente (cotizaciones de acciones, datos climatológicos, etc.). De manera sencilla podrían escribirse funciones (o emplear alguna de las librerías ya disponibles) que generaran dinámicamente los componentes de un gráfico. Como desventaja cabe citar que la generación dinámica de imágenes incrementa la carga de procesamiento en el servidor web.

Las funciones de PHP para tratar gráficos pueden agruparse por bloques temáticos en función del cometido para el que están diseñadas. Una clasificación podría ser la siguiente:

- Funciones de acceso a las propiedades de un gráfico.

- Funciones para el tratamiento y manipulación del color.

- Funciones para manipulación de píxeles.

- Funciones para el trazado de figuras geométricas.

- Funciones para la manipulación de texto.

Como paso previo al tratamiento de imágenes debe tenerse en cuenta que una imagen aparece dentro de una página HTML embebida en la etiqueta `<IMG>`. Cada imagen tiene un atributo, SRC, que especifica la URL de la imagen que se quiere cargar; dicha URL está referida a la ubicación dentro del servidor web donde se encuentra alojada. Si en lugar de disponer de una imagen estática, sea del tipo que sea, se pretende que dicha imagen sea generada automáticamente por PHP, basta con especificar como origen de la imagen el script PHP que la genera.

Si la forma habitual de carga de una imagen es: `<IMG SRC="MiImagen.gif" ...>`, donde `MiImagen.gif` es la imagen a mostrar, mediante la generación dinámica con PHP podría ser: `<IMG SRC="GeneraImagen.php" ...>`, donde `GeneraImagen.php` sería el script encargado de la generación.

Cuando, en una conexión mediante el protocolo HTTP, un servidor web envía un objeto a un navegador, la cabecera HTTP incluye una directiva `Content-Type` para indicar el tipo de objeto MIME (*Multipurpose Internet Mail Extension*) de que se trata. La directiva contiene información del tipo de objeto que se está enviando: imagen, vídeo, sonido, texto... En particular la directiva que permite enviar imágenes está formada por dos componentes: la palabra `image` y el formato de imagen gráfica.

Los formatos de imagen que podrían especificarse en la directiva `Content-Type` pueden ser `gif`, `jpeg`[1], `png`[2], `swf`[3] y `vnd.wap.wbmp`. Para separar los dos componentes de la directiva se utiliza el carácter /. Así, una cabecera HTTP para una imagen tipo `jpg` será:

```
Content-Type: image/jpeg
```

Por lo tanto, cuando se pretendan generar imágenes de forma dinámica desde PHP se debe tener en cuenta que antes de enviar al navegador el resultado de la imagen obtenida hay que enviar la correspondiente cabecera HTTP.

PHP utiliza la popular librería GD[4] para dar servicio a la mayoría de funciones gráficas que ofrece. Esta librería se utiliza para generar imágenes gráficas de dos dimensiones, además permite la manipulación y tratamiento de imágenes ya generadas. La versión con la que se ha trabajado para el desarrollo de este capítulo es la `1.8` con soporte `FreeType`[5]. Sin embargo, hay que tener en cuenta que esta librería está en constante evolución y periódicamente van apareciendo nuevas versiones revisadas y con mayor funcionalidad. `FreeType` es una librería que asociada a librerías gráficas permite la utilización de diferentes tipos de fuentes.

A lo largo del capítulo se hará referencia a funciones para tratamiento de gráficos con formato `GIF`. Aunque dicho formato ha dejado de ser soportado por la librería GD desde la versión `1.6`, se han incluido estas funciones debido a su amplia difusión y por haber sido las primeras soportadas por PHP para la manipulación de gráficos. Si en algún script se utilizan las funciones específicas para imágenes `GIF`, aparecerán

---

[1] http://www.jpeg.org/
[2] http://www.w3.org/Graphics/PNG/ o bien http://www.libpng.org/pub/png/
[3] http://www.macromedia.com/
[4] http://www.boutell.com/gd
[5] http://www.freetype.org/

mensajes de aviso indicando que dichas funciones no están disponibles en esta versión de PHP.

Para poder realizar el tratamiento de imágenes y la generación dinámica de las mismas hay que haber instalado y configurado PHP con el soporte gráfico. Lo único que hay que hacer es asegurarse de que las librerías gráficas están en el directorio correcto e incluidas en el fichero de configuración de `php.ini`. Por ejemplo, en la plataforma Windows, para poder tener acceso a las funciones de la librería gráfica compruebe que la línea

```
extension=php_gd.dll
```

no aparece como un comentario del fichero.

Antes de trabajar con imágenes hay que comprender el modo en que éstas son tratadas por PHP. Cada imagen se identifica por un número entero que se le asigna cuando se abre una imagen. Dicho valor, al que se denominará *identificador de la imagen*, es el que se pasará como parámetro a las funciones que tengan que manipularla.

Los colores de una imagen se generan mediante la composición de tres colores básicos: `rojo`, `verde` y `azul`. Para la definición de colores se utiliza la codificación RGB, que consiste en tres valores numéricos entre 0 y 255 que indican la cantidad correspondiente a cada uno de los componentes básicos. El valor 0 indicará ausencia del componente y el valor 255 indicará la máxima cantidad de dicho componente. En la siguiente tabla se puede ver la codificación de algunos colores elementales:

Color	Rojo	Verde	Azul
Blanco	255	255	255
Negro	0	0	0
Rojo	255	0	0
Verde	0	255	0
Azul	0	0	255
Amarillo	255	255	0

Para poder utilizar colores en la generación de gráficos o en el tratamiento de una imagen, primero hay que definirlos. Cuando se generen nuevas imágenes, el primer color que se defina se considerará como color de fondo.

Una vez que se ha generado o manipulado la imagen, hay dos formas de trabajo: enviar la imagen al navegador o almacenar la imagen en un fichero con el formato deseado. Para ambas formas de trabajo se utiliza la función `Image`*`TipoDeFichero`*`()`, (`imagegif()`, `imagepng()`, ...) de forma que si se especifica un nombre la imagen se almacenará en un fichero, y si se omite será enviado directamente al navegador.

```
// generará la salida en el navegador
imagejpeg($imagen);
// generará la salida en un fichero
imagejpeg($imagen, 'Fichero.jpg');
```

Una vez que se ha terminado de trabajar con una imagen, siempre debe cerrarse de forma que se liberen los recursos que ha consumido.

Este capítulo se ha estructurado de la siguiente forma: en primer lugar, se aprenderán las funciones necesarias para la creación de un gráfico sencillo. Luego, se especificarán las funciones necesarias para determinar las propiedades del mismo. Posteriormente, se especificarán las funciones existentes para el tratamiento y administración del color. Más adelante, se abordará la manipulación de píxeles, y finalmente, se tratará el diseño de figuras geométricas y la incorporación de texto.

Si se quiere conocer cuáles son los tipos de imágenes que soporta PHP, puede utilizarse la función `ImageTypes()`. Esta función devuelve un valor codificado que indica los formatos de imagen. Los posibles valores devueltos por la función son: `IMG_GIF`, `IMG_JPG`, `IMPG_PNG`, `IMG_WBMP`. A continuación se muestra un ejemplo que indica los tipos de imágenes que puede ver con su instalación de PHP.

```
<!-- Cap12/tipos.php -->
<HTML>
    <HEAD><TITLE>Tipos de gráficos soportados</TITLE>
</HEAD>
<BODY>
<H1>Tipos de gráficos soportados</H1>
<HR>
<DIR>
<UL>
<?php
if (ImageTypes() & IMG_GIF)
    echo "<LI>GIF";
if (ImageTypes() & IMG_JPG)
    echo "<LI>JPG";
if (ImageTypes() & IMG_PNG)
        echo "<LI>PNG";
if (ImageTypes() & IMG_WBMP)
    echo "<LI>BMP";
?>
</UL>
</DIR>
</BODY>
</HTML>
```

Programa que genera una página de salida semejante a la de la Figura 12.1:

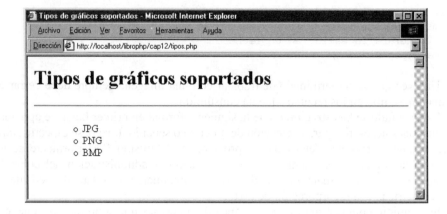

Figura 12.1. *Página con los tipos de gráficos soportados por PHP en esta máquina.*

CREACIÓN DE IMÁGENES

La filosofía de trabajo para tratar imágenes desde PHP es la siguiente:

1. Crear la imagen mediante la función adecuada.

2. Definir los colores necesarios para incorporarlos a la imagen.

3. Realizar las tareas de tratamiento de la imagen.

4. Finalmente, elaborar la página respuesta que contiene la imagen.

5. Liberar los recursos consumidos.

En este apartado se van a describir las funciones existentes en PHP para los puntos 1, 4 y 5 de la lista anterior, es decir, la creación, generación de una imagen y liberación de recursos.

Para la creación inicial de una imagen existen dos posibilidades: la primera consiste en crear una imagen en blanco y la segunda consiste en importar una imagen desde un fichero con formato `gif`, `jpg`, `bmp` o `png` para su posterior tratamiento.

Cuando se pretende crear una imagen desde cero hay que utilizar la función `image-create()`. Dicha función devuelve un número entero que representa el identificador de una imagen en blanco, este identificador es el utilizado por el resto de funciones de PHP para hacer referencia a la imagen que se está manipulando. El tamaño de la imagen viene determinado por los parámetros de entrada ancho y alto en píxeles, que deberán ser números positivos. Si alguno de ellos fuera negativo no se produciría la creación del gráfico, paralizándose la ejecución del script. La sintaxis es la siguiente:

```
int imagecreate(int ancho, int alto);
```

donde los parámetros representan:

- `ancho` representa el número de píxeles de ancho de la imagen.

- `alto` representa el número de píxeles de alto de la imagen.

Cuando lo que se pretende es crear una imagen modificando el contenido de una ya existente, habrá que utilizar alguna de las siguientes funciones `imagecreatefromTi-podeImagen()`, dependiendo del tipo al que pertenezca la imagen original. Si la imagen tiene formato JPEG, formato BMP o formato PNG, habrá que utilizar las funciones con la siguiente sintaxis:

```
int imagecreatefromjpeg(string nombre_de_fichero);
int imagecreatefromwbmp(string nombre_de_fichero);
int imagecreatefrompng(string nombre_de_fichero);
```

Estas funciones permiten crear una imagen en PHP importándola desde una imagen existente en un fichero o en una URL.

La función intenta abrir la imagen especificada por el parámetro `nombre_de_fichero`. Si es correcto, se devuelve un número entero que representa el identificador de la imagen. Si por el contrario no existe una imagen con ese nombre de fichero o se produce algún error en la apertura del mismo, devuelve un valor `false`. Además, si el intérprete tiene activada la opción de información de errores para mostrar *warnings*, produce un mensaje de alerta que indica que no se ha encontrado el fichero. El parámetro `nombre_de_fichero` también puede contener una URL de la que se tiene que obtener la imagen.

Estas funciones no suelen utilizarse de forma aislada, sino que, generalmente, llevan asociado el correspondiente tratamiento de errores para el caso en que la URL indicada no exista, siendo aconsejable disponer de una imagen predefinida de error que pueda mostrarse en caso de URL inexistente, como se muestra en el siguiente ejemplo:

```php
<?php
// <!-- Cap12/creadesdejpeg.php  -->
function cargarImagen($nombre_imagen)
    {
    /* Se intenta abrir el fichero con la imagen */
    $imagen = @imagecreatefromjpeg($nombre_imagen);

    /* Se comprueba si ha habido error al abrir */
    if (!$imagen) /* Ha existido error  */
        {
        /* Se carga una imagen predefinida para indicar el error */
        $imagenerror = imagecreatefromjpeg("Error.jpg");
        return $imagenerror;
        }
    else /* no ha existido error */
        return $imagen;
} /* fin de la función */
```

```
/* Ejemplo de utilización de la función CargarImagen */
/* Se prepara la salida de la imagen */
header("Content-type: image/jpeg");

/* Se llama a la función que carga la imagen */
$imagen = cargarImagen("pareja.jpg");

/* Se genera la salida */
imagejpeg($imagen);

/* Se liberan los recursos utilizados */
imagedestroy($imagen);
?>6
```

En el ejemplo anterior, se ha utilizado la función `imagejpeg()` para devolver la imagen. Una vez que se ha terminado de trabajar con una imagen, el paso siguiente consistirá en enviarla al navegador del cliente que realizó la petición. En función del tipo que se quiera generar habrá que utilizar una función diferente. Los formatos soportados por PHP son: `gif`, `jpg`, `bmp` y `png`, y las funciones que los generan son: `imagegif()`, `imagejpeg()`, `imagewbmp()` e `imagepng()`.

La función `imagejpeg()` genera una imagen en formato `jpeg` con el contenido de la imagen asociada al identificador imagen que se indique como parámetro. El nombre del fichero es opcional. Si se omite dicho nombre la imagen será generada directamente hacia la salida estándar. Si se especifica un nombre, la imagen será almacenada en un fichero con dicho nombre. Debe tenerse en cuenta que hay que tener permiso de escritura sobre el directorio en el que se quiere realizar la grabación de la imagen. La sintaxis es la siguiente:

```
int imagejpeg(int imagen, [string nombre_de_fichero[,
              int calidad]]);
```

donde los parámetros representan:

- `imagen` representa el identificador de imagen que devolvió `imagecreate()` asociado a la imagen con la que se quiere trabajar;
- `nombre_de_fichero` es un parámetro opcional que representa el nombre de fichero que se quiere asignar a la imagen indicada en el parámetro imagen;
- `calidad` es un parámetro opcional que permite determinar la escala de calidad de la imagen `jpeg`. Se recuerda que a mayor valor de la calidad el fichero generado tendrá mayor tamaño, recomendándose un valor de 50 para imágenes que se muestran a través de un navegador.

---

[6] Ejemplo basado en el que aparece en el manual *on-line* de PHP para la creación de imágenes con formato GIF.

Para generar una imagen png o gif habrá que utilizar la función image*tipodei-magen*() con los parámetros imagen y nombre_de_fichero. Ambos parámetros tienen el mismo significado en la función anterior.

La función imagegif() no está soportada por PHP4, ya que la librería GD no da soporte a este tipo de imágenes desde la versión 1.6. En las versiones anteriores de la librería esta función genera una imagen en formato GIF con el contenido de la imagen asociada al identificador imagen. La imagen tendrá formato GIF87a, a no ser que en la imagen se haya declarado algún color transparente, en cuyo caso el formato será GIF89a.

Por último, para liberar los recursos que se han consumido en la generación de la imagen habrá que utilizar la función imagedestroy(). Esta función libera la memoria asociada al identificador de imagen que se ha indicado como parámetro. Una vez terminada la manipulación de una imagen es aconsejable liberar la memoria que se ha utilizado. Esta operación es aconsejable, pero no es imprescindible. La sintaxis es la siguiente:

```
int imagedestroy(int imagen);
```

donde el parámetro imagen, de tipo entero, representa el identificador de la imagen que devolvió imagecreate().

PROPIEDADES DE LOS GRÁFICOS

Cuando el diseñador se enfrenta a la inclusión de una imagen en una página web, la mayoría de las veces necesita variar el aspecto de la presentación de la misma, siendo necesario para ello poder conocer, por ejemplo, su tamaño. Una vez que ya se conoce la forma de crear y liberar la memoria de una imagen generada desde PHP, puede abordarse el estudio de cómo acceder a las propiedades de las imágenes.

En este sentido PHP dispone de tres funciones que permiten tener acceso a las características generales sobre el tamaño de una imagen: getimagesize(), imagesx() e imagesy().

La primera de ellas, getimagesize(), proporciona una extensa información de la imagen que se está manipulando, mientras que las dos siguientes, imagesx() e imagesy(), permiten tener acceso exclusivamente al ancho y al alto de la imagen.

La función getimagesize() obtiene, para imágenes de tipo GIF, JPG, PNG y SWF, las dimensiones del fichero indicado como parámetro. La sintaxis es la siguiente:

```
array getimagesize(string nombre_fichero, [array infoimagen]);
```

donde los parámetros representan:

- nombre_fichero representa el nombre del fichero de la imagen de la que se quieren extraer las propiedades;

- infoimagen representa los marcadores APP en imágenes con formato JPG. Este parámetro es opcional y permite extraer información de los marcadores APP que aparecen incluidos en imágenes con formato JPG. Algunas aplicaciones utilizan estos marcadores para incluir texto en las imágenes. La función devuelve una matriz asociativa con los marcadores APP encontrados en la imagen JPG.

La función devuelve los valores en una matriz de cuatro elementos que contienen la siguiente información:

Posición	Valor contenido
0	Ancho de la imagen en píxeles.
1	Alto de la imagen en píxeles.
2	Tipo de imagen (1, 2, 3 o 4).
3	Cadena con la altura y anchura de la imagen.

El tercer elemento de la matriz contiene un número entero que indica el tipo de imagen de que se trata. Los posibles valores que puede tomar son los siguientes:

Valor	Tipo de imagen
1	GIF
2	JPG
3	PNG
4	SWF

El valor del cuarto elemento de la matriz contiene una cadena con el siguiente formato:

```
height="xxx" width="yyy"
```

donde xxx e yyy representan los valores del alto y del ancho de la imagen. Esta cadena está preparada para que pueda ser directamente incluida como parte de la etiqueta IMG de HTML.

La función imagesx() devuelve un número entero con el ancho de la imagen especificada como parámetro. Devuelve el mismo valor que el elemento 0 de la función getimagesize(). Suele utilizarse cuando se quiere conocer el ancho de la imagen y no hace falta una información tan exhaustiva como devuelve la función getimagesize(). La sintaxis es la siguiente:

```
int imagesx(int imagen);
```

De forma análoga puede utilizarse la función imagesy() para obtener la altura de una imagen. La función devuelve el mismo valor que el elemento 1 de la función getimagesize(). La sintaxis es la siguiente:

```
int imagesy(int imagen);
```

A continuación se muestra un ejemplo de utilización de las funciones que permiten conocer las dimensiones de una imagen.

```
<!-- Cap12/propiedades.php -->
<HTML>
<HEAD>
   <TITLE>Propiedades de los gráficos</TITLE>
</HEAD>
<BODY>
  <TABLE BORDER=3 ALIGN='CENTER'>
  <CAPTION ALIGN='BOTTOM'>
     Propiedades de la imagen
  </CAPTION>
  <TR>
     <TD COLSPAN=2 ALIGN='CENTER'>
<?php
   if (!isset($nombreimagen))
      $nombreimagen = "error.jpg";
   echo "<IMG SRC='$nombreimagen' WIDTH=100 HEIGHT=100>";

   echo "</TD>\n";
   echo "</TR>\n";

   /* ejemplo para ver las propiedades de la imagen que se
      pasa como parámetro a la función                       */
   $tamanio = getimagesize($nombreimagen);
   echo "<TR>";
   echo "<TD ALIGN='RIGHT'>Ancho:</TD>";
   echo "<TD ALIGN='CENTER'>$tamanio[0]</TD>";
   echo "</TR>";
   echo "<TR>";
   echo "<TD ALIGN='RIGHT'>Alto:</TD>";
   echo "<TD ALIGN='CENTER'>$tamanio[1]</TD>";
   echo "</TR>";
   echo "<TR>";
   echo "<TD ALIGN='RIGHT'>Tipo:</TD>";
   echo "<TD ALIGN='CENTER'>";
   switch ($tamanio[2])
      {
      case 1: echo "Es una imagen GIF";
              break;
      case 2: echo "Es una imagen JPG";
              break;
      case 3: echo "Es una imagen PNG";
      }
   echo "</TD>";
   echo "</TR>";
   echo "<TR>";
   echo "<TD ALIGN='RIGHT'>General:</TD>";
```

```
      echo "<TD ALIGN='CENTER'>$tamanio[3]</TD>";
      echo "</TR>";
  ?>
  </TABLE>
  <HR>
  <H3 ALIGN='CENTER'>Información devuelta por imagesx() e imagesy() </h3>
  <TABLE ALIGN='CENTER' BORDER=2>
      <TR ALIGN='CENTER'>
      <TD>imagesx()</TD>
      <TD>imagesy()</TD>
      </TR>
      <TR>
  <?php
      $imagen = imagecreatefromjpeg($nombreimagen);
      $ancho = imagesx($imagen);
      $alto  = imagesy($imagen);
      echo "<TD>$ancho</TD>";
      echo "<TD>$alto</TD>";
  ?>
      </TR>
      </TABLE>
  </BODY>
  </HTML>
```

El script anterior primero determina si se ha pasado alguna imagen en el parámetro $nombreimagen, en caso de haberse omitido se obtienen las propiedades de la imagen "error.jpg". El resultado de la llamada a la función getimagesize() se almacena en la matriz $tamanio. Posteriormente, y en función de los datos obtenidos, escribe una tabla HTML con los valores de dichas propiedades. Posteriormente y para mostrar el funcionamiento de las funciones imagesx() e imagesy() se ha escrito otra tabla con los valores devueltos por las llamadas a ambas. El script genera la salida de la Figura 12.2.

TRATAMIENTO Y MANIPULACIÓN DEL COLOR

PHP presenta un amplio conjunto de herramientas para el tratamiento y manipulación de colores. El tratamiento del color incluye la definición, modificación de la paleta de colores y aproximación de colores, y por ese orden se van a describir las funciones relacionadas con estas acciones.

Definición de colores

Existen dos funciones para la definición de colores dentro de una imagen: imagecolorallocate() e imagecolorset(). La utilización de ambas está claramente diferenciada; la primera se usa para definir los colores que se van a emplear en una imagen y la segunda para modificar colores ya almacenados en la paleta de colores.

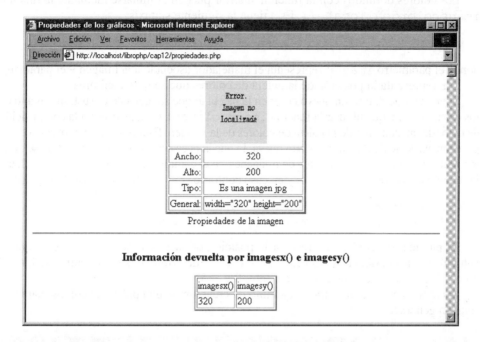

Figura 12.2. *Página con las propiedades de una imagen.*

Conviene recordar que el orden en que se definen los colores determina su posición dentro de la paleta. Si se está definiendo un color sobre una imagen que ya existe, el nuevo color se almacena en la primera posición libre de la paleta de colores. Si se acaba de crear la imagen, el primer color que se define es el correspondiente al color de fondo.

La función `imagecolorallocate()` devuelve un entero que representa la posición de la paleta de colores donde se ha almacenado, en formato RGB, la definición del color. Para poder definir nuevos colores debe existir un hueco en la paleta, ya que cada color nuevo que se genera se guarda en la primera posición libre de la misma. El número máximo de colores de la paleta es de 256, como se corresponde con el formato `GIF`. La sintaxis es la siguiente:

```
int imagecolorallocate(int imagen, int rojo, int verde,
                        int azul);
```

donde los parámetros `rojo`, `verde` y `azul` representan la cantidad de color correspondiente a cada uno de los componentes básicos. Dichos valores deberán estar comprendidos entre 0 y 255.

El color generado será la composición de las cantidades correspondientes de los tres colores básicos (`rojo`, `verde` y `azul`) utilizados en la definición de un color. Se debe llamar a esta función para crear cada uno de los colores que formen parte de una imagen, siendo necesario que antes de declarar un color exista la imagen a la que va a estar asociado.

Los colores definidos con la función anterior pueden eliminarse mediante la función imagecolordeallocate(). Ésta tiene la siguiente sintaxis:

```
int imagecolordeallocate(int imagen, int color);
```

donde el parámetro imagen representa el manejador asociado a la imagen y el parámetro color representa la posición de la paleta de colores que se quiere eliminar.

Si en lugar de definir un nuevo color en la paleta lo que se pretende es sustituir alguno de los existentes hay que utilizar la función imagecolorset(), que cambia la composición de color de un elemento de la paleta de colores de la imagen. Esta función reemplaza la composición existente de un color por otra nueva, lo que la hace especialmente útil cuando se quieren realizar operaciones de retoque de imágenes. Si el cambio de color se ha podido realizar, la función devuelve el valor true, y en caso contrario, false. La sintaxis es la siguiente:

```
bool imagecolorset(int imagen, int indice,
                   int rojo, int verde, int azul);
```

El parámetro indice representa la posición de la paleta de colores que se quiere actualizar, y los parámetros rojo, verde y azul determinan la nueva composición del color. El valor de cada uno debe estar entre 0 y 255.

A continuación se muestra un ejemplo de creación de una paleta de colores para una imagen generada:

```php
<?php
    //<!-- Cap12/crearcolores.php -->
    /* ejemplo para ver cómo se definen colores */
    /* Primero se crea la imagen                */
    $imagen = imagecreate(200, 200);

    /* crea color rojo  */
    $rojo     = imagecolorallocate($imagen, 255, 10, 0);
    /* crea color azul  */
    $azul     = imagecolorallocate($imagen, 0, 0, 255);
    /* crea color amarillo */
    $amarillo = imagecolorallocate($imagen, 255, 255, 0);
    /* crea color blanco */
    $blanco   = imagecolorallocate($imagen, 255, 255, 255);

    header("Content-type: image/jpeg");
    imagejpeg($imagen);
    imagedestroy($imagen);
?>
```

Acceso a la paleta de colores

Cuando se trata de acceder a la información de la paleta de colores de la imagen actual, existen varias funciones de PHP que nos aportan la información suficiente.

La función `imagecolorstotal()` devuelve el número de colores que tiene la paleta de la imagen actual. Si la imagen no existe devolverá el valor `false`. La función recibe como parámetro un manejador que representa la imagen de la que se quiere obtener el número de elementos de la paleta. La función devuelve un valor entero con el número de colores utilizados de la paleta. La sintaxis es la siguiente:

```
int imagecolorstotal(int imagen);
```

Otra operación interesante consiste en tener acceso a toda la paleta de colores, lo que se puede hacer mediante la función `imagecolorsforindex()`. Esta función accede a la paleta de colores de la imagen actual y devuelve una matriz asociativa con los valores de los componentes básicos de color de la posición seleccionada. Hay que tener cuidado con el valor de la posición que se especifica como parámetro, ya que si está fuera de rango la función devolverá `false` y mostrará un *warning* indicando que se ha accedido fuera del rango de colores definidos. La sintaxis es la siguiente:

```
array imagecolorsforindex(int imagen, int indice);
```

Como ya se ha mencionado, el resultado devuelto por la función es una matriz asociativa cuyas claves son `red`, `green` y `blue` y que representan la cantidad de cada uno de estos colores.

A continuación se desarrolla un ejemplo que muestra la paleta de colores de una imagen obtenida desde un fichero JPG. Para generar una página que muestre los colores de la paleta de la imagen actual habrá que seguir el siguiente proceso:

1. Obtener el número de colores de la imagen.

2. Realizar un bucle para acceder a todos los colores de la paleta.

3. Crear una imagen que tenga como color de fondo el correspondiente a la iteración actual del bucle.

Para la codificación del ejemplo, se han creado dos ficheros: el primero, `paleta1.php`, se encarga de generar una imagen con el fondo del color que se pasa como parámetro. Los parámetros que recibe este script se corresponden con la cantidad correspondiente de cada uno de los colores básicos.

El segundo fichero se encarga de generar la página HTML que muestra la paleta de colores de la imagen que se ha cargado. Para cada color se muestra su posición en la paleta, la cantidad de cada uno de los componentes de color e imagen que representa una muestra del color.

```php
<?php
    // <!-- Cap12/paleta1.php -->
    header ("Content-type: image/jpeg");

    // se crea la imagen
    $imagen2 = imagecreate(25, 25);
```

```
        // se crea el color de fondo
        $color = imagecolorallocate($imagen2, $rojo, $verde, $azul);

        // se muestra la imagen y se liberan los recursos
        imagejpeg($imagen2);
        imagedestroy($imagen2);

?>
```

```
<!-- Cap12/paleta2.php -->
<HTML>
<HEAD>
    <TITLE>Ejemplo de Paleta de colores</TITLE>
<?php
    // función que escribe las cabeceras de las columnas
    // con información de los colores de la paleta
    function ponerCabeceras ()
        {
        echo "<TR>\n";
        for ($i = 0; $i < 4; $i++)
            {
            echo "<TD ALIGN='CENTER'>Posición</TD>\n";
            echo "<TD ALIGN='CENTER'>R</TD>\n";
            echo "<TD ALIGN='CENTER'>V</TD>\n";
            echo "<TD ALIGN='CENTER'>A</TD>\n";
            echo "<TD ALIGN='CENTER'>Ver</TD>\n";
            }
        echo "</TR>\n";
        }

    // Función que muesta el color de la posición pasada
    // como parámetro. Primero obtiene la composición del
    // color y luego escribe la información correspondiente.
    function pintarCeldas ($imagen, $posicion)
        {
        $colores = @imagecolorsforindex($imagen, $posicion);
        echo "<TD ALIGN='CENTER'>$posicion</TD>\n";
        echo "<TD ALIGN='CENTER'>{$colores['red']}</TD>\n";
        echo "<TD ALIGN='CENTER'>{$colores['green']}</TD>\n";
        echo "<TD ALIGN='CENTER'>{$colores['blue']}</TD>\n";
        echo "<TD ALIGN='CENTER'>";
        echo "<img src=paleta1.php?rojo={$colores['red']}" .
            "&verde={$colores['green']}&azul={$colores['blue']}>";
        echo "</TD>\n";
        }
    if (!isset($nombreimagen))
        $nombreimagen = "ms.png";
?>
</HEAD>
<BODY>
<H1 ALIGN= 'CENTER'>Ejemplo de paleta de colores </H1>
```

```
<CENTER>
<?php
    echo "<IMG SRC='$nombreimagen' ALT='$nombreimagen' BORDER=1>";
?>
</CENTER>
<TABLE BORDER=3 ALIGN='CENTER'>
  <TR><TD COLSPAN=20 ALIGN='CENTER'>Número de colores: 
<?php
    // Se abre la imagen de la que se quiere extraer la paleta
    // de colores
    $imagen = imagecreatefrompng($nombreimagen);
    // Se obtiene el número de colores
    $x = @imagecolorstotal($imagen);

    // Se comprueba si hay imagen
    if (!$x)
        echo 'La imagen no existe';
    else
        {
        echo $x;
?>
    </TD>
  </TR>
  <TR><TD COLSPAN=20 ALIGN='CENTER'>Paleta de colores</TD></TR>
<?php
        ponerCabeceras();
        for ($i=0; $i < round($x / 4, 0); $i++)
            {
            echo "<TR>\n";
            pintarCeldas($imagen, $i);
            pintarCeldas($imagen, $i + round($x / 4, 0));
            pintarCeldas($imagen, $i + round(2 * $x / 4, 0));
            pintarCeldas($imagen, $i + round(3 * $x / 4, 0));
            echo "</TR>\n";
            }
        }
?>
</TABLE>
</BODY>
</HTML>
```

El script anterior genera la salida que se puede apreciar en la Figura 12.3.

En ocasiones es interesante poder convertir un color en transparente dentro de la imagen generada desde PHP. Esto es posible utilizando la función `imagecolortransparent()`, que convierte el color indicado como parámetro en el color transparente de la imagen actual. Para hacer que la imagen deje de tener algún color transparente hay que volver a hacer una llamada a la misma función donde el valor del índice sea –1. El pará-

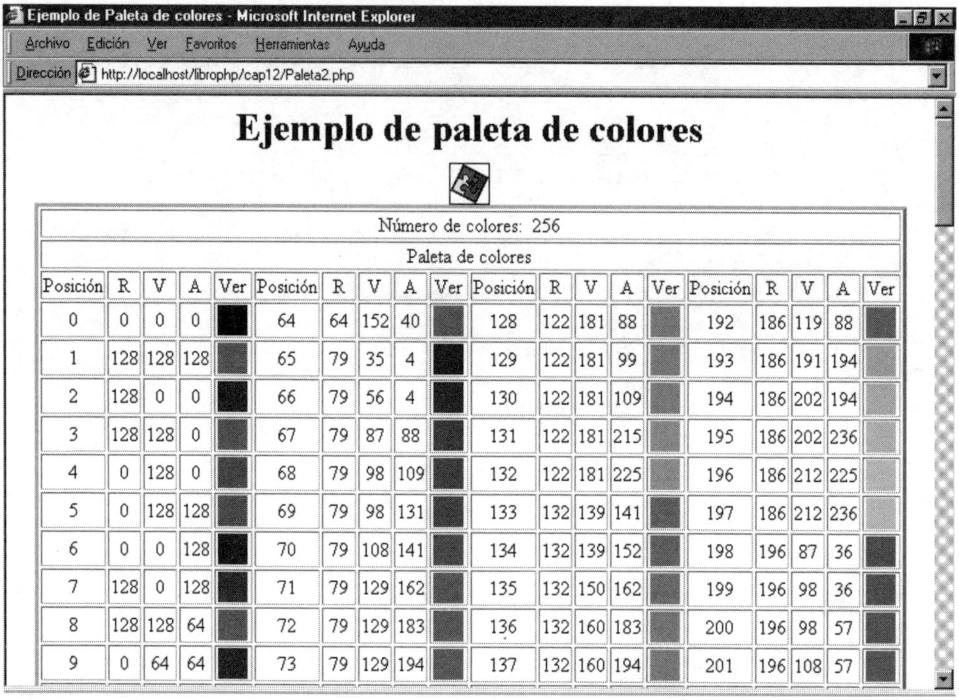

Posición	R	V	A	Ver	Posición	R	V	A	Ver	Posición	R	V	A	Ver	Posición	R	V	A	Ver
0	0	0	0		64	64	152	40		128	122	181	88		192	186	119	88	
1	128	128	128		65	79	35	4		129	122	181	99		193	186	191	194	
2	128	0	0		66	79	56	4		130	122	181	109		194	186	202	194	
3	128	128	0		67	79	87	88		131	122	181	215		195	186	202	236	
4	0	128	0		68	79	98	109		132	122	181	225		196	186	212	225	
5	0	128	128		69	79	98	131		133	132	139	141		197	186	212	236	
6	0	0	128		70	79	108	141		134	132	139	152		198	196	87	36	
7	128	0	128		71	79	129	162		135	132	150	162		199	196	98	36	
8	128	128	64		72	79	129	183		136	132	160	183		200	196	98	57	
9	0	64	64		73	79	129	194		137	132	160	194		201	196	108	57	

Figura 12.3. *Página con la paleta de colores de una imagen.*

metro que indica el color que se quiere convertir en transparente deberá ser un valor que esté comprendido entre 0 y el número total de colores de la imagen menos 1. La función devuelve un número entero que se corresponde con el identificador del nuevo color transparente. Este valor coincide con el valor del índice pasado como parámetro.

Debe tenerse en cuenta que no todos los formatos de imágenes soportan colores transparentes y que hay navegadores que no soportan la posibilidad de que existan colores transparentes en imágenes. En estos casos, debería prestarse especial cuidado para que el color que se hace trasparente no distorsione el efecto buscado con la imagen cuando sea mostrado por dichos navegadores. La sintaxis es la siguiente:

```
int imagecolortransparent(int imagen, int [color]);
```

Otra de las operaciones que se utilizan en la manipulación de imágenes consiste en el acceso a los colores de una imagen. En particular, el acceso al color de una posición determinada de la imagen. Para poder realizar esta operación PHP dispone de la función `imagecolorat()`, que devuelve un número entero que representa la posición dentro de la paleta de colores del color del píxel que se encuentra en la posición especificada por las coordenadas `x` e `y` que se deben pasar como parámetro. La sintaxis es la siguiente:

```
int imagecolorat(int imagen, int x, int y);
```

Por último, PHP dispone de las funciones `imagecolorclosest()`, `imagecolorexact()` e `imagecolorresolve()` para realizar la aproximación de colores dentro de una imagen.

La función `imagecolorclosest()` devuelve un valor entero que indica la posición que ocupa en la paleta de colores el color más cercano a la combinación de rojo, verde y azul indicada. Para el cálculo de la distancia, se considera que cada color representa un punto dentro de un espacio de tres dimensiones. Cada uno de los valores representa la posición en cada uno de los ejes del espacio tridimensional. La distancia se calcula como la distancia euclídea entre dos puntos, el especificado como parámetro y los puntos de la paleta de colores. Cuando no existan colores definidos en la paleta de colores de la imagen actual la función devuelve el valor –1.

Esta función se aplica cuando, por ejemplo, se quiere añadir un elemento de un determinado color a la imagen y no hay hueco en la paleta para crear nuevos colores. La forma de trabajo habitual consiste en asignar al nuevo componente el color más cercano de los que actualmente están en la paleta de colores. La sintaxis es la siguiente:

```
int imagecolorclosest(int imagen, int rojo, int verde,
                       int azul);
```

Los parámetros `rojo`, `verde` y `azul` representan los valores de los componentes correspondientes al color del que se quiere obtener el color más cercano. En el caso de que el color indicado exista, la función devolverá su posición dentro de la paleta de colores.

Por otro lado, la función `imagecolorexact()` devuelve la posición que ocupa el color especificado como parámetro dentro de la paleta de colores. En este caso, si el color no existe dentro de la paleta, la función devuelve el –1. Esta función es útil para evitar que se puedan añadir colores repetidos a una determinada paleta de colores. Es conveniente, antes de declarar cada nuevo color, comprobar que no forme parte de la paleta original. La sintaxis es la siguiente:

```
int imagecolorexact(int imagen, int rojo, int verde, int azul);
```

Como siempre, los parámetros rojo, verde y azul representan el color al que se le quiere aplicar la función.

La última función es `imagecolorresolve()`, que busca la posición que ocupa dentro de la paleta de colores actual o bien el color especificado o el que más se aproxima al color especificado como parámetro. El proceso que realiza la función es el siguiente: primero se trata de localizar el color exacto especificado como parámetro. Si no existe, se encarga de localizar el color más parecido al indicado. La sintaxis es la siguiente:

```
int imagecolorresolve(int imagen, int rojo, int verde,
                       int azul);
```

MANIPULACIÓN DE PÍXELES

En el apartado anterior se ha aprendido cómo realizar la manipulación de colores dentro de una imagen. Estas operaciones sólo tienen sentido cuando después se pueden aplicar sobre una imagen para poder realizar el retoque de la misma. A continuación, se van a mostrar las funciones de PHP que permiten manipular imágenes a más bajo nivel.

Estas funciones permiten el tratamiento píxel a píxel del contenido de una imagen. El tratamiento puede hacerse de forma individual para cada píxel mediante `imagesetpixel()` o por bloques mediante la opción `imagecopy()` o `imagecopyresized()`.

La función `imagesetpixel()` dibuja en la imagen indicada un píxel del color especificado en la posición indica por los valores de x e y. Debe tenerse en cuenta que la esquina superior izquierda de una imagen es la (0, 0). La sintaxis es la siguiente:

```
int imagesetpixel(int imagen, int x, int y, int color);
```

donde los parámetros representan:

- `imagen` representa el identificador de imagen que devolvió `imagecreate()` asociado a la imagen con la que se va a trabajar.

- x representa el valor de la coordenada x de un píxel.

- y representa el valor de la coordenada y de un píxel.

- `color` representa el valor del índice de la paleta de colores color del que se quiere aplicar al píxel indicado.

Aparte de la manipulación de píxeles de forma individual, PHP permite el tratamiento de bloques dentro de una imagen. Hay funciones para copiar una porción rectangular de una imagen manteniendo el tamaño original o redimensionarlo. Esto es lo que hace la función `imagecopy()`. Esta función recibe como parámetros dos imágenes. Si la imagen origen y destino son la misma, el pegado de los píxeles se realizará sobre ésta. Las coordenadas que delimitan la porción a copiar deben referirse a la esquina superior izquierda de la imagen. Si las áreas de copiado se solapan y la imagen origen es la misma que la imagen de destino, el resultado de la ejecución de esta función es impredecible.

Además, debe tenerse en cuenta que al realizar el copiado de áreas entre dos imágenes diferentes, las paletas de colores no tienen por qué coincidir, por lo tanto el resultado final después de la copia puede no ser el deseado. Si la paleta de colores destino no incorpora los colores originales, PHP tratará de incorporarlos a la paleta de la nueva imagen, y si esto no es posible, porque no quedara espacio en la paleta, se aplicará la función que aproxima el color de cada píxel al color más cercano. La sintaxis es la siguiente:

```
int imagecopy(int imagendestino, int imagenorigen,
              int destinoX, int destinoY,
              int origenX, int origenY,
              int origenancho, int origenalto);
```

donde los parámetros representan:

- `imagendestino` es el identificador de imagen asociado a la imagen destino donde se dejará la copia;

- `imagenorigen` es el identificador de imagen asociado a la imagen origen de la que se va a copiar;

- `destinoX` representa el valor de la coordenada x sobre la imagen destino;

- `destinoY` representa el valor de la coordenada y sobre la imagen destino;

- `origenX` representa el valor de la coordenada x de la imagen origen;

- `origenY` representa el valor de la coordenada y de la imagen origen;

- `origenancho` representa el número de píxeles de ancho que se copian de la imagen origen;

- `origenalto` representa el número de píxeles de alto que se copian de la imagen origen.

Si además de copiar una porción de imagen, ésta se quiere redimensionar, la función que hay que utilizar es `imagecopyresized()`. La sintaxis es la siguiente:

```
int imagecopyresized(int imagendestino, int imagenorigen,
                      int destinoX, int destinoY,
                      int origenX, int origenY,
                      int destinoancho, int destinoalto,
                      int origenancho, int origenalto);
```

En esta función los parámetros tienen el mismo significado que en la función anterior, y los campos `destinoancho` y `destinoalto` representarán la anchura y la altura que tendrá la imagen redimensionada.

En el siguiente ejemplo se muestra cómo se puede realizar la copia de imágenes y su redimensionamiento. Se ha aprovechado el ejemplo para mostrar la utilización de la función `imagecolorclosest()`, que permite obtener la posición dentro de la imagen actual del color más cercano al color que se quería asignar al punto pintado.

Supongamos que se quiere obtener una nueva imagen de mayor tamaño que la original que tenga el siguiente aspecto:

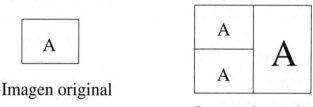

Imagen original   Imagen buscada

```php
<?php
    // <!-- Cap12/copyresized.php -->
    // ejemplo de copyresize
    $imagen1 = imagecreatefromjpeg("error.jpg");
    // Se obtienen las dimensiones de la imagen
    $ancho = imagesx($imagen1);
    $alto = imagesy($imagen1);
    // Se crea la nueva imagen
    $imagen2 = imagecreate(2 * $ancho, 2 * $alto);
```

```
    /* Se copia la imagen original */
    imagecopyresized($imagen2, $imagen1, 0, 0, 0, 0, $ancho - 1,
                     $alto - 1, $ancho - 1, $alto - 1);

    // Se copia de una imagen sobre la misma imagen sin solapamiento
    imagecopyresized($imagen2, $imagen2, 0, $alto, 0, 0, $ancho - 1,
                     $alto - 1, $ancho - 1, $alto - 1);

    // Se copia y redimensiona de una imagen sobre la misma imagen
    // sin solapamiento
    imagecopyresized($imagen2, $imagen2, $ancho, 0, 0, 0, $ancho -1,
                     2 * $alto -1, $ancho - 1, $alto - 1);

    // Se obtiene la posición del color blanco en la paleta
    $blanco = imagecolorclosest($imagen2, 255, 255, 255);

    // Se pinta un punto blanco en la circunferencia inferior
    imagesetpixel($imagen2, 100, 310, $blanco);

    header("Content-type: image/png");
    imagepng($imagen2);
    imagedestroy($imagen2);
    imagedestroy($imagen1);
?>
```

La imagen generada será la que se aprecia en la figura 12.4:

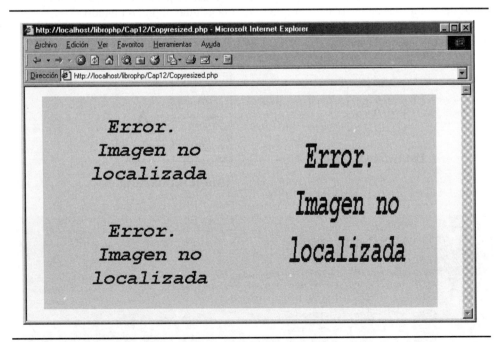

Figura 12.4. *Imagen resultado del script Copyresized.php.*

Existe en PHP una función específica de imágenes GIF que permite determinar la forma en que se almacena la imagen, y por lo tanto el efecto visual cuando la imagen se carga en el navegador. Una imagen no entrelazada almacena las líneas que forman el gráfico ordenadas desde la fila superior hasta la inferior, por lo tanto la carga de la imagen hace que la imagen se vaya reconstruyendo de arriba hacia abajo. Una imagen entrelazada no almacena las líneas que forman el gráfico en orden, sino que va almacenando las líneas intercaladas, de forma que la imagen va mostrando el contenido de distintas zonas. El gráfico aparece de forma sucesiva después de una serie de pasadas.

La función imageinterlace() activa o desactiva el bit que determina si la imagen se almacenará entrelazada o no. Si el valor del parámetro entrelazado es 1 la imagen se almacenará entrelazada y si vale 0 el entrelazado estará desactivado. La función devuelve como valor un número entero que determina si la imagen ha activado el entrelazado (valor devuelto, 1) o no (valor devuelto, 0). La sintaxis es la siguiente:

```
int imageinterlace(int imagen, [int entrelazado]);
```

DISEÑO DE FIGURAS GEOMÉTRICAS

Una vez que se ha mostrado la forma de crear imágenes, la manipulación de los colores y de los píxeles, en la parte final del capítulo se van a mostrar las posibilidades que tiene PHP para el trazado de figuras geométricas y la inclusión de texto.

Con respecto al trazado de figuras geométricas, las funciones se van a tratar de menor a mayor complejidad. Se comenzará con trazos geométricos elementales para finalizar con mecanismos para aplicar efectos de relleno de color. Los trazos elementales están representados por líneas, arcos, rectángulos y polígonos. Los efectos de relleno están aplicados a áreas o a figuras geométricas básicas: rectángulos y polígonos coloreados.

Figuras geométricas básicas

PHP puede dibujar dos tipos de líneas diferentes: líneas punteadas y continuas. La función imageline() es la función que dibuja una línea en una imagen. La línea queda definida por dos puntos y un color. Cada punto se representa por dos valores (x, y), que indican sus coordenadas con respecto a la esquina superior izquierda de la imagen, que representa la posición (0, 0). La sintaxis es la siguiente:

```
int imageline(int imagen, int x1, int y1, int x2, int y2,
              int color);
```

donde los parámetros representan:

- imagen representa el identificador de la imagen;
- x1 representa la coordenada x del punto origen de la línea;
- y1 representa la coordenada y del punto origen de la línea;

- x2 representa la coordenada x del punto final de la línea;

- y2 representa la coordenada y del punto final de la línea;

- color representa el color de la línea que se dibuja.

En ocasiones la línea que se pretende dibujar tiene que ser punteada. En estas ocasiones se utiliza la función imagedashedline(), que define una línea de la misma forma que la función anterior. En este tipo de líneas las porciones que no se muestran son transparentes y por lo tanto se ve el fondo de la imagen. La sintaxis es la siguiente:

```
int imagedashedline(int imagen, int x1, int y1, int x2, int y2,
                    int color);
```

los parámetros tienen el mismo significado que en la función anterior.

Cuando se desea obtener una línea curva hay que utilizar la función imagearc(), que traza en la imagen una sección de elipse centrada en un punto. Para determinar la elipse, hay que indicar los valores de la anchura y altura, determinando así los puntos más alejados del centro de la imagen.

La elipse se dibujará entre dos valores que representan el ángulo de inicio y el ángulo de fin. Dichos valores se expresan en grados y son números enteros comprendidos entre 0 y 360. Hay que tener en cuenta que el valor de 0 grados se corresponde con la posición más a la derecha del eje horizontal y para la medición de los arcos se sigue el sentido de las agujas del reloj. Cuando la diferencia entre los valores de los ángulos de fin e inicio es mayor de 360 se genera una elipse cerrada. La sintaxis es la siguiente:

```
int imagearc(int imagen, int centrox, int centroy,
             int ancho, int alto,
             int anguloinicio, int angulofin, int color);
```

donde los parámetros representan:

- imagen es el identificador de la imagen con la que se va a trabajar;

- centrox es la coordenada x del centro del arco;

- centroy es la coordenada y del centro del arco;

- ancho es la distancia del centro al punto más a la izquierda y derecha del arco;

- alto es la distancia del centro al punto más alto y más bajo del arco;

- anguloinicio es el valor del ángulo de inicio del arco;

- angulofin es el valor del ángulo de final del arco;

- color es el color del arco.

Las funciones anteriores trazan líneas independientes; sin embargo, PHP permite también trazar figuras geométricas simples como, por ejemplo, un rectángulo. La función imagerectangle() traza en la imagen especificada un rectángulo de un determinado color, que tiene por esquina superior izquierda el punto (x1, y1) y por esquina inferior derecha el punto (x2, y2). Como en los casos anteriores, las coordenadas de los puntos deben estar referidas a la esquina superior izquierda de la imagen, que es la (0, 0). La sintaxis es la siguiente:

```
int imagerectangle(int imagen, int x1, int y1, int x2, int y2,
                    int color);
```

Los parámetros tienen los mismos significados que en las funciones anteriores. La última función que aporta PHP para este tipo de trazados es imagepolygon(), que dibuja un polígono formado por las líneas que unen los puntos contenidos en una matriz que se pasa como parámetro. La matriz de puntos debe tener un número par de elementos para representar los vértices. Los puntos de la matriz vienen especificados mediante el siguiente esquema:

- el primer y segundo elementos de la matriz contienen la coordenada x e y del primer punto;

- tercer y cuarto elementos contienen los valores del segundo punto;

- repitiéndose la distribución para cada par de puntos del polígono.

Además, debe especificarse el número de vértices total de la imagen y PHP se encarga de enlazar el último punto con el primero. La sintaxis es la siguiente:

```
int imagepolygon(int imagen, array puntos, int num_puntos,
                 int color);
```

A continuación se presenta un pequeño ejemplo para mostrar los elementos de un gráfico de barras. En dicho gráfico, generado por el script graficainicio.php, se han de situar dos rectas para representar los ejes, y rectángulos para cada uno de los elementos que formen los valores de la gráfica.

```php
<?php
    // <!-- Cap12/graficainicio.php -->

    // función que pinta los ejes de la gráfica
    function pintaejes($im, $ancho, $alto, $color)
    {
        // eje x
        imageline($im, 50, $alto - 50, $ancho - 50, $alto - 50, $color);
        // eje y
        imageline($im, 50, 50, 50, $alto - 50, $color);
    }

    // función que pinta un rectángulo según el valor que se quiere
    // representar. Los parámetros indican los siguientes valores
```

```
//    x1: distancia desde el borde izquierdo del primer punto
//    y1: distancia desde el borde superior del primer punto
//    orden: representa el número de valor que se quiere mostrar
//    espacio: representa la anchura máxima de cada rectángulo
//    valor: representa el valor que se quiere mostrar
//    color: representa el color de la serie
function pintavalores($im, $alto, $mayor, $orden, $espacio,
                      $valor, $color)
    {
    // Todas las imágenes empiezan en la línea $alto-50
    // la posición de comienzo depende del orden en que aparece
    // La altura depende del factor de escala
    // Se dejan espacios a la derecha e izquierda del rectángulo
    $margen = round($espacio * 0.10);
    imagerectangle($im, 50 + ($orden * $espacio) + $margen,
                   $alto - 51, 50 + (($orden + 1) * $espacio) -
                   $margen, $alto - (50 + round(($valor * ($alto -
                   100)) / $mayor)), $color);
    }


// fuerza la conversión a entero por si los valores no son de este
// tipo
function convierte(&$elem, $clave)
    {
    $elem = (int) $elem;
    }


// Se leen los datos de un fichero
define('NOMBRE_FICHERO', "datos.dat");
$valores = file(NOMBRE_FICHERO);
// si los datos no son enteros se convierten
array_walk($valores, 'convierte');

// Obtiene los valores del fichero de datos para calcular la escala
$valores2 = array_values($valores);

//Ordena los datos para obtener el menor y el mayor de la matriz
sort($valores2);
reset($valores2);
$menor = current($valores2);
end($valores2);
$mayor = current($valores2);


$ancho = 400;  // de la imagen que se genera
$alto  = 400;  // de la imagen que se genera


// Se calcula la anchura de cada elemento de la gráfica
$espaciado = round(($ancho - 100) / count($valores));
```

```
// Se crea la imagen
$imagen = imagecreate($ancho,$alto);
// Se definen los colores básicos
$blanco = imagecolorallocate($imagen, 255, 255, 255);
$negro  = imagecolorallocate($imagen, 0, 0, 0);

// Creo tantos colores como valores distintos hay
$coloresnuevos = array();
for ($i = 0; $i < count($valores2); $i++)
   {
   // Se crea una matriz asociativa con los colores nuevos
   $coloresnuevos[$valores2[$i]] =
           imagecolorallocate($imagen, rand(0, 255), rand(0, 255),
                              rand(0, 255));
   }

// dibuja los ejes de la gráfica
pintaejes($imagen, $ancho, $alto, $negro);
// Dibuja los valores
for ($i = 0; $i < count($valores); $i++)
   pintavalores ($imagen, $ancho, $mayor, $i, $espaciado,
           chop($valores[$i]), $coloresnuevos[$valores[$i]]);

// genero la salida como una imagen jpeg
header("Content-type: image/jpeg");
imagejpeg($imagen);
imagedestroy($imagen);
?>
```

El script se ha estructurado de la siguiente forma:

1. Se ha escrito una función para el trazado de los ejes.

2. Se ha escrito una función para el trazado de un rectángulo en una determinada posición de la imagen.

3. Se han leído los valores que hay que representar en la gráfica.

4. En función del número de datos a representar, se calcula la anchura de cada uno de los elementos de la gráfica.

5. Se crean colores diferentes para cada uno de los elementos.

6. Mediante la función escrita en el punto 2 se dibujan los diferentes valores.

El script anterior genera la imagen de la Figura 12.5.

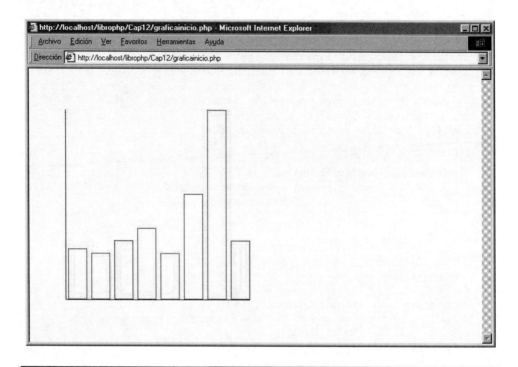

Figura 12.5. *Elementos básicos de la gráfica.*

Efectos de relleno

En la gráfica anterior se puede comprobar que faltan algunos detalles para que parezca real, por ejemplo rellenar los rectángulos de algún color para que puedan identificarse. Las funciones mencionadas hasta ahora solamente permiten dibujar figuras huecas; sin embargo, es habitual que las figuras incluyan colores de relleno para dar más consistencia a los gráficos generados.

A continuación, se van a mostrar las funciones que incluye PHP para aplicar efectos de relleno a las imágenes generadas, además se mostrarán las funciones para el trazado de rectángulos y polígonos coloreados.

La función `imagefill()` rellena, sin incluir el borde, un área cerrada de un determinado color. Para especificar el área de llenado habrá que especificar un punto de la misma. En caso de que el punto no pertenezca a un área cerrada, se rellenará de toda la imagen. La sintaxis es la siguiente:

```
int imagefill(int imagen, int x, int y, int color);
```

donde los parámetros representan:

- `imagen` es el identificador de la imagen;

- x es el primer valor del punto de la región que se quiere colorear;

- y es el segundo valor del punto de la región que se quiere colorear;

- color representa el color de relleno que se quiere aplicar al área.

En la función anterior el área cerrada que delimitaba la zona a pintar no incluía el borde; si además de rellenar la figura se quiere colorear dicho borde hay que utilizar la función imagefilltoborder(). El comportamiento de dicha función es el mismo que el de la función anterior, incluyendo un nuevo parámetro que será el que asigne color al borde. La sintaxis es la siguiente:

```
int imagefilltoborder(int imagen, int x, int y, int color_borde,
                int color_fondo);
```

Cuando en lugar de pintar elementos predefinidos huecos se quieren utilizar polígonos coloreados, PHP dispone de dos nuevas funciones para ese cometido. Las funciones son imagefilledrectangle() e imagefilledpolygon().

La función imagefilledrectangle() traza en la imagen especificada un rectángulo, rellenado con el color indicado como parámetro, que tiene por esquina superior izquierda el punto (x1, y1) y por esquina inferior derecha el punto (x2, y2). Como siempre, las coordenadas de los puntos deben estar referidas a la esquina superior izquierda de la imagen, que es la (0, 0). La sintaxis es la siguiente:

```
int imagefilledrectangle(int imagen, int x1, int y1,
                int x2, int y2, int color);
```

Por otro lado, la función imagefilledpolygon() dibuja en la imagen especificada un polígono formado por las líneas que unen los puntos indicados en la matriz de puntos que se pasa como parámetro y rellenado con el color especificado por el parámetro color. La función se comporta de manera idéntica a la equivalente que dibuja un polígono sin color de relleno. La sintaxis es la siguiente:

```
int imagefilledpolygon(int imagen, array puntos, int num_puntos,
                int color);
```

A continuación, se muestra el ejemplo de la gráfica completado para que los elementos sean rectángulos rellenos. Los cambios que se han realizado han consistido simplemente en añadir una llamada a la función imagefill() en la función que se encarga de pintar los rectángulos. La función queda ahora como:

```
function pintavalores($im, $alto, $mayor, $orden, $espacio,
                $valor, $color)
    {
    // Todas las imágenes empiezan en la línea $alto-50
    // la posición de comienzo depende del orden en que aparece
    // La altura depende del factor de escala
```

```
// Se dejan espacios a la derecha e izquierda del rectángulo
$margen = round($espacio * 0.10);
imagerectangle($im, 50 + ($orden * $espacio) + $margen,
               $alto - 51, 50 + (($orden + 1) * $espacio) -
               $margen, $alto - (50 + round(($valor * ($alto -
               100)) / $mayor)), $color);
// Se rellena el rectángulo
imagefill($im, 50 + ($orden * $espacio) + 1 + $margen,
          $alto - 52, $color);
}
```

Ahora la imagen de la gráfica es la que se puede apreciar en la Figura 12.6:

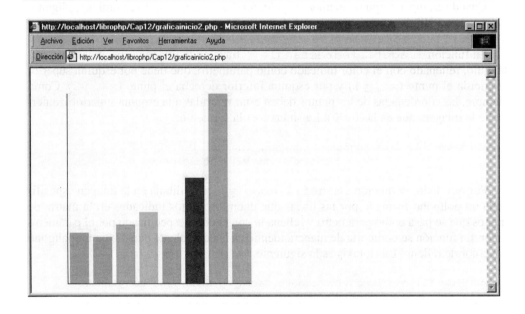

Figura 12.6. *Imagen con los elementos de la gráfica coloreados.*

INCORPORACIÓN DE TEXTO

En la gráfica anterior sería aconsejable que pudieran aparecer textos para representar los ejes o los valores de cada uno de los elementos. PHP permite que la imagen generada incorpore texto. El texto añadido podrá estar basado en los tipos de letra predefinidos de PHP o incluso podrán incluir fuentes escalables y fuentes *PostScript* que estén instaladas en el sistema. En este apartado, primero se verán las funciones que se encargan de incluir caracteres con las fuentes predefinidas y posteriormente se analizará cómo mostrar textos con fuentes externas.

Fuentes predefinidas

Para textos basados en fuentes predefinidas PHP dispone de las funciones:

- `imagechar()`.
- `imagecharup()`.
- `imagestring()`.
- `imageStringup()`.
- `imagefontheight()`.
- `imagefontwidth()`.
- `imageloadfont()`.

La función `imagechar()` permite incluir en una posición de la imagen y en sentido horizontal, el primer carácter de una cadena de caracteres. El carácter tendrá que
tener asociado un color y una fuente de letras. La posición en la que aparecerá el carácter
vendrá determinada por los valores x e y que indiquen las coordenadas del punto. Como
en el resto de funciones gráficas de PHP la esquina superior izquierda es la que tiene coordenadas (0, 0). La sintaxis es la siguiente:

```
int imagechar(int imagen, int fuente, int x, int y, string car,
              int color);
```

donde los parámetros representan:

- `imagen` es el identificador de imagen.
- `fuente` es la fuente con la que se escribirá el texto. Es un valor numérico que
  puede ser 1, 2, 3, 4 o 5 y que representa el tamaño de la fuente con la que se escribirá el carácter. A mayor valor, mayor tamaño de fuente.
- `x` es la coordenada x donde comenzará a escribirse el carácter.
- `y` es la coordenada y donde comenzará a escribirse el carácter.
- `car` es el carácter que se va a escribir.
- `color` es el color en el que se escribirá el carácter.

Cuando el carácter quiere dibujarse en dirección vertical, debe utilizarse la función
`imagecharup()`, que recibe los mismos parámetros que `imagechar()`.
Si en lugar de escribir un único carácter, lo que se pretende es escribir una cadena de
caracteres la función que tiene que utilizarse es `imagestring()`. Esta función dibuja en
dirección horizontal una cadena de caracteres a partir de la posición marcada por las
coordenadas (x, y) de un punto de la pantalla. La cadena se dibujará con un color pasado

como parámetro. Como en la función `imagechar()`, la fuente será un valor numérico entre 1 y 5. La sintaxis es la siguiente:

```
int imagestring(int imagen, int fuente, int x, int y,
                string cadena, int color);
```

Como en el caso de los caracteres, existe la posibilidad de que el texto aparezca escrito en dirección vertical mediante la función `imagestringup()`.

Además de las funciones básicas para escribir caracteres, PHP incluye funciones para determinar el alto y el ancho que ocupa el tipo de fuente que se está utilizando para la escritura, y además incluye otra función que permite que el programador del script pueda definir sus propios tipos de fuentes e incorporarlos al diseño de las páginas.

La función `imagefontheight()` devuelve un número entero que representa el número de píxeles de altura que ocupa un carácter del tipo de fuente especificado como parámetro. El tipo de fuente vendrá especificado por un valor de tipo entre 1 y 5. La sintaxis de la función es la siguiente:

```
int imagefontheight(int fuente);
```

Si lo que se pretende es obtener la anchura de un carácter ha de utilizarse la función `imagefontwidth()`, que tiene el mismo comportamiento y el mismo parámetro que la función anterior.

Con las funciones anteriores, ya se puede completar el ejemplo de la gráfica, haciendo que los ejes incluyan una leyenda y que las áreas de los valores de las gráficas muestren el valor centrado dentro de cada área. Para ello, se añadirán las sentencias siguientes:

```php
// Función que determina la posición en la que tiene
// que aparecer el texto
function posinicio($fuente, $texto)
    {
    $longitud = round(strlen($texto) / 2);
    $anchura = imagefontwidth($fuente);
    return($longitud * $anchura);
    }


// Función que dibuja en la posición indicada por posx y posy
// una cadena de caracteres en el sentido marcado por el parámetro
// sentido. Cuando sentido vale 0 se trata de sentido horizontal
// y cuando vale 1 se trata de sentido vertical
function pintatexto ($im, $posx, $posy, $fuente, $sentido,
                    $contenido, $color)
    {
    if ($sentido == 0)
        imagestring($im, $fuente, $posx, $posy, $contenido, $color);
    else
        imagestringup($im, $fuente, $posx, $posy, $contenido, $color);
    }
```

```
function pintaejes ($im, $ancho, $alto, $color, $textox, $textoy)
   {
   // eje x
   imageline($im, 50, $alto - 50, $ancho - 50, $alto - 50, $color);
   // eje y
   imageline($im, 50, 50, 50, $alto - 50, $color);
   pintatexto($im, round($ancho / 2) - posinicio(2, $textox), 375,
               2, 0, $textox, $color);
   pintatexto($im, 25, round($alto / 2) + posinicio(2, $textoy),
               2, 1, $textoy, $color);
   }

function pintavalores($im, $alto, $mayor, $orden, $espacio, $valor,
                       $color)
   {
   // Todas las imágenes empiezan en la línea $alto-50
   // la posición de comienzo depende del orden en que aparece
   // La altura depende del factor de escala
   // Se dejan espacios a la derecha e izquierda del rectángulo
   global $blanco;

   $margen = round($espacio * 0.10);
   imagerectangle($im, 50 + ($orden * $espacio) + $margen, $alto -
                   51, 50 + (($orden + 1) * $espacio) - $margen,
                   $alto - (50 + round(($valor * ($alto - 100)) /
                   $mayor)), $color);

   imagefill($im, 50 + ($orden * $espacio) + 1 + $margen, $alto -
               52, $color);

   // Se obtiene lo que ocupa la cadena con el valor a escribir
   $distancia = imagefontwidth(5) * strlen($valor);
   // Se obtiene la posición más alta del rectángulo
   $arriba = ($alto - (50 + round(($valor * ($alto - 100)) /
               $mayor)));
   // Se obtiene la posición intermedia del rectángulo
   $posicionvertical = $arriba + ($alto - $arriba - 50) / 2;

   // Se obtiene la posición donde empezar para que quede centrada
   $posicionvertical += $distancia / 2;

   // Se pinta el valor
   pintatexto($im, 25 + (($orden + 1) * $espacio) - $margen,
               $posicionvertical, 5, 1, $valor, $blanco);
   }

// Esta línea deberá sustituir a la anterior llamada a la
// función que pinta los ejes
pintaejes($imagen, $ancho, $alto, $negro, "Eje x", "Eje y");
```

El aspecto final de la gráfica será el de la Figura 12.7:

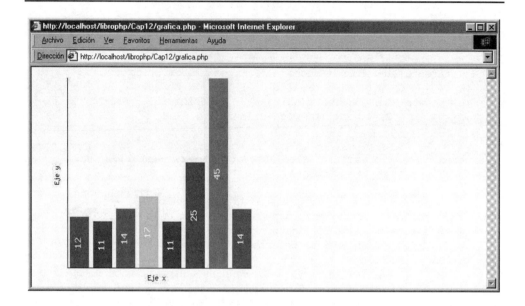

Figura 12.7. *Gráfica con los valores de cada elemento incluidos.*

Para aquellas personas a las que los tipos de fuente disponibles en PHP se les queden cortos, puede utilizarse la función `imageloadfont()`, que carga una fuente definida por el usuario; la fuente está almacenada en un fichero gráfico con formato `bitmap`. Como resultado la función devuelve un número entero que representa el identificador de la fuente cargada. Dicho identificador será siempre un valor mayor que 5, de forma que no genere conflicto con los valores predefinidos de PHP. La sintaxis es la siguiente:

```
int imageloadfont(string fichero);
```

El formato actual del fichero es binario y dependiente de la arquitectura, por lo tanto habrá que generarlo para el mismo tipo de máquina en la que se esté ejecutando PHP. El formato del fichero de fuentes es el siguiente:

Posición	Tipo de dato	Descripción
byte 0-3	Int	Número de caracteres de la fuente.
byte 4-7	Int	Valor del primer carácter de la fuente. Generalmente 32 para el espacio en blanco.
byte 8-11	Int	Ancho en píxeles de cada carácter.
byte 12-15	Int	Ancho en píxeles de cada carácter.
byte 16-final	Char	Matriz con los datos de cada carácter. Se define un byte por píxel en cada carácter. El número total de bytes será: `número_caracteres*ancho*alto`.

Fuentes escalables

Dado que las fuentes predefinidas de PHP son bastante limitadas, el propio lenguaje incluye dos funciones que permiten ampliar el grupo de fuentes que se pueden incluir. Basándose
en la posibilidad de incluir fuentes escalables, el número de fuentes que un diseñador
puede utilizar sólo está limitado por los tipos de letra que tenga instalados en su máquina.

La primera función es `imagettftext()`, que dibuja, en el color especificado como
parámetro, una cadena de caracteres dentro de una imagen. La cadena se sitúa en la posición marcada por el punto (`x`, `y`). En este caso, la posición indicada se refiere a la ubicación de la esquina inferior izquierda de la cadena de caracteres, lo que representa una diferencia con respecto a la función `imagestring()`, que hacía referencia a la esquina
superior izquierda. El texto podrá aparecer con una determinada inclinación que vendrá
marcada por el valor del ángulo de inclinación. Éste será un valor, expresado en grados, en
el rango 0 a 360, correspondiendo el valor de 0 grados con la posición más a la derecha del
eje horizontal y siguiendo el sentido de las agujas del reloj para la medición de los arcos.

El tipo de letra en el que aparecerá el texto viene indicado por el parámetro fuente, que
determina el lugar en el que se encuentra el fichero con el tipo de letra especificado. Para
especificar el nombre del fichero hay que indicar la ruta completa para su localización, es
decir, `disco+directorio+nombre` del fichero.

La función devuelve una matriz de ocho elementos que representan los cuatro puntos
del recuadro que bordea el texto. El orden en que aparecen los puntos son:

- esquina superior izquierda,

- esquina superior derecha,

- esquina inferior derecha,

- esquina inferior izquierda.

Estos puntos son relativos al texto escrito en sentido horizontal, por lo tanto no se
corresponden con la posición final del texto si éste estuviera girado un determinado
número de grados.

Las fuentes escalables tienen una propiedad de presentación denominada *anti-aliasing* y
que consiste en que los segmentos curvados de texto se difuminan hacia el color de fondo
para conseguir un efecto visual de realzado. Cuando se utiliza el valor negativo del color indicado se desactivan los efectos visuales de presentación del texto. Para la utilización de la función deben estar cargadas las `librerías GD y Freetype`. La sintaxis es la siguiente:

```
array imagettftext(int imagen, int tamanio, int angulo,
                   int x, int y, int color, string fuente,
                   string texto);
```

donde los parámetros representan:

- `imagen` es el identificador de la imagen.

- `tamanio` es el tamaño en el que se mostrará el texto.

- `angulo` determina la inclinación que tendrá el texto que se quiere mostrar.

- x e y son los valores que marcan la posición del texto dentro de la imagen.

- `color` es el color del texto.

- `fuente` es el nombre del fichero de fuente que se quiere utilizar. Debe especificarse el camino completo: disco, directorio, fichero.

- `texto` es el texto que se quiere mostrar en la imagen.

En el siguiente ejemplo se muestra un script que permite escribir texto en una imagen utilizando diferentes tipos de fuentes escalables:

```php
<?php
// <!-- Cap12/truetyp.php -->
header("Content-type: image/jpeg");
$im = imagecreate(400,300);
$blanco = ImageColorAllocate($im, 255,255,255);
$negro = ImageColorAllocate($im, 0,0,0);
ImageTTFText($im, 20, 180, 350, 50, $negro, "verdana0.ttf",
                "Esto es una Verdana");
ImageTTFText($im, 20,   0,  75, 250, $negro, "tahoma.ttf",
                "Esto es una Tahoma");
ImageTTFText($im, 25,  90, 375, 225, $negro, "impact_0.ttf",
                "Esto es Impact");
ImageTTFText($im, 25, 270,  50,  75, $negro, "impact_0.ttf",
                "Esto es Impact");
imagejpeg($im);
imagedestroy($im);
?>
```

El script anterior genera en el navegador la imagen de la Figura 12.8:

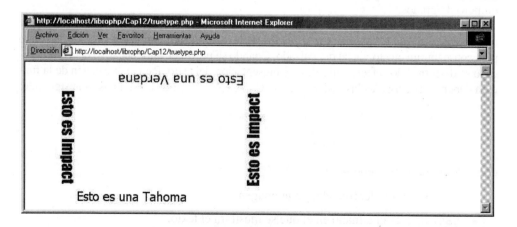

Figura 12.8. *Gráfico con diferentes tipos de fuentes escalables.*

Cuando se trabaja con fuentes escalables es necesario conocer los límites del área necesaria para escribir un determinado texto, esto permite que se pueda calcular el tamaño de la fuente escalable antes de ser dibujada. La función `imagettfbbox()` se encarga de calcular los límites, en píxeles, del rectángulo que contiene el texto con la fuente escalable. La función devuelve una matriz de ocho elementos que representan los cuatro puntos del recuadro que bordea el texto. El orden en que aparecen los puntos son: esquina superior izquierda, esquina superior derecha, esquina inferior derecha y esquina inferior izquierda. Estos puntos son relativos al texto escrito en sentido horizontal, por lo tanto no se corresponden con la posición final del texto si éste estuviera girado un determinado número de grados. La sintaxis es la siguiente:

```
array imagettfbbox(int tamanio, int angulo, string fuente,
                   string texto);
```

Hasta aquí las funciones elementales para el tratamiento de imágenes. En el siguiente capítulo se estudiarán las expresiones regulares y las herramientas que tiene PHP para su utilización.

CAPÍTULO 13

Expresiones regulares

INTRODUCCIÓN

Cada vez existen más lenguajes de programación que permiten operar con expresiones regulares debido, principalmente, a la indiscutible potencia que proporcionan para el procesado de texto, tanto en la localización de información como en la búsqueda y sustitución de cadenas de caracteres. Aunque inicialmente se utilizaron en el entorno de la teoría de lenguajes para su formalización, posteriormente las expresiones regulares fueron incluidas en herramientas disponibles dentro del sistema operativo UNIX (grep, awk…) y finalmente como parte de algunos lenguajes de programación, como Perl o PHP.

Una expresión regular es un patrón, una plantilla o un modelo que representa o describe un conjunto de cadenas de caracteres. Por ejemplo, la expresión regular `"^L.l"` representa a todas las cadenas que comienzan por el carácter `"L"` seguido por un carácter cualquiera y seguido por el carácter `"l"` (`"Lola"`, `"LLl"`, `"Lilliput"`…).

Normalmente, se define una expresión regular con el objeto de confrontarla con una cadena, es decir, determinar si la cadena se ajusta al patrón o modelo que describe la expresión regular. Esto nos permitirá realizar tanto búsquedas complejas (palabras con una misma raíz o terminación, texto con formato…) como sustituciones múltiples de texto. En este capítulo vamos a describir los conceptos generales relacionados con las expresiones regulares y su uso, para a continuación presentar las dos implementaciones distintas que de este recurso incorpora el lenguaje PHP.

CONCEPTOS GENERALES

Como ya hemos descrito anteriormente, una expresión regular es un patrón con el que se modeliza un conjunto más o menos extenso de cadenas de caracteres. Por ello, vamos a hablar indistintamente de expresión regular o patrón para representar el mismo concepto. Realmente, una expresión regular es una cadena formada por «metacaracteres» que no son otra cosa más que caracteres con un significado especial. En la expresión regular `"^L.l"` el metacarácter `"^"` indica que las cadenas que representa dicho patrón deben comenzar por la letra `"L"`, mientras que con el metacarácter `"."` concuerda cualquier carácter del juego de caracteres disponible en el ordenador.

Algunos metacaracteres se utilizan para denotar patrones con los que concuerda un solo carácter, mientras que otros se utilizan para definir operadores de agrupamiento de patrones que se corresponden con múltiples caracteres.

Patrones de un carácter

Dentro de los patrones con los que concuerda un único carácter podemos distinguir dos tipos:

- Los caracteres que se representan a sí mismos.
- Las categorías o clases de caracteres.

La expresión regular más sencilla es la que está formada por un carácter con el que concordará el propio carácter. Por ejemplo, con la expresión:

```
"a"
```

concuerdan las cadenas `"a"`, `"Luna"`, `"paz"` y `"amistad"`, ya que todas ellas contienen el carácter `"a"`.

Las categorías o clases de caracteres son patrones que definen un conjunto de caracteres con los que un carácter de una cadena puede concordar. La clase más general es el patrón `"."`, que representa cualquier carácter del juego de caracteres, a excepción del carácter `"\n"` (nueva línea). Cuando se quiere representar una categoría más limitada, como pueden ser las letras minúsculas, las vocales o los dígitos, se utilizan los metacaracteres `"["y"]"` para delimitar los caracteres de dichas categorías. Por ejemplo, con la expresión regular:

```
"[aeiou]"
```

concordará cualquier cadena que contenga una vocal, como pueden ser las cadenas `"hola"`, `"o"`, `"1,2,3respondaotravez"`.

Para abreviar los rangos de caracteres se puede utilizar el metacarácter `"-"` precedido del carácter de comienzo del rango y seguido por el carácter final. De esta manera, las expresiones regulares `"[abcde]"` y `"[a-e]"` son equivalentes y representan a todas las cadenas que contengan alguna de las cinco primeras letras minúsculas del abecedario.

Para que un rango de caracteres sea correcto, el entero correspondiente según el código ASCII del límite inferior debe ser menor o igual que el del límite superior. A continuación aparecen algunas de las clases de caracteres más comúnmente empleadas:

```
"[aeiouAEIOU]"    // Letras vocales en minúsculas y mayúsculas
"[0-9]"           // Dígitos
"[a-zñ]"          // Letras minúsculas correspondientes al
                  // abecedario castellano
"[áéíóú]"         // Letras minúsculas acentuadas
```

Cuando el metacarácter `"^"` aparece justo a continuación de la apertura de una clase de caracteres (`"["`) se interpreta como una negación de la lista de caracteres, por lo que con la expresión regular `"[^0-9]"` concordará cualquier cadena que no esté formada exclusivamente por dígitos.

Como veremos posteriormente, existen mecanismos para denotar abreviadamente las clases de caracteres más importantes.

Agrupamiento de patrones

Los patrones que representan un carácter se pueden agrupar para formar expresiones regulares más complejas. Realmente es en esta posibilidad donde reside la gran potencia de este recurso.

Secuencia

Una secuencia de patrones estará formada por dos o más patrones, uno detrás de otro. Por ejemplo, la expresión regular:

```
"a.[0-9]"
```

está formada por la secuencia de los patrones `"a"`, `"."` y `"[0-9]"`. Se producirá concordancia en aquellas cadenas que tengan caracteres que individualmente concuerden con cada uno de los patrones en el mismo orden especificado en la secuencia. Así, las cadenas `"a15"`, `"1a.1"` o `"ae2222"` encajan en la expresión regular, mientras que las cadenas `"a9"`, `"mi mama"` o `"2555555555"` no concuerdan.

Multiplicadores

Un multiplicador es un metacarácter que aplicado al patrón que figura a su izquierda permite que éste se repita varias veces. Su utilidad es muy amplia, ya que los multiplicadores permiten definir expresiones regulares para cualquier tamaño de cadenas. Se distinguen cuatro tipos fundamentales:

- **Asterisco "*"**

El metacarácter "*" provoca que el patrón al que acompaña se pueda repetir 0 o más veces. Por ejemplo, con el patrón:

```
"12*3"
```

concuerdan todas las cadenas que tienen el carácter `"1"` seguido de cualquier número de veces (incluso ninguna) el carácter `"2"` y seguido del carácter `"3"`, como pueden ser las cadenas `"Mari13"`, `"123"`, `"1223"` o `"012223"`.

- **Signo aditivo "+"**

El metacarácter `"+"` provoca que el patrón al que acompaña se pueda repetir 1 o más veces. Así con el patrón:

```
"12+3"
```

concordarán, por ejemplo, las cadenas `"123"`, `"1223"` o `"012223"`, pero no lo harán las cadenas `"Mari13"`, `"12+3"` o `"13"`.

- **Interrogación "?"**

El metacarácter `"?"` provoca que el patrón al que acompaña pueda aparecer 0 o 1 veces. Por ejemplo, con la expresión regular:

```
"12?3"
```

concuerdan las cadenas `"13"`, `"Mari123"` o `"123"`, pero no lo hacen con las cadenas `"1223"`, `"1a3"` o `"Mari12?3"`.

- **Multiplicador general "{inf,sup}"**

Este formato de multiplicador permite definir un límite inferior y otro superior para determinar el número de veces que se repite un patrón. Por ejemplo, con la expresión regular:

```
"12{2,4}3"
```

concordarán todas aquellas cadenas que contengan el carácter `"1"`, seguido de 2, 3 o 4 veces el carácter `"2"` y seguido del carácter `"3"`, como pueden ser las cadenas `"Mari1223"`, `"12223"` o `"112222333333"`.

Podemos indicar solamente el límite inferior, con lo que el patrón se repetirá como mínimo el número de veces que indique dicho límite. Por ejemplo, con el patrón:

```
"12{2,}3"
```

concordarán las cadenas `"Mari1223"`, `"1122322222223"` o `"122223333"`, pero no lo harán con `"13"`, `"123"` o `"123222222"`.

Cuando se desea que en la expresión regular un patrón concreto concuerde un número fijo de veces, se indica entre llaves dicho valor. Así, con la expresión regular:

```
"12{2}3"
```

concordarán las cadenas `"Mari1223"`, `"1223"` o `"1223333"`, pero no lo harán las cadenas `"Mari13"`, `"12223"` o `"1232223"`.

Realmente, los multiplicadores `"*"`, `"+"`, `"?"` son sinónimos de los multiplicadores `"{0,}"`, `"{1,}"` y `"{0,1}"`, pero se han definido explícitamente por su utilización histórica dentro de la teoría de lenguajes.

Los multiplicadores son operadores «voraces», es decir, que cuando son confrontados con una cadena, intentan abarcar el mayor número de caracteres posibles. En la expresión regular:

```
"b*b"
```

con la que concuerda la cadena `"bbbb"`, el multiplicador `"*"` consumirá todos los caracteres `"b"` a excepción del último.

Paréntesis

Los paréntesis realizan una doble función dentro de las expresiones regulares. Por un lado, sirven para agrupar partes de un patrón de las que se desea que formen una entidad propia (subpatrón), y por otra, para memorizar las partes de una cadena (subcadenas) que concuerdan con el trozo de patrón rodeado por dichos paréntesis dentro de la expresión regular.

Cuando, por ejemplo, deseemos que un multiplicador afecte a un patrón de más de un carácter, tendremos que rodearlo por unos paréntesis. De esta manera, con la expresión regular:

```
"(ma){2}"
```

concordarán las cadenas `"mama"`, `"123mama456"` o `"amamantar"`, que contienen dos veces la subcadena `"ma"`, pero no lo harán las cadenas `"mmaa"`, `"maaaa"` o `"ma2"`.

El segundo uso de los paréntesis permite memorizar la parte de la cadena que concuerde con el patrón al que rodean los mismos, para su tratamiento posterior. Por ejemplo, si se confronta la expresión regular:

```
"Línea ([0-9]){2}"
```

con la cadena `"Línea 54"`, se memorizará la subcadena `"54"`, que es la parte de la cadena que se empareja con el patrón rodeado entre paréntesis. Pero, ¿cómo se puede recuperar el valor recordado? Bueno, pues esto depende de la implementación de expresiones regulares con la que se esté trabajando y se explicará más adelante.

Alternativas

Otra posibilidad de agrupar patrones consiste en la alternativa representada por el metacarácter `"|"`. Cuando aparece dentro de una expresión regular, significa que la cadena con la que se confronta concordará siempre y cuando lo haga en una de las alternativas. Por ejemplo, con la expresión regular:

```
"blanco|negro"
```

concordarán todas las cadenas que contengan o bien la cadena `"blanco"` o bien la cadena `"negro"`, como pueden ser `"blanco"`, `"oro negro"` o `"blanco y negro"`. Las alternativas pueden tener múltiples opciones, como, por ejemplo, la expresión regular:

`"0|1|2|3|4|5"`, que es equivalente a `"[0-5]"`.

Fijación de patrones

Para determinar la concordancia de una cadena con una expresión regular, se recorre la primera, de izquierda a derecha, buscando algún punto en donde se empareje completamente con dicho patrón. En ocasiones, nos interesa que la concordancia se produzca en un punto fijo, que, por lo general, suele ser al principio o al final de la cadena. Existen dos metacaracteres, `"^"` y `"$"`, que obligan, respectivamente, a que la concordancia de la cadena con el patrón se produzca al principio o final de la misma. Por ejemplo, con la expresión regular:

```
"^ma"
```

concordarán sólo las cadenas que empiecen con `"ma"`, como son `"mama"`, `"mari"` o `"maceta"`, pero no lo harán `"cama"`, `" ma"` o `"^ma"`.

Cuando se desea que una cadena completa concuerde con un patrón habrá que fijar el principio y el final del segundo. Por ejemplo, con el patrón:

```
"^l.*a$"
```

concuerdan todas las cadenas que empiezan por el carácter `"l"`, terminan por el carácter `"a"` y en medio tienen cualquier secuencia de caracteres, sin incluir el salto de línea, como pueden ser `"lola"`, `"lila"` o `"l;,.1234567890a"`.

Otro tipo de fijación de patrones obliga a que la concordancia del patrón se produzca en los límites anterior o posterior de una palabra (en el contexto de las expresiones regulares una palabra es una cadena que contenga letras, dígitos o el carácter "_").

Escape de caracteres

Seguramente, algún lector se habrá preguntado cómo se podría incluir dentro de una expresión regular el carácter "^" o el carácter "+", ya que por tratarse de metacaracteres tienen un significado especial y no se representan a sí mismos. La solución es sencilla: habrá que «escaparlos» anteponiéndoles el carácter "\". Por tanto, la expresión regular:

```
"\^a\+"
```

concordará en todas las cadenas que contengan la secuencia de caracteres "^a+", pero no lo hará en las cadenas "a", "aaa" o "^aaa".

Cualquier metacarácter puede ser escapado en una expresión regular. Ahora bien, debemos tener en cuenta que un carácter se comporta como metacarácter dependiendo de donde se sitúe. El carácter "." dentro de una definición de clase de caracteres "[.]" es un carácter más; sin embargo, fuera de esta posición, como todos ya sabemos, es un metacarácter que representa cualquier carácter a excepción del carácter del salto de línea ("\n").

Precedencia

La precedencia de patrones permite resolver ambigüedades en la aplicación de los mismos. Si, por ejemplo, se tiene la expresión regular:

```
"^a|b"
```

podemos interpretarla de dos maneras distintas. En la primera interpretación el patrón representará a las cadenas que comiencen por el carácter "a" o contengan el carácter "b". En la segunda interpretación el patrón representa a todas la cadenas que comienzan por "a" o "b". En este caso es correcta la primera interpretación, ya que el operador "^" tiene mayor orden de precedencia que el operador "|", y por lo tanto se aplicará antes.

Para cambiar la precedencia se utilizan los paréntesis, ya que son los operadores de mayor orden. Volviendo al ejemplo anterior, si queremos enunciar una expresión regular con la segunda interpretación dada, lo haríamos así:

```
"^(a|b)"
```

En la siguiente tabla aparece la precedencia de los operadores en orden decreciente de mayor a menor valor.

Paréntesis
Multiplicadores
Secuencia y fijación
Alternativa

Operaciones

Las expresiones regulares se utilizan para confrontarse con una o varias cadenas de caracteres. Esto permite hacer búsquedas muy potentes de información que pueden estar orientadas o bien a la localización de información, o bien al reemplazo de los valores localizados por otros distintos. Las diversas implementaciones que los lenguajes de programación realizan de las expresiones regulares incorporan las dos posibilidades anteriores (búsqueda y búsqueda con sustitución), junto con una tercera que consiste en partir o dividir una cadena en varios trozos utilizando un patrón para realizar los cortes.

Cuando un patrón pueda concordar en varias subcadenas de una cadena, a todos los efectos lo hará en la subcadena que se encuentre más a la izquierda. Por ejemplo, en la expresión regular:

```
"ola"
```

confrontada a `"hola ola"`, el emparejamiento se realizará con la primera subcadena `"ola"`.

APLICACIÓN 1: EVALUADOR DE EXPRESIONES REGULARES

Aunque todavía no se han presentado la sintaxis y semántica de las expresiones regulares que soporta el lenguaje PHP, hemos creído oportuno incluir un script que permita trabajar con ellas. A dicho script se le proporciona (a través de una página HTML) una cadena de caracteres y una expresión regular y determinará la concordancia de los mismos.

La página HTML básicamente consta de un formulario en donde se introducen la expresión regular, la cadena de caracteres y el tipo de expresión regular que se quiere evaluar (Posix o Perl). El código es el siguiente:

```
<!-- Cap13/expresionregular.html -->
<HTML>
<HEAD>
    <TITLE>CONFRONTACIÓN DE EXPRESIONES REGULARES CON CADENAS</TITLE>
</HEAD>
<BODY>
<H1><CENTER>CONFRONTADOR DE PATRONES</CENTER></H1><BR>
<FORM METHOD="POST" ACTION="expresionregular.php">
    <B>Expresión Regular:</B>
    <INPUT TYPE="Text" NAME="ExpresionRegular" SIZE=30>
            
    <B>Cadena:</B>
    <INPUT TYPE="Text" NAME="Cadena" SIZE=30><BR><BR>
    <B>Tipo de Expresión Regular:</B>
            
    <I>Posix:</I>
    <INPUT TYPE="Radio" NAME="TipoExpresion" VALUE="Posix" CHECKED>
```

```
        <I>Perl:</I>
        <INPUT TYPE="Radio" NAME="TipoExpresion" VALUE="Perl"><BR><BR>
        <CENTER>
        <INPUT TYPE="Submit" VALUE="Enviar">
        </CENTER>
    </FORM>
    </BODY>
    </HTML>
```

La visualización de la página HTML tiene el aspecto que se aprecia en la Figura 13.1:

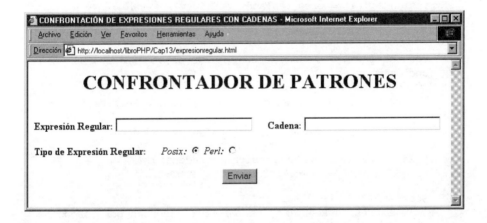

Figura 13.1. *Formulario para confrontar una expresión regular con una cadena.*

En el script desarrollado se realizan en secuencia las siguientes acciones:

- En primer lugar, se comprueba que se han introducido tanto la cadena como la expresión regular. En caso negativo, el script devuelve un mensaje de error.

- A continuación, se eliminan los caracteres de escape "\" introducidos en el envío, recepción y descodificación de los parámetros (cadena y expresión regular).

- Seguidamente, teniendo en cuenta el formato de expresión regular seleccionado (Posix o Perl), se utiliza la función apropiada para confrontar la expresión regular con la cadena.

- Finalmente, se muestra el resultado de la confrontación.

```
<!-- Cap13/expresionregular.php -->
<HTML>
<HEAD>
    <TITLE>RESULTADO DE LA CONFRONTACION</TITLE>
</HEAD>
<BODY>
<H1><CENTER>RESULTADO</CENTER></H1>
<?php
define("SALTO", "<BR>\n");
if (!isset($Cadena) || !isset($ExpresionRegular))
    echo "Debe indicar una expresión regular y una cadena " .
        " para poderlas confrontar" . SALTO;
else
    {
    // Eliminamos los caracteres "\" introducidos durante la
    // recuperación de los parámetros enviados.
    $ExpresionRegular = ereg_replace("\\\\\\\\", "\\",
                                        $ExpresionRegular);
    $Cadena = ereg_replace("\\\\\\\\", "\\", $Cadena);

    // Según el formato de Expresión Regular se utiliza una
    // función u otra.
    if ($TipoExpresion == "Posix")
        $correcto = ereg($ExpresionRegular, $Cadena, $emparejados);
    else
        $correcto = preg_match($ExpresionRegular, $Cadena,
                                $emparejados);
    echo "En el formato $TipoExpresion la cadena" .
        " <FONT COLOR=Brown>\"$Cadena\" </FONT>";

    if ($correcto)
        // La Expresión Regular y la cadena concuerdan por lo que se
        // muestran las subcadenas donde se han producido las
        // coincidencias.
        {
        echo " <FONT COLOR=Blue>CONCUERDA</FONT> con la " .
            "Expresión Regular<FONT COLOR=Green>" .
            "\"$ExpresionRegular\"</FONT>". SALTO . SALTO;
        for ($i = 1; $i < count($emparejados); $i++)
            echo "Emparejamiento $i= <FONT COLOR=Brown>" .
                "$emparejados[$i]</FONT>" . SALTO;
        }
    else
        // La Expresión Regular y la cadena NO concuerdan
        echo "<FONT COLOR=Red>NO CONCUERDA</FONT> con la Expresión ".
            "Regular<FONT COLOR=Green>\"$ExpresionRegular\"</FONT>";
    }
?>
</BODY>
</HTML>
```

Este script no comprueba si la expresión regular es correcta, por lo que en el caso de que se proporcione alguna que sea incorrecta se devolverá un mensaje de error. En la cadena con la que se realiza la confrontación no se interpretan los caracteres de escape. De esta manera, la cadena `"hola\n"` no se interpreta como la cadena `"hola"` seguida del salto de línea (`"\n"`).

Si, por ejemplo, se confronta la expresión regular al estilo Perl `"/(mama)/"` con la cadena `"Mi mama viene hoy"` se obtendrá la página que se muestra en la Figura 13.2:

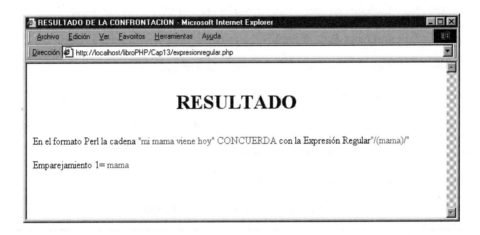

Figura 13.2. *Resultado de la confrontación.*

EXPRESIONES REGULARES SEGÚN EL ESTÁNDAR POSIX

PHP implementa el estándar Posix para la definición de expresiones regulares. A continuación, vamos a ver dicha implementación, haciendo hincapié en las diferencias y nuevas funcionalidades que incorpora con respecto a los conceptos generales ya enunciados.

Patrones de un carácter

Ya sabemos que al ser confrontados con este tipo de patrón concuerda un solo carácter de una cadena. Aparte del metacarácter `"."`, con el que concuerda cualquier carácter a excepción del de nueva línea (`"\n"`), se pueden definir conjuntos de caracteres más restrictivos enumerando los caracteres que los conforman. Además, existen una serie de categorías predefinidas para aquellos conjuntos de caracteres más importantes. La siguiente tabla muestra estas clases predefinidas junto con su equivalencia.

Clase	Significado
`[:alnum:]`	Cualquier dígito decimal, letra en mayúscula o minúscula, salvo las acentuadas, la `"ñ"` y la `"Ñ"`.
`[:alpha:]`	Cualquier letra en mayúsculas o minúsculas, salvo las acentuadas y la `"ñ"`.
`[:blank:]`	Carácter blanco `" "` o tabulación `"\t"`.
`[:cntrl:]`	Cualquier carácter ASCII cuyo valor correspondiente sea menor que 32.
`[:digit:]`	Cualquier dígito decimal.
`[:lower:]`	Cualquier letra en minúsculas, salvo las acentuadas y la `"ñ"`.
`[:space:]`	Carácter blanco `" "`, tabulación `"\t"`, retorno de carro `"\r"` o nueva línea `"\n"`.
`[:upper:]`	Cualquier letra en mayúsculas, salvo las acentuadas y la `"Ñ"`.
`[:punct:]`	Cualquier carácter de puntuación en inglés.
`[:print:]`	Cualquier carácter imprimible.
`[:xdigit:]`	Cualquier carácter válido de un número hexadecimal.

Algunos ejemplos de clases de caracteres aparecen a continuación:

```
"[[:digit:]]"      // dígitos decimales
"[0-7]"            // dígitos posibles en las representaciones
                   // octales de números
"[[:punct:]¿¡]"    // caracteres de puntuación en castellano
"[[:lower:]ñ]"     // letras minúsculas correspondientes al
                   // abecedario castellano
"[^[:space:]]"     // carácter distinto a los de la categoría "space"
```

Cuando se desee incluir el carácter `"]"` como parte de la lista de caracteres de una clase, se tendrá que poner en el primer lugar de dicha lista. Si se desea incluir el carácter `"-"` en una lista de caracteres, se tendrá que situar como primer o último carácter de la misma, o como límite superior de un rango de caracteres. Si se desea que `"-"` sea el primer límite del rango de caracteres deberá ir encerrado entre `"[."` y `".]"`.

```
"[][[:digit:]]"  // dígitos decimales y corchetes "["")]"
"[-+[:digit:]]"  // dígitos decimales y signos "-" "+"
"[[.-.]-_]"      // caracteres ASCII comprendidos entre el
                 // carácter "-" y el carácter "_"
```

Multiplicadores

No existe ninguna variación sobre lo que se describió acerca de estos operadores en el apartado sobre conceptos generales de expresiones regulares. No obstante, se incluye la siguiente tabla a modo de resumen:

Multiplicador	Significado
+	El patrón se repite 1 o más veces.
*	El patrón se repite 0 o más veces.
?	El patrón se repite 0 o 1 vez.
{inf,sup}	El patrón se repite entre *inf* y *sup* veces.
{inf,}	El patrón se repite *inf* veces o más.
{total}	El patrón se repite *total* veces.

La siguiente expresión regular representa a todas las cadenas que contienen la matrícula de un coche compuesta por: 1 o 2 letras, seguidas de un guión, seguido de 4 dígitos, seguidos de un guión y seguido de 3 letras.

```
"[[:alpha:]ñÑ]{1,2}-[[:digit:]]{4}-[[:alpha:]ñÑ]{3}"
```

Paréntesis

Ya hemos comentado que los paréntesis, dentro del contexto de las expresiones regulares, permiten tanto agrupar patrones como marcar subpatrones, para posteriormente determinar qué subcadenas concuerdan con dichos subpatrones marcados. Por ejemplo, la expresión regular:

```
"([[:digit:]]{1,2})-([[:digit:]]{1,2})-([[:digit:]]{4})"
```

representa a todas las cadenas que contienen una fecha en formato día, mes y año. Los paréntesis incluidos en ella permiten recuperar los valores con los que concuerdan en una cadena determinada para su posterior proceso. De esta manera, si la expresión regular se confronta con la cadena `"29-3-2000"`, se podrán recuperar los valores de día (29), mes (3) y año (2000).

Alternativas

Las alternativas se comportan como un *OR* lógico permitiendo que la concordancia se produzca por una, entre varias alternativas. Por ejemplo, frente a la expresión regular:

```
"Santiago|Agustín|Javier"
```

concordarán todas aquellas cadenas que contengan cualquiera de los tres nombres.

Fijación de patrones

Además de los metacaracteres "^" y "$", que obligan a que la concordancia se produzca al principio o al final de la cadena, respectivamente, esta implementación de expresiones regulares permite obligar a que la concordancia se produzca porque es principio o final de *palabra*. Las clases especiales "[[:<:]]" y "[[:>:]]" concuerdan con la cadena vacía al principio y al final de una *palabra* (secuencia de caracteres formada por el carácter subrayado "_" o caracteres alfanuméricos, incluyendo las letras especiales como "ñ", "ç" y las acentuadas). Por ejemplo, con la expresión regular:

"Luna[[:>:]]"

concordarán las cadenas "Luna llena", "MiLuna" o "Luna+Sol", pero no lo harán "Lunatico", "Lunañoño" o "Luna123".

Escape de caracteres

El carácter "\" se utiliza anteponiéndose a un metacarácter de una expresión regular para que este último no se interprete como tal. Por ejemplo, frente a la expresión regular:

"2\.3"

concuerdan las cadenas "2.3", "12.3o" y "3332.3333", pero no lo hacen "22333", "213" o "662366", ya que el carácter "." está escapado y por lo tanto no tiene ningún significado especial.

Precedencia de patrones

La precedencia de los patrones viene definida según la siguiente tabla, ordenada de mayor a menor valor.

Paréntesis	()
Multiplicadores	+,*,?{}
Secuencia y fijación	abc, ^, $, [[:<:]], [[:>:]]
Alternativa	I

Funciones de manipulación

Para la utilización de expresiones regulares existe un conjunto de funciones que permiten confrontar un patrón con una cadena de caracteres, con el objeto de realizar búsquedas, reemplazos o divisiones de cadenas. Seguidamente describiremos detalladamente el funcionamiento de cada una de estas funciones.

- `boolean ereg(string patron, string cadena`
  `[, array coincidencias])`

Parámetros de entrada: `patrón` y `cadena` de tipo string.
Parámetros de salida: `coincidencias` de tipo array (opcional).
Valor de retorno: Booleano.
Efecto: Confronta la cadena con el patrón y si concuerdan devuelve valor `true`; en caso contrario devuelve valor `false`. Si el patrón no es correcto, la función también devuelve el valor `false`. Adicionalmente, y siempre que se haya producido concordancia, en el array `coincidencias` aparecerán las subcadenas correspondientes con los paréntesis introducidos en el patrón, es decir, en `$coincidencias[1]` la subcadena que concordó con el subpatrón rodeado por los primeros paréntesis de la izquierda, en `$coincidencias[2]` la subcadena que concordó con el subpatrón rodeado por los segundos paréntesis de la izquierda, y así sucesivamente.

Ejemplo:

En este script se comprueba si una cadena se corresponde con el formato de una matrícula de coche (dos letras en mayúsculas del abecedario inglés, seguidas de un guión, seguido de 6 dígitos, seguidos de un guión y seguido de 3 letras en mayúsculas del abecedario inglés). En caso de tratarse de un formato correcto se muestran los dígitos de la matrícula.

```
$cadena = "SP-123456-SPS";
$patron = "^[[:upper:]]{2}-([[:digit:]]{6})-[[:upper:]]{3}$";
if (ereg($patron, $cadena, $coincidencias))
    echo "Matrícula correcta: Número = $coincidencias[1]";
else
    echo "NO es correcta la matrícula";
```

- `int eregi(string patron, string cadena`
  `[, array coincidencias])`

Esta función es similar a `ereg()`, con el matiz de que no hace distinción entre letras mayúsculas y minúsculas del abecedario inglés.

- `string ereg_replace(string patron,`
  `string sustitucion, string cadena)`

Parámetros de entrada: `patron`, `sustitucion` y `cadena` de tipo string.
Parámetros de salida: Ninguno.
Valor de retorno: String.
Efecto: Confronta la `cadena` con el `patron` y devuelve una `cadena` en donde todas las apariciones del patrón han sido sustituidas por la cadena `sustitucion`. Si el patrón contiene subpatrones rodeados de paréntesis `()`, la cadena `sustitucion` puede tener subcadenas de la forma *dígitos*, que representan el texto que coincide con los respectivos subpatrones memorizados.

Ejemplos:

El siguiente script corrige la mala acentuación de las palabras terminadas en `"on"`, sustituyendo dicha terminación por `"ón"`.

```
$cadena = "El cabezon tiene un coscorron muy grandon";
$patron = "on |(on$)";
$reemplazo = "ón ";
$final = ereg_replace($patron, $reemplazo, $cadena);
```

En el siguiente script se utilizan los paréntesis para memorizar la subcadena que concuerde con el patrón para luego utilizarla en el reemplazo. De esta manera se sustituyen todas las apariciones de las cadenas `"acuerdos"` y `"requisitos"` por las correspondientes `"pre-acuerdos"` y `"pre-requisitos"`.

```
$cadena = "Los acuerdos se basan en unos requisitos";
$patron = "(acuerdos|requisitos)";
$reemplazo = "pre-\\1";
$final = ereg_replace($patron, $reemplazo, $cadena);
```

- `string eregi_replace(string patron,`
  `                         string sustitucion, string cadena)`

Esta función es similar a `eregi_replace()`, con la única diferencia de que no hace distinción entre letras mayúsculas y minúsculas del abecedario inglés.

- `array split(string patron, string cadena [,int limite])`

Parámetros de entrada: `patron` y `cadena` de tipo string, `limite` de tipo entero (opcional).
Parámetros de salida: Ninguno.
Valor de retorno: Array de strings.
Efecto: Devuelve un array de subcadenas, cada una de las cuales es el resultado de dividir la cadena de entrada utilizando como separador entre cada subcadena el patrón indicado en la entrada a la función. Si ocurre algún error devuelve `"False"`. El parámetro opcional `limite` permite delimitar el número de veces máximo en que se divide la cadena inicial.

Ejemplo:

En el siguiente script se divide una cadena utilizando como patrón de corte uno o más espacios en blanco (expresión regular `" +"`). Posteriormente se visualizan cada uno de los trozos resultado de la partición.

```
$cadena = "La paz es posible";
$array = split(" +", $cadena);
for ($i = 0; $i < count($array); $i++)
    echo "$array[$i]<BR>\n";
```

Tras la ejecución del código anterior, el contenido del array `$array` sería el siguiente:

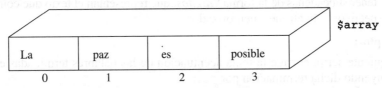

EJEMPLO 2: VALIDACIÓN DE INFORMACIÓN CON FORMATO

Como ya hemos indicado anteriormente, una de las aplicaciones más comunes de las expresiones regulares está relacionada con la comprobación del cumplimiento por parte de una cadena de caracteres de una serie de reglas sintácticas y semánticas. Pensemos, por ejemplo, en un campo de un formulario que debe ser rellenado con una fecha correcta. Seguidamente vamos a desarrollar alguna función clásica de comprobación de formato que puede servir como base para la realización de validaciones de información más complejas. El código desarrollado para dichas funciones se encuentra en el fichero `"Cap13\fun-cionesdevalidacion.php"` del CD que acompaña a este documento.

Validación de palabras

Ya hemos visto que existe la clase de caracteres `"alpha"` para representar los caracteres con los que se construyen las palabras en inglés. El problema se plantea porque esta clase no está pensada para el abecedario castellano, que contempla las vocales acentuadas, la letra `"ñ"` y la letra `"u"` con diéresis. Definiéndonos una clase propia podemos resolver dicho problema.

Vamos a desarrollar una función que reconozca cadenas de caracteres compuestas por las letras en castellano sin tener en cuenta las reglas sintácticas, semánticas y ortográficas, bastante complicadas por otra parte, que se deben aplicar.

La expresión regular que vamos a utilizar será:

`"^[a-zñáéíóúüA-ZÑÁÉÍÓÚÜ]+$"`

El eje central de la expresión regular es la clase de caracteres que contiene todas las letras que forman parte del abecedario castellano. Se han incluido en la clase las letras del abecedario en castellano, así como las vocales acentuadas y la letra `"u"` con diéresis, todas ellas tanto en mayúsculas como en minúsculas. Además, se ha fijado la expresión regular para no permitir ningún carácter adicional antes o después. La función completa consistirá en la definición de la expresión regular reconocedora y su confrontación con la cadena, por medio de la función `ereg()`.

```php
function es_palabra($cadena)
    {
    $expresion_regular = "^[a-zñáéíóúüA-ZÑÁÉÍÓÚÜ]+$";
    return (ereg($expresion_regular, $cadena))
    }
```

Validación de un valor entero

Los valores enteros aparecen con bastante frecuencia dentro de los elementos pertenecientes a un formulario. El formato de una cadena que contiene un número entero se define con las siguientes reglas sintácticas:

- El primer carácter de la cadena debe ser un dígito, un carácter "+" o un carácter "-".

- El resto de caracteres deben ser dígitos.

Adicionalmente se define una regla semántica que nos dice que si el dígito más a la izquierda de la cadena es "0", entonces no puede haber más dígitos. Esta regla nos permite desestimar como cadenas de números enteros aquellas que comiencen por varios caracteres "0".

La expresión regular que vamos a utilizar para reconocer un número entero va a ser la siguiente:

```
"^(\+|-)?([[:digit:]]+)$"
```

Como se puede apreciar, la expresión regular está fijada en el comienzo y en el final (metacaracteres "^" y "$") para garantizar que la cadena con la que sea confrontada solamente contenga la información que representa a un número entero. Para indicar la opcionalidad del signo del comienzo de un número entero se utiliza el multiplicador "?" sobre el subpatrón alternativo "\+|-" (el carácter "+" se encuentra escapado para evitar que sea interpretado como un metacarácter). La clase "digit", que representa a cualquier dígito, operada con el multiplicador "+" expresa el hecho de que un número entero está formado por 1 o más dígitos.

La determinación de la correcta semántica de la cadena requiere la inclusión de un par de paréntesis alrededor del subpatrón que define los dígitos del número entero, con el objeto de capturar la subcadena que concuerde con dicho subpatrón. Posteriormente, se comprueba que en el caso de que el primer dígito de dicha subcadena sea el carácter "0", éste sea el único carácter de la misma, evitando, de esta manera, la aparición de ceros a la izquierda.

El código completo de la función que reconoce una cadena que representa a un número entero es el siguiente:

```
function es_entero($cadena)
   {
   $expresion_regular = "^(\+|-)?([[:digit:]]+)$";
   if (ereg($expresion_regular, $cadena, $coincidencias))
      {
      // Comprobación que el número entero no tiene
      // más de 1 cero a la izquierda
      if (substr($coincidencias[2], 0, 1) == 0 &&
          strlen($coincidencias[2]) != 1)
         return false;
      else
         return true;
      }
   else
      return false;
   }
```

Validación de un valor real

Determinar si una cadena concuerda con el formato de un número real resulta un poco más complicado que los ejemplos anteriores, ya que, para empezar, este tipo de números puede expresarse en dos formatos distintos: decimal o científico.

El formato decimal de un número real lo vamos a definir de la siguiente manera:

- En primer lugar, aparece opcionalmente el signo del número (carácter `"+"` o `"-"`).

- A continuación, aparecen uno o más dígitos.

- Seguidamente, aparece el carácter `"."`.

- Finalmente, aparecen uno o más dígitos.

Además, se debe comprobar que en la parte entera del número real no aparezcan a la izquierda dos o más ceros seguidos. De esta manera, por ejemplo, no se aceptará como número real válido la cadena «00.1».

La expresión regular que hemos desarrollado para el reconocimiento del formato decimal es:

```
"^(\+|-)?([[:digit:]]+)\.[[:digit:]]+$"
```

Analizando la expresión anterior se observa que es muy parecida a la expresión regular que reconoce valores enteros. Cabe destacar la necesidad de escapar el carácter `"."` para que no sea interpretado como un metacarácter. Por otro lado, se incluye un par de paréntesis alrededor de la clase `"digit"` con el objeto de permitir, posteriormente, la comprobación de que no hay ceros a la izquierda de la parte entera del número real.

El formato científico de un número real es un poco más complejo. Lo definiremos así:

- En primer lugar, al igual que en el formato decimal, aparece opcionalmente el signo del número (carácter `"+"` o `"-"`).

- A continuación, aparecen uno o más dígitos que forman la mantisa.

- Seguidamente, aparece el carácter `"e"` en mayúsculas o minúsculas.

- El siguiente elemento es el signo del exponente (carácter `"+"` o `"-"`), que puede o no aparecer

- Finalmente, aparecen uno o más dígitos que forman el exponente.

Adicionalmente, no se aceptarán como números reales válidos cadenas del estilo `"01e1"` o `"1e02"`, donde aparecen ceros a la izquierda de la mantisa o del exponente respectivamente.

Hemos escogido la siguiente expresión regular para el reconocimiento de valores reales en notación exponencial:

```
"^(\+|-)?([[:digit:]]+)e(\+|-)?([[:digit:]]+)$"
```

El aspecto más destacable de esta expresión es que se compone de dos partes idénticas separadas por el carácter `"e"`, cada una de las cuales realmente se corresponde con el patrón de reconocimiento de un número entero.

Para este segundo formato se ha utilizado la función `eregi()` para realizar la confrontación entre la expresión regular y la cadena. Se ha hecho así para aceptar como válido el carácter `"e"` tanto en mayúsculas como en minúsculas.

El código completo de la función en PHP que reconoce cadenas que representan números reales es:

```php
function es_real($cadena)
    {
    $formato_decimal = "^(\+|-)?([[:digit:]]+)\.[[:digit:]]+$";
    $formato_cientifico =
                    "^(\+|-)?([[:digit:]]+)e(\+|-)?([[:digit:]]+)$";
    if (ereg($formato_decimal, $cadena, $coincidencias))
        {
        // Comprobación que la parte entera del número real
        // no tiene más de 1 cero a la izquierda
        if (substr($coincidencias[2],0,1) == 0 &&
            strlen($coincidencias[2]) != 1)
            return false;
        else
            return true;
        }
    elseif (eregi($formato_cientifico, $cadena, $coincidencias))
        {
        // Comprobación que la parte significativa y el exponente
        // del número real no tienen más de 1 cero a la izquierda
        if ((substr($coincidencias[2], 0, 1) == 0 &&
                strlen($coincidencias[2]) != 1)        ||
            (substr($coincidencias[4], 0, 1) == 0 &&
                strlen($coincidencias[4]) != 1))
            return false;
        else
            return true;
        }
    else
        return false;
    }
```

La función desarrollada no reconoce como número real aquellos que no tengan parte decimal. Obsérvese que resultaría bastante sencillo realizar una función que a partir del código desarrollado reconociese también como reales los números enteros.

```php
function es_entero_real($cadena)
    {
    return (es_entero($cadena) || es_real($cadena));
    }
```

Validación de una fecha

Determinar si una cadena de caracteres se corresponde con una fecha correcta requiere un esfuerzo mayor de programación, ya que no sólo hay que comprobar la sintaxis correcta, sino que también es necesario hacerlo sobre la relación semántica de sus elementos (día, mes y año).

Empecemos por definir cuál es el formato que queremos validar, ya que existen distintas posibilidades, dependientes de las condiciones propias de la aplicación que se desee desarrollar. En nuestro caso una fecha será correcta sintácticamente cuando:

- Esté formada por 3 números separados por el carácter " / ".

- Los dos primeros números (el día y el mes) tengan 1 o 2 dígitos.

- El último número (el año) tenga 4 cifras obligatoriamente.

La expresión regular que reconoce este formato no es muy complicada:

```
"^([[:digit:]]{1,2})/([[:digit:]]{1,2})/([[:digit:]]{4})$"
```

Se han introducido pares de paréntesis en la expresión regular con el objeto de memorizar los dígitos correspondientes al día, mes y año de la fecha. Esto nos permitirá realizar con dichos valores las siguientes comprobaciones semánticas:

- El mes debe ser un número entre 1 y 12.

- El día debe ser un número dentro del rango correspondiente al mes (enero entre 1 y 31, abril entre 1 y 30...).

- En el caso del mes de febrero hay que tener en cuenta que puede tener 28 o 29 días, dependiendo del valor del año.

Como es necesario determinar si un año es bisiesto, hemos desarrollado una función auxiliar que recibe un número de año y devuelve `true` en el caso de que cumpla dicha propiedad:

```
function bisiesto($anio)
  {
  return (($anio % 4 == 0 && $anio % 100 != 0) ||
         $anio % 400 == 0);
  }
```

Finalmente, el código de la función que determina si una cadena contiene una fecha correcta es:

```
function es_fecha($cadena)
  {
  $expresion_regular =
      "^([[:digit:]]{1,2})/([[:digit:]]{1,2})/([[:digit:]]{4})$";
  if (ereg($expresion_regular, $cadena, $coincidencias))
```

```
{
    // Comprobación de número de mes correcto
    if ($coincidencias[2] < 1 || $coincidencias[2] > 12)
        return false;

    // Comprobación de número de día correspondiente con
    // el mes y el año
    if (($coincidencias[1] < 1    || $coincidencias[1] > 31) ||
        ($coincidencias[2] == 4  && $coincidencias[1] > 30) ||
        ($coincidencias[2] == 6  && $coincidencias[1] > 30) ||
        ($coincidencias[2] == 9  && $coincidencias[1] > 30) ||
        ($coincidencias[2] == 11 && $coincidencias[1] > 30) ||
        ($coincidencias[2] == 2  && bisiesto($coincidencias[3])
         && $coincidencias[1] > 29) ||
        ($coincidencias[2] == 2  && !bisiesto($coincidencias[3])
         && $coincidencias[1] > 28))
        return false;
    return true;
    }
else
    return false;
}
```

EXPRESIONES REGULARES SEGÚN EL ESTILO DE PERL

El lenguaje Perl nació para facilitar ciertas tareas de administración del sistema operativo UNIX. Pronto empezó a ser utilizado dentro de la tecnología Web para escribir scripts CGI debido a su gran potencia (proporcionada en gran parte por el manejo de expresiones regulares) para el proceso de cadenas de caracteres. PHP en sus últimas versiones incorpora la posibilidad de escribir expresiones regulares al estilo de Perl.

Delimitadores

La primera característica que diferencia a las expresiones regulares según el estilo de Perl es que obligatoriamente van rodeadas por un carácter delimitador. Este carácter por defecto es el denominado «slash» o «barra» ("/"), aunque para realizar esta función puede ser escogido cualquier carácter que no sea alfanumérico o el denominado como «backslash» o «barra invertida» ("\"). La siguiente cadena es una expresión regular en Perl:

```
"/primer patrón en el formato de Perl/"
```

Cuando dentro del patrón se va a utilizar el carácter "/" se puede optar por dos alternativas. Por un lado, se puede escapar dicho carácter; por otro, se puede cambiar el carácter delimitador. De esta manera las siguientes expresiones regulares son equivalentes aunque utilizan distinto delimitador:

```
"/24\/3\/2000/" es equivalente a "#24/3/2000#"
```

Patrones de un carácter

Los patrones de un carácter son las unidades básicas para la formación de patrones más complejos. Por un lado, están los caracteres que concuerdan con ellos mismos, y por otro, las categorías de caracteres cuyo comportamiento ya se definió dentro del apartado destinado a describir los conceptos generales relacionados con las expresiones regulares.

Las expresiones regulares del estilo Perl definen una serie de clases predefinidas que se detallan a continuación:

Clase	Significado
\d	Cualquier dígito decimal.
\w	Cualquier dígito decimal, letra en mayúsculas o minúsculas incluida la "ñ", guión bajo ("_"), letras acentuadas o letras con cualquier tipo de tilde.
\s	Carácter blanco " ", tabulación "\t", retorno de carro "\r", alimentación "\f" o nueva línea "\n".
\D	Inversa de \d.
\W	Inversa de \w.
\S	Inversa de \s.

Los metacaracteres "-", "]", "\" y "^", si son escapados, pierden su sentido dentro de una definición de clase y por lo tanto, de esta manera, pueden ser incluidos dentro de las listas de caracteres que forman la clase.

```
"/[\][\d]/"     // dígitos decimales y corchetes "[""]"
"/[\\-\^]/"     // caracteres ASCII comprendidos entre el
                // carácter "\" y el carácter "^"
"/[\--a]/"      // caracteres ASCII comprendidos entre el
                // carácter "-" y el carácter "a"
```

Multiplicadores

Los multiplicadores de patrón que ofrecen las expresiones regulares según el formato Perl son los clásicos y se resumen en la siguiente tabla:

Multiplicador	Significado
+	El patrón se repite 1 o más veces.
*	El patrón se repite 0 o más veces.
?	El patrón se repite 0 o 1 vez.
{inf,sup}	El patrón se repite entre *inf* y *sup* veces.
{inf,}	El patrón se repite *inf* veces o más.
{total}	El patrón se repite *total* veces.

La siguiente expresión regular podría representar a todas las cadenas que contienen una matrícula de un avión compuesta de 1 o 2 letras, seguidas de un guión, seguido de 4 dígitos, seguidos de un guión y seguido de 3 letras.

```
"/[a-zA-ZñÑ]{1,2}-\d{4}-[a-zA-ZñÑ]{3}/"
```

Ya sabemos que los multiplicadores son operadores «voraces», esto es, que intentan consumir el máximo número de caracteres dentro de la cadena con la que se confrontan. En la expresión regular:

```
"/ba+/"
```

confrontada con la cadena `"baaaaaaa"`, ocurre que con el subpatrón `"a+"` concuerda la subcadena `"aaaaaaa"`, que es la secuencia máxima de caracteres `"a"`. En algunas ocasiones interesa que la concordancia se produzca con la subcadena mínima, que en nuestro ejemplo sería la subcadena `"a"`. Esto se consigue introduciendo en el patrón el carácter `"?"` justo después del multiplicador que se desea que pierda su voracidad:

```
"/ba+?/"
```

Paréntesis

Aparte del uso clásico de los paréntesis como agrupadores de elementos, se pueden utilizar para memorizar o capturar las subcadenas que coinciden con los subpatrones rodeados por estos elementos con el objeto de ser recuperados con posterioridad. En la expresión regular:

```
"/Calle n° (\d*)/"
```

confrontada con la cadena `"Calle n° 23"`, se recordará la subcadena `"23"`, pues es la parte de la cadena que coincide con el subpatrón, rodeado entre paréntesis, de dicha expresión regular. Siempre se recordarán tantos valores como paréntesis haya dentro de la expresión regular.

Las expresiones regulares según el estilo Perl permiten recuperar los valores recordados de dos maneras distintas. La primera es por medio de las **«referencias atrás»**, y la segunda se discutirá más tarde cuando se vean las funciones donde se aplican las expresiones regulares.

Una **referencia atrás** dentro de una expresión regular consiste en el carácter de escape `"\"` seguido de un número entero N superior a 0. Se interpreta como que en la posición del patrón donde se sitúa debe aparecer el valor memorizado que haga el número N. Es decir, que la subcadena que concuerda con el subpatrón encerrado entre los primeros paréntesis dentro de una expresión regular se referencia dentro de ésta como `"\1"`, la segunda subcadena como `"\2"`, y así sucesivamente. Por ejemplo, en la siguiente expresión regular que concuerda con todas las cadenas que tengan un espacio en medio:

```
"/(.+)\s(.+)/"
```

se recuperará la primera parte de la cadena por medio de la referencia atrás `"\1"` y la segunda parte, justo después del espacio, con `"\2"`. Por lo tanto, con la expresión regular final:

```
"/(.+)\s(.+)\s\1\s\2/"
```

concordarán aquellas cadenas que tengan 4 subcadenas separadas por espacios, tales que la primera sea igual a la tercera y la segunda sea igual a la cuarta, como pueden ser las cadenas `"a a a a"`, `"22 33 22 33"` o `"María José María José"`, pero no las cadenas `"a b c d"`, `"1 1 2 2"` o `"José María  María José"`.

Cuando se sitúa un dígito después de una referencia atrás, parece que se produce una ambigüedad que hay que resolver. El subpatrón `"\11"` puede ser la referencia atrás número 11 o la referencia atrás número 1 seguida del patrón `"1"`. En realidad, no existe ambigüedad porque se interpreta según el primer sentido descrito. Si deseamos que el sentido del subpatrón sea el segundo descrito, habrá que aislar el dígito 1, por ejemplo, definiendo una clase de caracteres con sólo este elemento `"[1]"`.

Alternativas

Las expresiones regulares según el formato de Perl incorporan el operador «alternativa» (`"|"`), que permite definir varias opciones para que se produzca la concordancia. De esta manera, con la expresión regular:

```
"/Herman(os|as)/"
```

concordarán todas las cadenas que contengan indistintamente `"Hermanos"` o `"Hermanas"`.

Fijación de patrones

Ya sabemos que el metacarácter `"^"` al principio de un patrón obliga a que la concordancia se produzca en el comienzo de la cadena. Por otro lado, el metacarácter `"$"` al final de un patrón implica que la concordancia sólo se produce al final de la cadena o justo antes del carácter de salto de línea.

Además, las expresiones regulares del estilo Perl incorporan dos metacaracteres adicionales para la fijación de patrones, que son `"\b"` y `"\B"`. El primero de ellos obliga a que en el lugar donde aparezca deba existir un límite de palabra (carácter distinto a los pertenecientes a la clase `"\w"` o también principio o final de cadena). De esta manera, frente a la expresión regular:

```
"/\bPaz\b/"
```

concordarán las cadenas `"La Paz es una ciudad"`, `"Paz"` o `"+Paz;"`, pero no lo harán las cadenas `"Paz_guerra"`, `"Pazos"` o `"láPaz"`.

El metacarácter `"\B"` tiene el sentido contrario a `"\b"` y por lo tanto obliga a que en el lugar donde aparezca no exista un límite de palabra. Por ejemplo, la expresión regular:

`"/\B365\B/"`

concordará en las cadenas `"123657"`, `"a365a"` o `"ñ365a"`, pero no en `"365"`, `"365 días"` o `".365+"`.

Escape de caracteres

Cuando se desea que un metacarácter pierda su sentido es necesario que se «escape», es decir, que se le anteponga el carácter `"\"`. De esta manera, la expresión regular:

`"/\+/"`

se interpreta como un patrón que contenga el carácter `"+"` y no como un patrón que permita la repetición del carácter `"\"` varias veces.

El metacarácter `"\"` tiene varios usos que ya hemos visto: se utiliza para denotar clases de caracteres (`\d`, `\w`...), para realizar «referencias atrás» (`\1`, `\2`...) y para fijar patrones(`\b`, `\B`). Además, se puede utilizar para representar caracteres, como por ejemplo el de tabulación `"\t"`, el de retorno de carro `"\r"`, el de alimentación `"\f"` o el de nueva línea `"\n"`. Cuando dentro de un patrón aparece el carácter `"\"` seguido de `"x"` y seguido de dos caracteres hexadecimales, se está nombrando al carácter cuyo código hexadecimal coincida con dichos caracteres. Cuando aparezcan los caracteres `"\0"` seguidos de 2 caracteres octales, se tratará de la representación de un carácter en octal. Por ejemplo, la expresión regular:

`"/HO\x4c\072"`

es equivalente a `"/HOL:/"`, ya que `"4c"` es el código hexadecimal del carácter `"L"` y `"72"` es el código octal del carácter `":"`.

Modificadores

Podemos añadir una serie de opciones a los patrones para modificar en ciertos aspectos su sentido global. Para ello, después de cerrar el delimitador de la expresión regular habrá que poner alguna de las siguientes letras cuyo significado se describe a continuación:

Modificador	Significado
i	Provoca que no se haga distinción entre las letras en mayúscula y en minúscula.
m	Provoca que se trate la cadena como si estuviera formada por múltiples líneas (separadas por el carácter de salto de línea `"\n"`), por lo que los metacaracteres de fijación de patrones `"$"` y `"^"` producirán concordancia en la cadena, respectivamente antes y después de un salto de línea.

(continuación)

Modificador	Significado
s	Provoca que el carácter de salto de línea también se empareje con el metacarácter `"."`.
x	Provoca que los caracteres de la clase «espacios en blanco» sean ignorados dentro del patrón, excepto cuando estén «escapados» o vayan dentro de una definición de clases de caracteres. También son ignorados todos los caracteres no «escapados» que se encuentren entre el carácter `"#"` y el fin de línea inclusive. Este último efecto permite comentar los patrones para hacerlos más comprensibles.
A	Esta opción es equivalente al metacarácter `"^"`, es decir, fija el patrón para que la concordancia se produzca sólo al principio de la cadena.
S	Provoca que se realice un análisis detallado del patrón con el objeto de acelerar la velocidad de confrontación con las cadenas. Es interesante activar esta opción cuando un patrón se vaya a utilizar varias veces.
U	Provoca que el emparejamiento de patrones no se realice de una forma «voraz», es decir, que se consuma el mínimo número de caracteres. Por ejemplo, el patrón `"/a+/"` confrontado frente a la cadena `"aaa"` consumirá un solo carácter `"a"` si está activa esta opción.
X	Provoca que se produzca un error si dentro del patrón aparece el carácter `"\"` seguido de un carácter que no tenga un significado especial. Se utiliza para posibilitar que en el futuro se incluyan nuevos metacaracteres.

Veamos algunos ejemplos de uso de opciones dentro de los patrones. La siguiente expresión regular:

`"/maña/i"`

se empareja tanto con la cadena `"maña"` como con las cadenas `"MAÑA"`, `"mAÑa"` o `"Mi Maña ríe"`.

Frente a la expresión regular:

`"/Casa/A"`

concordarán las cadenas `"Casa"`, `"Casanova"` o `"Casa 122"`, pero no lo harán `"La Casa"`, `"1Casa"` o `"Un Casanova"`.

La siguiente expresión regular activa las opciones de multilínea y no diferenciación de mayúsculas y minúsculas:

`"/^casa$/im"`

por lo que se producirá concordancia con todas aquellas cadenas que en alguna de sus líneas contenga solamente la palabra casa, ya sea en mayúsculas o en minúsculas (`"Casa"`, `"hola\nCasa"`, `"Una\nCASA\nbonita"`...).

Finalmente, la siguiente expresión regular, que permite reconocer fechas, aparece con la opción `"x"`, que permite introducir comentarios.

```
"/# esto es una expresión regular que reconoce fechas
     \d{1,2} # dia
     -              # separador
     \d{1,2} # mes
     -              # separador
     \d{4}   # año
/x";
```

Las opciones `"i"`, `"m"`, `"s"`, `"x"` pueden ser activadas y desactivadas dentro de los propios patrones. Para activar una opción habrá que encerrarla entre `"(?"` y `")"`. Para desactivarla, además de lo anterior, se tendrá que anteponer el signo `"-"` al valor de la opción.

Por ejemplo, en la siguiente expresión regular se activa la opción de multilínea:

```
"/ho(?m)la/
```

El alcance de la opción depende de donde se active. Si se hace fuera de un subpatrón (parte de un patrón rodeado de paréntesis), el efecto es el mismo que si se hubiese situado fuera de los delimitadores del patrón. En cambio, si se activa o desactiva una opción dentro de un subpatrón, sólo afectará a la parte del subpatrón que sigue a dicha opción. Por ejemplo, en la expresión regular:

```
"/(ho(?i)la)/"
```

se activa la opción de no diferenciación de mayúsculas y minúsculas para el subpatrón `"la"`. Por lo tanto, las cadenas `"hola"`, `"hoLa"` u `"hoLA"` concordarán con la expresión regular; por contra no lo harán las cadenas `"HOLA"`, `"Hola"` u `"hOLa"`.

Afirmaciones y condicionales

Otra posibilidad que ofrecen las expresiones según el formato de Perl es condicionar la concordancia de un patrón en función de otro patrón anterior o posterior, como se puede observar en la siguiente tabla:

Patrón	Significado
patrón1(?=patrón2)	El patrón1 sólo concuerda si va seguido del patrón2.
patrón1(?!patrón2)	El patrón1 sólo concuerda si NO va seguido del patrón2.
(?<=patrón1)patrón2	El patrón2 sólo concuerda si va precedido del patrón1.
(?<!patrón1)patrón2	El patrón2 sólo concuerda si NO va precedido del patrón1.

Por ejemplo, la expresión regular:

```
"/Javier (?!Gil)|(?<=Santiago )Alonso/"
```

se emparejará, por una parte, con las cadenas que contengan la subcadena `"Javier "` y a continuación algo distinto a la subcadena `"Gil"`; por otra parte, con aquellas cadenas que tengan la subcadena `"Alonso"` precedida por la subcadena `"Santiago "`.

Precedencia de patrones

La precedencia de los patrones viene definida según la siguiente tabla ordenada de mayor a menor valor:

Paréntesis	()
Multiplicadores	+,*,?,{}
Secuencia y fijación	abc, ^, $, \b, \B, (?)
Alternativa	|

Funciones de manipulación

- ```
  boolean preg_match(string patron, string cadena
                     [,array coincidencias])
  ```

  Parámetros de entrada: `patron` y `cadena` de tipo string.
  Parámetros de salida: Coincidencias de tipo array de cadenas.
  Valor de retorno: Boolean.
  Efecto: Confronta la cadena con el patrón y si concuerdan devuelve valor `true`; en caso contrario, devuelve valor `false`. Si el patrón no es correcto, la función también devuelve el valor `false`. Adicionalmente, y siempre que se haya producido concordancia, en el array `coincidencias` aparecerán las subcadenas correspondientes con los paréntesis introducidos en el patrón, es decir, en `$coincidencias[1]` la subcadena que concordó con el subpatrón rodeado por los primeros paréntesis de la izquierda, en `$coincidencias[2]` la subcadena que concordó con el subpatrón rodeado por los segundos paréntesis de la izquierda, y así sucesivamente. En `$coincidencias[0]` se memoriza toda la subcadena que coincide con el patrón.
  Ejemplo: El Número de Identificación Fiscal (NIF) está formado por un número de 8 dígitos como máximo, seguido de un guión y seguido de una letra sin incluir la `"ñ"`. El siguiente script busca un NIF dentro de una cadena e imprime tanto el NIF completo como el número que lo forma.

  ```
  $cadena = "mi NIF es 7777777774-C";
  $patron = "/(\d{1,8})-[a-z]/i";
  ```
  ```

```
if (preg_match($patron, $cadena, $coincidencias))
    echo "El NIF es $coincidencias[0]<br>El número es
         $coincidencias[1]";
else
    echo "La cadena no concuerda con el patrón";
```

- boolean preg_match_all (string patron, string cadena,
                                array coincidencias [, int orden])

Parámetros de entrada: patron y cadena de tipo string y orden de tipo entero
(opcional).
Parámetros de salida: coincidencias de tipo array de cadenas.
Valor de retorno: Boolean.
Efecto: Confronta cadena con patron y si concuerdan devuelve el valor true; en
caso contrario, devuelve el valor false. Si el patrón no es correcto la función también
devuelve el valor false. Después de la primera coincidencia entre cadena y patrón, se
siguen buscando el resto de coincidencias.

El array $coincidencias va a contener todas las coincidencias que se produzcan,
así como la memorización de todas las subcadenas que coincidan con subpatrones rodeados de paréntesis. El orden en que se guardan las subcadenas viene determinado por el
parámetro opcional denominado orden, que puede contener uno de los valores siguientes:

PREG_PATTERN_ORDER

El elemento $coincidencias[0] es un array que contiene todas las coincidencias
del patrón entero, $coincidencias[1] es un array que contiene todas las coinci-
dencias del subpatrón rodeado por los primeros paréntesis, $coincidencias[2]
es un array que contiene todas las coincidencias del subpatrón rodeado por los segundos paréntesis...

PREG_SET_ORDER

El elemento $coincidencias[0] es un array que contiene el conjunto corres-
pondiente con las primeras coincidencias (el patrón entero, el subpatrón rodeado por
los primeros paréntesis, el subpatrón rodeado por los segundos paréntesis...), $coin
cidencias[1] es un array que contiene el conjunto correspondiente con las segundas coincidencias...

Ejemplo:

El siguiente script determina todas las coincidencias pertenecientes a una cadena con
un patrón y las muestras siguiendo el orden PREG_PATTERN_ORDER.

```
<!-- Cap13/preg_match_all1.php -->
<HTML>
<HEAD>
    <TITLE>Prueba de preg_match_all</TITLE></HEAD>
<BODY>
<CENTER>
```

```php
<?php
$cadena = "mi NIF es 7777777774-C y el tuyo 9914322333-Z";
$patron = "/(\d{1,8})-([a-zñA-ZÑ])/";
echo "<B>Confronto el patrón \"$patron\" con la cadena" .
     "\"$cadena\"</B><BR><BR>\n";
if (preg_match_all($patron, $cadena,
                   $Coincidencias, PREG_PATTERN_ORDER))
   {
   echo "<TABLE BORDER=5 CELLSPACING=0 CELLPADDING=15>\n";
   for ($i = 0; $i < count($Coincidencias); $i++)
      {
      echo("<TR>\n");
      for ($j = 0; $j < count($Coincidencias[$i]); $j++)
         echo "<TD>Coincidencias[$i][$j] = " .
              "{$Coincidencias[$i][$j]}</TD>\n";
      echo "</TR>\n";
      }
   echo "</TABLE>\n";
   }
else
   echo "La cadena no concuerda con el patrón";
?>
</CENTER>
</BODY>
</HTML>
```

La página resultado de la ejecución se muestra en Figura 13.3:

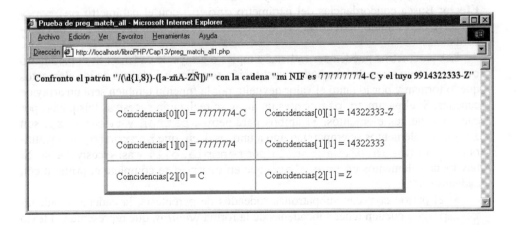

Figura 13.3. *Valores contenidos en $coincidencias al utilizar el orden PREG_PATTERN_ORDER.*

Si se cambia el orden de almacenamiento de las ocurrencias y se utiliza el valor PREG_SET_ORDER, se obtiene la página que muestra la Figura 13.4.

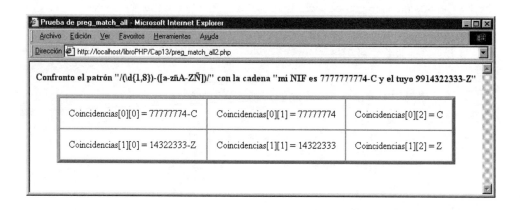

Figura 13.4. *Valores contenidos en $coincidencias al utilizar el orden PREG_SET_ ORDER.*

- mixto preg_replace (mixto patron,

                            mixto reemplazo, mixto cadena)

Parámetros de entrada: patron, reemplazo y cadena de tipo mixto (string o array de strings según se desee).
Parámetros de salida: Ninguno.
Valor de retorno: Mixto (string o array de strings).
Efecto: Busca concordancias del parámetro cadena con el parámetro patron y devuelve el resultado de realizar el reemplazo correspondiente sobre dichas concordancias.

Los parámetros pueden ser cadenas simples o arrays de cadenas. Si el parámetro cadena es un array, la búsqueda y sustitución se aplica a cada uno de los elementos que lo forman y por lo tanto el valor devuelto por la función también será un array de cadenas. Si el parámetro patron es un array se realizarán sucesivas búsquedas por cada uno de sus elementos. Si ambos parámetros, patron y reemplazo, son arrays, sus elementos se emparejan uno a uno, es decir, que patron[0] se sustituirá por reemplazo[0], patron[1] por reemplazo[1] y así sucesivamente. Si hay menos elementos en reemplazo que en patron se completa el primero con cadenas vacías.

Si el patrón contiene subpatrones rodeados de paréntesis, la cadena o cadenas reemplazo pueden tener subcadenas de la forma *digitos*, que representan el texto que coincide con los respectivos subpatrones memorizados.
Ejemplo: En el siguiente ejemplo se definen dos patrones: el primero reconoce fechas en el formato (año/mes/día) y el segundo horas en el formato (horas:minutos:segun-

dos). Para reemplazar dichos patrones se definen dos cadenas de reemplazo: en la primera se define un nuevo formato de fecha (día/mes/año) y en la segunda se descompone la hora en sus tres componentes.

```
$cadena = "Hoy es 2000/5/14 y la hora es 15:17:22";
// patrón de fecha en formato: año/mes/dia
$patron[0] = "/(\d{4})\/(\d{1,2})\/(\d{1,2})/";
// patrón de hora en formato: horas:minutos:segundos
$patron[1] = "/(\d{1,2}):(\d{1,2}):(\d{1,2})/";
$reemplazo[0] = "\\3/\\2/\\1";
$reemplazo[1] = "\\1horas, \\2minutos y \\3segundos (\\0)";
$cadena = preg_replace($patron, $reemplazo, $cadena);
echo "$cadena";
```

Como resultado de la ejecución se obtendrá la cadena:

```
Hoy es 14/5/2000 y la hora es 15horas, 17minutos y 22segundos
(15:17:22)
```

- `array preg_split(string patron,` `string cadena, [int limite])`

Parámetros de entrada: `patron` y `cadena` de tipo string, `limite` de tipo entero (opcional).
Parámetros de salida: Ninguno.
Valor de retorno: Array de strings.
Efecto: Devuelve un array de subcadenas, cada una de las cuales es el resultado de dividir la cadena de entrada, utilizando como separador entre cada subcadena el patrón indicado en la entrada a la función. Si ocurre algún error devuelve `"False"`. El parámetro opcional `limite` permite determinar el número de veces máximo en que se divide la cadena inicial.
Ejemplo: En la siguiente sentencia se obtiene un array (`$fecha`) que contiene los elementos que forman una fecha (día, mes, año).

```
$fecha = preg_split("/\//", $cadena);
```

- `string preg_quote(string cadena)`

Parámetros de entrada: Cadena de tipo string.
Parámetros de salida: Ninguno.
Valor de retorno: String.
Efecto: Examina los caracteres pertenecientes a la cadena y «escapa» todo carácter que dentro de una expresión regular se comporte como metacarácter. Estos caracteres son los que aparecen seguidamente separados por el carácter blanco:

```
. \ + * ? [ ^ ] $ ( ) { } = ! < > | :
```

APLICACIÓN 3: BUSCADOR DE UN WEB

Una facilidad que incorporan muchos sitios web, independientemente de que su tamaño sea grande o pequeño, es la posibilidad de realizar búsquedas por contenidos. Por ejemplo, imaginemos un web que ofrece información sobre seres vivos en general: clasificación, hábitat, características principales... Sería un poco tedioso intentar obtener toda la información relacionada con un determinado animal, como puede ser el «perro», ya que habría que visitar cada una de las páginas del web comprobando si contiene información sobre dicho animal. Disponiendo de un buscador se ahorraría bastante trabajo, ya que como resultado de buscar la palabra «perro» obtendríamos los enlaces a todas las páginas con información relativa a este ser vivo.

Como resulta bastante útil, vamos a desarrollar un buscador utilizando las expresiones regulares según el formato Perl. Las principales funcionalidades de las que va a disponer esta herramienta son:

- Las búsquedas se pueden realizar con una o varias cadenas a la vez.

- En el caso de utilizar varias cadenas de búsqueda, éstas se unirán por medio de los operadores lógicos *O* (`"||"`) e *Y* (`"&&"`), sabiendo que el operador **Y** siempre tiene mayor precedencia. Esto quiere decir que si se busca con la expresión `"Francisco&&Pedro||Alejandro"`, ésta se interpreta como `"(Francisco&&Pedro)||Alejandro"`.

- Se puede obligar a que cada cadena de búsqueda sea una **palabra**, es decir, que en el proceso de búsqueda, una cadena se considere encontrada cuando aparezca en el texto flanqueada por algún delimitador de palabra. De esta manera, la cadena `"MARI"` aparece como palabra en los textos `"¡MARI, VEN AQUÍ!"`, `"MARI ES UNA CHICA"` y `"mi amiga (MARI)"`, pero no lo hace en `"TAMARINDO"`, `"CENTRO MARITIMO"` o `"MARI+1"`.

- Se puede hacer diferenciación entre letras mayúsculas y minúsculas. Por defecto se hará de esta manera.

- Se puede buscar con expresiones regulares. En este caso, las cadenas de búsquedas serán realmente interpretadas como expresiones regulares. No hace falta que las cadenas de búsqueda contengan los delimitadores de expresiones regulares `"/"`.

Veamos un par de ejemplos:

Si en un web de recetas de cocina buscamos con la expresión `"cebolla&&tomate||ajo&&orégano"` utilizando las opciones de palabra completa y no diferenciación de mayúsculas y minúsculas, obtendremos todas las páginas que contengan o bien las palabras `"cebolla"` y `"tomate"`, o bien las palabras `"ajo"` y `"orégano"`, con la característica de que las cuatro palabras pueden estar en mayúscula o minúscula.

En un web de información médica queremos buscar datos sobre una enfermedad. No sabemos el nombre completo de la misma, pero sí que es inflamatoria y, por lo tanto, que acaba en `"itis"`. Para localizar esta información podríamos hacer una búsqueda de las palabras que empiezan por `"inflama"` o acaban en `"itis"`, es decir, utilizando la expresión `"inflama.*||.*itis"` y activando las opciones de búsqueda sin distinción entre mayúsculas y minúsculas de palabras completas y considerando cada cadena de búsqueda como una expresión regular.

La apariencia que va a tener nuestro buscador se puede apreciar en la Figura 13.5:

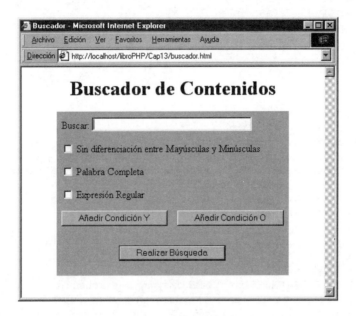

Figura 13.5. *Formulario para introducir los datos de la búsqueda.*

En la imagen anterior podemos ver que la pantalla de presentación del buscador está compuesta por un formulario de entrada que hay que rellenar. Los elementos de dicho formulario son:

- Un campo de entrada de tipo `"Text"`, donde incluiremos la cadena o cadenas con las que realizaremos la búsqueda.

- Tres campos de entrada de tipo `"Checkbox"` para habilitar/inhibir las opciones para realizar la búsqueda sin hacer distinción entre mayúsculas y minúsculas, considerando sólo las palabras completas y utilizando las cadenas de búsqueda como expresiones regulares al estilo de Perl.

- Dos campos de entrada de tipo `"Button"` que con la ayuda de una función de JavaScript permiten incluir operadores **«Y»** u **«O»** entre las cadenas de búsqueda.

- Un botón para enviar el formulario al servidor y permitir que este último realice la búsqueda.

El código HTML completo de esta página aparece a continuación:

```html
<!-- Cap13/buscador.html -->
<HTML>
<HEAD>
    <TITLE>Buscador</TITLE>
<SCRIPT LANGUAGE="JavaScript">
function incluir_o_y(valor, formulario)
    {
    formulario.palabras.value += valor;
    }
</SCRIPT>
</HEAD>
<BODY>
<CENTER>
<H1>Buscador de Contenidos</H1>
<FORM NAME="formulario" METHOD="POST" ACTION="buscador.php">
<TABLE BGCOLOR="orange" CELLPADDING=8 CELLSPACING=0 BORDER=0>
    <TR>
        <TD COLSPAN=2>Buscar:
        <INPUT TYPE="Text" SIZE=35 NAME="palabras">
        </TD>
    </TR>
    <TR>
        <TD COLSPAN=2>
        <INPUT TYPE="Checkbox" NAME="mayusculasminusculas">
        Sin diferenciación entre Mayúsculas y Minúsculas
        </TD>
    </TR>
    <TR>
        <TD COLSPAN=2>
        <INPUT TYPE="Checkbox" NAME="palabracompleta">
        Palabra Completa
        </TD>
    </TR>
    <TR>
        <TD COLSPAN=2>
        <INPUT TYPE="Checkbox" NAME="expresionregular">
        Expresión Regular
        </TD>
    </TR>
    <TR>
        <TD>
        <INPUT TYPE="Button" NAME="botonY" VALUE="Añadir Condición Y"
            onClick="incluir_o_y('&&', this.form)">
        </TD>
        <TD>
        <INPUT TYPE="Button" NAME="botonO" VALUE="Añadir Condición O"
            onClick="incluir_o_y('||', this.form)">
        </TD>
    </TR>
```

```
    <TR>
        <TD COLSPAN=2 HEIGHT=70 ALIGN="CENTER">
        <INPUT TYPE="Submit" VALUE="Realizar Búsqueda">
        </TD>
    </TR>
</TABLE>
</FORM>
</CENTER>
</BODY>
</HTML>
```

El desarrollo del script que realiza el proceso de búsqueda es algo complejo, por lo que vamos a dar una visión general del mismo, y posteriormente lo describiremos paso a paso.

Sin entrar ahora en detalles, las principales acciones que se tienen que realizar son las siguientes:

- Obtener por separado cada una de las cadenas de búsqueda.

- Construir una expresión regular, que llamaremos condición, por cada cadena de búsqueda teniendo en cuenta las opciones habilitadas (diferenciación entre mayúsculas y minúsculas, palabras completas y trabajo con expresiones regulares).

- Por cada fichero HTML del directorio actual comprobar si se cumplen todas las condiciones de búsqueda.

La obtención por separado de cada una de las cadenas de búsqueda se realiza utilizando la función split() aplicada al elemento del formulario que las contiene, utilizando como patrón de corte los operadores lógicos "&&" y "||":

```
$elementos = preg_split("/&&|\|\|/", $palabras)
```

El siguiente paso es construir para cada elemento de $elementos una expresión regular reconocedora del mismo, teniendo en cuenta las opciones de búsqueda. Esto lo vamos a hacer generando una serie de cadenas que, concatenadas con dichos elementos, producirán la expresión regular final. Veámoslo.

Si está activada la opción que nos dice que en la búsqueda no distingamos entre mayúsculas y minúsculas, la expresión regular deberá terminar con el modificador "i".

```
if ($mayusculasminusculas == "on")
    $modificador = "i";
else
    $modificador = ""
```

Si lo que queremos es buscar palabras completas, nuestra cadena de búsqueda deberá ir rodeada de delimitadores o separadores de palabra. En nuestro caso, hemos definido los siguientes:

```
$separador_izquierda = "([ [{(¿¡&>\"']|^)"
$separador_derecha = "([ \],;.:})?!&<\"']|$)"
```

Como se puede apreciar, los separadores contienen los caracteres que pueden ir antes y después de una palabra. Además, se tiene en cuenta que una palabra puede empezar o acabar una cadena.

En el caso de que no se haya activado la opción de utilizar las cadenas de búsqueda como expresiones regulares, será necesario escapar, por medio de la función `preg_quote()`, todos los metacaracteres que contengan dichas cadenas con el objeto de que pierdan su significado especial.

```
if ($expresionregular != "on")
    $elementos[$i] = preg_quote($elementos[$i]);
```

Finalmente, para generar la expresión regular reconocedora de cada elemento, concatenamos las cadenas que hemos definido anteriormente e introducimos los delimitadores de expresión regular `"/"`.

```
$elementos[$i]=
    "/($separador_izquierda$elementos[$i]$separador_derecha)/". $opcion
```

Una vez generadas todas las expresiones regulares, habrá que confrontarlas con cada uno de los ficheros HTML del directorio actual y determinar si en éstos se cumplen todas las condiciones de búsqueda. Vamos a comentar cómo se realiza esta última acción, por ser algo más compleja.

En cada elemento del array `$condiciones` tendremos un valor booleano indicativo de si una condición se cumple o no en el fichero inspeccionado. Ahora, tenemos que combinar las condiciones por medio de los operadores que el usuario introdujo. Por ejemplo, si la expresión de búsqueda es `"c0||c1&&c2"` tenemos que sustituir c0, c1 y c2 por sus valores correspondientes, que estarán contenidos en `$condiciones[0]`, `$condiciones[1]` y `$condiciones[2]`. Para ello, accedemos a cada condición de la cadena que contiene la expresión de búsqueda haciendo una doble división: primero, obteniendo de ella las subcadenas separadas por el operador `"||"`, y luego, dividiendo cada una de estas subcadenas utilizando el operador `"&&"` como patrón de corte. A partir de aquí reconstruimos otra vez la cadena de búsqueda, pero partiendo de los valores de las condiciones que tenemos guardados en el array `$condiciones`. Una vez reconstruida la cadena la evaluamos por medio de la función `eval()`.

```
$valores_o = preg_split("/\|\|/", $palabras);
$k = 0;
for ($i = 0; $i < count($valores_o); $i++)
    {
    $valores_y = preg_split("/&&/", $valores_o[$i]);
    for ($j = 0; $j < count($valores_y); $j++)
        {
        $valores_y[$j] = $condiciones[$k];
        $k++;
        }
    $valores_o[$i] = join("&&", $valores_y);
    }
$palabras = join("||", $valores_o);
eval("\$concuerda = $palabras;");
```

El script completo realiza algún otro proceso adicional que aparece comentado en el propio código.

```php
<!-- Cap13/buscador.php -->
<HTML>
<HEAD>
    <TITLE>Resultado de la Búsqueda</TITLE>
</HEAD>
<BODY>
<?php
// Este script recibe del formulario los siguientes valores:
// $palabras= cadena que contiene el conjunto de palabras que se
//            desea buscar separadas por operadores lógicos.
// $mayusculasminusculas= indicador de si NO es necesario
//            diferenciar entre mayúsculas y minúsculas.
// $palabracompleta= indicador de si se buscan palabras completas.
// $expresionregular= indicador de si cada palabra se debe
//            interpretar como una expresión regular.

// Definimos las variables $mayusculasminusculas, $palabracompleta
// y $expresionregular si no han sido enviadas como elementos
// del formulario
if (!isset($mayusculasminusculas))
    $mayusculasminusculas = "";
if (!isset($palabracompleta))
    $palabracompleta = "";
if (!isset($expresionregular))
    $expresionregular = "";

// Eliminamos los caracteres "\" introducidos durante la
// recuperación de los parámetros enviados.
$palabras = preg_replace("/(\\\\\\\\)/", "\\", $palabras);

// Escapamos los caracteres "/", ya que van a actuar como
// delimitadores de la Expresión Regular.
$palabras = preg_replace("/\//", "\/", $palabras);

// Obtenemos un array que contenga en cada posición uno de los
// items o cadenas de búsqueda.
$elementos = preg_split("/&&|\|\|/", $palabras);

// Si está activada la opción de indiferenciación entre Mayúsculas
// y minúsculas se tendrá que activar la opción "i" de la
// Expresión Regular.
if ($mayusculasminusculas == "on")
    $opcion = "i";
else
    $opcion = "";

// Si se buscan palabras completas se exigen separadores de
// palabras antes y después de cada una de ellas.
```

```php
if ($palabracompleta == "on")
   {
   $separador_izquierda = "([ [{(¿¡&>\"'']|^)";
   $separador_derecha = "([ \],;.:})?!&<\"'']|$)";
   }
else
   {
   $separador_izquierda = "";
   $separador_derecha = "";
   }

for ($i = 0; $i < count($elementos); $i++)
   {
   // Si los items NO son Expresiones Regulares se tienen que
   // escapar todos los caracteres con significado especial
   // dentro de las mismas.
   if ($expresionregular != "on")
      $elementos[$i] = preg_quote($elementos[$i]);

   // Se compone una Expresión Regular para cada uno de los items
   // o palabras de búsqueda.
   $elementos[$i] =
      "/($separador_izquierda$elementos[$i]$separador_derecha)/" .
      $opcion;
   }

$coincidencias = 0;

// Abrimos el directorio actual para realizar en cada uno de
// sus ficheros la búsqueda deseada.
$directorio = opendir('.');

// Procesamos cada uno de los ficheros del directorio actual
while ($fichero = readdir($directorio))
   { /*1*/
   // Si el fichero tiene es de extensión HTML o HTM

   if (preg_match("/.+\.(html$|htm$)/i", $fichero))
      {/*2*/
      // Se inicializa un array de booleanos a false. Cada elemento
      // de dicho array pasará a tomar valor true cuando se
      // encuentre en el fichero una ocurrencia de la
      // correspondiente palabra o item buscados.
      for ($i = 0; $i < count($elementos); $i++)
         $condiciones[$i] = 0;

      // Se abre el fichero para su proceso.
      $FICHERO = fopen("$fichero", "r");

      $body_encontrado = 0;
      $acabar = false;

      // Vamos a procesar cada línea del fichero.
```

```
while (($entrada = fgets($FICHERO, 4096)) && !$acabar)
   {/*3*/
   // Eliminación de los saltos de línea de cada línea.
   $entrada = chop($entrada);
   if (!$body_encontrado)
      $body_encontrado = @preg_match("/<body/i", $entrada);
   // Se hacen comprobaciones en el cuerpo del documento.
   if ($body_encontrado)
      {/*4*/
      $acabar = true;
      // Comprobamos si la línea actual del fichero contiene
      // una o unas de las palabras o items de búsqueda.
      for ($i = 0; $i < count($condiciones); $i++)
         {/*5*/
         if (!$condiciones[$i])
            $condiciones[$i] = @preg_match($elementos[$i],
                                           $entrada);
         $acabar = $acabar && $condiciones[$i];
         }/*5*/
      }/*4*/
   }/*3*/
fclose($FICHERO);

// Se compone una cadena con los valores booleanos
// correspondientes a cada condición de búsqueda, unidos por
// los operadores booleanos introducidos por el usuario.
$valores_o = preg_split("/\|\|/", $palabras);
$k = 0;
for ($i = 0; $i < count($valores_o); $i++)
   {
   $valores_y = preg_split("/&&/", $valores_o[$i]);
   for ($j = 0; $j < count($valores_y); $j++)
      {
      $valores_y[$j] = $condiciones[$k];
      $k++;
      }
   $valores_o[$i] = join("&&", $valores_y);
   }
$palabras = join("||", $valores_o);

// Se evalúa la cadena generada: el resultado será booleano.
eval("\$concuerda = $palabras;");

// Si el fichero cumple todas las condiciones de búsqueda se
// muestra como un enlace.
if ($concuerda)
   {
   if ($coincidencias == 0)
      echo"<CENTER><H1>LISTA DE FICHEROS CON EL CONTENIDO" .
          " INDICADO</H1></CENTER>\n";
```

```
            $coincidencias++;
        echo  "<H2>       "  .
            "$coincidencias.-  <A Href=\"$fichero\"> "  .
            "$fichero</A></H2>\n";
        }
    }/*2*/
  }/*1*/
if ($coincidencias == 0)
    echo "<H1>No hay ningún fichero que cumpla los ".
        "criterios de búsqueda</H1>";
closedir($directorio);
?>
</BODY>
</HTML>
```

Como resultado de la ejecución del script se genera una página HTML que contendrá una lista de enlaces a las páginas que cumplan con las condiciones de búsqueda impuestas. Por ejemplo, en la Figura 13.6 aparecen todas las páginas que contienen referencias a los grupos musicales «Maná» y «Estopa».

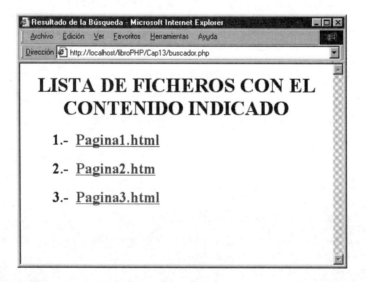

Figura 13.6.   *Resultado de la búsqueda realizada.*

En el siguiente capítulo se hará un repaso a las técnicas utilizadas más importantes para el desarrollo de aplicaciones web.

CAPÍTULO 14

Técnicas
de trabajo

La peculiaridad de las aplicaciones cliente-servidor dentro del entorno Internet provoca la aparición de ciertos problemas específicos, poco comunes en la programación clásica, que requieren soluciones particulares para estos entornos. El lenguaje PHP resuelve por sí solo muchos de estos problemas o, en su defecto, nos proporciona las herramientas necesarias con las que elaborar nuestras propias soluciones. El objeto de este capítulo es presentar una serie de técnicas y recomendaciones sencillas que permiten solucionar problemas bastante comunes cuando se desarrollan aplicaciones web completas.

FILTRADO DE LOS VALORES ENVIADOS EN UN FORMULARIO

El procesamiento de los datos introducidos por un usuario dentro de un formulario es realizado por el script PHP indicado en el atributo `ACTION` de dicho formulario. Aunque previamente se haya hecho en la aplicación cliente (navegador) un filtrado de datos utilizando, por ejemplo, código escrito en lenguaje Javascript, los datos recibidos pueden venir sin normalizar, es decir, palabras con letras mayúsculas y minúsculas mezcladas, más de un carácter blanco entre 2 palabras... Si la información recibida se registra tal y como viene, el proceso de recuperación de la misma puede resultar complicado, ya que la cadena `"HOla"` no es igual a las cadenas `"hola"`, `"HOLA"` u `"HOla"`. Para evitar este problema es recomendable normalizar la información como paso previo a la realización de las acciones propias de cualquier script PHP.

Seguidamente vamos a desarrollar, paso a paso, una función que nos va a «limpiar» los datos enviados desde un formulario rellenado por un usuario.

En primer lugar, vamos a escribir una función que elimine los caracteres blancos sobrantes de una cadena de texto. Estos caracteres son los que se encuentran antes de la primera palabra, después de la última palabra o en un número mayor que 1 entre dos palabras. Así por ejemplo la cadena `" Feliz   Cumpleaños "` una vez «limpiada» de los caracteres blancos sobrantes, quedará como `"Feliz Cumpleaños"`.

```
function quitar_blancos($cadena)
    {
    static $expresion_blancos =
                array("/^[ ]+/m", "/[ ]+/m", "/[ ]+\$/m");
    static $blancos = array("", " ", "");
    return preg_replace($expresion_blancos, $blancos, $cadena);
    }
```

Como se aprecia en el código anterior hemos definido las expresiones regulares para reconocer los blancos del principio, de entre medias y del final de una cadena respectivamente, así como las cadenas para sustituir las coincidencias con las expresiones regulares anteriores. Seguidamente, reemplazamos en `$cadena` cada aparición de una expresión regular por su cadena sustituta correspondiente, es decir, los blancos situados al principio y final de dicha cadena por `""`, y los blancos de en medio de una cadena por un único blanco.

Ahora vamos a centrarnos en arreglar un problema que PHP presenta en la captura de ciertos caracteres que forman parte de los datos introducidos en un formulario. El problema en concreto consiste en que si en una cadena introducida dentro de un elemento de un formulario contiene el carácter doble comilla ("), comilla simple (') o barra inversa (\ ), éste aparece escapado cuando se recuperan dentro del script PHP. Por ejemplo, la cadena (" " ' ' \ \ ) introducida en un elemento del formulario se ha transformado en (\"\" \' \' \\ \\ ) al ser recuperada en el script PHP. La función `stripcs lashes()` permite devolver a la cadena a su estado original, eliminando aquellos caracteres " \ " de más. Para hacer más legible el código se ha encapsulado la función anterior dentro de otra denominada `quitar_escapes_de_mas()`.

```
function quitar_escapes_de_mas($cadena)
    {
    return stripcslashes($cadena);
    }
```

Por último, vamos a hacer uniforme el formato de la información enviada desde un formulario, poniendo en mayúsculas la primera letra de cada palabra y el resto en minúsculas. PHP proporciona la función `ucwords()`, que realiza la acción anteriormente descrita. Sin embargo, no vamos a utilizar esta función, por dos motivos principalmente: por un lado, el funcionamiento de dicha función depende de la configuración de la máquina donde se ejecuten los scripts; por otro lado, resultará interesante para el lector mostrar cuál es la mecánica de trabajo que se sigue en un proceso de traducción de palabras.

Apoyándonos en la función de traducción de caracteres `strtr()` nos definimos dos funciones auxiliares: una para pasar de mayúsculas a minúsculas y otra para realizar el paso contrario (no se utilizan las funciones `strtolower()` y `strtoupper()` por los motivos indicados en el párrafo anterior). El alfabeto para la traducción estará formado por las letras del abecedario castellano incluyendo las acentuadas y la letra «u» con diéresis.

```
$mayusculas = "ABCDEFGHIJKLMNÑOPQRSTUVWXYZÁÉÍÓÚÜ";
$minusculas = "abcdefghijklmnñopqrstuvwxyzáéíóúü";

function cambiar_a_minusculas($cadena)
    {
    return strtr($cadena, $GLOBALS["mayusculas"],
                          $GLOBALS["minusculas"]);
    }

function cambiar_a_mayusculas($cadena)
    {
    return strtr($cadena, $GLOBALS["minusculas"],
                          $GLOBALS["mayusculas"]);
    }
```

Una cadena de caracteres genérica estará compuesta de una o más líneas separadas por el carácter " \n ", que a su vez están compuestas por una o más palabras separadas por caracteres blancos. Por lo tanto, la función que hace uniforme el formato de la información realizará una doble partición sobre la cadena que queremos transformar; primero obteniendo líneas de texto y luego obteniendo palabras individuales (utilizando la función `preg_split()`). De cada palabra obtenida conseguimos su primera letra (utilizando la función `substr()`) y la convertimos a mayúsculas. El resto de caracteres de la palabra se transforman a minúsculas por el mismo procedimiento. Una vez hechas las conversiones en cada palabra, se reconstruye la cadena original introduciendo el carácter blanco como separador de palabras y el carácter "\n" como final de cada línea de texto. Todo esto es lo que realiza la siguiente porción de código.

```
function normaliza($cadena)
    {
    $lineas = preg_split("/[\n]/", $cadena);
    for ($i = 0; $i < count($lineas); $i++)
        {
        $palabras = preg_split("/ /", $lineas[$i]);
        for ($j = 0; $j < count($palabras); $j++)
            {
            $principio = substr($palabras[$j], 0, 1);
            $final = substr($palabras[$j], 1,
                            strlen($palabras[$j]));
            $principio = cambiar_a_mayusculas($principio);
            $final = cambiar_a_minusculas($final);
            $palabras[$j] = $principio . $final;
            }
        $lineas[$i] = join(" ", $palabras);
        }
    return join("\n", $lineas);
    }
```

Recordemos que PHP rellena automáticamente una matriz asociativa con los datos recibidos de un formulario enviado por el usuario. Dependiendo del método usado para enviar dichos datos (GET o POST), se dispone del array asociativo $HTTP_GET_VARS o del array $HTTP_POST_VARS. Estos arrays están formados por parejas «clave-valor» donde la «clave» se va a corresponder con el nombre de un elemento del formulario enviado y el «valor» con el contenido introducido por el usuario en dicho elemento. Al mismo tiempo, si está activada la directiva register_globals del fichero de configuración de PHP, se crea un conjunto de variables globales cuyos nombres coincidirán con los elementos del formulario y cuyo contenido será el «valor» de cada elemento. Por ejemplo, supongamos que un formulario en el que se ha fijado el método de envío con el valor POST contiene un elemento INPUT de tipo TEXT cuyo atributo NAME tiene el valor «Elemento». Además, un usuario ha introducido en dicho elemento la cadena "Buenos Días" y ha pulsado el botón de envío. En estas circunstancias, el script PHP encargado de procesar el formulario tiene a su disposición la variable $HTTP_POST_VARS["Elemento"], que contiene el valor "Buenos Días", y la variable $Elemento, que contiene el mismo valor. En definitiva, manipulando los pares «clave-valor» de estas matrices asociativas y las variables globales relacionadas con ellas podremos adaptar los datos a nuestro gusto. Vamos a definirnos una función que realice este trabajo.

Los parámetros que recibe la función son cuatro, llamados: $variables, $quita_blancos, $normaliza y $quita_escapes_de_mas. El primero es un parámetro de entrada y salida y en la invocación a la función se tendrá que corresponder con una de las matrices asociativas que contienen los valores del formulario. Los otros tres parámetros son sólo de entrada y van a contener valores booleanos que nos indican si queremos activar las funciones de eliminación de los blancos de más, normalización de los datos y eliminación de los caracteres de escape de más respectivamente.

El código de la función consiste en un bucle que procesa cada uno de los pares «clave-valor» del array asociativo que recibe como parámetro. Con cada uno de estos pares se comprueba si el valor se trata de una variable simple o es en realidad una estructura de datos de tipo array. Si nos encontramos en esta última situación será necesario utilizar un bucle interno que procese cada uno de los elementos del array. Tanto en un caso como en el otro, una vez que accedemos a un valor elemental consistente en una cadena de caracteres, podremos modificarlo utilizando las funciones quita_blancos(), quita_escapes_de_mas() y normaliza() y dejarlo, por un lado, junto con su clave en el array asociativo, y por otro, en la variable global correspondiente.

```
function transforma_un_array(&$variables,
                             $quita_blancos, $normaliza,
                             $quita_escapes_de_mas)
   {
   reset($variables);
   foreach ($variables as $clave => $valor)
      {
      if (!is_array($valor))
         {
         if ($quita_blancos)
            $variables[$clave] =
               quitar_blancos($variables[$clave]);
         if ($quita_escapes_de_mas)
            $variables[$clave] =
               quitar_escapes_de_mas($variables[$clave]);
         if ($normaliza)
            $variables[$clave] =
               normaliza($variables[$clave]);
         $GLOBALS[$clave] = $variables[$clave];
         }
      else
         {
         for ($i = 0; $i < count($GLOBALS[$clave]); $i++)
            {
            if ($quita_blancos)
               $variables[$clave][$i] =
                  quitar_blancos($variables[$clave][$i]);
            if ($quita_escapes_de_mas)
               $variables[$clave][$i] =
```

```
                      quitar_escapes_de_mas($variables[$clave][$i]);
            if ($normaliza)
                $variables[$clave][$i] =
                    normaliza($variables[$clave][$i]);
            $GLOBALS[$clave][$i] = $variables[$clave][$i];
            }
        }
    }
}
```

Finalmente, definimos la función `transformar_parametros()`, que invoca a la función `transforma_un_array()` con el array asociativo correspondiente con el método utilizado para enviar el formulario. Ésta es la función que tenemos que invocar en nuestros scripts para realizar el filtrado de los datos enviados desde un formulario.

```
function transformar_parametros(&$HTTP_GET_VARS,
                                &$HTTP_POST_VARS,
                                $quita_blancos,
                                $normaliza,
                                $quita_escapes_de_mas)
    {
    if (isset($HTTP_GET_VARS))
        transforma_un_array($HTTP_GET_VARS, $quita_blancos,
                            $normaliza, $quita_escapes_de_mas);
    if (isset($HTTP_POST_VARS))
        transforma_un_array($HTTP_POST_VARS, $quita_blancos,
                            $normaliza, $quita_escapes_de_mas);
    }
```

Todas estas funciones que hemos desarrollado vamos a situarlas en un mismo fichero llamado `normalizaparametros.inc`, que será incorporado para su uso en nuestros scripts.

Como ejemplo de utilización de la función que nos transforma los parámetros, presentamos una página HTML que contiene un formulario genérico que al ser enviado al servidor va a ser procesado por un script PHP. Este script se encarga de mostrar los datos introducidos por el usuario, junto con las transformaciones realizadas sobre éstos.

La página HTML contiene un formulario con los elementos utilizados comúnmente. Cabe destacar que se han introducido tres elementos de tipo CHECKBOX que permiten al usuario elegir las transformaciones a las que quiere someter a sus datos (eliminación de caracteres blancos de más, normalización de los datos o eliminación de caracteres de escape de más). Además, con el objeto de hacer más completo el ejemplo, se ha incluido como parámetro adicional para el script PHP una variable llamada `Otro_valor` con su valor correspondiente, contenidos en el *query_string* que acompaña al nombre de dicho script. El código de esta página es el siguiente:

```
<!-- Cap14/FiltradodeParametros/FormularioCompleto.html -->
<HTML>
<HEAD>
    <TITLE>PAGINA CON UN FORMULARIO COMPLETO</TITLE>
</HEAD>
<BODY BGCOLOR="ORANGE">
<CENTER>
<H1>FORMULARIO COMPLETO</H1>
<FORM METHOD="POST"
    ACTION="FormularioNormalizado.php?Otro_valor=hola">
    <TABLE BORDER=1 CELLSPACING=10>
        <TR>
            <TD>Texto:</TD>
            <TD><INPUT TYPE="Text" NAME="Texto"></TD>
            <TD>Password:</TD>
            <TD><INPUT TYPE="Password" NAME="Password"></TD>
        </TR>
        <TR>
            <TD>Textarea:</TD>
            <TD COLSPAN=3>
            <TEXTAREA NAME="Textarea" ROWS=5 COLS=55></TEXTAREA>
            <TD>
        </TR>
        <TR>
            <TD ALIGN="Right" WIDTH="115">
            Sin blancos: 
                <INPUT TYPE="Checkbox" NAME="Sin_blancos" VALUE="si">
                <BR>
            Normalizado: 
                <INPUT TYPE="Checkbox" NAME="Normalizado" VALUE="si">
                <BR>
            Sin escapes: 
                <INPUT TYPE="Checkbox" NAME="Sin_escapes" VALUE="si">
            </TD>
            <TD ALIGN="Center">
            Radio1:<INPUT TYPE="Radio" NAME="Radio" VALUE="si"><BR>
            Radio2:<INPUT TYPE="Radio" NAME="Radio" VALUE="no"></TD>
            <TD VALIGN="Top" ALIGN="Center">Selección:<BR>
                <SELECT NAME="Seleccion_simple">
                    <OPTION VALUE="primera">primera</OPTION>
                    <OPTION VALUE="segunda">segunda</OPTION>
                    <OPTION VALUE="tercera">tercera</OPTION>
                </SELECT>
            </TD>
            <TD ALIGN="Center">Selección Multiple:<BR>
                <SELECT NAME="Seleccion_multiple[]" MULTIPLE>
                    <OPTION VALUE="primera">primera</OPTION>
                    <OPTION VALUE="segunda">segunda</OPTION>
                    <OPTION VALUE="tercera">tercera</OPTION>
```

```
            </SELECT><BR><BR><BR>
        </TD>
    </TR>
  </TABLE><BR>
  <INPUT TYPE="button" NAME="Un Boton" VALUE="Boton">
  <INPUT TYPE="reset" NAME="Restablecer" VALUE="Iniciar">
  <INPUT TYPE="submit" NAME="Enviar" VALUE="Enviar">
</FORM>
</CENTER>
</BODY>
</HTML>
```

En la Figura 14.1 se visualiza a través del navegador la página anterior, en donde se han introducido algunos datos en los elementos del formulario.

El script PHP que procesa el formulario enviado nos va a mostrar en una tabla de cuatro columnas los siguientes datos:

- Nombre del elemento del formulario enviado.

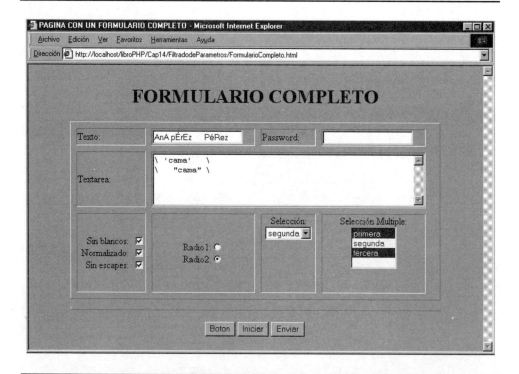

Figura 14.1. *Formulario general de entrada de datos a una aplicación.*

- Valores originales de las variables correspondientes con los elementos del formulario.

- Valores modificados de los componentes del array asociativo correspondientes con los elementos del formulario enviado.

- Valores modificados de las variables PHP correspondientes con los elementos del formulario enviado.

Antes de generar la tabla con los datos anteriores será necesario realizar una serie de acciones. En primer lugar, es preciso guardar los datos recibidos del formulario antes de modificarlos. Para ello, vamos a emplear un array asociativo llamado $valores_ini ciales, en el que tendremos que volcar los datos recibidos correspondientes con los elementos del formulario que se encuentran disponibles en $HTTP_POST_VARS y los datos recibidos en el *query-string* disponibles en $HTTP_GET_VARS. Esto es lo que hace la siguiente porción de código:

```
$valores_iniciales = $HTTP_POST_VARS;
foreach ($HTTP_GET_VARS as $clave => $valor)
    $valores_iniciales[$clave] = $valor;
```

Por otro lado, también es necesario determinar qué transformaciones sobre los datos recibidos son las que quiere realizar el usuario. Esta información se encuentra en los valores marcados en los elementos CHECKBOX del formulario. El siguiente código asigna a variables booleanas los valores introducidos en dichos elementos del formulario.

```
$quita_blancos = isset($Sin_blancos);
$normaliza = isset($Normalizado);
$quita_escapes_de_mas = isset($Sin_escapes);
```

Por último, también es necesario incorporar al código de nuestro script la función transformar_parametros(), localizada en el fichero normalizaparame tros.inc, e invocarla para que realice las transformaciones precisas.

```
include 'normalizaparametros.inc';
transformar_parametros($HTTP_GET_VARS, $HTTP_POST_VARS,
                       $quita_blancos, $normaliza,
                       $quita_escapes_de_mas);
```

Una vez que disponemos de los valores recibidos del formulario antes y después de la transformación podemos generar una tabla encargada de mostrarlos. El contenido de las celdas de dicha tabla ha sido mostrado utilizando la etiqueta PRE de HTML, que visualiza la información conservando los caracteres " " incluidos en el documento generado por este script. De esta manera, será posible observar las modificaciones realizadas sobre los elementos del formulario. El código completo es el que aparece a continuación.

```
<!-- Cap14/FiltradodeParametros/FormularioNormalizado.php -->
<HTML>
<HEAD>
   <TITLE>Formulario Normalizado</TITLE>
</HEAD>
<BODY BGCOLOR='Orange'>
<CENTER>
<H3>RESULTADO DEL FORMULARIO NORMALIZADO</H3>
<TABLE BORDER=1 CELLPADDING=0 CELLSPACING=0>
<?php

// Guardamos una copia de los datos enviados
$valores_iniciales = $HTTP_POST_VARS;
foreach ($HTTP_GET_VARS as $clave => $valor)
   $valores_iniciales[$clave] = $valor;

// Determinamos qué transformaciones se quieren realizar
$quita_blancos = isset($Sin_blancos);
$normaliza = isset($Normalizado);
$quita_escapes_de_mas = isset($Sin_escapes);

// Incorporamos la función para normalizar los datos
include 'normalizaparametros.inc';

// Transformamos los datos enviados desde la página que
// invoca a este script
transformar_parametros($HTTP_GET_VARS, $HTTP_POST_VARS,
                       $quita_blancos, $normaliza,
                       $quita_escapes_de_mas);

// Presentamos en una tabla los datos transformados accediendo
// tanto a los valores del array asociativo como a las variables
// correspondientes con los elementos del formulario.
echo <<<FIN
   <TR ALIGN='Center'>
      <TH>Nombre del Elemento</TH>
      <TH>Valor Inicial</TH>
      <TH>Valor en Variable
      <TH>Valor en Array Asociativo</TH>
   </TR>
   <TR ALIGN='Center'>
      <TD>Otro_valor</TD>
      <TD><PRE>#$valores_iniciales[Otro_valor]#</PRE></TD>
      <TD><PRE>#$Otro_valor#</PRE></TD>
      <TD><PRE>#$HTTP_GET_VARS[Otro_valor]#</PRE></TD>
   </TR>
   <TR ALIGN='Center'>
      <TD>Texto</TD>
```

```
            <TD><PRE>#$valores_iniciales[Texto]#</PRE></TD>
            <TD><PRE>#$Texto#</PRE></TD>
            <TD><PRE>#$HTTP_POST_VARS[Texto]#</PRE></TD>
        </TR>
        <TR ALIGN='Center'>
            <TD>Password</TD>
            <TD><PRE>#$valores_iniciales[Password]#</PRE></TD>
            <TD><PRE>#$Password#</PRE></TD>
            <TD><PRE>#$HTTP_POST_VARS[Password]#</PRE></TD>
        </TR>
        <TR ALIGN='Center'>
            <TD>Textarea</TD>
            <TD><PRE>#$valores_iniciales[Textarea]#</PRE></TD>
            <TD><PRE>#$Textarea#</PRE></TD>
            <TD><PRE>#$HTTP_POST_VARS[Textarea]#</PRE></TD>
        </TR>
FIN;

if (isset($Sin_blancos))
echo <<<FIN
    <TR ALIGN='Center'><TD>Sin_blancos</TD>
        <TD><PRE>#$valores_iniciales[Sin_blancos]#</PRE></TD>
        <TD><PRE>#$Sin_blancos#</PRE></TD>
        <TD><PRE>#$HTTP_POST_VARS[Sin_blancos]#</PRE></TD>
    </TR>
FIN;

if (isset($Normalizado))
echo <<<FIN
    <TR ALIGN='Center'>
    <TD>Normalizado</TD>
    <TD><PRE>#$valores_iniciales[Normalizado]#</PRE></TD>
    <TD><PRE>#$Normalizado#</PRE></TD>
    <TD><PRE>#$HTTP_POST_VARS[Normalizado]#</PRE></TD>
    </TR>
FIN;

if (isset($Sin_escapes))
echo <<<FIN
    <TR ALIGN='Center'>
        <TD>Sin_escapes</TD>
        <TD><PRE>#$valores_iniciales[Sin_escapes]#</PRE></TD>
        <TD><PRE>#$Sin_escapes#</PRE></TD>
        <TD><PRE>#$HTTP_POST_VARS[Sin_escapes]#</PRE></TD>
    </TR>
FIN;

if (isset($Radio))
echo <<<FIN
```

```
    <TR ALIGN='Center'>
        <TD>Radio</TD>
        <TD><PRE>#$valores_iniciales[Radio]#</PRE></TD>
        <TD><PRE>#$Radio#</PRE></TD>
        <TD><PRE>#$HTTP_POST_VARS[Radio]#</PRE></TD>
    </TR>
FIN;
if (isset($Seleccion_simple))
echo <<<FIN
    <TR ALIGN='Center'>
        <TD>Seleccion Simple</TD>
        <TD><PRE>#$valores_iniciales[Seleccion_simple]#</PRE></TD>
        <TD><PRE>#$Seleccion_simple#</PRE></TD>
        <TD><PRE>#$HTTP_POST_VARS[Seleccion_simple]#</PRE></TD>
    </TR>
FIN;


if (isset($Seleccion_multiple))
    for ($i = 0;$i < count($Seleccion_multiple); $i++)
    echo <<<FIN
    <TR ALIGN='Center'>
        <TD>Seleccion[$i]</TD>
        <TD>
        <PRE>#{$valores_iniciales['Seleccion_multiple'][$i]}#</PRE>
        </TD>
        <TD><PRE>#$Seleccion_multiple[$i]#</PRE></TD>
        <TD>
        <PRE>#{$HTTP_POST_VARS['Seleccion_multiple'][$i]}#</PRE>
        </TD>
    </TR>
FIN;


?>


</TABLE>
</CENTER>
</BODY>
</HTML>
```

Como respuesta a los datos introducidos en el formulario que aparece en la Figura 14.1, se generaría la página de respuesta mostrada en la Figura 14.2.

Si se observa detenidamente la Figura 14.2 se puede apreciar que los datos enviados desde el formulario han sido transformados, eliminando los caracteres indeseados y haciendo uniforme la información.

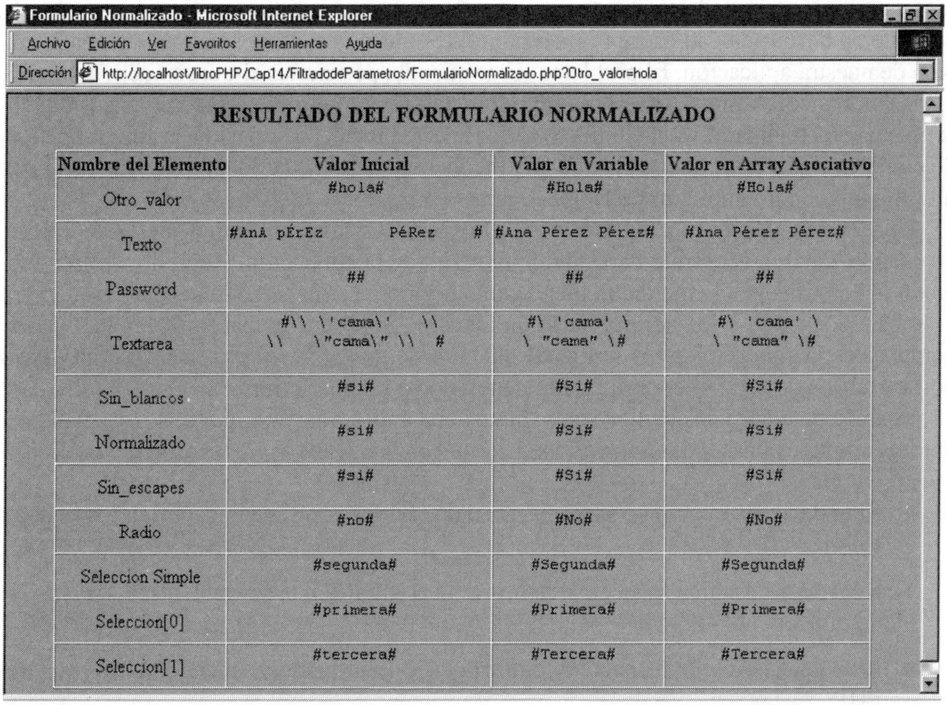

Formulario Normalizado - Microsoft Internet Explorer	_ 🗗 ✕
Archivo Edición Ver Favoritos Herramientas Ayuda	
Dirección 🖹 http://localhost/libroPHP/Cap14/FiltradodeParametros/FormularioNormalizado.php?Otro_valor=hola	▼

RESULTADO DEL FORMULARIO NORMALIZADO

Nombre del Elemento	Valor Inicial	Valor en Variable	Valor en Array Asociativo
Otro_valor	#hola#	#Hola#	#Hola#
Texto	#AnA pÉrEz PéRez #	#Ana Pérez Pérez#	#Ana Pérez Pérez#
Password	##	##	##
Textarea	#\\ \'cama\' \\ \\ \"cama\" \\ #	#\ 'cama' \ \ "cama" \#	#\ 'cama' \ \ "cama" \#
Sin_blancos	#si#	#Si#	#Si#
Normalizado	#si#	#Si#	#Si#
Sin_escapes	#si#	#Si#	#Si#
Radio	#no#	#No#	#No#
Seleccion Simple	#segunda#	#Segunda#	#Segunda#
Seleccion[0]	#primera#	#Primera#	#Primera#
Seleccion[1]	#tercera#	#Tercera#	#Tercera#

Figura 14.2. *Datos recibidos en el servidor junto con sus transformaciones.*

USO DE DIRECCIONAMIENTO RELATIVO

Las páginas HTML pueden incorporar una serie de recursos (imágenes, audio, vídeo...) indicando la dirección donde se encuentran los archivos que los contienen. Normalmente, el servidor donde residen las páginas se estructura en distintos directorios, conteniendo cada uno de ellos archivos pertenecientes a la misma categoría. Dicha estructura de directorios puede variar de un servidor a otro, y por lo tanto, si se utilizan direcciones absolutas para incorporar los ficheros que contienen los recursos, será necesario modificarlas cuando se migre de máquina. Para evitar este problema dentro de las páginas HTML es necesario utilizar direcciones relativas con respecto a la raíz del servidor.

Con los scripts PHP se tiene el mismo problema relatado anteriormente, ya que manejan ficheros de recursos situados en directorios susceptibles de ser nombrados de otra manera. Por ello, es conveniente definir una serie de variables que contengan los nombres de los distintos directorios empleados. Dichas variables serán comunes a todos los scripts, de tal manera que cuando se migre de un servidor a otro sólo será necesario actualizarlas con los valores correspondientes a la estructura de la nueva ubicación. Generalmente, como mínimo habrá que utilizar variables para contener los directorios donde se encuentran: las páginas HTML, las imágenes, los scripts PHP...

Ahora, el problema que hay que resolver es cómo hacer llegar los valores comunes a los distintos scripts independientes que conforman una aplicación Web. Una solución consiste en definir en cada script un conjunto de constantes con los valores de configuración de nuestra aplicación. El problema surge cuando, por ciertas circunstancias, alguno de estos valores constantes sufre alguna modificación, ya que será preciso revisar todos los scripts para actualizarlos con el nuevo valor. En este proceso de revisión se corre el peligro de cometer algún error que provoque una incoherencia difícil de localizar y que produzca un funcionamiento anómalo de la aplicación.

Una buena idea para solucionar este problema es tener un único juego de valores constantes que sea accesible para cualquier script de la aplicación. Para ello, definiremos en un fichero independiente dicho juego e incluiremos este fichero (sentencia `require` o `include`) en todos los scripts de la aplicación. Si se quiere hacer llegar los valores comunes de la aplicación a los scripts de cliente (escritos por ejemplo en Javascript), basta con incluirlos dentro del código fuente generado de dichos scripts.

Veamos un ejemplo sencillo. Supongamos una aplicación Web que tiene los siguientes valores comunes para todas sus partes:

- Ruta de acceso con respecto a la raíz del servidor donde se encuentran los ficheros HTML.

- Ruta de acceso con respecto a la raíz del servidor donde se encuentran los ficheros de imágenes.

- Ruta de acceso con respecto a la raíz del servidor donde se encuentran los ficheros PHP.

- Límite inferior del rango de valores aplicables en la valoración de un determinado contenido.

- Límite superior del rango de valores aplicables en la valoración de un determinado contenido.

Necesitaremos crearnos un fichero de configuración que contendrá una serie de variables cuyos valores son los de la lista anterior. Este fichero lo vamos a llamar `configu racion.cfg` y su contenido es el siguiente:

```php
<?php
/* //////////////////////////////////////////////////////
 * <!-- Cap14/ReferenciasRelativas/configuracion.cfg -->
 * ////////////////////////////////////////////////////// */
// Directorio donde se guardan las páginas html
define("directorio_html", "/");

// Directorio donde se encuentran las imágenes de la aplicación
define("directorio_img", "/img/");

// Directorio donde se encuentran los scripts PHP de la aplicación
define("directorio_php", "/");
```

```
// Directorio donde se encuentran los ficheros de configuración
// de la aplicación
define("directorio_cfg", "/");

// Límite inferior para valorar un contenido
define("limite_inferior_valoracion", 1);

// Límite superior para valorar un contenido
define("limite_superior_valoracion", 100);
?>
```

Cualquier script de la aplicación deberá realizar la inclusión del fichero anterior como paso previo anterior a cualquier otro. De esta manera, se tendrán disponibles todos los valores comunes y se podrá hacer uso de ellos. El código de uno de los scripts de la aplicación es el siguiente:

```
<!-- Cap14/ReferenciasRelativas/encuesta.php -->
<?php
require("configuracion.cfg");
?>
<HTML>
<HEAD>
    <TITLE>Página Genérica generada con PHP</TITLE>
</HEAD>
<SCRIPT LANGUAGE="JavaScript">
// Definición de los límites del intervalo de valoración
var limite_inferior = <?php echo limite_inferior_valoracion?>;
var limite_superior = <?php echo limite_superior_valoracion?>;

// Función que determina si una cadena es numérica
function es_numero(valor)
    {
    for (var i=0; i < valor.length; i++)
        if (!("01234567890".indexOf(valor.charAt(i)) >= 0))
            return false;
    return true;
    }

// Función que comprueba que el valor introducido por el usuario
// está en el intervalo permitido
function validar_formulario(form)
    {
    var valor = form.Pregunta.value;
    if (!es_numero(valor) || valor < limite_inferior ||
        valor > limite_superior)
        {
        alert("Valor fuera de rango");
        return false;
```

```
        }
    return true;
    }
</SCRIPT>
<BODY>
<CENTER>
<IMG SRC="<?php echo directorio_img?>coche1.jpg"
 ALT="coche antiguo">
<FORM ACTION="<?php echo directorio_php?>prueba.php"
    onSubmit="return validar_formulario(this)">
<H3>
Indica en una escala de <?php echo limite_inferior_valoracion?> a
<?php echo limite_superior_valoracion?> tu opinión
sobre esta fotografía
</H3>
<INPUT TYPE="Text" NAME="Pregunta" SIZE=3><BR>
<INPUT TYPE="Submit" VALUE="Enviar Respuesta">
</FORM>
</CENTER>
</BODY>
</HTML>
```

Este script lo que hace básicamente es mostrar una imagen y pedir la valoración que el usuario tiene sobre ella. Antes de enviar el formulario al servidor, se comprueba en el cliente (empleando JavaScript) que el dato introducido se encuentra dentro del rango de valores permitido. La visualización de este script es tal y como muestra la Figura 14.3.

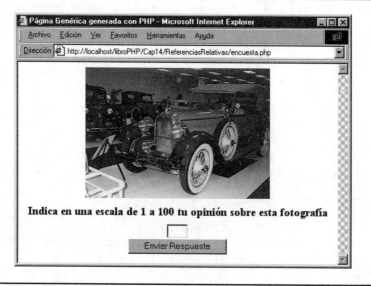

Figura 14.3. *Ejecución del script encuesta.php.*

El script `encuesta.php` comienza incluyendo el fichero que contiene todos los datos generales de configuración de la aplicación. Después, utiliza dichos datos en los siguientes sitios:

- Dentro del código generado correspondiente a una función JavaScript, para registrar los límites del rango de valores admitidos en una valoración (`limite_infe rior_valoracion` junto con `limite_superior_valoracion`).

- Dentro del código HTML generado para indicar en qué directorio se encuentran las imágenes de la aplicación (`directorio_img`).

- Dentro del código HTML generado para indicar en qué directorio se encuentra el script que va a tratar el formulario (`directorio_php`).

- Dentro del código HTML como parte de la leyenda que acompaña a la caja de texto del formulario (`limite_inferior_valoracion` junto con `limite_supe rior_valoracion`).

ACCESO COMPARTIDO A RECURSOS

En las aplicaciones web, la mayoría de las veces una única máquina servidora se encarga de atender todas las peticiones que simultáneamente realizan múltiples máquinas cliente. En un principio, si las solicitudes consisten en páginas estáticas o imágenes, el servidor las atiende sin ningún inconveniente. Cuando la petición requiere la ejecución de un script PHP, puede aparecer algún problema derivado de la manipulación de recursos comparti-dos. Pongamos un ejemplo:

Supongamos que tenemos una aplicación de comercio electrónico dedicada a vender obras de arte. Nuestros clientes navegarán por el catálogo de objetos expuestos y cuando estén interesados en alguna pieza en particular realizarán una orden de compra. En ese momento, el script encargado de registrar el pedido tendrá que realizar dos acciones: registrar los datos del comprador y asignarle el objeto adquirido. Pero, ¿qué ocurre si simultáneamente dos clientes distintos desean adquirir la misma pieza de arte? Pues, si no tomamos medidas adecuadas, el comportamiento es impredecible. Puede ocurrir que la pieza sea asignada al cliente 1 o al cliente 2 o, lo que es más grave, a los dos clientes a la vez. Por lo tanto, es necesario establecer algún mecanismo de arbitraje para aquellos casos en que dos o más scripts quieran modificar el estado de un determinado recurso.

Dependiendo del recurso que entra en conflicto existen distintas soluciones para evitar el acceso simultáneo. Volviendo al ejemplo anterior, podemos encontrarnos con que la adjudicación de un objeto a un determinado cliente puede ser reflejada como una inserción o modificación dentro de una tabla de un gestor de base de datos. En este caso, el propio gestor de datos puede disponer de mecanismos de bloqueo que habrá que conocer y acti-var para evitar el conflicto. En otros casos, la información compartida puede estar conte-nida en un fichero. Nosotros vamos a definir un mecanismo que es aplicable, en general, a cualquier situación que se nos presente.

En concreto, vamos a definir un mecanismo llamado «bloqueo de proceso», que bási-camente consiste en impedir que dos o más scripts ejecuten un conjunto de sentencias a la vez. Dicho conjunto estará formado por las instrucciones que acceden al recurso sobre el que puede haber conflicto. El esquema de protección va a ser el siguiente:

```
Activación del Bloqueo(recurso);
Sentencias de modificación de estado de un recurso;
Liberación del Bloqueo(recurso);
```

Es decir, que cuando un proceso va a ejecutar las instrucciones conflictivas, bloquea el recurso para que nadie pueda acceder a él. Cuando se terminan de ejecutar dichas instrucciones, se libera el bloqueo, permitiendo el acceso al recurso a otro script en ejecución.

El mecanismo de bloqueo está basado en la operación de creación de directorios. Tanto en Windows como en Unix/Linux, esta operación se realiza de forma individual, es decir, que dos procesos no pueden realizarla simultáneamente. De esta manera podemos definirnos un «cerrojo» que será necesario abrir para poder realizar las sentencias conflictivas relacionadas con un recurso.

La activación del bloqueo (cierre del «cerrojo») la realiza un proceso creando un directorio con un cierto nombre. Mientras exista este directorio, cualquier otro proceso no podrá crear el directorio con el mismo nombre y, por lo tanto, se quedará esperando a poder realizar esta acción. Cuando el proceso que se encuentra ejecutando las instrucciones de acceso al recurso conflictivo termine, abrirá el «cerrojo», borrando el directorio que creó. De esta manera, uno de los procesos que están en espera podrá crear el directorio de nuevo y acceder a ejecutar las instrucciones conflictivas.

Vamos a escribir las instrucciones de bloqueo y desbloqueo de proceso en un fichero llamado `bloqueos.inc` que será necesario incluir en los scripts en donde deseemos realizar bloqueos.

```php
<?php
/* //////////////////////////////////
 * <!-- Cap14/Bloqueos/bloqueos.inc -->
 * ////////////////////////////////// */
// Función que bloquea el proceso utilizando el
// sistema de ficheros
function bloquea($recurso)
  {
  while (!@mkdir($recurso,0700));
  }

// Función que desbloquea el proceso
function desbloquea($recurso)
  {
  rmdir($recurso);
  }
?>
```

Como se aprecia en el código anterior, el bloqueo de los procesos se realiza porque éstos se quedan esperando mientras no puedan crear el directorio llamado `$recurso`.

Cuando un proceso logra crear dicho directorio, continúa su ejecución e impide la de los demás hasta que borre este directorio que realiza las funciones de cerrojo.

Vamos a ver un ejemplo de utilización del mecanismo de bloqueo de procesos. Supongamos que tenemos una especie de tablón virtual en donde múltiples usuarios escriben sus opiniones. La Figura 14.4 nos muestra la apariencia física de nuestro tablón, que como se puede observar está formado por dos partes: en la parte superior se visualizan las opiniones de otras personas y en la parte inferior se dispone de una caja de texto junto con un botón que nos permiten escribir una nueva opinión y enviarla al tablón.

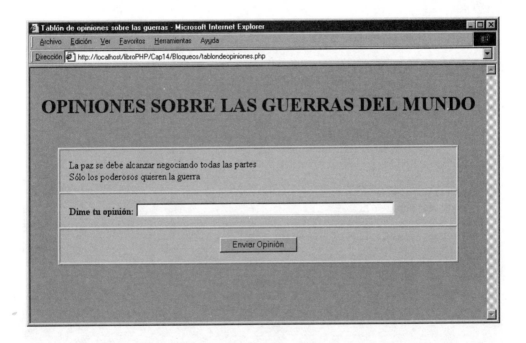

Figura 14.4. *Aspecto del tablón de opiniones.*

Para dar soporte al tablón vamos a utilizar un fichero de texto llamado `opiniones.txt` en donde registrar todas las opiniones que sean enviadas. Para presentar el contenido del tablón bastará con recorrer dicho fichero y mostrar sus elementos. A la hora de registrar una opinión tendremos que añadirla al final del fichero. Y aquí surge el problema. ¿Qué pasa si se pretenden registrar 2 o más opiniones simultáneamente? En el mejor de los casos nada, pero en el peor puede que se mezclen unas con otras. Para evitar este efecto indeseado podemos utilizar nuestro mecanismo de bloqueo y, por lo tanto, evitar que dos o más scripts ejecuten la escritura en el fichero a la vez.

El código del script que nos simula un tablón virtual es el que aparece a continuación:

```
<!-- Cap14/Bloqueos/tablondeopiniones.php -->
<HTML>
<HEAD><TITLE>Tablón de opiniones sobre las guerras</TITLE></HEAD>
<BODY BGCOLOR="Orange">
<CENTER>
<H1>OPINIONES SOBRE LAS GUERRAS DEL MUNDO</H1>
<BR>
<TABLE BORDER=1 ALIGN="Center" CELLPADDING=15
    WIDTH="90%" BGCOLOR="Pink">
    <TR><TD>
<?php
// Se incluyen las funciones para manejar bloqueos
require "bloqueos.inc";

// Se define el fichero donde se van a registrar las opiniones
define("opiniones", "opiniones.txt");

// Se define el nombre del directorio utilizado como bloqueo
define("bloqueo", "fich_opiniones");

// Si la variable $opinion tiene un valor se registra en el
// fichero donde se encuentran las opiniones
if (!empty($opinion))
    {
    bloquea(bloqueo);
    $fichero = fopen (opiniones, "a");
    fwrite($fichero,"$opinion\n");
    fclose($fichero);
    desbloquea(bloqueo);
    }

// Se muestra el fichero entero de opiniones
if (file_exists(opiniones) && is_file(opiniones))
    {
    $fichero = fopen (opiniones, "r");
    while (!feof($fichero))
        {
        $cadena = fgets($fichero, 4096);
        echo "$cadena<br>\n";
        }
    fclose ($fichero);
}

?>
    </TD></TR>
    <TR>
        <FORM METHOD="Post"
            ACTION="<?php echo basename($PHP_SELF)?>">
        <TD>
```

```
            <B>Dime tu opinión:</B>
            <INPUT TYPE="Text" NAME="opinion" MAXLENGTH=60 SIZE=60>
        </TD>
    </TR>
        <TD ALIGN="Center">
            <INPUT TYPE="Submit" VALUE="Enviar Opinión">
        </TD>
        </FORM>
    </TR>
</TABLE>
</CENTER>
</BODY>
</HTML>
```

Se trata de un script que genera una página HTML con una tabla con las opiniones vertidas, junto con un formulario que llama al propio script que generó dicha página. La tabla HTML se rellena con el contenido del fichero donde se encuentran las opiniones (opiniones.txt). Antes de realizar esta última acción se registra la opinión enviada escribiéndola en dicho fichero. Para ello, se bloquea el proceso llamando a la función bloquea() importada de bloqueos.inc, se abre el fichero opiniones.txt en modo «añadir», se añade la opinión y se desbloquea el proceso con la función correspondiente. De esta manera conseguimos que las distintas opiniones no se mezclen unas con otras.

GESTIÓN DE LIBRERÍAS JAVASCRIPT

Aunque este libro se centre en la programación en la parte del servidor, normalmente en una aplicación web también se realiza proceso dentro del cliente. Esto permite, entre otras cosas, aumentar el dinamismo de las páginas web, realizar filtrados de los datos de entrada, descargar de trabajo al servidor y distribuir el tiempo empleado en ejecutar la aplicación. Realmente lo más apropiado es que todas las acciones que se puedan realizar en el cliente se realicen en esta parte.

La programación dentro del cliente se realiza, habitualmente, utilizando el lenguaje JavaScript. Los scripts escritos en este lenguaje se «incrustan» dentro del código de cada página HTML por medio de la etiqueta especial <SCRIPT>. Cuando se tiene una serie de páginas que conforman una aplicación web, es bastante normal que existan entre ellas funciones escritas en JavaScript idénticas. Piénsese, por ejemplo, en una función utilizada para validar datos de tipo fecha, o que emita algún mensaje de aviso. Como ya se comentó en un punto anterior, resulta problemático tener copias de un mismo objeto distribuidas entre varios ficheros, debido a la dificultad que entraña la realización de cualquier tipo de mantenimiento. Por todo ello, es conveniente que en la aplicación haya una biblioteca de funciones JavaScript, con cada una de las funciones descritas, y que cuando un documento haga uso de una de ellas, se incorpore a los mismos mediante algún mecanismo de recuperación.

Para la realización de la biblioteca JavaScript nos vamos a apoyar en una base de datos que almacene el código de las distintas funciones comunes que forman la aplicación web. En definitiva, necesitamos definirnos una base de datos con una tabla formada por dos campos: `"nombre"`, que contenga un identificador de cada función, y `"codigo"`, que contenga el código fuente de cada función. El siguiente código PHP puede servir para este propósito:

```
<!-- Cap14/BibliotecaJavascript/crearbiblioteca.php -->
<HTML>
<HEAD>
    <TITLE>Creación de la BD de funciones JavaScript</TITLE>
</HEAD>
<BODY>
<?php
// Nos conectamos con el gestor de BD Mysql
if (!($conexion = mysql_connect("localhost", "root")))
    die("No se puede conectar");
// Creamos una BD nueva y la seleccionamos para trabajar con ella
if (!mysql_create_db("bibliotecajavascript"))
    die("no se puede crear la base de datos");
if (!mysql_select_db("bibliotecajavascript"))
    die("no se puede seleccionar la base de datos");
// Creamos la tabla FUNCIONES con 2 campos: NOMBRE Y CODIGO
if (!mysql_query("CREATE TABLE FUNCIONES
                            (NOMBRE CHAR(100) NOT NULL,
                             CODIGO BLOB,
                             PRIMARY KEY(NOMBRE))"))
    {
    echo mysql_error();
    die("error al crear la base de datos");
    }
echo "BASE DE DATOS DE BIBLIOTECA JAVASCRIPT CREADA";
?>
</BODY>
</HTML>
```

Lo más destacable del código anterior es la definición del campo `codigo` de tipo `BLOB` para permitir almacenar bloques de texto correspondientes al código fuente de una función.

El siguiente paso que vamos a realizar consiste en definir una página HTML que nos sirva de interfaz para la recogida de los datos de cada función JavaScript (`"nombre"` identificativo y `"codigo"` fuente que la forman) que queramos almacenar dentro de la biblioteca:

```
<!-- Cap14/BibliotecaJavascript/registrafuncion.html -->
<HTML>
<HEAD>
    <TITLE>Inserción de una nueva función</TITLE></HEAD>
<BODY BGCOLOR="Orange">
```

```
<CENTER>
<H1>Formulario para registrar una función JavaScript</H1>
</CENTER><BR>
<FORM METHOD="Post" ACTION="registrafuncion.php">
    <FONT SIZE=4>Función:</FONT>
    <INPUT TYPE="Text" NAME="nombre" MAXLENGTH=100><BR><BR>
    <FONT SIZE=4>Código:</FONT><BR>
    <TEXTAREA COLS=80 ROWS=10 NAME="codigo">
    </TEXTAREA><BR><BR>
    <CENTER>
    <INPUT TYPE="Submit" VALUE="registrar">
    </CENTER>
</FORM>
</BODY>
</HTML>
```

Este fichero HTML se visualizará tal y como aparece en la Figura 14.5:

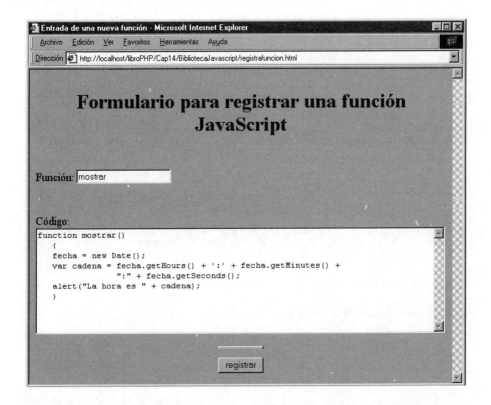

Figura 14.5. *Formulario de registro de las funciones JavaScript de la biblioteca.*

El formulario anterior va a ser tratado por el script `registrafuncion.php`, que realiza principalmente las siguientes acciones:

- En primer lugar, se conecta con la base de datos que mantiene la biblioteca Java-Script.

- A continuación, comprueba que el usuario introdujo en el formulario algún valor identificativo de la función.

- Una vez realizada la comprobación anterior, se determina si hay que insertar una nueva función o si hay que actualizar el contenido de una ya existente. Esto se logra interrogando a la base de datos para ver si contiene un registro cuyo identificativo coincida con el proporcionado por el usuario.

- Finalmente, este script PHP recupera todas las funciones JavaScript registradas y nos muestra por pantalla su identificativo y su código fuente.

El código completo es el siguiente:

```
<!-- Cap14/BibliotecaJavascript/registrafuncion.php -->
<HTML>
<HEAD>
    <TITLE>Registro de una función JavaScript</TITLE></HEAD>
<BODY>
<?php

// Conexión y selección de la base de datos
if (!($conexion = mysql_connect("localhost", "root")))
    die("No se puede conectar");
if (!mysql_select_db("bibliotecajavascript"))
    die("no se puede seleccionar la base de datos");

// Si el usuario ha introducido el identificador de una función
if (isset($nombre) && !empty($nombre))
    {
    if (!($cursor = mysql_query("SELECT *
                                FROM FUNCIONES
                                WHERE NOMBRE='$nombre'")))
        {
        echo mysql_error();
        die ("ERROR: SELECT no válido");
        }
    if (!mysql_num_rows($cursor))
        {
        // No existe una función identificada con $nombre, por lo
        // que se inserta en la BD.
        if (!(mysql_query("INSERT INTO FUNCIONES
                        VALUES ('$nombre','$codigo')")))
            {
            echo mysql_error();
```

```
                die("query de inserción no válido");
                }
        }
    else
        {
        // Existe una función identificada con $nombre, por lo que
        // se modifica su contenido
        if (!(mysql_query("UPDATE FUNCIONES
                        SET CODIGO='$codigo'
                        WHERE NOMBRE='$nombre'")))
            {
            echo mysql_error();
            die("query de actualización no válido");
            }
        }
    }
// Mostramos todas la funciones registradas
if (!($cursor = mysql_query ("SELECT *
                        FROM FUNCIONES")))
    {
    echo mysql_error();
    die ("ERROR: SELECT no válido");
    }
echo "<BR><H1 ALIGN='center'>Funciones Registradas</H1>\n";
while ($fila = mysql_fetch_row($cursor))
    {
    echo "<HR>";

    // cambiamos los saltos de línea por la etiqueta <br> para
    // visualizar correctamente en HTML los cambios de línea
    $fila[1]=nl2br($fila[1]);

    // cambiamos los espacios por   para visualizarlos
    // correctamente en HTML
    $fila[1] = ereg_replace(" ", " ", $fila[1]);
    echo "<CENTER><H3>$fila[0]</H3></CENTER>" ,
        "<TT>$fila[1]</TT><BR>\n";
    }
mysql_close();
?>
</BODY>
</HTML>
```

Realmente, hemos desarrollado un único script que permite insertar, modificar y consultar la biblioteca JavaScript. En un desarrollo profesional deberíamos separar cada una de las funcionalidades, así como establecer más controles que garanticen el correcto uso de la biblioteca. Dentro del código implementado cabe destacar la sustitución que se realiza de los caracteres de salto de línea y blanco por sus equivalentes en el lenguaje HTML (
 y , respectivamente).

Una vez registrada una función JavaScript dentro de la biblioteca, necesitamos algún mecanismo para la recuperación e incorporación dentro de las distintas páginas donde va a ser usada. Para ello, vamos a utilizar una función PHP que recibiendo como parámetro el nombre de la función JavaScript que queremos incorporar, junto con la indentación (número de caracteres blanco a la izquierda del texto) con la que queremos que aparezca, escriba el código fuente de dicha función Javascript:

```php
<?php
/* ///////////////////////////////////////////////////////
 * <!-- Cap14/BibliotecaJavascript/obtenfuncion.inc -->
 * /////////////////////////////////////////////////// */
function obtener_funcion($nombre, $indentacion)
{
    // Conexión y selección de la base de datos de la biblioteca
    if (!($conexion = mysql_connect("localhost", "root")))
        die("No se puede conectar");
    if (!mysql_select_db("bibliotecajavascript"))
        die("no se puede seleccionar la base de datos");
    if (!($cursor = mysql_query("SELECT *
                                FROM FUNCIONES
                                WHERE NOMBRE='$nombre'")))
        {
        echo mysql_error();
        die("ERROR: SELECT no válido");
        }
    $fila = mysql_fetch_row($cursor);
    echo "\n";
    $blancos = " ";
    $blancos = str_repeat($blancos, $indentacion);
    $fila[1] = ereg_replace("[\n]", "\n" . $blancos, $fila[1]);
    echo "$blancos$fila[1]\n\n";
}
?>
```

Inspeccionando el código anterior podemos observar que lo que hace, en primer lugar, es acceder a la base de datos que soporta la biblioteca JavaScript y recuperar los datos de la función que queremos incorporar en nuestra página. El segundo paso es incluir en el código fuente de la función JavaScript tantos caracteres " " después de cada salto de línea como sean necesarios para indentar dicho código. Por último, se escribe en la página el código de la función.

El código PHP de la función `obtenerfuncion()` se guardará en un fichero llamado `obtenfuncion.inc`. Cuando se desee utilizar dentro de un script PHP dicha función será necesario incluir el fichero que la contiene.

Vamos a ver un ejemplo del uso de la biblioteca JavaScript. Supongamos que queremos utilizar en una página HTML la función JavaScript `mostrar()` que previamente ha sido almacenada en nuestra base de datos. En el punto donde queramos que aparezca el código de la función JavaScript deberemos incluir el código PHP:

```php
<?php
  require 'obtenfuncion.inc';
  obtenerfuncion('mostrar', 3);
?>
```

Precisamente es lo que se hace en la siguiente página HTML (lógicamente este fichero tiene que tener extensión `php`, ya que incorpora código escrito en este lenguaje).

```
<!-- Cap14/BibliotecaJavascript/usobiblioteca1.php -->
<HTML>
<HEAD>
    <TITLE>Página de ejemplo</TITLE>
<SCRIPT LANGUAGE="JavaScript">
<?php
  require "obtenfuncion.inc";
  obtener_funcion("mostrar", 3);
?>
</SCRIPT>
</HEAD>
<BODY onLoad="mostrar()">
Esto es una página de ejemplo
</BODY>
</HTML>
```

Cuando se interprete el código PHP, se enviará al cliente una página en donde se ha incluido el código correspondiente de la función JavaScript requerida:

```
<!-- Cap14/BibliotecaJavascript/usobiblioteca1.php -->
<HTML>
<HEAD>
    <TITLE>Página de ejemplo</TITLE>
<SCRIPT LANGUAGE="JavaScript">

    function mostrar()
       {
       fecha = new Date();
       var cadena = fecha.getHours() + ':' + fecha.getMinutes() +
                   ":" + fecha.getSeconds();
       alert("La hora es " + cadena);
       }

</SCRIPT>
</HEAD>
<BODY onLoad="mostrar()">
Esto es una página de ejemplo
</BODY>
</HTML>
```

GESTIÓN DE SESIONES

Concepto de sesión

Generalmente, una aplicación web se compone de una serie de páginas entre las que, en mayor o menor medida, existe alguna relación. Por ejemplo, en una aplicación de comercio electrónico es normal que los distintos productos ofertados se presenten clasificados, según sus características, en distintas páginas. El usuario irá escogiendo los productos de su agrado, navegando por las páginas hasta que, finalmente, accede a la página que gestiona el pago. En ese momento, antes de formalizar la compra, es bastante corriente que se presente una lista con los productos que se desea adquirir. Obviamente, dicha lista se confecciona con la información presente en las distintas páginas por las que pasó el usuario.

Otro ejemplo se produce en aquellas aplicaciones en donde es necesario estar registrado previamente para poder acceder a ellas, ya que en función de la categoría del usuario se tendrá acceso a unas páginas u otras. En este tipo de aplicaciones, antes de permitir el acceso a una determinada parte, será necesario comprobar los permisos de acceso utilizando la identificación del usuario, que debe ser compartida por todas las páginas. En ambos ejemplos existe un factor común y es que se precisa almacenar y compartir información entre las distintas páginas que forman la aplicación web.

Para poder hacer efectiva la relación entre varias páginas es necesario emplear algún mecanismo específico, ya que el protocolo HTTP que regula las comunicaciones entre servidor y cliente no guarda ningún estado y por lo tanto cada pareja de petición y respuesta es independiente de las anteriores y siguientes. PHP proporciona un mecanismo para resolver esta situación llamado «gestión de sesiones».

Una sesión comienza cuando un usuario entra en la aplicación web y termina cuando la abandona (más adelante veremos qué entendemos por abandonar una aplicación). Durante ese espacio de tiempo se pueden definir y manipular una serie de variables pertenecientes a la sesión que permiten mantener cualquier tipo de información común (estado) para todas las páginas. A continuación, describiremos cuál es la base tecnológica de la gestión de sesiones.

Por un lado, para conseguir mantener una serie de información común entre la ejecución de los distintos scripts PHP que generan las páginas de la aplicación web, será necesario que el gestor de sesiones guarde dicha información en un dispositivo de almacenamiento permanente, es decir, en un fichero. Como estamos trabajando en un entorno cliente-servidor es posible que dicho fichero se encuentre en cualquiera de las dos partes. En el caso de registrar la información en el servidor, éste consumirá más recursos, y si el número de usuarios conectados simultáneamente es grande, el rendimiento del sistema puede verse afectado. Si la información se registra en el cliente, se consigue descargar de trabajo al servidor, pero en el caso de que el usuario decida no aceptar *cookies* el sistema de gestión no funcionará. PHP ofrece las dos posibilidades, como veremos más adelante.

Por otro lado, es necesario distinguir entre las distintas sesiones de cada uno de los usuarios que se conectan a la aplicación web. Este problema se resuelve asignando un identificador diferente para cada sesión. Este identificador estará formado por un número suficientemente grande de caracteres alfanuméricos y es generado aleatoriamente para garantizar la seguridad de la aplicación. El identificador de sesión es necesario que sea reenviado al servidor cada vez que se realice una petición de una página, ya que de esta manera el gestor de sesiones podrá localizar la información correspondiente con la sesión. Esto se puede hacer implícitamente o explícitamente, dependiendo del mecanismo empleado. Si el identificador de sesión se guarda como una *cookie* en el cliente, cuando se realice una petición al servidor el propio navegador será el encargado de introducir automáticamente el identificador de sesión como información dentro de la petición al servidor, y por lo tanto el desarrollador de la aplicación no tendrá que hacer nada. En caso de no emplear *cookies*, se deberá enviar el identificador de sesión explícitamente, por lo que el desarrollador de la aplicación tendrá que incluir en todos los formularios dentro de un campo HIDDEN, y en todos los enlaces dentro del *query_string*, esta información.

PHP, por defecto, utiliza un sistema mixto de almacenaje de la información relacionada con una sesión. El identificador de sesión se almacena en el cliente utilizando *cookies*. El resto de información se guarda en un fichero dentro del servidor cuyo nombre es el identificador de sesión precedido del prefijo sess_. De esta manera, por un lado, se aprovecha la comodidad que supone el hecho de no tener que enviar el identificador de sesión en cada petición al servidor, y por otro, se garantiza el funcionamiento del gestor de sesiones aun cuando el usuario decida no aceptar *cookies*, sabiendo que en este caso el identificador de sesión se tendrá que pasar explícitamente.

A los lectores noveles en el desarrollo de aplicaciones web queremos decirles que, a pesar de que estas disquisiciones tecnológicas induzcan a pensar que el trabajo con sesiones es una tarea complicada, no hay nada más lejos de la realidad, como veremos en la descripción del ejemplo final de este apartado.

Parámetros de instalación de sesiones

La gestión de sesiones tiene asociada una serie de directivas que permiten personalizarla. Estas directivas se encuentran definidas en el fichero php.ini y tienen asignados unos valores por defecto que no es necesario modificar en la mayoría de los casos. Recomendamos que se realice una primera lectura superficial de este apartado y profundizar en él cuando se hayan leído los siguientes. La tabla que se muestra a continuación contiene las directivas de configuración junto con su valor por defecto y una breve descripción de las mismas.

Directiva	Valor por defecto	Significado
session.save_handler	files	Contiene el nombre del *handler* usado para almacenaje y recuperación de los datos pertenecientes a una sesión. Si se le asigna el valor user se puede definir un manejador propio utilizando la función de gestión de sesiones session_set_save_handler().
session.save_path	/tmp	Especifica el parámetro que recibe el *handler* utilizado para almacenaje y recuperación de los datos de sesión. En el caso de utilizar el *handler* por defecto (files) esta directiva indica el directorio donde se guardan los ficheros asociados con cada sesión.

Directiva	Valor por defecto	Significado
session.use_cookies	1	Fijada esta directiva al valor 1 especifica que se van a utilizar *cookies* para almacenar el identificador de sesión.
session.name	PHPSESSID	Indica el nombre de la variable que contiene el identificador de sesión. Se utiliza como nombre de *cookie* o como parámetro enviado por la página que invocó a la actual.
session.auto_start	0	Esta directiva fijada al valor 1 inicializa la sesión automáticamente en cualquier script PHP ejecutado en el servidor.
session.cookie_lifetime	0	Tiempo de validez de la *cookie* que contiene el identificador de sesión. Cuando se establece el valor 0 para esta directiva, la *cookie* tiene validez hasta que se cierre el navegador del cliente.
session.cookie_path	/	Identifica el *path* para el que la *cookie* es válida.
session.cookie_domain		Identifica el dominio para el que la *cookie* es válida.
session.serialize_handler	php	Define cuál es el manejador encargado de «serializar» los datos. La «serialización» se utiliza en las funciones session_encode() y session_decode() e indica la forma en que se codifican las variables de sesión y sus contenidos.
session.gc_probability	1	Define el tanto por ciento de probabilidad de que se dispare el proceso «recolector de basura» cuando se inicie una sesión. Este proceso es el encargado de eliminar aquellos ficheros de sesión cuyo tiempo de creación supere el indicado en la siguiente directiva. Es necesario realizar esta operación para evitar que el número de ficheros de sesión crezca continuamente.
session.gc_maxlifetime	1440	Indica el número de segundos máximo que pueden transcurrir antes de que el fichero de sesión se considere en desuso.
session.referer_check		Contiene una cadena requerida en la cabecera *HTTP Referer*. Si la cabecera *Referer* enviada por el cliente no contiene la cadena especificada, la correspondiente sesión será marcada como inválida. La cadena vacía es el valor por defecto de esta directiva.

Directiva	Valor por defecto	Significado
session.entropy_length	0	Indica el número de bytes que se leen del fichero utilizado para crear el identificador de cada sesión. Permite, junto con la siguiente directiva, escoger la «semilla» para la generación de números aleatorios.
session.entropy_file		Especifica el nombre del fichero que se va a utilizar para crear el identificador de cada sesión.
session.cache_limiter	nocache	Indica al cliente si esta página es *cacheable* o no. Por defecto, al ser las páginas generadas dinámicamente con PHP no se deben incluir en la caché. Otros valores posibles de esta directiva son private y public.
session.cache_expire	180	Especifica el número de minutos que la página PHP es válida en la caché del navegador.
session.use_trans_sid	1	Esta directiva fijada al valor 1 hace que cuando en el cliente estén deshabilitadas las *cookies*, se incorpore el nombre de la variable de sesión junto con su valor correspondiente en todas las referencias a otras páginas PHP realizadas en cualquier página servida en este servidor.

Funciones de gestión de sesiones

Para trabajar con sesiones, PHP ofrece una serie de funciones que permiten la creación y eliminación de sesiones, así como el almacenaje y recuperación de los datos asociados con ellas. En este apartado vamos a comentarlas detalladamente y dejamos para el siguiente la descripción de cómo se deben combinar para obtener un funcionamiento adecuado.

- bool session_start()

Esta función tiene dos comportamientos dependiendo de si se trata de la primera solicitud o de alguna solicitud posterior. En este segundo caso, se continuará con la sesión previamente creada, teniendo acceso a toda la información asociada a ella. En el caso de tratarse de la primera solicitud, esta función crea una nueva sesión, lo que implica la realización de tres acciones:

- Se genera un identificador de sesión aleatorio.

- Se crea un fichero en el servidor para mantener la información de la sesión cuyo nombre será el del identificador de sesión precedido del prefijo sess_.

- Con la respuesta al cliente se envía una *cookie* con el identificador de la sesión. Esta última acción se realiza siempre y cuando esté activada la directiva `ses sion_use_cookies`.

Todas estas acciones las realiza automáticamente el «gestor de sesiones» de una manera transparente para el usuario.

Como resultado de la función obtenemos un valor booleano que siempre es `true`.

- `bool session_destroy()`

Esta función elimina todos los datos asociados con una sesión. El «gestor de sesiones», cuando ejecuta esta función, borra el fichero que contiene todos los datos de la sesión.

Cuando se invoca a esta función no se elimina la *cookie* que contiene el identificador de sesión en el cliente, y por lo tanto, si se realiza una nueva petición al servidor, incorporará dicho identificador.

La función devuelve `true` o `false` dependiendo de si se ha ejecutado correctamente o ha ocurrido algún error.

- `bool session_register(string nombre [, string nombre])`

Esta función recibe como parámetro una serie de nombres de variables globales y su efecto consiste en registrarlas como variables de sesión. A partir de este momento, la variable registrada es guardada por el «gestor de sesiones» dentro del fichero asociado con la sesión, y por lo tanto puede ser manipulada desde cualquier script PHP de la aplicación Web. La función devolverá un valor booleano indicando si se ha realizado correctamente.

- `bool session_unregister(string nombre)`

Por medio de esta función hacemos que la variable cuyo nombre coincida con el parámetro deje de ser una variable de sesión y por lo tanto vuelva a ser una variable normal de PHP. El «gestor de sesiones» al ejecutar esta función elimina del fichero asociado con la sesión los contenidos relacionados con dicha variable.

De una manera indirecta, todas las variables de una sesión dejan de estar registradas cuando se invoca a la función `session_destroy()`.

La función devolverá un valor booleano indicando si se ha realizado correctamente.

- `bool session_is_registered(string nombre)`

Esta función devuelve el valor `true` en el caso de que en la sesión actual se encuentre registrada una variable cuyo nombre coincida con el parámetro proporcionado. En caso contrario, devuelve el valor `false`.

- `session_unset()`

Por medio de esta función dejamos sin ningún valor asignado a todas las variables registradas en la sesión actual, es decir, que nuestra sesión tendrá una serie de variables registradas pero que no poseen contenido alguno.

- `string session_id([string nombre])`

Esta función tiene dos comportamientos. Por un lado, si no le proporcionamos ningún parámetro nos devuelve el valor del identificador de la sesión en la que nos encontramos. Por otro lado, `session_id(nombre)` cambia el valor del identificador de la sesión actual por el que le proporcionemos en el parámetro que recibe. La duración de este cambio de identificador de sesión depende de varias condiciones. Si dentro de un script se llama a esta función antes de comenzar la sesión (en el siguiente apartado veremos qué entendemos por «comenzar una sesión»), el cambio es permanente. Si no se hace así, la duración del cambio depende de si el identificador de sesión se envía y recibe a través de *cookies* o si se pasa explícitamente entre página y página por medio del *query_string* en los enlaces o con campos `HIDDEN` en los formularios. En el primer caso, la duración del cambio se limita al tiempo de ejecución del script PHP y por lo tanto no tiene mucho sentido utilizar esta función. En el segundo caso, la modificación es permanente.

- `string session_name([string nombre])`

Esta función si se invoca sin parámetro devuelve el nombre de la variable interna del «gestor de sesiones» que contiene el identificador de sesión. Este nombre tiene, por defecto, el valor asignado con la directiva session.name del fichero `php.ini` y es utilizado en las *cookies* o en las URL para referenciar al identificador de sesión.

Si a la función se le proporciona un valor como parámetro, el efecto es distinto, ya que en este caso se cambia el nombre de la variable utilizada por el «gestor de sesiones» que contiene al identificador de sesión. Debido a que cada vez que se ejecuta un script PHP este nombre toma el valor indicado en la directiva `session.name`, será necesario invocar a esta función en todos los scripts de la aplicación web antes del comienzo de la sesión para que tenga efecto permanente.

- `array session_get_cookie_params()`

Esta función devuelve información sobre los parámetros de configuración de las *cookies* empleadas para guardar el identificador de sesión. Esta información se devuelve en un array asociativo cuyas claves son `lifetime`, `path` y `domain`, y por defecto coinciden con los valores fijados en el fichero de configuración del intérprete PHP para las directivas `session_cookie_lifetime`, `session_cookie_path`, `session_cookie_domain`.

- `session_set_cookie_params(int lifetime [,string path`
  `[,string domain]])`

Esta función permite definirnos nuevos valores para los parámetros de configuración de las *cookies* empleadas en la gestión de sesiones. La duración de estos cambios se limita al tiempo de ejecución del script, por lo que si queremos que surtan algún efecto será necesario que se invoque a la función antes de que comience la sesión. Lógicamente si queremos que los cambios afecten a todos los scripts habrá que invocar a la función en todos los scripts PHP de la aplicación web.

- `session_cache_limiter([string cache_limiter])`

Esta función devuelve el valor fijado para la directiva `session_cache_limiter` perteneciente al fichero de configuración `php.ini`. En caso de que se le proporcione un parámetro, la función modifica para el script que la ejecute el valor por defecto situado en dicho fichero. El valor de esta directiva se adjunta a la cabecera HTTP que es enviada hacia el cliente junto con la página de respuesta. El navegador utiliza esta información para determinar si la página se puede guardar en su memoria caché o se tiene que recargar del servidor cada vez que se pida. Para que surta efecto, debe invocarse a esta función antes de que se envíe la cabecera HTTP, es decir, antes de que el script dé comienzo a la sesión. Los valores que se admiten como parámetro son `nocache`, `private` y `public`.

- `string session_encode()`

Esta función devuelve una cadena que contiene la información de la sesión actual codificada. La codificación se hace en base al manejador especificado en la directiva `session_serialize_handler`, que por defecto suele ser el que proporciona el intérprete de PHP. En definitiva, utilizando esta función se consigue tener en una cadena codificada los pares formados por el nombre de cada variable de sesión y el contenido de estas variables.

- `bool session_decode(string cadena)`

Esta función es la complementaria a la anterior y lo que hace es descodificar la cadena que se recibe como parámetro y que contiene toda la información de una sesión. Después de utilizar esta función, la información de la sesión queda actualizada con los datos descodificados.

La función devuelve el valor `true` siempre y cuando no existan problemas a la hora de descodificar la cadena que se recibe como parámetro.

- `string session_save_path([string path])`

La función nos devuelve el camino al directorio donde se guardan los ficheros asociados con una sesión. Este dato se modifica invocando a la función con otro camino a un directorio como parámetro. El efecto de la función sólo dura durante la ejecución del script actual que la utiliza, ya que la directiva `session_save_path` del fichero de configuración del intérprete fija el valor por defecto que utilizan todos los scripts PHP.

- `string session_module_name([string modulo])`

Esta función, cuando no recibe ningún parámetro, devuelve el nombre de módulo que se está utilizando para realizar la gestión de sesiones. Por otro lado, cuando se invoca a la función con un nombre de módulo como parámetro, se utiliza éste como nuevo «gestor de sesiones».

- `session_set_save_handler(string open, string close,`
  `string read, string write,`
  `string destroy, string gc)`

Esta función permite al desarrollador de aplicaciones web con PHP definir su propio manejador para el almacenaje de la información asociada con una sesión. De esta manera, por ejemplo, es posible almacenar los datos de una sesión dentro de un gestor de bases de datos y no en ficheros como lo realiza el manejador por defecto del intérprete PHP.

Para utilizarla es necesario realizar dos tareas adicionales. Por un lado, es imprescindible que la directiva `session.save_handler` del fichero `php.ini` esté configurada con el valor `user`. Por otro lado, se tendrán que definir las funciones que permiten abrir, cerrar, leer y escribir del dispositivo que hemos elegido para el almacenaje, así como definir la forma en que destruimos la información de una sesión y de qué manera eliminamos las sesiones caducadas. Una vez que tengamos definidas estas seis funciones, podremos invocar a `session_set_save_handler` con los nombres de dichas funciones como parámetros de nuestra función.

Metodología de trabajo

Hasta este punto hemos descrito las bases tecnológicas sobre las que se soporta la gestión de sesiones junto con un conjunto de funciones que nos permiten realizar acciones asociadas a una sesión concreta. En este apartado vamos a dar una serie de instrucciones que permiten que un conjunto de páginas PHP compartan información por medio del manejo de una sesión.

En primer lugar, en todas las páginas que se desee que formen parte de la aplicación Web, se debe ejecutar la acción de «comenzar una sesión». Pero, ¿cómo se realiza la acción anterior? Pues existen tres maneras distintas:

- Se puede hacer explícitamente invocando a la función `session_start()`, que como ya sabemos comienza o continúa con una sesión.

- Otra forma es hacerlo de una manera implícita a través de la función `session_register()`. Esta función permite registrar en la sesión actual una variable, y además, como efecto lateral, continúa con la sesión actual.

- La tercera posibilidad consiste en activar la directiva `session_auto_start` del fichero de configuración `php.ini`. De esta manera, cualquier script PHP que se ejecute comenzará automáticamente la sesión.

¿Qué forma de las tres es la más adecuada? Pues, depende del objetivo que se persiga en cada momento. La tercera opción es la más cómoda, ya que no es necesario incluir ningún código dentro de nuestras páginas. Sin embargo, limita las posibilidades, pues hay ciertas funciones, como `session_set_cookie_params()`, que se tienen que invocar antes del comienzo de la sesión para que surtan efecto. Si se pretende que el código sea claro, parece más correcto usar la función `session_start()` que `session_register()`. En definitiva, la decisión queda en manos del desarrollador de la aplicación web.

Ya hemos dicho que es imprescindible realizar la acción de «comenzar una sesión» en todas las páginas que deseemos que pertenezcan a la misma aplicación web, pero esto no es suficiente. No hemos tenido en cuenta el detalle de que para que comience una sesión es necesario saber cuál es. Esta información la proporciona el identificador de sesión, que ya sabemos que es una clave alfanumérica generada aleatoriamente. Cuando comienza una sesión se consulta si el script ha recibido un identificador de sesión o no. En caso afirmativo, se continúa con la sesión que coincide con dicho identificador. En el otro caso, se crea una nueva sesión. Por lo tanto, es necesario comunicar el identificador de sesión a las distintas páginas que forman la aplicación web. Para ello, tenemos dos alternativas:

- Si usamos *cookies* (activando la directiva `session_use_cookies` del fichero `php.ini`) y además el navegador del cliente las acepta, no tenemos que hacer ninguna actividad adicional. La *cookie* con el identificador de sesión viaja en cada petición y respuesta al servidor, y por lo tanto dicho identificador llega a todas las páginas.

- Si no usamos *cookies* o no se aceptan en el cliente, tenemos que incluir código adicional en nuestras páginas para permitir que estén enlazadas en la misma sesión. En concreto, debemos incluir, de alguna manera, el valor del identificador de sesión en todos los enlaces a otras páginas y en todos los formularios que sean procesados en la aplicación. Veámoslo.

En los enlaces a otras páginas dentro del *query_string*, el desarrollador de la aplicación web debe incluir el nombre de la variable que contiene el identificador de sesión con su valor correspondiente. Esta información se encuentra en la constante definida para la gestión de sesiones llamada `SID`. También, es posible obtenerla a través de las funciones `session_id()` y `session_name()`. En el siguiente ejemplo se muestran estas dos posibilidades:

```
<A HREF="pagina.php?<?php echo SID ?>">enlace1</A>
<A HREF ="pagina.php?<?php
   echo session_name() , '=' , session_id() ?>">enlace1</A>
```

En los formularios será necesario incluir un elemento de tipo `HIDDEN` cuyo nombre sea el obtenido de la función `session_name()` y cuyo valor esté determinado por la ejecución de función `session_id()`.

```
<FORM ACTION="pagina.php">
<INPUT TYPE="HIDDEN"
       NAME="<?php echo session_name()?>"
       VALUE="<?php echo session_id()?>">
.......
.......
</FORM>
```

Para ahorrar este trabajo a los desarrolladores de aplicaciones web se ha dotado al intérprete PHP de la directiva de configuración `session_use_trans_sid`, que si se encuentra activada provoca que el propio intérprete se encargue, automáticamente, de hacer todas las modificaciones necesarias en enlaces y formularios. Esta directiva tiene efecto siempre y cuando el intérprete se haya compilado con la opción `--enable-trans-sid`.

La base para poder manipular datos reside en la utilización de variables, y por lo tanto las sesiones necesitan del uso de variables propias para poder tratar la información. Para asociar una variable con una sesión es necesario registrarla, indicando su nombre como parámetro de la función `session_register()`. Una vez que la variable está registrada, el «gestor de sesiones» se encarga de mantener su valor disponible para las distintas páginas.

Con una variable de sesión se pueden hacer las mismas operaciones que con una variable normal. Para referenciar una variable de este tipo podemos hacerlo de dos maneras distintas:

- Si está activada la directiva `register_globals` del fichero de configuración del intérprete, como una variable global cualquiera. Es decir, el carácter `"$"` seguido del nombre con el que se registra la variable.

```
session_register("var1");
$var1 = "Mari es guapa";
```

- Otra manera es indexando con el nombre de la variable al array asociativo `$HTTP_SESSION_VARS`, que contiene todas las variables de sesión.

```
session_register("var1");
$HTTP_SESSION_VARS["var1"] = "Mari es guapa";
```

Las variables de sesión sólo hace falta registrarlas una vez por sesión. Por medio de la función `session_unregister()` se convierte una variable de sesión en una normal.

Cuando se desea eliminar todos los contenidos de las variables de sesión tendremos que utilizar la función `session_unset()`. Otra forma de realizar esta acción es utilizar la función `session_destroy()`, que elimina el fichero que mantiene las variables de sesión y, por lo tanto, los contenidos de éstas.

Finalmente, debemos comentar que para evitar la acumulación de sesiones, el gestor de las mismas dispone de un mecanismo que monitoriza las sesiones y borra sus ficheros cuando estén inactivas (normalmente, aquellas en las que ha transcurrido un tiempo determinado).

Ejemplo: Tienda en Internet

En este apartado vamos a desarrollar un ejemplo aclaratorio sobre la gestión de sesiones que PHP nos ofrece. Realmente, este ejercicio es bastante completo, ya que aparte de poner en práctica los conceptos estudiados en los apartados anteriores, vamos a tener que realizar tareas tan complejas como almacenar y recuperar datos de un Gestor de Base de Datos, pasar información entre distintos scripts y procesar formularios.

En concreto, este ejemplo va a desarrollar una versión simplificada de lo que podíamos llamar una «tienda en Internet» con las siguientes funcionalidades y características:

- La página de entrada a la «tienda» estará formada por dos *frames* verticales.

- El *frame* situado a la izquierda permite acceder a las páginas de los distintos productos, pagar nuestra compra o salir de la tienda.

- El *frame* de la derecha es el de trabajo, y en él se mostrarán las páginas que se seleccionen en el de la izquierda.

- Tenemos a la venta tres tipos de productos, que son: libros, revistas y CD.

- La información acerca de los productos: nombre, tipo, precio..., se encontrará registrada en una base de datos.

- Los artículos pertenecientes a un tipo de producto se mostrarán en una página independiente.

- Cada artículo aparecerá acompañado de un CHECKBOX.

- El usuario puede marcar y desmarcar artículos pulsando en el CHECKBOX asociado con cada uno de dichos artículos. Cuando se desee hacer definitivas las elecciones habrá que pulsar en un botón que añadirá a la cesta de la compra todos los artículos que se encuentren marcados.

- Para modificar la cesta de la compra habrá que entrar de nuevo en las páginas de los productos y marcar y desmarcar los artículos según se quiera añadir o quitar productos.

- Cuando se entre en la página de pago, se mostrarán los artículos adquiridos, con su precio, el precio total de la compra y un formulario de ordenación de compra para que el comprador rellene con sus datos.

- Una vez enviado el formulario de ordenación de compra, la cesta de la compra quedará vacía.

- Cuando se reciba el formulario de ordenación de compra se registrará su información dentro de la base de datos para su posterior tratamiento.

- Tendremos una opción de salida de la «tienda».

Antes de empezar con el comentario de los distintos scripts que forman la aplicación «tienda en Internet», vamos a realizar un pequeño ejercicio de «modelado de datos» que nos permita definir la estructura de la base de datos. Esta actividad es esencial en cualquier desarrollo profesional que se realice.

Parece claro que es necesario manejar información acerca de los productos disponibles a la venta. De cada artículo en concreto nos interesa saber, principalmente, cuál es su descripción, precio y categoría a la que pertenece. A esta información le vamos a añadir un código de artículo con el objeto de poder identificar de manera precisa cada uno de ellos. Por lo tanto, en nuestra base de datos necesitaremos una tabla, que llamaremos PRODUCTOS, que contará con los atributos Codigo, Descripcion, Tipo y Precio. La siguiente sentencia SQL nos creará dicha tabla:

```
CREATE TABLE PRODUCTOS (CODIGO INT NOT NULL,
                        DESCRIPCION CHAR(100),
                        TIPO CHAR(1),
                        PRECIO INT,
                        PRIMARY KEY(CODIGO));
```

Cuando estén interesados en nuestros productos, los usuarios de nuestra «tienda en Internet» realizarán una orden de compra o un pedido que estarán formados por cuatro categorías de información. Para empezar, es necesario que se proporcione la identificación del usuario que realiza la compra indicando su nombre y apellidos. También es imprescindible que el pedido contenga el país, ciudad, dirección y código postal donde se tienen que entregar los objetos seleccionados. Muy importante es la información relacionada con el pago de los artículos adquiridos, que puede ser contra reembolso o utilizando una tarjeta de crédito. Por último, es necesario proporcionar la lista de objetos que se desea adquirir. Toda esta información la vamos a reflejar en nuestro modelo de datos definiendo dos tablas: `PEDIDOS` y `DETALLE-PEDIDOS`. La primera de ellas va a contener la información relativa al cliente, lugar de entrega y forma de pago. La segunda va a ser una lista de los objetos de la tienda que desea adquirir nuestro cliente. La siguiente sentencia SQL crea la tabla de pedidos:

```
CREATE TABLE PEDIDOS(ORDEN INT NOT NULL AUTO_INCREMENT,
                     NOMBRE CHAR(20) NOT NULL,
                     APELLIDOS CHAR(40) NOT NULL,
                     PAIS CHAR(20),
                     CIUDAD CHAR (20),
                     DIRECCION CHAR(30),
                     CODIGOPOSTAL INT,
                     FORMAPAGO CHAR(1),
                     TARJETADECREDITO CHAR(16),
                     PRIMARY KEY(ORDEN));
```

En la tabla anterior se ha añadido un atributo `Orden` que nos servirá de clave identificativa de cada pedido. El valor de este atributo se generará automáticamente, siendo superior en una unidad al valor máximo de dicho atributo registrado hasta ese momento en la tabla.

La tabla `DETALLE_PEDIDOS` relaciona un pedido con los artículos que lo forman y su creación se realiza por medio de la sentencia SQL:

```
CREATE TABLE DETALLE_PEDIDOS (ORDEN INT NOT NULL,
                     CODIGO INT NOT NULL,
                     ESTADO CHAR(1),
                     PRIMARY KEY(ORDEN,CODIGO),
                     FOREIGN KEY (CODIGO)
                     REFERENCES PRODUCTOS (CODIGO)
                         ON DELETE CASCADE
                         ON UPDATE CASCADE,
                     FOREIGN KEY (ORDEN)
                     REFERENCES CLIENTES (ORDEN)
                         ON DELETE CASCADE
                         ON UPDATE CASCADE);
```

En definitiva, vamos a contar con tres tablas para almacenar la información necesaria de nuestra «tienda virtual» que van a estar contenidas en una base de datos denominada `tienda`. El CD que acompaña a este documento contiene un script llamado `crearbd.php`, que realiza la creación de todas estas tablas y llena la tabla correspondiente con información de algún producto.

El siguiente paso en el proceso de desarrollo de esta aplicación sencilla consistirá en diseñar la interfaz de usuario. Esto es, cuál es la apariencia de las distintas pantallas de nuestra aplicación y qué funcionalidades nos ofrecen. En este caso, dentro de la descripción de las características de la aplicación, aparecen una serie de especificaciones sobre cómo tiene que ser la interfaz de usuario. En concreto, se va a dividir la pantalla en dos porciones verticales, utilizando la parte de la izquierda para contener las distintas operaciones que se pueden realizar en la «tienda virtual» y la parte de la derecha para mostrar el resultado de las distintas operaciones. El código de este script de entrada a nuestra aplicación es el que aparece a continuación:

```php
<?php
/* ///////////////////////////////////
 * <!-- Cap14/TiendaPHP/tiendaphp.php -->
 * /////////////////////////////////// */
session_start();
// Registramos la variable de sesión que vamos a utilizar
session_register("carrito");
$carrito = array();
?>
<HTML>
<FRAMESET COLS="195,*" FRAMEBORDER=0 FRAMESPACING=0 BORDER=0>
    <FRAME SRC="opciones.php?<?=SID?>" NAME="opciones"
     marginheight=8 marginwidth=8>
    <FRAME SRC="compras.php?<?=SID?>" NAME="compras"
     marginheight=8 marginwidth=8>
</FRAMESET>
</HTML>
```

Como se aprecia en el código anterior, se da comienzo a una sesión y se registra un array llamado `$carrito` como variable perteneciente a la misma. Este array va a contener los códigos de los artículos que hayamos seleccionado en nuestra compra. A continuación, se definen dos *frames* verticales, llamados `opciones` y `compras`, donde se van a cargar respectivamente los scripts `opciones.php` y `compras.php`. Obsérvese que a dichos scripts se les proporciona dentro del *query_string* cuál es el identificador de la sesión recientemente creada. Esta última acción se realiza por si el cliente tiene deshabilitada la recepción de *cookies*, en cuyo caso será necesario proporcionar dicho identificador de sesión a cada uno de los scripts que forman la aplicación.

El script `opciones.php` es el encargado de presentar las opciones disponibles dentro de nuestra aplicación. Veamos cuál es su código antes de comentarlo:

```php
<?php
/* ///////////////////////////////////
 * <!-- Cap14/TiendaPHP/opciones.php -->
 * /////////////////////////////////// */
session_start();
```

```
if (!session_is_registered("carrito"))
    die ("<BR>\n<BR>\n<BR>\n<BR>\n<BR>\n<BR>\n<CENTER>\n" .
        "<H1>Para entrar correctamente a la aplicación debe" .
        " hacerlo por la página <FONT COLOR='RED'>" .
        "tiendaphp.php</FONT></H1>\n</CENTER>");
?>
<HTML>
<HEAD>
    <TITLE>opciones</TITLE>
</HEAD>
<BODY BGCOLOR="orange">
<BR><BR><BR>
<FONT SIZE=4>
<B>
<A HREF="productos.php?<?=SID?>&producto=L" TARGET="compras">
<IMG SRC="bola.gif" BORDER=0 ALT="acceso a libros"></A>
 Libros<BR><BR>
<A HREF="productos.php?<?=SID?>&producto=R" TARGET="compras">
<IMG SRC="bola.gif" BORDER=0 ALT="acceso a Revistas"></A>
 Revistas<BR><BR>
<A HREF="productos.php?<?=SID?>&producto=C" TARGET="compras">
<IMG SRC="bola.gif" BORDER=0 ALT="acceso a CD's"></A>
 CD's<BR><BR><BR>
<A HREF="pagos.php?<?=SID?>" TARGET="compras">
<IMG SRC="bola.gif" BORDER=0 ALT="acceso a pago"></A>
 Pagar su Compra<BR><BR>
<A HREF="salida.php?<?=SID?>" TARGET="_top">
<IMG SRC="bola.gif" BORDER=0 ALT="salir de la tienda"></A>
 Salida<BR><BR>
</B>
</FONT>
</BODY>
</HTML>
```

En primer lugar, dentro del script se invoca a la función `session_start()` para continuar con la sesión actual. A continuación, se pregunta si dentro de la sesión existe registrada la variable `$carrito`. En caso de respuesta afirmativa a la pregunta anterior, significa que esta variable ha sido registrada previamente, y por lo tanto que hemos entrado en la aplicación por la «puerta de entrada» que es `tiendaphp.php`. En otro caso (la variable no se encuentra registrada), podemos deducir que o bien la sesión actual ha caducado, o bien hemos entrado en este script sin pasar previamente por la «puerta de entrada». En ambas situaciones, se indicará al usuario que vuelva a entrar en la aplicación. Esta comprobación preventiva la vamos a hacer en todos los scripts de nuestro sistema salvo en el que nos hace de entrada al mismo.

El script `opciones.php` continúa con código HTML que básicamente está compuesto de una serie de enlaces a cada una de las opciones de la aplicación. Todos estos enlaces incorporan en el *query_string* el identificador de sesión para solucionar la circunstancia relacionada con las *cookies* que anteriormente hemos relatado. También se puede observar que los tres primeros enlaces invocan al mismo script, llamado `productos.php`, pero con un valor del elemento `producto` distinto en cada *query_string*, permitiendo de esta manera generar páginas distintas. Otro detalle importante es que todos los enlaces tienen un atributo `TARGET` que provoca que sean cargados en distinto sitio. En el caso de los 4 enlaces primeros el destino de carga es el *frame* de la derecha, llamado `pantalla`. El último enlace, que se corresponde con la opción de salida del sistema, se va a cargar ocupando la ventana completa del navegador.

El script `compra.php` es el que se carga en el *frame* derecho del sistema de navegación de la «tienda virtual». Como la página que genera depende de varios factores vamos a dejar su descripción para más adelante. La Figura 14.6 muestra cuál es la apariencia de la pantalla principal de nuestra «tienda virtual».

Vamos a fijarnos ahora en el script `productos.php`, al que, como ya hemos dicho, se accede pulsando en una de las tres primeras opciones del menú de navegación. La ejecución de este script nos muestra una página que contiene una lista con los artículos de una determinada categoría (libros, revistas o CD). Cada uno de los artículos aparece acompañado por un `CHECKBOX`, cuyo estado dependerá de si dicho artículo se ha escogido o no para formar parte de nuestra compra. Pulsando sobre los `CHECKBOX` se pueden añadir o

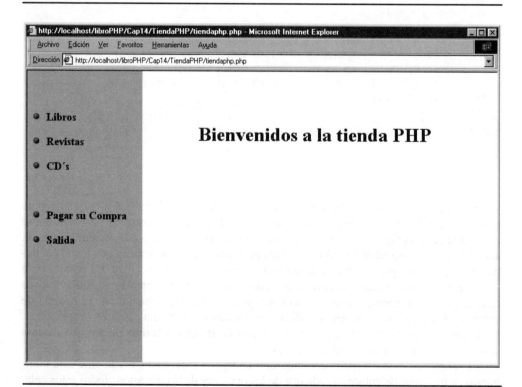

Figura 14.6.   *Pantalla de entrada a la tienda virtual.*

eliminar artículos, pero para hacer efectivos estos cambios habrá que pulsar el botón que se incluye en esta página. El aspecto que tendrá esta página generada para los artículos de tipo revista se puede apreciar en la Figura 14.7.

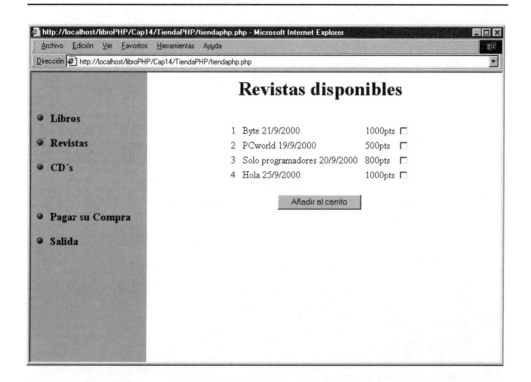

Figura 14.7. *Listado de las revistas disponibles en la tienda virtual.*

El script `productos.php` debe empezar realizando las mismas acciones por las que comienza `opciones.php`, es decir, continuar con la sesión actual y comprobar que en la misma se encuentra registrada la variable `$carrito`. Además, necesita recuperar información de la base de datos, por lo que deberá conectarse al gestor `mySQL` y seleccionar la asociada con esta aplicación llamada `tienda`. Todas las acciones descritas en este párrafo se necesitan realizar en la mayoría de los scripts de la aplicación, por lo que vamos a definirlas en un fichero aparte llamado `comun.inc`, cuyo contenido será el siguiente:

```php
<?php
/* ////////////////////////////////////
 * <!-- Cap14/TiendaPHP/comun.inc -->
 * //////////////////////////////////// */
// Continuamos con la sesión anterior
session_start();
```

```
// Comprobamos que la entrada a la aplicación se realizó
// por el script tiendaphp.php
if (!session_is_registered("carrito"))
    die ("<BR>\n<BR>\n<BR>\n<BR>\n<BR>\n<BR>\n<CENTER>\n" .
        "<H1>Para entrar correctamente a la aplicación debe" .
        " hacerlo por la página <FONT COLOR='RED'>" .
        "tiendaphp.php</FONT></H1>\n</CENTER>");

// Nombre de la base de datos que contiene todos los datos
// necesarios para nuestra tienda
define("base_de_datos", "tienda");

// Función que realiza la conexión con el gestor de base de datos
// y selecciona la base de datos con la que vamos a trabajar
function conectar_bd()
    {
    // Nos conectamos con el gestor MySql y seleccionamos una BD
    if (!($conexion = mysql_connect("localhost", "root")))
        die("No se puede conectar");
    if (!mysql_select_db(base_de_datos))
        die("no se puede seleccionar la base de datos");
    return $conexion;
    }

// Función que nos desconecta del gestor de base de datos
function desconectar_bd()
    {
    mysql_close();
    }
?>
```

Volviendo a la descripción del código del script `productos.php`, lo primero que hace es cargar y ejecutar el fichero `comun.inc` haciendo un `require` del mismo. A continuación, hace una consulta a la base de datos para recuperar todos los artículos que pertenecen a la categoría que coincide con el valor contenido en `$producto`. Esta variable ha sido enviada a través del *query-string* que acompaña al enlace que invoca a este script desde la página generada por `opciones.php`. La sentencia SQL que nos recupera todos los artículos de esta categoría es:

```
SELECT *
FROM PRODUCTOS
WHERE TIPO='$producto'
```

El siguiente paso consiste en generar un formulario que contenga todos los productos obtenidos en la consulta anterior. Para mostrar los datos de dicho formulario de una forma más estructurada vamos a introducir una tabla HTML. Cada fila de esta tabla estará formada por 4 celdas que contendrán el número de orden del producto, el nombre del producto, su precio y un CHECKBOX cuyo estado dependerá de si el producto ha sido elegido por el usuario. Pero, ¿cómo sabemos si un producto ha sido elegido por el usuario? La respuesta a esta pregunta es que para eso nos hemos definido una variable de gestión llamada $carrito donde debe estar registrada esta información. En concreto, en este array se van a guardar las claves de los objetos que el usuario seleccione. El código que genera las distintas filas de la tabla es:

```php
while ($fila = mysql_fetch_row($cursor))
    {
    $contador++;
    echo "<TR><TD>$contador  </TD>";
    echo "<TD>$fila[1]  </TD><TD>$fila[3]pts</TD>\n";
    echo "<TD><INPUT TYPE='Checkbox' NAME=tabla[] " .
        " VALUE='$fila[0]'";
    if (esta_en_array($carrito, $fila[0]))
        echo "CHECKED>";
    echo "</TD></TR>\n";
    }
```

La función esta_en_array() se utiliza de apoyo en la codificación anterior para determinar si el código del artículo contenido en $fila[0] se encuentra registrado en el array $carrito.

El formulario que estamos describiendo va a contener dos campos ocultos adicionales. El primero de ellos se utiliza para indicar al script que procese el formulario (compras.php) cuál es la categoría de los productos de la página actual. El segundo campo contiene el identificador de la sesión actual para el caso en que no estén habilitadas las *cookies*.

El código completo del script productos.php es el que aparece a continuación:

```php
<?php
/* /////////////////////////////////////
 * <!-- Cap14/TiendaPHP/productos.php -->
 * ///////////////////////////////////// */
require "comun.inc";
?>
<HTML>
<HEAD>
    <TITLE>Artículos de venta</TITLE>
</HEAD>
<BODY>
<?php

// función que determina si un determinado valor coincide con
// un elemento que pertenece al array que se pasa como parámetro
function esta_en_array($objetos, $elemento)
    {
    $i = 0;
    $encontrado = false;
```

```php
    while (($i < count($objetos)) && !$encontrado)
       {
       $encontrado = ($objetos[$i] == $elemento);
       $i++;
       }
    return $encontrado;
    }
// Conexión con el gestor de la Base de Datos
$conexion = conectar_bd();

// Determinamos qué artículos estamos consultando
switch ($producto)
    {
    case "L":
       $articulos = "Libros";
       break;
    case "R":
       $articulos = "Revistas";
       break;
    case "C":
       $articulos = "CD's";
       break;
     }

echo "<CENTER><H1>$articulos disponibles</H1><BR>";

// Recuperamos los datos de todos los productos de la
// categoría indicada en la variable $producto
if (!($cursor = mysql_query ("SELECT *
                                 FROM PRODUCTOS
                                 WHERE TIPO='$producto'", $conexion)))
    die (mysql_error() . "ERROR: SELECT no válido");

echo "<FORM METHOD='Post' ACTION='compras.php'>\n";
echo "<TABLE>\n";
$contador = 0;
while ($fila = mysql_fetch_row($cursor))
    {
    $contador++;
    echo "<TR><TD>$contador  </TD>";
    echo "<TD>$fila[1]  </TD><TD>$fila[3]pts</TD>\n";
    echo "<TD><INPUT TYPE='Checkbox' NAME=tabla[] VALUE='$fila[0]'";
    if (esta_en_array($carrito, $fila[0]))
        echo "CHECKED>";
    echo "</TD></TR>\n";
    }
echo "</TABLE>\n";
echo "<INPUT TYPE='Hidden' NAME='producto' VALUE='$producto'>\n";
```

```
echo '<INPUT TYPE='Hidden' NAME='" , session_name() ,
     "' VALUE='" , session_id() , "'>";
echo "<BR>\n<INPUT TYPE='Submit' VALUE='Añadir al carrito'>\n";
echo "</FORM>\n</CENTER>\n";
desconectar_bd();
?>
</BODY>
</HTML>
```

El script `compras.php` es el encargado de actualizar el array `$carrito` con los artículos que el usuario haya elegido mediante la página generada por `productos.php`. Antes de realizar cualquier otra acción, lo primero que hace `compras.php` es incorporar y ejecutar el fichero `comun.inc`, que contiene el código necesario para continuar con la sesión actual y las funciones de conexión y desconexión con la base de datos.

El proceso de actualización de `$carrito` tiene algún detalle importante que comentar. De la página generada por `productos.php` se recibe un array llamado `$tabla`, que contiene la última lista de los códigos de los artículos de una determinada categoría que el usuario ha escogido para que formen parte de su compra. En `$carrito` tendremos registrada la lista anterior de estos productos. Por lo que lo primero que haremos será eliminar esta lista, que ya no tiene valor alguno. Esto lo realizamos con el código:

```
if (!($cursor = mysql_query ("SELECT *
                              FROM PRODUCTOS
                              WHERE TIPO='$producto'",
                              $conexion)))
   {
   echo mysql_error();
   die ("ERROR: SELECT no válido");
   }
while ($fila=mysql_fetch_row($cursor))
   buscar_y_eliminar($carrito,$fila[0]);
```

que, básicamente, recupera todos los artículos de la categoría correspondiente y utilizando sus claves los elimina de `$carrito` mediante la función `buscar_y_eliminar()` codificada previamente.

Para registrar la nueva lista de artículos hemos definido una función llamada `incluir_en_carrito()`, que recibe dos parámetros, `$carrito` y `$tabla`, y vuelca el contenido de la segunda en la primera.

Finalmente, el script `compras.php` nos genera una página HTML cuyo contenido dependerá de si tenemos algún artículo en nuestra compra. En este caso, el texto que visualizaremos nos invitará a pulsar la opción que nos permitirá formalizar la compra. Si no se ha escogido ningún artículo la página nos mostrará un mensaje de bienvenida.

El siguiente código es el del script completo:

```php
<?php
/* ///////////////////////////////////////
 * <!-- Cap14/TiendaPHP/compras.php -->
 * /////////////////////////////////////// */
require "comun.inc";
?>
<HTML>
<HEAD>
    <TITLE>Compras</TITLE></HEAD>
<BODY>
<?php

// Esta función busca un elemento dentro del array $carrito y si
// lo encuentra lo elimina de dicho array
function buscar_y_eliminar(&$carrito, $elemento)
    {
    $i = 0;
    $encontrado = false;
    while ($i < count($carrito) && !$encontrado)
        if ($carrito[$i] == $elemento)
            {
            $encontrado = true;
            $carrito[$i] = "";
            }
        else
            $i++;
    }

// Función que inserta todos los productos contenidos en $tabla
// en la estructura $carrito
function incluir_en_carrito($tabla, &$carrito)
    {
    $ultimo = count($carrito);
    for ($i = 0; $i < count($tabla); $i++)
        {
        $carrito[$ultimo] = $tabla[$i];
        $ultimo++;
        }
    }

// Función que determina si existe algún producto escogido
// por el usuario en la estructura $carrito
function algun_producto_escogido($carrito)
    {
    $i = 0;
    $encontrado = false;
    while ($i < count($carrito) && !$encontrado)
        {
        $encontrado = $carrito[$i] != "";
```

```
        $i++;
        }
    return $encontrado;
    }


// Damos valores a las variables iniciales a aquellas variables
// que no los tengan
if (!isset($tabla))
    $tabla = array();
if (!isset($producto))
    $producto = "";


// Conexión con el gestor de la Base de Datos
$conexion = conectar_bd();


// Recuperamos los datos de todos los productos de la categoría
// indicada en la variable $producto
if (!($cursor = mysql_query("SELECT *
                        FROM PRODUCTOS
                        WHERE TIPO='$producto'", $conexion)))
    die( mysql_error() . "ERROR: SELECT no válido");


// Obtenemos cada uno de los productos recuperados anteriormente
// y utilizando la función buscar_y_eliminar() los eliminamos de
// $carrito
while ($fila = mysql_fetch_row($cursor))
    buscar_y_eliminar($carrito, $fila[0]);


// Incluimos en $carrito los elementos enviados desde la página
// que invocó a ésta.
incluir_en_carrito($tabla,$carrito);


// Determinamos si el usuario ha seleccionado algún objeto y
// en función de este dato mostramos un mensaje u otro.
$ir_a_pagar = algun_producto_escogido($carrito);


echo "<BR><BR><BR><BR>\n";
if ($ir_a_pagar)
    echo "<CENTER><H1>Para adquirir los objetos seleccionados " .
        "pase a la opción de pagar</H1></CENTER>\n";
else
    echo "<CENTER><H1>Bienvenidos a la tienda PHP</H1></CENTER>\n";
desconectar_bd();
?>
</BODY>
</HTML>
```

El script `pagos.php` se ejecuta cuando se selecciona la opción correspondiente del menú de navegación de nuestra aplicación. En él distinguimos dos partes bien diferenciadas: una dedicada a mostrar un resumen de los artículos que se desean adquirir, y otra en donde el cliente deberá introducir sus datos identificativos por medio de un formulario. La Figura 14.8 muestra la página generada por este script suponiendo que previamente un cliente haya seleccionado dos artículos para ser adquiridos.

El código del script comienza igual que los anteriores, ejecutando la sentencia `require` del fichero `comun.inc`. Para realizar el resumen de los objetos seleccionados, primero se recupera la información de todos los artículos de la base de datos y después se genera una tabla HTML con los datos de todos aquellos que se encuentren dentro de la lista contenida en la variable de sesión `$carrito`.

La parte correspondiente con la identificación del cliente que realiza la compra está escrita con código HTML, ya que no hace falta realizar ningún proceso para generarla. Estará compuesta por un formulario que será tratado por el script `registracom pra.php` cuando sea enviado.

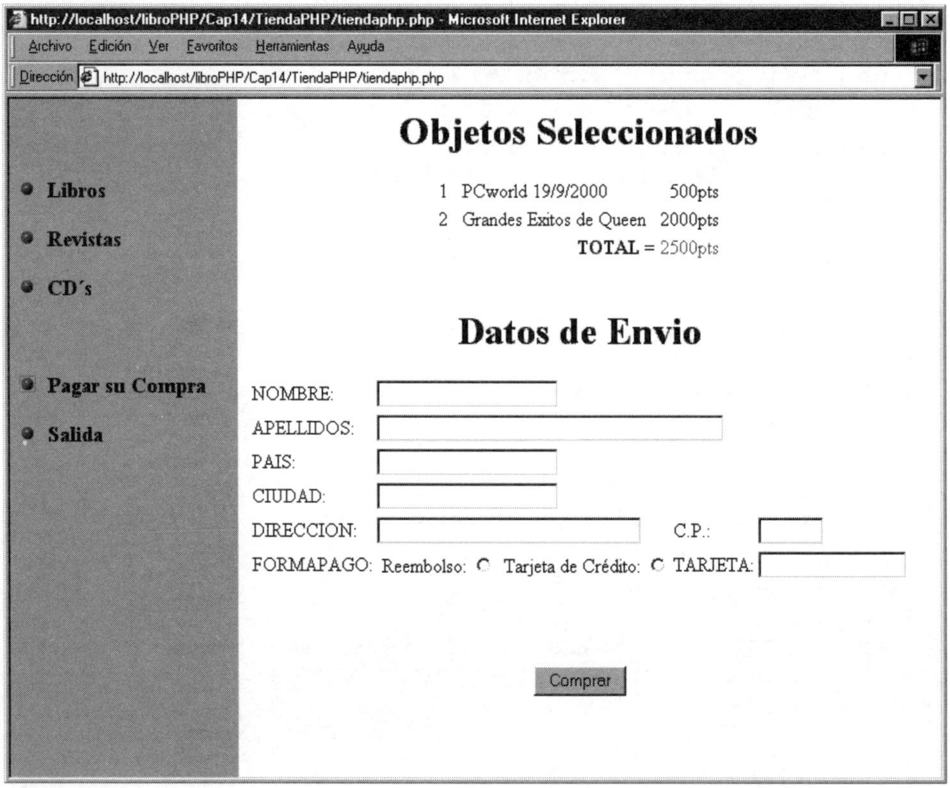

Figura 14.8. Formulario para la realización de la compra.

El código completo del script `pagos.php` es el que se muestra a continuación:

```php
<?php
/* /////////////////////////////////
 * <!-- Cap14/TiendaPHP/pagos.php -->
 * ///////////////////////////// */
require "comun.inc";
?>
<HTML>
<HEAD>
    <TITLE>Solicitud de compra</TITLE>
</HEAD>
<BODY>
<CENTER>
<H1>Objetos Seleccionados</H1>
<FORM METHOD="Post" ACTION='registracompra.php?<?=SID?>'>
    <TABLE>
<?php
// función que determina si un determinado valor coincide con un
// elemento que pertenece al array que se pasa como parámetro
function esta_en_array($array, $valor)
    {
    $continuar = true;
    $i = 0;
    while ($continuar && ($i < count($array)))
        {
        $continuar = ($array[$i] != $valor);
        $i++;
        }
    return !$continuar;
    }

// Conexión con el gestor de la Base de Datos
$conexion = conectar_bd();

// Recuperamos todos los productos contenidos en la tabla productos
if (!($cursor = mysql_query("SELECT * FROM PRODUCTOS")))
    die (mysql_error() . "ERROR: SELECT no válido");

    // Se inicializan los contadores de número de productos y precio
    // total de los artículos escogidos en la compra
    $numero_productos = 0;
    $total = 0;
    // Mostramos la información de todos los productos escogidos
    // por el usuario y acumulamos cuál es su precio total.
    while ($fila = mysql_fetch_row($cursor))
        if (esta_en_array($carrito, $fila[0]))
            {
            $numero_productos++;
```

```
            $total = $total + $fila[3];
            echo "<TR><TD>$numero_productos  </TD>";
            echo "<TD>$fila[1]  </TD><TD ALIGN='Right'>\n" .
                "$fila[3]pts</TD></TR>\n";
            }

    // Si el usuario ha escogido algún producto se muestra el
    // importe total de su factura
    if ($total == 0)
        die("No ha escogido ningún objeto");
    else
        {
        echo "<TR><TD> </TD>";
        echo "<TD ALIGN=RIGHT> <B>TOTAL = </B></TD>" .
            "<TD ALIGN='Right'><FONT COLOR='red'>" .
            "${total}pts</FONT></TD></TR>\n";
        }
    desconectar_bd();
?>

    </TABLE>
    <BR><BR>
    <H1>Datos de Envio</H1>
    <TABLE>
        <TR>
            <TD>NOMBRE:</TD>
            <TD>
                <INPUT TYPE="Text" NAME='nombre' SIZE=20 MAXLENGTH=20>
            </TD>
        </TR>
        <TR>
            <TD>APELLIDOS:</TD>
            <TD COLSPAN=2>
                <INPUT TYPE='Text' NAME='apellidos'
                SIZE=40 MAXLENGTH=40>
            </TD>
        </TR>
        <TR>
            <TD>PAIS:</TD>
            <TD>
                <INPUT TYPE='Text' NAME='pais' SIZE=20 MAXLENGTH=20>
            </TD>
        </TR>
        <TR>
            <TD>CIUDAD:</TD>
            <TD>
                <INPUT TYPE='Text' NAME='ciudad' SIZE=20 MAXLENGTH=20>
            </TD>
        </TR>
```

```
        <TR>
            <TD>DIRECCION:</TD>
            <TD>
                <INPUT TYPE='Text' NAME='direccion'
                SIZE=30 MAXLENGTH=30>
            </TD>
            <TD>C.P.:</TD>
            <TD>
                <INPUT TYPE='Text' NAME='codigopostal'
                SIZE=6 MAXLENGTH=6>
            </TD>
        </TR>
        <TR>
            <TD>FORMAPAGO:</TD>
            <TD> Reembolso:
                <INPUT TYPE='Radio' NAME='formapago' VALUE='R'>
                 Tarjeta de Crédito:
                <INPUT TYPE='Radio' NAME='formapago' VALUE='T'></TD>
            <TD>TARJETA:</TD>
            <TD><INPUT TYPE='Text' NAME='tarjetadecredito'
                SIZE=16 MAXLENGTH=16>
            </TD>
        </TR>
    </TABLE><BR>
    <INPUT TYPE='Submit' VALUE='Comprar'>
</FORM>
</CENTER>
</BODY>
</HTML>
```

El script `registracompra.php` es el encargado de registrar toda la información acerca del pedido que el cliente de nuestra tienda ha realizado. Estos datos son imprescindibles para poder servir al comprador los productos que desea adquirir.

Este script comienza como los anteriores, ejecutando las sentencias contenidas en `comun.inc`. A continuación, realiza una pequeña validación de los datos introducidos por el comprador. En concreto, determina que se ha introducido alguna información en los campos del formulario, que la información del código postal está formada por números y que, en el caso de haber escogido como forma de pago la tarjeta de crédito, se ha introducido un número de tarjeta de entre 13 y 16 dígitos. El código correspondiente a estas comprobaciones es el siguiente:

```
if ($nombre == "" || $apellidos == "" ||
    $pais == "" || $ciudad = "" || $direccion=="" ||
    !ereg("^[[:digit:]]{5,6}$",$codigopostal) ||
    ($formapago == "T" &&
    !ereg("^[[:digit:] ]{13,16}$", $tarjetadecredito)))
    die ("<CENTER><H1>Datos de envio incorrectos." .
        "Por favor, vuelva a introducirlos</H1></CENTER>");
```

Tal y como vimos en el modelo de datos de nuestra aplicación, los datos de una orden de compra se van a registrar en dos tablas independientes. Toda la información relativa al cliente de la tienda (identificación, lugar de entrega, forma de pago) se va a registrar en la tabla PEDIDOS. El siguiente código PHP se encargará de realizar esta acción:

```
if (!($cursor = mysql_query("INSERT INTO PEDIDOS
                             VALUES
                             (0,'$nombre','$apellidos',
                              '$pais','$ciudad','$direccion',
                              $codigopostal, '$formapago',
                              '$tarjetadecredito')")))
   die(mysql_error() .
       "ERROR: Insert no válido. Compra no registrada");
```

En la sentencia SQL anterior se puede observar que se proporciona el valor "0" para el primer atributo (Orden) de la tabla. Este atributo es actualizado directamente por MySQL (está definido como autoincrementado), por lo que se prescindirá del valor proporcionado. Necesitamos saber cuál es este valor generado automáticamente, ya que el atributo Orden es la clave de la tabla. Por medio de la función mysql_insert_id() obtenemos este dato:

```
$identificador_pedido = mysql_insert_id();
```

El siguiente paso consiste en registrar los artículos que forman parte del pedido. Esta información se encuentra en la variable de sesión $carrito. Por lo tanto, tendremos que acceder a todos los elementos de este array e insertarlos en la tabla DETALLES_PEDIDO.

```
for ($i = 0; $i < count($carrito); $i++)
   if ($carrito[$i] != "")
      if (!($cursor = mysql_query("INSERT INTO
                                   DETALLE_PEDIDOS
                                   VALUES
                                   ($identificador_pedido,
                                    $carrito[$i],'P')")))
         die(mysql_error() .
             "ERROR: Insert no válido. Compra no registrada");
```

El último paso importante que realiza este script consiste en vaciar el contenido de $carrito. Una vez que se ha formalizado la orden de compra, el «carrito» de la compra debe ser vaciado para poder iniciar otra compra si se desea. Eso es lo que hace el código:

```
session_unset();
$carrito = array();
```

El código completo del script registracompra.php aparece a continuación:

```php
<?php
/* /////////////////////////////////////////////
* <!-- Cap14/TiendaPHP/registracompra.php -->
* ///////////////////////////////////////////// */
require "comun.inc";
// comprobamos que son correctos los datos enviados por el usuario
if ($nombre == "" || $apellidos == "" ||
    $pais == "" || $ciudad = "" || $direccion=="" ||
    !ereg("^[[:digit:]]{5,6}$",$codigopostal) ||
    ($formapago == "T" &&
    !ereg("^[[:digit:] ]{13,16}$", $tarjetadecredito)))
   die ("<CENTER><H1>Datos de envio incorrectos." .
        "Por favor, vuelva a introducirlos</H1></CENTER>");


/ Conexión con el gestor de la Base de Datos
$conexion = conectar_bd();


// Registramos los datos personales del cliente
if (!($cursor = mysql_query("INSERT INTO PEDIDOS
                            VALUES
                            (0,'$nombre','$apellidos','$pais',
                            '$ciudad','$direccion',$codigopostal,
                            '$formapago','$tarjetadecredito')")))
   die(mysql_error() .
       "ERROR: Insert no válido. Compra no registrada");
// Recuperamos el identificador de cliente
$identificador_pedido = mysql_insert_id();


// Registramos el pedido
for ($i = 0; $i < count($carrito); $i++)
   if ($carrito[$i] != '')
      if (!($cursor = mysql_query ("INSERT INTO DETALLE_PEDIDOS
                                   VALUES
                                   ($identificador_pedido,
                                   $carrito[$i],'P')")))
         die(mysql_error() .
             "ERROR: Insert no válido. Compra no registrada");
echo "<BR><BR><BR><BR>\n<H1><CENTER>Pronto recibirá " .
     "su compra en casa </H1></CENTER>\n";


// Liberamos los objetos pertenecientes a la compra
session_unset();
// Indicamos que el carrito es un array
$carrito = array();
desconectar_bd();
?>
```

La última opción de nuestra «tienda en Internet» es la que nos permite salir de la aplicación. Pulsando el enlace correspondiente se ejecutará el script `salida.php`, encargado de destruir la sesión actual y proporcionar un mensaje de agradecimiento por haber dispuesto de los servicios ofrecidos por nuestro negocio.

Para destruir una sesión por completo es necesario realizar las siguientes acciones:

- Eliminar el fichero que contiene la información relativa a la sesión. Esto lo conseguimos invocando a la función `session_destroy()`.

- Eliminar la *cookie* que mantiene el valor del identificador de sesión en el navegador del cliente. Para realizar esta acción será necesario enviar una *cookie* por medio de la función `setcookie()`, que será invocada con los siguientes parámetros:

  - El parámetro `"nombre"` será el mismo que tiene la variable de sesión, es decir, el valor devuelto por la función `session_name()`.

  - Para el parámetro `"valor"` sirve cualquiera. Por ejemplo, «0»,

  - El parámetro que nos indica la `"fecha de expiración"` de la *cookie* debe contener un valor anterior a la fecha actual. Por ejemplo, «1».

  - El valor del parámetro `"path"` deberá contener el valor que por defecto tiene asignada la *cookie* utilizada en la gestión de sesiones. Esta información se obtiene del vector devuelto por la invocación de la función `session_get_coo kie_params()`.

El código completo de este último script de nuestra aplicación es el que aparece a continuación:

```php
<?php
/* ////////////////////////////////////
 * <!-- Cap14/TiendaPHP/salida.php -->
 * //////////////////////////////// */
session_start();

// Eliminamos todos los datos registrados en la sesión.
session_destroy();

// Borramos la cookie que contiene el identificador de sesión
$parametros_cookies = session_get_cookie_params();
setcookie(session_name(), 0, 1, $parametros_cookies["path"]);
?>
<HTML>
<HEAD>
    <TITLE>Compras</TITLE></HEAD>
<BODY>
<BR><BR><BR><BR><BR><BR><BR><BR><BR><BR>
<H1 ALIGN="CENTER">GRACIAS POR SU VISITA</H1>
</BODY>
</HTML>
```

APÉNDICE A

Directivas del
fichero php.ini

El fichero `php.ini` controla varios aspectos del comportamiento de PHP. El orden de búsqueda de este fichero empleado por el intérprete es el siguiente:

1. Directorio de trabajo en el que reside el intérprete.

2. En la ruta indicada por la variable de entorno `PHPRC` (si existe).

3. En el directorio definido al efecto cuando se construyó el intérprete (en máquinas Win32 el valor por defecto para este directorio es `\WINDOWS`).

La sintaxis de este fichero es muy sencilla. Espacios en blanco y líneas que comiencen con un carácter de punto y coma son ignoradas, así como el texto que figure a continuación de dicho carácter. Las directivas se especifican empleando la siguiente sintaxis:

```
directiva = valor
```

Los nombres de las directivas son sensibles a las mayúsculas y minúsculas. El valor puede ser una cadena, un número, una constante PHP (por ejemplo, `E_ALL`), una de las constantes INI (`On`, `Off`, `True`, `False`, `Yes`, `No` y `None`), una expresión (por ejemplo, `E_ALL & ~E_NOTICE`) o una cadena entre comillas. Las directivas booleanas pueden activarse empleando los valores `1`, `On`, `True` o `Yes`, y pueden desactivarse empleando los valores `0`, `Off`, `False` o `No`. Una cadena vacía puede indicarse no asignando ningún valor a la directiva o empleando la palabra `None`.

Los valores mostrados coinciden con los valores por defecto del fichero `php.ini-dist` en la distribución `4.0.6` de PHP. En caso de no emplear el fichero `php.ini` o eliminar una directiva concreta se emplean los valores por defecto.

DIRECTIVAS GENERALES DE CONFIGURACIÓN

```
engine=On
```

Activa el intérprete de PHP en Apache.

```
short_open_tag=On
```

Permite la utilización de las etiquetas cortas `<? ?>`. En caso contrario, sólo las etiquetas `<?php ?>` y `<script>` son reconocidas.

```
asp_tags=Off
```

Permite el uso de las etiquetas estilo ASP `<% %>`, además de las habituales etiquetas `<?php ?>`. También se incluye un atajo para imprimir variables `<%= $valor %>` (equivalente a `<?php echo $valor ?>`).

```
precision=14
```

Especifica el número de dígitos significativos mostrados en números en punto flotante.

`y2k_compliance=Off`

Refuerza el cumplimiento del año 2000.

`output_buffering=Off`

Activa el empleo de buffering de la salida. El empleo de buffering permite enviar cabeceras (incluidas cookies) con posterioridad a la generación del contenido del documento, pero ralentiza el envío de la respuesta. Puede activarse en tiempo de ejecución empleando la función `ob_start()`.

`output_handler=nombre_función`

Permite redirigir la salida de un script hacia la función especificada. En caso de especificarse una función, activa automáticamente el empleo de buffering.

`zlib.output_compression=Off`

Activa la compresión transparente empleando la librería `zlib`.

`implicit_flush=Off`

Indica a PHP que vacíe la salida después de cada operación que genere alguna salida (como `echo()`, `print()`, etc.).

`allow_call_time_pass_reference=On`

Fuerza el paso de parámetros por referencia en las funciones.

Modo seguro

`safe_mode=Off`

Activa el modo seguro.

`safe_mode_exec_dir=`

Directorio en el que se ejecutarán los scripts en modo seguro.

`safe_mode_allowed_env_vars=PHP_`

Lista de prefijos de las variables que el usuario puede alterar en modo seguro.

`safe_mode_protected_env_vars=LD_LIBRARY_PATH`

Lista de variables de entorno que el usuario no podrá modificar empleando la función `putenv()`.

`disable_functions=`

Permite desactivar una lista de funciones por motivos de seguridad. No depende de si está o no activo el modo seguro.

Colores para destacar la sintaxis

Los colores definidos en esta sección son utilizados por la función `show_source()` y `highlight_file()` para resaltar la sintaxis de PHP.

```
highlight.string=#CC0000
highlight.comment=#FF9900
highlight.keyword=#006600
highlight.bg=#FFFFFF
highlight.default=#0000CC
highlight.html=#000000
```

Miscelánea

```
expose_php=On
```

Determina si se expone la instalación de PHP en el servidor web (añadiendo una cadena en la cabecera del servidor web).

LIMITACIÓN DE RECURSOS

```
max_execution_time=30
```

Determina el tiempo máximo de ejecución de cada script en segundos.

```
memory_limit=8M
```

Determina la cantidad máxima de memoria que un script puede consumir.

GESTIÓN DE ERRORES Y REGISTRO DE ACCESOS

Existen varios niveles de información de errores. El nivel se especifica mediante una variable que se modifica al nivel de bits. Existen una serie de constantes para facilitar el manejo de dicha variable. Estas constantes son:

Constante	Significado
E_ALL	Todos los errores y avisos.
E_ERROR	Errores fatales en tiempo de ejecución.
E_WARNING	Avisos en tiempo de ejecución.
E_PARSE	Errores en tiempo de compilación.
E_NOTICE	Advertencias en tiempo de ejecución.

(continúa)

(continuación)

Constante	Significado
E_CORE_ERROR	Errores fatales durante el lanzamiento de PHP.
E_CORE_WARNING	Avisos durante el lanzamiento de PHP.
E_COMPILE_ERROR	Errores fatales en tiempo de compilación.
E_COMPILE_WARNING	Avisos en tiempo de compilación.
E_USER_ERROR	Mensaje de error generado por el usuario.
E_USER_WARNING	Aviso generado por el usuario.
E_USER_NOTICE	Advertencia generada por el usuario.

```
error_reporting= E_ALL
```

Muestra todos los errores, avisos y advertencias.

```
display_errors=On
```

Muestra los errores producidos (como parte de la salida generada).

```
display_startup_errors=Off
```

Muestra los errores producidos durante el lanzamiento del intérprete.

```
log_errors=Off
```

Registra los errores en un fichero de log.

```
track_errors=Off
```

Almacena el último error o aviso producido en la variable $php_errormsg.

```
; error_prepend_string="<font color=ff0000>"
```

Cadena insertada antes de un mensaje de error.

```
; error_append_string="</font>"
```

Cadena insertada después de un mensaje de error.

```
; error_log=filename
```

Registra los errores en el fichero especificado.

```
; error_log=syslog
```

Registra los errores en el registro del sistema.

```
warn_plus_overloading=Off
```

Genera un aviso si se emplea el operador + entre cadenas.

MANIPULACIÓN DE DATOS

Observación: `track_vars` está siempre activa desde PHP 4.0.3.

```
; arg_separator.output="&amp;"
```

Separador empleado para separar argumentos en los URL generados.

```
; arg_separator.input=";&"
```

Lista de caracteres separadores empleados para traducir entradas de URL en variables.

```
variables_order="EGPCS"
```

Esta directiva describe el orden en el que PHP registra las variables: GET, POST, Cookie, Entorno y Script. El registro se realiza de izquierda a derecha y los nuevos valores machacan los antiguos.

```
register_globals=On
```

Determina si se deben crear o no variables globales con los nombres de las variables pasadas como argumentos al script.

```
register_argc_argv=On
```

Permite definir las variables `argc` y `argv`.

```
post_max_size=8M
```

Tamaño máximo aceptable de los datos enviados empleando el método POST.

```
gpc_order="GPC"
```

Directiva obsoleta. Emplee `variables_order` en su lugar.

Conversión automática de comillas

```
magic_quotes_gpc=On
```

Activa la conversión automática de comillas. Cuando está activada, PHP añade una barra invertida antes de cualquier comilla simple, doble, barra invertida y NUL.

```
magic_quotes_runtime=Off
```

Conversión automática para datos generados en tiempo de ejecución.

```
magic_quotes_sybase=Off
```

Conversión automática estilo Sybase.

Inserción automática de ficheros

```
auto_prepend_file=
```

Permite especificar el nombre de un fichero que es añadido automáticamente a continuación del archivo principal. El archivo se incluye como si fuese llamado mediante la función `include()`. El valor especial `none` desactiva la adición automática de archivos. Nota: si el script ejecuta la instrucción `exit()`, no se añadirá el fichero especificado.

```
auto_append_file=
```

Permite especificar el nombre de un archivo que es añadido automáticamente al inicio del archivo principal.

```
default_mimetype="text/html"
```

Tipo de contenido por defecto en la cabecera `Content-type`.

```
; default_charset="iso-8859-1"
```

Juego de caracteres por defecto.

CONFIGURACIÓN DE RUTAS Y DIRECTORIOS

En sistemas UNIX se especificarán de la forma habitual como `"/path1:/path2"`. En sistemas Win32 se empleará la barra invertida y el punto y coma como separador (`"\path1;\path2"`).

```
doc_root=
```

Raíz de las páginas PHP, se emplea sólo si no está vacío.

```
user_dir=
```

Directorio con scripts específicos de un usuario.

```
extension_dir=./
```

Directorio en el que residen con las extensiones (módulos).

```
enable_dl=On
```

Permite el empleo de la función de carga dinámica `dl()`.

DESCARGA DE FICHEROS

```
file_uploads=On
```

Determina si se permite el envío de ficheros desde los clientes al servidor.

```
; upload_tmp_dir=
```

Directorio temporal para la descarga de ficheros (se empleará el directorio temporal por defecto del sistema si no se especifica).

```
upload_max_filesize=2M
```

Tamaño máximo de los ficheros descargados.

RECUBRIMIENTOS DE APERTURA

```
allow_url_fopen=On
```

Determina si se permite el tratamiento de URL como `http://` o `ftp://` como ficheros.

```
; from="john@doe.com"
```

Define la palabra clave empleada para las conexiones ftp anónimas.

EXTENSIONES DINÁMICAS

Permite cargar automáticamente extensiones (del directorio especificado anteriormente en la directiva `extension_dir`). La sintaxis es:

```
extension=nombre_módulo.extensión
```

Por ejemplo, en Windows sería: `extension=msql.dll`, y en UNIX: `extension=msql.so`. Tenga en cuenta que en sistemas Win32 ya se incluye por defecto el soporte para varios módulos, como MySQL y ODBC.

DIRECTIVAS ESPECÍFICAS DE MÓDULOS

Syslog

```
define_syslog_variables=Off
```

Determina si deben definirse varias variables de registro del sistema ($LOG_PID, $LOG_CRON, etc.). También pueden definirse en tiempo de ejecución empleando la función `define_syslog_variables()`.

Función mail

```
SMTP=localhost
```

Sólo para sistemas Win32.

```
sendmail_from=me@localhost.com
```

Sólo para sistemas Win32.

```
; sendmail_path=
```

Sólo para sistemas UNIX. Permite especificar argumentos adicionales (por defecto `'sendmail -t -i'`).

Registro de acceso

```
; logging.method=db
```

Permite especificar el método de registro de acceso.

```
; logging.directory=/path/to/log/directory
```

Permite especificar el directorio en el que residen los ficheros de log.

Java

```
;java.class.path=.\php_java.jar
;java.home=c:\jdk
;java.library=c:\jdk\jre\bin\hotspot\jvm.dll
;java.library.path=.\
```

Directivas de configuración de Java.

SQL

```
sql.safe_mode=Off
```

SQL en modo seguro.

ODBC

```
;odbc.default_db=no implementado
;odbc.default_user= no implementado
;odbc.default_pw= no implementado
```

```
odbc.allow_persistent=On
```

Permite el establecimiento de conexiones persistentes.

```
odbc.check_persistent=On
```

Comprueba si la conexión todavía es válida antes de reutilizarla.

```
odbc.max_persistent=-1
```

Número máximo de conexiones persistentes (-1 significa sin límite).

```
odbc.max_links=-1
```

Número máximo de conexiones (persistentes + no persistentes).

```
odbc.defaultlrl=4096
```

Manipulación de campos de tipo LONG.

```
odbc.defaultbinmode=1
```

Manipulación de datos binarios.

MySQL

```
mysql.allow_persistent=On
```

Permite el empleo de conexiones persistentes.

```
mysql.max_persistent=-1
```

Número máximo de conexiones persistentes (-1 significa sin límite).

```
mysql.max_links=-1
```

Número máximo de conexiones (persistentes + no persistentes).

```
mysql.default_port=
```

Número de puerto del servidor MySQL empleado por la función mysql_connect().

```
mysql.default_socket=
```

Nombre por defecto del socket para conexiones locales.

```
mysql.default_host=
```

Nombre del host por defecto para la función `mysql_connect()`.

```
mysql.default_user=
```

Nombre de usuario por defecto para la función `mysql_connect()`.

```
mysql.default_password=
```

Palabra clave por defecto para la función `mysql_connect()`. Se desaconseja su utilización por motivos de seguridad.

mSQL

```
msql.allow_persistent=On
```

Permite el empleo de conexiones persistentes.

```
msql.max_persistent=-1
```

Número máximo de conexiones persistentes (-1 significa sin límite).

```
msql.max_links=-1
```

Número máximo de conexiones (persistentes + no persistentes).

PostgresSQL

```
pgsql.allow_persistent=On
```

Permite el empleo de conexiones persistentes.

```
pgsql.max_persistent=-1
```

Número máximo de conexiones persistentes (-1 significa sin límite).

```
pgsql.max_links=-1
```

Número máximo de conexiones (persistentes + no persistentes).

Sybase

```
sybase.allow_persistent=On
```

Permite el empleo de conexiones persistentes.

```
sybase.max_persistent=-1
```

Número máximo de conexiones persistentes (-1 significa sin límite).

```
sybase.max_links=-1
```

Número máximo de conexiones (persistentes + no persistentes).

```
; sybase.interface_file="/usr/sybase/interfaces"
```

Definición del fichero de interfaz.

```
sybase.compatability_mode=Off
```

Modo compatible con versiones anteriores de PHP 3. En caso de estar activado asigna tipos a los resultados recuperados de acuerdo a su tipo Sybase en lugar de tratarlos como cadenas.

Sybase-CT

```
sybct.allow_persistent=On
```

Permite el empleo de conexiones persistentes.

```
sybct.max_persistent=-1
```

Número máximo de conexiones persistentes (-1 significa sin límite).

```
sybct.max_links=-1
```

Número máximo de conexiones (persistentes + no persistentes).

bcmath

```
bcmath.scale=0
```

Número de dígitos decimales para todas las funciones del módulo bcmath.

browscap

```
; browscap=extra/browscap.ini
```

Fichero con la descripción de capacidades de los distintos navegadores.

Informix

```
ifx.default_host=
```

Host por defecto para la función ifx_connect().

`ifx.default_user=`

Usuario por defecto para la función `ifx_connect()`.

`ifx.default_password=`

Palabra clave por defecto para la función `ifx_connect()`.

`ifx.allow_persistent=On`

Permite el empleo de conexiones persistentes.

`ifx.max_persistent=-1`

Número máximo de conexiones persistentes (`-1` significa sin límite).

`ifx.max_links=-1`

Número máximo de conexiones (persistentes + no persistentes).

`ifx.textasvarchar=0`

Si se activa, las instrucciones `SELECT` devuelven el contenido de los campos `blob` en lugar de su identificador.

`ifx.byteasvarchar=0`

Si se activa las instrucciones `SELECT` devuelven el contenido de los campos `byte blob` en lugar de su identificador.

`ifx.charasvarchar=0`

Elimina los espacios en blanco de las columnas de caracteres de longitud fija.

`ifx.blobinfile=0`

El contenido de los campos `blobs` (texto y byte) se vuelcan a un fichero en lugar de almacenarse en memoria si está activado.

`ifx.nullformat=0`

Determina si los campos `NULL` se devuelven como una cadena vacía o como la cadena `'NULL'`.

Sesiones

`session.save_handler=files`

Manipulador empleado para almacenar la información relativa a las sesiones.

```
session.save_path= C:\php4.0.6\sessiondata
```

Directorio en el que se almacenan los ficheros con la información de las sesiones (si procede).

```
session.use_cookies=1
```

Determina si se emplean cookies.

```
session.name=PHPSESSID
```

Nombre de la sesión (se emplea como nombre de la cookie).

```
session.auto_start=0
```

Inicializa automáticamente la sesión en cada petición.

```
session.cookie_lifetime=0
```

Tiempo de vida en segundos de las cookies de sesión (si es 0, hasta que el navegador es cerrado).

```
session.cookie_path=/
```

Ruta para la que la cookie es válida.

```
session.cookie_domain=
```

Dominio para el que la cookie es válida.

```
session.serialize_handler=php
```

Manipulador empleado para serializar los datos.

```
session.gc_probability=1
```

Probabilidad (en tanto por ciento) de lanzamiento del recolector de basura en cada inicialización de sesión.

```
session.gc_maxlifetime=1440
```

Número de segundos tras el que los datos se consideran basura y pueden ser eliminados por el recolector.

```
session.referer_check=
```

Activa el chequeo de la cabecera *Referer* para invalidar URL externos conteniendo identificadores.

```
session.entropy_length=0
```

Número de bytes a leer del fichero.

```
session.entropy_file=
```

Especifica dónde crear el identificador de sesión.

```
session.cache_limiter=nocache
```

Admite los valores {`nocache`, `private`, `public`} para indicar el tipo de caché HTTP válido.

```
session.cache_expire=180
```

Tiempo de expiración en minutos de la caché.

```
session.use_trans_sid=1
```

Automatiza la incorporación del identificador de sesión en todas las peticiones.

```
url_rewriter.tags="a=href,area=href,frame=src,input=src,form=fakeentry"
```

Indica la lista de etiquetas HTML que son reescritas añadiendo el identificador de sesión.

MSSQL

```
mssql.allow_persistent=On
```

Permite el empleo de conexiones persistentes.

```
mssql.max_persistent=-1
```

Número máximo de conexiones persistentes (-1 significa sin límite).

```
mssql.max_links=-1
```

Número máximo de conexiones (persistentes + no persistentes).

```
mssql.min_error_severity=10
```

Grado mínimo de severidad de los errores mostrados.

```
mssql.min_message_severity=10
```

Grado mínimo de severidad de los mensajes mostrados.

```
mssql.compatability_mode=Off
```

Activa el modo de compatibilidad con versiones antiguas de PHP 3.0.

; `mssql.textlimit=4096`

Límite de texto (rango válido: `0 - 2.147.483.647`).

; `mssql.textsize=4096`

Tamaño del texto (rango válido: `0 - 2.147.483.647`).

; `mssql.batchsize=0`

Limita el número de registros de un procesamiento (si es 0 se procesan todos los registros).

Assertion

; `assert.active=On`

Activa la evaluación de `assert(expresión)`.

; `assert.warning=On`

Genera un aviso PHP por cada evaluación falsa.

; `assert.bail=Off`

En caso de estar activada termina la ejecución tras una evaluación falsa.

; `assert.callback=0`

Función de usuario llamada en caso de fallar la aserción.

; `assert.quiet_eval=0`

En caso de estar activo evalúa la expresión empleando el nivel actual de avisos para la función `error_reporting()`.

Ingres II

`ingres.allow_persistent=On`

Permite el empleo de conexiones persistentes.

`ingres.max_persistent=-1`

Número máximo de conexiones persistentes (`-1` significa sin límite).

`ingres.max_links=-1`

Número máximo de conexiones (persistentes + no persistentes).

```
ingres.default_database=
```

Base de datos por defecto (formato: `[node_id::]dbname[/srv_class]`).

```
ingres.default_user=
```

Nombre de usuario por defecto.

```
ingres.default_password=
```

Palabra clave por defecto.

Verisign Payflow Pro

```
pfpro.defaulthost="test.signio.com"
```

Servidor Signio por defecto.

```
pfpro.defaultport=443
```

Puerto por defecto al que conectarse.

```
pfpro.defaulttimeout=30
```

Especifica el timeout en segundos.

```
; pfpro.proxyaddress=
```

Dirección IP por defecto del proxy.

```
; pfpro.proxyport=
```

Puerto del proxy.

```
; pfpro.proxylogon=
```

Nombre de usuario para conectar con el proxy.

```
; pfpro.proxypassword=
```

Palabra clave para conectar con el proxy.

Sockets

```
sockets.use_system_read=On
```

Emplea una llamada a la función `read()` del sistema en lugar del recubrimiento `php_read()`.

COM

; com.typelib_file=

Ruta al fichero que contiene los GUID, IID o nombres de fichero de los ficheros conteniendo TypeLibs.

; com.allow_dcom=true

Permite el empleo de llamadas DCOM.

Printer

; printer.default_printer=""

Impresora por defecto.

APÉNDICE B

MySQL

En este apéndice se presenta de una forma muy somera la sintaxis de los principales comandos de que dispone MySQL como gestor de bases de datos. Se incluyen los principales comandos que forman parte del lenguaje de definición de datos y aquellos cuya función es la manipulación de dichos datos.

LENGUAJE DE DEFINICIÓN DE DATOS

Tipos de datos

Tipo	Descripción
Tinyint [Unsigned]	Entero de 0 a 255 o de –128 a 128 si dispone de signo.
Smallint [Unsigned]	Entero de 0 a 65535 o de –32768 a 32768 si dispone de signo.
Mediumint [Unsigned]	Entero de tamaño medio. El rango con signo es de –8388608 a 8388607. Sin signo es de 0 a 16777215.
Int Integer	Entero normal. Rango de –2147483648 a 2147483648 si dispone de signo o de 0 a 4294967295 si no dispone de él.
Bigint [Unsigned]	Entero largo. Rango de –9223372036854775808 a 9223372036854775808. Dado que los cálculos se hacen con DOUBLE, no se aconseja usar este tipo de dato para valores mayores que dicha cifra (aunque sean sin signo, solamente usar valores superiores con funciones de bits).
Float [(M,D)]	Número en coma flotante de simple precisión si no se pasa ningún argumento. M es el número de dígitos y D es el número de decimales.
Double [(M,D)] Double Precision [(M,D)] Real [(M,D)]	Número en coma flotante de doble precisión. Siempre dispone de signo. M es el número de dígitos y D es el número de decimales.
Decimal [(M[,D])] Numeric(M,D)	Número almacenado como una cadena de caracteres. M es el número total de dígitos sin contar el signo ni el punto decimal y D es el número de decimales.
Date	Tipo fecha. Admite formatos "YYYY-MM-DD" o "YY-MM-DD" o "YYMMDD". Rango desde el 01-01-1000 al 31-12-9999. Se pueden asignar como cadenas de caracteres.
Datetime	Combinación de fecha y hora. Formato "YYYY-MM-DD HH:MM:SS".
Time	Tipo "hora". Admite formato "HH:MM:SS" o "HHMMSS" o "HHMM" o "HH".
Year [(2|4)]	Año en dos o cuatro dígitos. El rango para cuatro dígitos es de1 901 a 2155 y para dos dígitos es de 1970 a 2069.

(continúa)

(continuación)

Tipo	Descripción
Char(longitud)	Cadena de caracteres de la longitud indicada. Se reserva el espacio en caracteres aunque no se usen.
Varchar(longitud)	Cadena de caracteres de la longitud indicada que se almacena con su ocupación. El espacio sobrante no se reserva. Máxima longitud: 255 caracteres.
Tinyblob Tinytext	Blob o text con un máximo de 255 caracteres.
Blob Text	Tipo destinado a almacenar bits sin interpretar. La longitud máxima es de 65535 caracteres. La diferencia entre Blob y Text radica en que las comparaciones en datos de tipo Blob diferencian mayúsculas de minúsculas y en Text no (usando el alfabeto inglés).
Mediumblob Mediumtext	Blob o text con un máximo de 16777215 caracteres.
Longblob Longtext	Blob o text con un máximo de 4294967295 caracteres.
ENUM ('valor1', 'valor2', ...)	Tipo enumerado. Los valores aceptables son los detallados o NULL.
SET ('valor1', 'valor2', ...)	Conjunto de valores. El número de valores máximo es 64. Una cadena puede contener más de uno de los valores.

Creación de bases de datos

Crea la base de datos especificada. Si no se usa IF NOT EXISTS y la base de datos ya ha sido creada se produce un error.

```
CREATE DATABASE [IF NOT EXISTS] NombreBasedeDatos
```

Borrado de bases de datos

Elimina la base de datos especificada. Si no se usa IF EXISTS y la base de datos no está creada, se obtiene un error.

```
DROP DATABASE [IF EXISTS] NombreBasedeDatos
```

Creación de tablas

Crea la tabla especificada dentro de la base de datos activa. Se indican cada uno de los atributos de los que se compone, así como su tipo y una serie de opciones que pueden hacer referencia a sus contenidos. Las definiciones de referencia se mantienen exclusivamente para compatibilidad con otros gestores, pero no afecta al tratamiento de los datos.

```
CREATE [TEMPORARY] TABLE[IF NOT EXISTS] NombredeTabla
[(definición,...)]
[sentencia select]

definición:
   col_nombre tipo [NOT NULL | NULL] [DEFAULT valor]
   [AUTO_INCREMENT][PRIMARY KEY] [def referencia]
   ó    PRIMARY KEY (nombrecolumna,...)
   ó    KEY [nombreindice] (nombrecolumna,...)
   ó    INDEX [nombreindice] (nombrecolumna,...)
   ó    UNIQUE[INDEX][nombreindice](nombrecolumna,...)
   ó    FULLTEXT[INDEX][nombreindice](nombrecolumna,..)
   ó    [CONSTRAINT symbol] FOREIGN KEY nombreindice
(nombrecolumna,...)[def referencia]
   ó    CHECK (expr)

tipo:
        TINYINT[(length)] [UNSIGNED] [ZEROFILL]
   ó    SMALLINT[(length)] [UNSIGNED] [ZEROFILL]
   ó    MEDIUMINT[(length)] [UNSIGNED] [ZEROFILL]
   ó    INT[(length)] [UNSIGNED] [ZEROFILL]
   ó    INTEGER[(length)] [UNSIGNED] [ZEROFILL]
   ó    BIGINT[(length)] [UNSIGNED] [ZEROFILL]
   ó    REAL[(length,decimals)] [UNSIGNED] [ZEROFILL]
   ó    DOUBLE[(length,decimals)][UNSIGNED] [ZEROFILL]
   ó    FLOAT[(length,decimals)] [UNSIGNED] [ZEROFILL]
   ó    DECIMAL(length,decimals) [UNSIGNED] [ZEROFILL]
   ó    NUMERIC(length,decimals) [UNSIGNED] [ZEROFILL]
   ó    CHAR(length) [BINARY]
   ó    VARCHAR(length) [BINARY]
   ó    DATE
   ó    TIME
   ó    TIMESTAMP
   ó    DATETIME
   ó    TINYBLOB
   ó    BLOB
   ó    MEDIUMBLOB
   ó    LONGBLOB
   ó    TINYTEXT
   ó    TEXT
   ó    MEDIUMTEXT
   ó    LONGTEXT
   ó    ENUM(valor1,valor2,valor3,...)
   ó    SET(valor1,valor2,valor3,...)

def referencia:
        REFERENCES NombreTabla [(nombre indice,...)]
```

```
[MATCH FULL | MATCH PARTIAL]
[ON DELETE opcion referencia]
[ON UPDATE opcion referencia]
```

```
opcion referencia:
RESTRICT|CASCADE|SET NULL|NO ACTION|SET DEFAULT
```

Modificación de tablas

Permite la modificación de una tabla creada previamente, ya sea añadiendo nuevos atributos (ADD), borrando algún atributo ya existente (DROP) o cambiando tipos o nombre de columnas (ALTER, CHANGE, DROP).

```
ALTER [IGNORE] TABLE NombreTabla espec [,espec ...]
```

```
espec:
ADD [COLUMN] create [FIRST|AFTER nombrecolumna ]
    ó    ADD [COLUMN] (create, ...)
    ó    ADD INDEX [nombreindice] (nombrecolumna,...)
    ó    ADD PRIMARY KEY (nombrecolumna,...)
    ó    ADD UNIQUE [nombreindice] (nombrecolumna,...)
    ó    ADD FULLTEXT [nombreindice](nombrecolumna,...)
    ó    ADD [CONSTRAINT const] FOREIGN KEY nombreindice
(nombrecolumna,...) [def referencia]
    ó    ALTER [COLUMN] nombrecol {SET DEFAULT literal | DROP DEFAULT}
    ó    CHANGE [COLUMN] nombrecol create
    ó    MODIFY [COLUMN] create
    ó    DROP [COLUMN] nombrecol
    ó    DROP PRIMARY KEY
    ó    DROP INDEX nombreindice
    ó    DISABLE KEYS
    ó    ENABLE KEYS
    ó    RENAME [TO] NombreTabla
    ó    ORDER BY nombrecol
```

Cambio de nombre de tablas

Permite cambiar el nombre de una o más tablas ya existentes.

```
RENAME TABLE NombredeTabla TO NuevoNombredeTabla [,NombredeTabla TO
NuevoNombredeTabla, ...]
```

Borrado de tablas

Elimina la tabla (estructura y contenidos) indicada.

```
DROP TABLE [IF EXISTS] NombredeTabla
```

Optimización de tablas

Permite eliminar la fragmentación que puede presentar una tabla al eliminar datos.

```
OPTIMIZE TABLE NombredeTabla
```

Copia de tablas

Permite realizar una copia de seguridad de la tabla indicada en el directorio especificado. Solamente funciona en tablas de tipo MyISAM.

```
BACKUP TABLE NombredeTabla TO 'directorio'
```

Recuperación de tablas

Permite restaurar una tabla desde una copia realizada con el comando BACKUP. Si la tabla ya existe se obtiene un error.

```
RESTORE TABLE NombredeTabla FROM 'directorio'
```

Creación de índices

Permite la creación de índices.

```
CREATE [UNIQUE|FULLTEXT] INDEX NombredeIndice
ON NombredeTabla (NombreColumna)
```

Eliminación de índices

Permite eliminar los índices indicados.

```
DROP INDEX NombredeIndice ON NombredeTabla
```

LENGUAJE DE MANIPULACIÓN DE DATOS

Recuperación de datos

Permite la recuperación de los datos de los atributos que se indican en la expresión del comando SELECT.

```
SELECT [STRAIGHT_JOIN] [SQL_SMALL_RESULT] [SQL_BIG_RESULT]
[SQL_BUFFER_RESULT]
[HIGH_PRIORITY]
```

```
[DISTINCT | DISTINCTROW | ALL]
Expresión, ....
[INTO OUTFILE 'NombreFichero' opciones]
[FROM NombredeTabla, NombredeTabla, ...]
        [WHERE condición]
        [GROUP BY NombreColumna]
        [HAVING condición]
        [ORDER BY NombreColumna]
        [LIMIT [primera,] filas]
```

- La opción STRAIGHT_JOIN obliga al optimizador a utilizar las tablas en el orden indicado en la cláusula.

- SQL_SMALL_RESULT se usa en conjunción con GROUP BY y permite indicarle al optimizador que el resultado va a ser pequeño en número de tuplas, por lo cual puede utilizar tablas temporales rápidas.

- SQL_BIG_RESULT indica el caso contrario al anterior y el optimizador usará tablas en disco.

- SQL_BUFFER_RESULT obliga al optimizador a utilizar tablas temporales, de tal forma que se desbloqueen antes las tablas referenciadas.

- HIGH_PRIORITY indica que se realice la consulta antes de cualquier actualización.

- INTO OUTFILE 'NombreFichero' escribe el resultado en el fichero indicado, que después se puede cargar en tablas con el comando LOAD DATA INFILE.

- La opción LIMIT indica el número máximo de filas que debe devolver el comando SELECT. El primer parámetro (primera) indica cuál es la primera que debe mostrar, mientras que el segundo parámetro indica el número de filas que se deben mostrar.

Inserción de datos

Permite insertar nuevas filas en las tuplas.

```
INSERT [LOW_PRIORITY | DELAYED] [IGNORE]
[INTO] NombredeTabla
VALUES (expresion)
```

o

```
INSERT [LOW_PRIORITY | DELAYED] [IGNORE]
[INTO] NombredeTabla
SELECT ...
```

- La opción LOW_PRIORITY obligará a la inserción a realizarse cuando no haya ningún cliente leyendo. Cualquier otro cliente debe esperar, una vez comenzada la inserción, a que ésta termine. DELAYED permite que otro cliente pueda leer.

- La opción IGNORE evitará que se produzca un error si se intenta insertar tuplas con claves duplicadas. Si no se especifica, la inserción se detendrá con un mensaje.

Borrado de datos

Elimina de la tabla las filas que cumplan las condiciones especificadas.

```
DELETE [LOW_PRIORITY] FROM NombredeTabla
[WHERE Condicion]
[LIMIT filas]
LOW_PRIORITY y LIMITS tienen el mismo significado que en el apartado anterior.
```

Actualización de datos

Actualiza los valores de los atributos de las filas indicadas.

```
UPDATE [LOW_PRIORITY] [IGNORE] NombredeTabla
       SET Columna1 = expresion1,
       [Columna1 = expresion1, ...]
[WHERE Condicion]
[ORDER BY NombreColumnas]
```

Carga de datos

```
LOAD DATA INFILE 'NombredeFichero' [REPLACE|IGNORE]
INTO TABLE NombredeTabla
```

Carga datos en la tabla especificada desde un fichero generado con una sentencia SELECT. Existen diferentes opciones de terminación de los campos.

Las opciones REPLACE e IGNORE hacen referencia a reemplazar o ignorar los valores que se inserten y ya existan.

Selección de base de datos

Permite seleccionar la base de datos activa.

```
USE NombreBD
```

Consulta de información

Permite consultar información del sistema.

```
SHOW Opción
```

Opción puede ser:

- DATABASES: Muestra las bases de datos existentes en el sistema.
- TABLES: Muestra las tablas existentes en la base de datos.
- COLUMNS FROM NombredeTabla: Muestra los atributos de la tabla indicada.
- VARIABLES: Muestra las variables del sistema.
- STATUS: Muestra información del servidor.
- GRANTS FOR Usuario: Muestra los privilegios del usuario indicado.

ÍNDICE ANALÍTICO

McGraw-Hill/Interamericana de España, S. A. U.
División Profesional
C/ Basauri, 17 - 28023 Aravaca. Madrid
Avda. Josep Tarradellas, 27-29 - 08029 Barcelona
España

☐ **Por favor, envíenme el catálogo de productos de McGraw-Hill**

☐ Informática   ☐ Economía/Empresa   ☐ Ciencia/Tecnología

☐ Español   ☐ Inglés

Nombre y apellidos _____

c/ _____ n.º _____ C.P. _____

Población _____ Provincia _____ País _____

CIF/NIF _____ Teléfono _____

Empresa _____ Departamento _____

Nombre y apellidos _____

c/ _____ n.º _____ C.P. _____

Población _____ Provincia _____ País _____

Correo electrónico _____ Teléfono _____ Fax _____

McGraw-Hill quiere conocer su opinión

5 FORMAS RÁPIDAS Y FÁCILES DE SOLICITAR SU CATÁLOGO

EN LIBRERÍAS ESPECIALIZADAS

FAX
(91) 372 85 13
(93) 430 34 09

TELÉFONOS
(91) 372 81 93
(93) 439 39 05

E-MAIL
profesional@mcgraw-hill.es

WWW
www.mcgraw-hill.es

¿Por qué elegí este libro?

☐ Renombre del autor

☐ Renombre McGraw-Hill

☐ Reseña de prensa

☐ Catálogo McGraw-Hill

☐ Página Web de McGraw-Hill

☐ Otros sitios Web

☐ Buscando en librería

☐ Requerido como texto

☐ Precio

☐ Otros

Temas que quisiera ver tratados en futuros libros de McGraw-Hill:

_____
_____
_____
_____
_____
_____
_____
_____
_____

Este libro me ha parecido:

CSWPHP4

☐ Excelente   ☐ Muy bueno   ☐ Bueno   ☐ Regular   ☐ Malo

Comentarios: _____

CONÉCTESE A www.mcgraw-hill.es

Para otras web de McGraw-Hill, consulte:
www.pbg.mcgraw-hill.com/international.htm

OFICINAS IBEROAMERICANAS

ARGENTINA
McGraw-Hill/Interamericana, Ltda.
Suipacha 745 -
(1008) Buenos Aires
Tel.: (541) 322 05 70. Fax: (541) 32

BRASIL
McGraw-Hill do BRASIL
Rua da Assenbléia, 10/2319
20011-000 Río de Janeiro
Tel. y Fax: (5521) 531 23 18

CARIBE
McGraw-Hill/Interamericana del Caribe
Avenida Muñoz Rivera, 1121
Río Piedras
Puerto Rico 00928
Tels.: (809) 751 34 51 - 751 24 51. Fax: (809) 764 18 90

CHILE, PARAGUAY Y URUGUAY
McGraw-Hill/Interamericana de Chile, Ltda.
Seminario, 541 Providencia
Santiago (Chile)
Tel.: (562) 635 17 14. Fax: (562) 635 44 67

COLOMBIA, ECUADOR, BOLIVIA Y PERÚ
McGraw-Hill/Interamericana, S. A.
Apartado 81078
Avenida de las Américas, 46-41
Santafé de Bogotá, D. C. (Colombia)
Tels.: (571) 368 27 00 - 337 78 00. Fax: (571) 368 74 84
E-mail: Divprofe@openway.com.co

ESPAÑA
McGraw-Hill/Interamericana de España, S. A. U.
Edificio Valrealty, Planta 1.ª
Basauri, 17
28023 Aravaca (Madrid)
Tel.: (341) 372 81 93. Fax: (341) 372 85 13
E-mail: profesional@mcgraw-hill.es

GUATEMALA
McGraw-Hill/Interamericana Editores, S. A.
11 Calle 0-65, Zona 10
Edificio Vizcaya, 3er. nivel

Guatemala, Guatemala
Tels.: (502) 332 80 79 al 332 80 84. Fax: (502) 332 81 14
Internet: mcgraw-h@guate.net

MÉXICO Y CENTROAMÉRICA

53500 Naucalpan de Juárez
Edo. de México
Tels.: (525) 628 53 53. Fax: (525) 628 53 02
Cedro, 512 - Col. Atlampa
06460 México D. F.
Tels.: (525) 171 15 15. Fax: (525) 117 15 89
Centro Telemarketing
Tels.: (525) 628 53 52 / 628 53 27. Fax: (525) 628 83 60
Lada. sin costo 91 8834 540

PANAMÁ
McGraw-Hill/Interamericana de Panamá, S. A.
Edificio Banco de Boston, 6.º piso. Oficina 602,
Calle Elvira Méndez
Panamá, Rep. de Panamá
Tel.: (507) 269 01 11. Fax: (507) 269 20 57

PORTUGAL
Editora McGraw-Hill de Portugal, Ltda.
Estrada de Alfragide, lote 107,
bloco A-1 Alfragide
2720 Amadora (Portugal)
Tel.: (3511) 472 85 00. Fax: (3511) 471 89 81

USA
McGraw-Hill Inc.
28th. floor 1221 Avenue of the Americas
New York, N.Y. 10020
Tel.: (1212) 512 26 91. Fax: (1212) 512 21 86

VENEZUELA
McGraw-Hill/Interamericana de Venezuela, S. A.
Apartado Postal 50785
Caracas 1050
Final calle Vargas. Edificio Centro Berimer. P. B. Ofic. P1-A1
Boleíta Norte, Caracas 1070
Tels.: (582) 238 24 97 - 238 34 94 - 238 59 72. Fax: (582) 238 23 74